JOHN KENNETH GALBRAITH

Wirtschaft für Staat und Gesellschaft

DROEMER KNAUR

Aus dem Amerikanischen übersetzt von Norbert Wölfl

1. bis 30. Tausend

Titel der Originalausgabe
ECONOMICS & THE PUBLIC PURPOSE

Schutzumschlag Atelier Blaumeiser
Gesamtherstellung Welsermühl, Wels
Printed in Austria
ISBN 3-426-04565-6

C. A. G. in Liebe

Dank

Es gibt sicherlich Autoren, die zu Beginn ihrer Arbeit schon eine feste Vorstellung von ihrem Konzept haben, zu denen gehöre ich nicht. Und die Konsequenzen sind für alle, die mir zur Seite stehen, weitaus unangenehmer als für mich. In den letzten drei Jahren haben Teile dieses Buches ein Dutzend verschiedener Entwürfe erlebt, und jeder Teil wurde mindestens viermal geschrieben.

Vier getreue Freunde – Phyllis McCusker, jetzt an der Universität Kalifornien, Mary Jo Hollender und Kirsten Voetmann, glücklicherweise immer noch in Cambridge, vor allem aber die unermüdliche Andrea Williams – haben mich durch all diese Mühen begleitet. Wie dankbar ich ihnen bin, läßt sich mit Worten nicht ausdrücken. Hazel Denton überprüfte die Fakten und Fußnoten; sollten dennoch Fehler stehengeblieben sein, trage ich allein die Verantwortung dafür. William Raduchel trug dazu bei, daß diese Gedanken Eingang in die Lehre fanden. Beiden Kollegen vielen Dank dafür.

Ich danke auch meinen Studenten an den beiden Universitäten Cambridge – in den USA und in England –, die mir in den vergangenen drei Jahren mit unterschiedlicher Geduld zugehört haben. Ich hoffe, sie haben durch Ansichten, die ich später änderte, keinen bleibenden Schaden erlitten.

Inhalt

Vorwort

Dieses Buch ist Fortsetzung und Abschluß zweier früherer Werke: *Gesellschaft im Überfluß* und *Die moderne Industriegesellschaft.* Einige Gedanken stammen auch aus *American Capitalism.* Jedes der ersten beiden Werke behandelte einen bestimmten Abschnitt des Wirtschaftsgeschehens; dieses Buch soll nun eine Synthese darstellen, das ganze System zeigen. Die ersten beiden Bücher konzentrierten sich auf die Sphäre der Großkonzerne, also jenen entscheidenden Teil der Wirtschaft, den die konventionelle oder die neoklassische Nationalökonomie niemals erfaßt hat. Natürlich gibt es daneben noch die Welt der Bauern, Handwerker, Einzelhändler, Kleinfabrikanten, der Mechaniker, Tankwarte, Ärzte, Künstler, Schauspieler, der Photographen und der Pornographen. Diese Geschäftszweige zusammen liefern ungefähr die Hälfte dessen, was wir konsumieren. Dieses Buch soll diese Bereiche voll in Szene setzen. In der Wirtschaft wie auch in der Anatomie ist das Ganze immer viel mehr als nur die Summe aller Teile. Das trifft insbesondere dann zu, wenn sich die Teile gegenseitig unterstützen oder bekämpfen oder auf andere Weise von der Tatsache ihrer Koexistenz bestimmt werden. Ferner sollte ich noch erwähnen, daß meine früheren Bücher an den amerikanischen Grenzen haltmachten. Dieses hier zeigt die ersten internationalen Zusammenhänge auf.

Das Buch *Die moderne Industriegesellschaft* stellt die Welt der großen Konzerne als Auswuchs der neoklassischen Ära des Monopols und Oligopols dar. Was übrigblieb, war die freie Marktwirtschaft – das konnte man zumindest daraus entnehmen. Hier muß ich mich korrigieren: Der Rest ähnelt einer neoklassischen Mixtur von Unternehmermonopol, Oligopol und Wettbewerb. Wenn man die Dinge so sieht, kann man die Verhaltensweise der unternehmerisch betriebenen Firma und des Marktsystems – wie ich es nenne – besser erklären. Es geht daraus auch hervor, daß der Großkonzern eine neue Erscheinung ist, ein deutlicher Bruch mit dem Wirtschaftsbetrieb, wie ihn die traditionelle Lehre beschreibt.

Die traditionelle Nationalökonomie geht davon aus, daß sich wirtschaftliche Institutionen und die Motivation der Menschen in ihnen verändern, aber nur langsam. Hier verhält es sich wie in der

Physik oder Botanik: Einmal in die Wirtschaftslehre eingeführte Wahrheiten sind größtenteils unveränderlich. Das ist hübsch, aber nicht zutreffend. Institutionen der Wirtschaft ändern sich ziemlich rasch. So sind insbesondere die Großkonzerne und ihre Beziehungen zu Staat und Gesellschaft im Wandel begriffen. Eine solche Veränderung bringt neue Erkenntnisse, neue Einsichten mit sich. Daher sind Kernsätze der Wirtschaftslehre so rasch veraltet. Bei vielen Kleinigkeiten ist daraus ein Blickwinkel entstanden, der sich von dem meiner früheren Bücher unterscheidet. Ich muß meine Leser und leider auch mich selbst immer wieder darauf hinweisen, daß auch an den hier vorgetragenen Standpunkten die Zeit nicht spurlos vorübergehen wird.

Wenn man etwas entdeckt, was man zuvor nicht gesehen hat, geschieht es halb euphorisch, halb deprimiert. Grundtenor dieses ganzen Buches ist die ungleiche wirtschaftliche Entwicklung und die damit verbundene ungleiche Einkommensverteilung. Die ungleiche Entwicklung hat nichts mit dem Bedarf zu tun; eine ungleiche Einkommensverteilung hängt nicht notwendigerweise von Produktivität und Leistung ab.

Beide sind das Ergebnis einer ungerechten Verteilung der Macht. Beide schaden der Gesellschaft. In der Nationalökonomie, wie sie heute gelehrt wird, treten diese Tendenzen zumeist verdeckt auf, oder sie werden verzerrt. Ich habe sie in meinen früheren Büchern nicht klar genug erkannt. In *Gesellschaft im Überfluß* behandelte ich die Notlage kommunaler Dienstleistungen, als seien sie alle gleich beschaffen. Ich erkannte nicht, daß diese Not besonders dort zutage tritt, wo es um Bedürfnisse der Öffentlichkeit geht, und daß sie nicht existiert, wo mächtige Wirtschaftsinteressen ihre Belange beim Staat durchsetzen. Daß ich die systembedingten Ungleichheiten, hinsichtlich Produkt und Einkommen, zwischen verschiedenen Teilen der sogenannten Privatwirtschaft nicht hinreichend herausgestellt habe, liegt wahrscheinlich zum Teil daran, daß ich mich nur mit der Sphäre der Großkonzerne auseinandersetzte. Ich habe auch noch ein anderes Problem vernachlässigt, das der orthodoxen Nationalökonomie nicht bekannt ist, wohl aber der Planung: Das harmonische Funktionieren voneinander abhängiger Branchen der Wirtschaft und die Konsequenzen eines Nichtfunktionierens. Aus dieser Störung entstehen Stromausfälle und

Energiekrisen, die uns noch oft genug zu schaffen machen werden.

Dieses Buch wendet sich auch in einem etwas anderen Ton an ein etwas anderes Publikum. Meine Gedanken aus meinen beiden früheren Büchern haben sich in den letzten Jahren in Fachkreisen einigermaßen durchgesetzt, insbesondere bei der jüngeren Generation der Nationalökonomen. Ich möchte mir gern einbilden, daß dies an der logischen Überzeugungskraft und an der Klarheit der Argumentation lag – aber leider waren mehr die Umstände schuld daran. In meinen früheren Büchern argumentierte ich, daß die Qualität unseres Lebens unter einer ausschließlichen Konzentration auf die Herstellung verkäuflicher Waren als sozialem Ziel leiden würde, daß unsere Umwelt einer solchen Zielsetzung zum Opfer fallen müßte; daß wir insbesondere unter einer disharmonischen Entwicklung privater und staatlicher Wirtschaftsmacht litten und daß sich aus dem Machtzuwachs der großen privaten und öffentlichen Bürokratien sowie aus der Ausübung dieser Macht einige ungewöhnlich ernste Probleme ergäben, insbesondere das der Aufrüstung und anderer technischer Entwicklungen, die um ihrer selbst willen weiterliefen. Ich erklärte, diese bürokratische Macht und nicht die klassische These »der Kunde ist König« sei nunmehr der entscheidende Faktor im wirtschaftlichen und politischen Leben.

Die anfängliche Reaktion auf diese These war nicht gerade begeistert, obgleich die Lage damals noch nicht so ernst war wie heute. Namhafte Wirtschaftsexperten erhoben scharfen Widerspruch. Nach ihrer Überzeugung hat sich am traditionellen Ideengut nichts geändert. Aber die Ereignisse rechtfertigten meinen Standpunkt in einer Art und Weise, die ich selbst nicht erwartet hatte. Probleme, auf die ich warnend hingewiesen hatte, waren plötzlich in aller Munde und führten sogar schon zu ersten Gegenmaßnahmen: die Verkümmerung öffentlicher Dienstleistungen und damit der Lebensbedingungen in den Großstädten, Luftverschmutzung und Umweltgefahren, Auswüchse und Gefahren des Wettrüstens, die scheinbare Gleichgültigkeit der Großkonzerne gegenüber dem Willen der Allgemeinheit. Man könnte daraus vielleicht schließen, daß die Ereignisse ein besserer Beweis für die Richtigkeit von Thesen sind als die Meinung der Gelehrten.

Allmählich setzt sich auch schon in Lehrbüchern der Gedanke durch, daß in der modernen Wirtschaft die Macht immer mehr bei den großen Organisationen liegt und immer weniger beim angeblich souveränen Verbraucher und Bürger. Möglich, daß hier ein Vakuum entstanden ist. Gerade in den letzten Jahren macht sich eine zunehmende Unzufriedenheit mit dem klassischen oder neoklassischen Modell von Wirtschaft und Politik bemerkbar. Es begann die Suche nach einer Alternative. Das Beharrungsvermögen ist immer noch sehr groß, und Lehrbuchautoren sind naturgemäß vorsichtige Menschen. Genau wie Kandidaten für öffentliche Ämter müssen sie neben der Wahrheit im Auge behalten, was gängig und verkäuflich ist. Außerdem ist die Nationalökonomie nicht in erster Linie Lieferant für Kommentare, wie die folgenden Seiten zeigen werden – sie dient auch den vorherrschenden wirtschaftlichen Interessen. Sie kultiviert die Überzeugungen und damit die Verhaltensweisen, die diesen Interessen dienen. Mir wäre es lieber, wenn sich in der Wirtschaftslehre die Alltagswirklichkeit widerspiegelte. Dieses Buch wendet sich an eine breitere Leserschaft. Aber mir liegt auch sehr die Emanzipation der Studenten von der Schulbuchweisheit am Herzen.

Natürlich kann man dem Lehrbuch nicht ganz entrinnen. Was die Nationalökonomie heute an Schlußfolgerungen vermittelt, ist praktisch für die Großbetriebe, aber schmerzlich für die Gesellschaft. Notwendiges Grundwissen sind jedoch die in den Lehrbüchern erklärten wirtschaftlichen Konzepte und Institutionen, wie Kapital, Miete, Bruttosozialprodukt, Indexzahlen, Geldbeschaffung, Einkommensteuer, Kapitalmarkt und der Zweck von Zentralbanken. Wichtig ist auch die Fähigkeit, sich ein Wirtschaftssystem klassisch vorzustellen, vorausgesetzt, man fällt nicht einem bestimmten Blickwinkel zum Opfer. Wir brauchen also die Lehrbücher – aber sie werden hoffentlich nicht immer ihre heutige Einstellung zum Wirtschaftssystem propagieren. Aber wir dürfen uns nicht auf die Lehrbücher beschränken.

Man sollte vielleicht hinzufügen, daß immer noch Fleiß vonnöten ist. In jüngster Zeit neigen politisch emanzipierte Leute und solche, die sich dafür halten, zu einer Identifizierung schwieriger Fragen mit der Rückständigkeit des Establishments. Das Studium ist ein recht umständlicher Deckmantel für Bosheit und lenkt die Menschen manchmal von der schlichten, aber beunruhigenden Wahrheit ab. Damit kann ich nicht sympathisieren. Radikaler denkende Leser müßte ich darauf aufmerksam machen, daß auch Herr Marx mir kaum recht gegeben hätte, denn er entstammte einer sehr anspruchsvollen intellektuellen Tradition. Es ist schön und recht, den Menschen von körperlicher Schwerarbeit zu befreien. Es wäre verfrüht, ihm auch geistige Anstrengungen zu ersparen.

Wie schon erwähnt, bemüht sich dieses Buch um eine Ausleuchtung des Marktsektors der Wirtschaft und damit des gesamten Wirtschaftssystems. Aber wenn wir das sehen wollen, gehört auch der gut organisierte Sektor dazu, mit dem ich mich in *Die moderne Industriegesellschaft* befaßte. Manche Kapitel behandeln daher Themen, mit denen ich mich dort schon beschäftigt habe. Eine solche Wiederholung erregt berechtigten Argwohn, denn für einen Autor gibt es kaum etwas Verlockenderes, als sich selbst lobend zu wiederholen. Aber ich sah keinen anderen Ausweg. Bitten an den Leser, in früheren Werken nachzuschlagen, werden kaum befolgt. Ich habe jedoch frühere Darstellungen stark gekürzt und auch im Ton verändert, wie man merken wird. Damals wollte ich an der Frontlinie vorherrschender Überzeugungen einen Brückenkopf schlagen. Das ist mir – wenn ich mich nicht sehr irre – zumindest teilweise geglückt. Wo ich in meinem früheren Buch neue Argumente vortrug (und gewissermaßen werben mußte), darf ich daher in diesem Werk schon eine aufgeschlossene Leserschaft voraussetzen und die Dinge erklären.

Zunächst wollte ich jenen Teil des Buches, der sich mit der Theorie der Reform befaßt, als gesonderten Band herausbringen. (Ich bin nun einmal Reformator und nicht Revolutionär.) Es ist für mich eine ernüchternde Tatsache, daß – insbesondere in der Wirtschaftslehre – der Anfang eines Buches aufmerksamer gelesen wird als das Ende. Aber ich hätte dann das zweite Buch mit einer detaillierten und langweiligen Zusammenfassung des ersten beginnen müssen. Das wäre für den Leser eine Qual und für den Autor ein sehr fragwürdiges Vergnügen gewesen. (Wenn ich hier immer wieder rekapituliere, geschieht dies nicht aus Spaß an der Sache, sondern weil eine solche Erinnerung für die Überzeugungskraft des Nachfolgenden einfach nötig ist.) Im Falle der Veröffentlichung von zwei Büchern hätte ich außerdem meine Leser am Ende des ersten auffordern müssen, auch das zweite zu erwerben. Deshalb ist nur ein Buch daraus geworden. Aber ich bitte alle Leser, nicht nach den ersten zwanzig Kapiteln zu erlahmen. Dann erst taucht nämlich die Frage auf, was denn zu tun sei. Darauf lege ich besonderen Wert. Nichts wird hier klarer herausgestellt als die Schlußfolgerung: Wenn man die im Wirtschaftsleben wirkenden Kräfte sich selbst überläßt, nützen sie bestenfalls den Mächtigen.

ERSTER TEIL

Der Urwald

I

Der Zweck eines Wirtschaftssystems und der Wirtschaftslehre

1

Der Zweck eines Wirtschaftssystems scheint auf den ersten Blick vollkommen klar zu sein und wird auch kaum angezweifelt. Seine Aufgabe besteht darin, die von der Allgemeinheit geforderten Waren und Dienstleistungen zu liefern. Ohne ein solches System, das Nahrungsmittel erzeugt, verarbeitet, verpackt und verteilt, das Stoffe herstellt und Kleidung daraus schneidert, Häuser baut und sie einrichtet, das Ausbildung und ärztliche Versorgung zur Verfügung stellt, für Recht und Ordnung sorgt und eine Verteidigung aufbaut, wäre das Leben recht schwierig. Daraus ergibt sich die Funktion: Jenes Wirtschaftssystem ist das beste, das am meisten von dem liefert, was die Menschen sich am meisten wünschen.

Diese Einstellung wird von den Lehrbüchern vertreten. Aber so einfach ist die Sache nicht. Im Laufe der vergangenen hundert Jahre wurden zahlreiche Aufgaben der Wirtschaft von Organisationen übernommen – von Industriebetrieben, Versorgungsbetrieben, Luftfahrtgesellschaften, Handelsketten, Banken, Fernsehnetzen und staatlichen Bürokratien. Manche dieser Organisationen sind sehr groß; daß sie Macht ausüben, wird kaum jemand bezweifeln, und zwar Macht über das Tun und Lassen des einzelnen wie auch des Staates. Diese Macht gebrauchen sie, wie allgemein zugegeben wird, für ihre eigenen Zwecke, also im Interesse jener, die durch Mitgliedschaft oder Eignerschaft an dem Unternehmen beteiligt sind. Vielleicht stimmen diese Zwecke durch einen wunderbaren Zufall oder mit Absicht in der Regel mit dem öffentlichen Interesse überein. Findet ein solches Wunder oder eine Übereinkunft nicht statt, stehen natürlich die Ziele der Organisation und nicht jene der Öffentlichkeit im Vordergrund.

So gesehen ist das Funktionieren des Wirtschaftssystems keine simple Sache mehr, jedenfalls nicht für einen Realisten. Zum Teil dient das Wirtschaftssystem dem Individuum. Aber zum Teil dient es auch den Bedürfnissen der eigenen Organisation, wie man heute erkennt. General Motors soll der Öffentlichkeit einen Dienst erweisen. Aber gleichzeitig – oder anstatt – erweist General Motors auch sich selbst einen Dienst. Kaum jemand wird bezweifeln, daß eine solche Behauptung dem gesunden Menschenverstand einleuchtet. Aber manche finden sie überspitzt. Sie steht in einem bemerkenswerten Gegensatz zur Denkweise der Nationalökonomie, wie sie allgemein vorgetragen wird. Man sollte deshalb eine solche Behauptung durchleuchten, um herauszufinden, welche Interessen die großen Organisationen verfolgen, wie sie es tun und welche Auswirkungen das auf die Allgemeinheit hat.

2

Betrachtet man den Zweck des Wirtschaftssystems in einem anderen Licht, so sieht man auch die Ziele der Wirtschaft anders. Solange man sich einbildet, das Wirtschaftssystem stehe letztlich im Dienst des einzelnen und ordne sich seinen Bedürfnissen und Wünschen unter, darf man annehmen, im Funktionieren der Wirtschaft einen Prozeß zu sehen, der dem Individuum dient. Wirtschaftswissenschaftlern wie auch anderen Gelehrten liegen ganz besonders Definitionen, die das Gefühl einer profunden und allgemein gültigen Bedeutung vermitteln. Am berühmtesten ist die Definition der politischen Ökonomie als »jener Wissenschaft, die das menschliche Verhalten als Wechselbeziehung zwischen Zwecken und knappen Rohstoffen mit alternativer Verwendung studiert«*.
Der einflußreichste Lehrmeister unserer Zeit drückt es etwas einfacher aus: »Wie ... wir unsere knappen Produktivquellen mit Alternativmöglichkeiten nutzen, um vorgezeichnete Ziele zu erreichen ...«**

Diese Definitionen klingen wunderbar einleuchtend. Die Menschen entscheiden darüber, was sie haben wollen; die Firmen entscheiden, wie man diesen Forderungen am besten nachkommen kann.

*) Lionel Robbins, *An Essay on the Nature and Significance of Economic Science*, 2. Auflage, Macmillan, London 1935, S. 16.
**) Paul A. Samuelson, *Economics*, 8. Auflage, McGraw-Hill, New York 1970, S. 13.

Die Nationalökonomie studiert diese Wechselwirkung. Sie ist deshalb eine Wissenschaft, weil sie nur den Zweck verfolgt, eine solche Verhaltensweise zu begreifen.

Aber wenn man annimmt, daß die an einem solchen Vorgang beteiligten Organisationen Macht ausüben – daß sie ihren eigenen Zwecken dienen, denen das Volk sich zu unterwerfen hat –, muß sich selbst der Unbefangene fragen: Wäre es nicht möglich, daß auch die Nationalökonomie den Zwecken der Organisationen dient? Organisationen üben Macht aus. Sollten sie keinen Einfluß auf jene Wissenschaft haben, die sich mit ihnen und der Machtausübung beschäftigt, könnten die angebotenen Definitionen nicht ein Deckmantel für jene Macht sein.

Die Frage ist berechtigt. Die Nationalökonomie liefert dem Volk ihr Bild von einer Industriegesellschaft. Diese Darstellung hat großen Einfluß auf das Verhalten des Volkes und darauf, wie es die Organisationen sieht, die das Wirtschaftssystem bilden. Wenn die Nationalökonomen eine Darstellung liefern, in der Waren oder Kapital, Arbeitskraft oder Rohmaterial knapp sind, tun sie es, um die Waren aufzuwerten und als entscheidend für Wohlstand und Glück hinzustellen. Der Prozeß der Warenherstellung wird dadurch zu einer Angelegenheit von höchster sozialer Bedeutung. Die Organisationen, die Waren produzieren, bekommen großes Gewicht, Manager und Führer dieser Organisationen gewinnen an Prestige. Die Beweislast fällt schwer auf jede Maßnahme – regulierende Eingriffe der Regierung, Steuern, Gewerkschaftsregeln –, die scheinbar die Produktion behindert oder von der die Betroffenen behaupten, sie sei eine Behinderung.

Die Vorspiegelung einer Wahlfreiheit hat eine noch schwerwiegendere Auswirkung. Sie besagt nämlich, daß diese Freiheit der Wahl – die Entscheidung, jenes Produkt zu kaufen und jenes nicht – in ihrer Gesamtheit das Wirtschaftssystem beherrscht. Und wenn die freie Wahl, die ja jeder hat, die Quelle der Macht darstellt, dann können die Organisationen, die das Wirtschaftssystem bilden, über keine Macht verfügen. Sie sind lediglich Instrumente des freien Wählerwillens. Die vielleicht älteste und gewiß klügste Strategie der Ausübung von Macht ist die Verleugnung ihrer Existenz. Monarchen, darunter auch die übelsten Despoten, betrachteten sich immer schon als den verlängerten Arm des göttlichen

Willens. Das bestätigte dann auch die etablierte Religion. Daraus ergab sich, daß ihr Verhalten, und sei es noch so skandalös, kostspielig und gegen Gesundheit, Leben, Gut oder Anstand gerichtet, zumindest vom wahren Gläubigen nicht angezweifelt werden durfte. Es geschah ja alles in höherem Auftrag. Dieselben Instinkte spricht der moderne Politiker an, wenn er (wenig überzeugend) erklärt, er sei nur das Instrument seiner Wählerschaft und diene nicht den eigenen Präferenzen, sondern dem öffentlichen Wohl.

Die Wirtschaft gibt sich zwar betont weltlicher, aber sie stellt sich selbst und die freie Wahl des Konsumenten in ähnlicher Weise in den Dienst einer Gottheit. Die Wirtschaft ist daher auch nicht oder nur minimal für das verantwortlich, was sie tut. Sie befolgt lediglich die gottähnlichen Gebote des Marktes. Wenn ihre Waren oder Dienstleistungen unsittlich oder tödlich sind, wenn sie Luft, Wasser und Umwelt verseuchen und die Ruhe stören, darf man dem Urheber keine Schuld geben. Er folgt nur dem Willen der Öffentlichkeit. Wenn Menschen ausgebeutet werden, so geschieht das, weil sie sich selbst damit einverstanden erklärt haben. Wenn das Verhalten der Wirtschaft manchmal verrückt wirkt, liegt das nur daran, weil die Menschen verrückt sind. Einer gesellschaftsschädigenden Machtausübung der Organisationen im eigenen Interesse wird daher in der formalistischen, politischen Ökonomie weitgehend die Absolution erteilt. Sollte eine solche Machtausübung tatsächlich stattfinden, wird man schon merken, wie drastisch diese konträre Überzeugung ist – und wie sehr sich ihre Kultivierung lohnt.

Die Kultivierung praktischer Überzeugungen ist für die Art und Weise, wie im modernen Wirtschaftssystem Macht ausgeübt wird, besonders wichtig. Sie besteht, wie schon angedeutet, darin, daß man den einzelnen dazu bringt, seine eigentlichen Ziele aufzugeben und die einer anderen Person oder Organisation für sich zu akzeptieren. Das kann man auf unterschiedlichen Wegen erreichen. Die Androhung körperlichen Übels – Gefängnis, Peitsche, Elektroschock – hat eine uralte Tradition. Das gilt auch für wirtschaftliche Not – Hunger oder die Verächtlichmachung von Armut, wenn jemand nicht für die angebotenen Löhne arbeiten und damit die Ziele des Arbeitgebers akzeptieren will. Aber immer wichtiger wird auch die Überredung – die Veränderung der Überzeugung des Individuums, bis es einsieht, daß die Ziele einer anderen Person oder Organisation seinen eigenen übergeordnet sind. Das liegt daran, daß in unserer Gesellschaft die körperliche Gewalt von vielen zwar im Prinzip gutgeheißen wird, daß man sie in der Praxis aber verabscheut. Mit steigendem Einkommen wird das Volk gegenüber der Drohung mit wirtschaftlicher Not immer weniger anfällig. Dadurch wird die Überredung (ihre Formen werden wir noch untersuchen) zum wichtigsten Instrument der Machtausübung. Aus diesem Grund ist das Vorhandensein einer Vorstellung vom Wirtschaftsleben, die den machtausübenden Organisationen ins Konzept paßt, für diese von lebenswichtiger Bedeutung. Das gilt auch für eine Erziehung, die ein solches Image prägt. Die Menschen werden davon überzeugt, daß die Ziele der Organisationen in Wirklichkeit ihre eigenen sind, oder die Erziehung bahnt einer solchen Überzeugung zumindest den Weg. Eine Vorstellung vom Wirtschaftsleben, die den Menschen lediglich als Instrument korporativer Ziele darstellt, wäre längst nicht so praktisch.

Man könnte den Beitrag, den die Nationalökonomie zur Ausübung von Macht leistet, als ihre instrumentelle Funktion bezeichnen – und zwar instrumentell insofern, als die Nationalökonomie nicht dem Verständnis oder der Verbesserung des Wirtschaftssystems dient, sondern den Zielen jener, die innerhalb des Systems über Macht verfügen. Ein Teil dieser Handlangerdienste besteht in der jährlichen Ausbildung von mehreren hunderttausend Studenten. Die Berufsausbildung mag noch so ernste Lücken aufweisen, sie läßt immerhin in den Köpfen vieler, wenn nicht gar der meisten, zwar unklare, aber doch praktische Ideen entstehen. Sie lernen das zu akzeptieren, was sie sonst kritisieren könnten; kritische Tendenzen, die sich eventuell gegen die Wirtschaft wenden könnten, werden auf andere harmlosere Gebiete abgelenkt. Die unmittelbare Wirkung bei jenen, die angeblich in wirtschaftlichen Dingen mitreden können, ist groß. Die allgemein akzeptierte Vorstellung vom Wirtschaftsleben mag zwar nicht der Wirklichkeit entsprechen, aber sie ist eben das, was angeboten wird. So dient sie Gesetzgebern, Beamten, Journalisten, Fernsehkommentatoren und Berufspropheten – kurzum allen, die sich in Wort, Schrift oder Tat mit Wirtschaftsfragen befassen müssen – als Surrogat für die Wirklichkeit. An diesem Image orientieren sie ihre Reaktion auf das Wirtschaftssystem, es hilft ihnen bei der Festsetzung von

Verhaltensnormen in bezug auf Arbeit, Verbrauch, Sparen, Besteuerung und Regulierung, ob sie das alles nun gut finden oder nicht. Ein solches Image ist für alle, die sich dahinter verstecken, eine sehr nützliche Sache. Viele werden am Nutzen des vorliegenden Buches zweifeln. Es durchleuchtet kritisch die instrumentelle Funktion der Nationalökonomie. Ich kehre damit zur älteren, traditionellen und auch wissenschaftlicheren Denkweise zurück, die ihren Sinn in der Suche nach dem Verstehen von Gegebenheiten sah.

3

Betrachtet man, wie die Nationalökonomie zu dieser Rolle als Instrument gekommen ist, sollte man keineswegs an Verschwörung oder Absicht denken. Nationalökonomen dienen nicht absichtlich wirtschaftlichen Interessen. Nur wenige bemühen sich bewußt um Konformität. Standard und Tenor der gesamten Berufsgruppe ist vielmehr das gerade vorherrschende Wirtschaftsinteresse. Was nach diesem Maßstab praktisch ist, gilt als gesunder Grundsatz. Was nach Interessenlage der Wirtschaft abzulehnen oder unpraktisch ist, mag bestenfalls interessant oder phantasievoll sein – nicht aber gültiger Maßstab für verantwortungsvolles Tun und Denken. Genau wie andere Leute haben auch Wirtschaftswissenschaftler einen Instinkt für das Gültige, das Verantwortungsvolle, das Anständige. Durch eine entsprechende Definition dessen, was verantwortlich und anständig sei, setzt sich das wirtschaftliche Interesse im allgemeinen durch.

Teilweise ist auch die Geschichte der Nationalökonomie daran schuld, daß diese Wissenschaft zum Werkzeug geworden ist. Zufälligerweise leistet das Image einer früheren Wirtschaftsordnung den instrumentellen Zwecken einer späteren hervorragende Dienste. Man brauchte sich nur daran zu klammern und verflossene Wahrheiten als eherne Tatsachen hinzustellen. Die Nationalökonomie wurde in einer Zeit zur wissenschaftlichen Disziplin, da Firmen noch klein und überschaubar waren und das Volk die meiste Produktivkraft für die Landwirtschaft aufwandte. Damals reagierten die Firmen noch auf Veränderungen bei Produktionskosten und Marktpreisen. Sie unterwarfen sich dem Diktat des

Marktes. Diese Tatsache spiegelte sich in der Theorie wider. Mit der Zeit wurde die Theorie zwar um die Gesetze des Monopols – genauer gesagt, des Oligopols – erweitert, aber sie blieb doch ihren Ursprüngen verpflichtet. Im Mittelpunkt stand immer noch die Firma, die sich im Wettbewerb befindet. Auch der Oligopolist reagierte gezwungenermaßen auf die Marktbewegungen, weil es ihm einzig und allein um Höchstgewinne ging. So blieben der Markt und damit auch der Verbraucher souverän. Die Konsumentenentscheidung stand nach wie vor über allem. Unversehens glitt die Nationalökonomie auf diese Weise in ihre Rolle als Deckmäntelchen der korporativen Macht hinein *. Dieser Vorgang wurde von niemandem gesteuert. Was den Eindruck einer angemessenen konservativen Denkweise erweckte, wurde zu einer machtvollen Unterstützung wirtschaftlicher Interessen. Auf all das komme ich noch zurück.

Es ist jedoch keine unabänderliche Tatsache, daß die Nationalökonomie Werkzeug bleiben müßte. In letzter Zeit macht sich gerade bei jüngeren Experten entschiedene Auflehnung dagegen bemerkbar. Das Image, das so lange Zeit die Lehre beherrschte, das theoretische Überlegungen formte und die Ausübung von wirtschaftlichem, gesellschaftlichem und politischem Einfluß bemäntelte, indem es Organisationen hervorbrachte, hat einen Sprung bekommen. Was man einst als »Nationalökonomie« akzeptierte, bezeichnet man heute als »neoklassische Nationalökonomie«. Schon dieser Ausdruck klingt leicht verstaubt.

Diese Rebellion hat mehrere Ursachen. Erstens ist die Macht, die durch dieses Modell geschützt wird, zu greifbar geworden; der Versuch, sie zu verschleiern, gilt nicht mehr als intellektuell schicklich.

*) Wie bereits an anderer Stelle erwähnt (siehe *Die moderne Industriegesellschaft*, Droemer Knaur 1968, S. 441 ff.), enthebt die Spezialisierung innerhalb des Gesamtkomplexes der Nationalökonomie den Wissenschaftler der Notwendigkeit, sich den Kopf über tiefere Wahrheiten oder die Rolle seiner Wissenschaft zerbrechen zu müssen. Der brave Gelehrte bleibt bei seinem Leisten und lehnt jegliche Beschäftigung mit der Wahrheit, jeden möglichen Irrtum des Systems, zu dem auch sein Fachgebiet zählt, ab. Solche Bemühungen kann man – da sie für gewöhnlich die schwierige Aufgabe der Präsentation zufriedenstellenderer Alternativen mit sich bringt – meist mit dem Argument mangelnder Methodik oder fehlender Beweise angreifen.

Zweitens hat die Ausübung dieser Macht immer weiterreichende Konsequenzen. Die Gelehrten können das Volk und sich selbst davon überzeugen, daß Konzerne wie General Dynamics oder General Motors dem Willen der Öffentlichkeit so lange gehorchen, wie sie bei der Ausübung ihrer Macht nicht die Existenzgrundlagen des Volkes bedrohen. Alle Überredungskunst wird zweifelhaft, wenn nicht mehr feststeht, ob wir die von solchen Konzernen verursachte Aufrüstung oder Luftverschmutzung überleben können. Ähnlich fragwürdig wird die Vorstellung vom wohlwollenden Eingehen auf Verbraucherbedürfnisse, wenn es an Wohnungen und an Gesundheitsfürsorge mangelt – dafür aber massenweise Deodorantia für Herren angeboten werden.

Ein weiterer Faktor ist das veränderte Gesicht unserer Universitäten. Sie sind aufgrund industrieller Anforderungen in den vergangenen Jahrzehnten erheblich größer und komplexer geworden. Glücklicherweise führt ihre Größe und Bedeutung zu der paradoxen Folge, daß die Universitäten zunehmend einen selbständigen Machtfaktor darstellen. Einst riskierte der Andersdenkende Sanktionen – er konnte entdeckt werden und fliegen. Heute muß er lediglich auf lobenden Beifall verzichten. Das kann ein halbwegs mutiger Mann ertragen. Es kann kaum daran gezweifelt werden, daß gerade in den Vereinigten Staaten revolutionäre Tendenzen zunehmen – jetzt, wo Revolutionen verhältnismäßig ungefährlich geworden sind.

4

Organisation entwickelt sich innerhalb des Wirtschaftssystems sehr ungleichmäßig. Sie erreicht den größten Umfang beim Nachrichtenwesen und in der Automobilindustrie, ihr Höchstmaß an technischer Komplexität und behördlicher Bindung in der Rüstungsindustrie. In der Landwirtschaft, im Bauwesen, bei den Dienstleistungen und Künsten sowie in anderen schlichteren Formen bleibt das Geschäftsunternehmen verhältnismäßig simpel. Dies wird von gewaltigen Unterschieden an Macht und daher an sozialem Einfluß begleitet. Ford, Shell oder Procter & Gamble (die mächtige Werbeagentur) üben viel Macht aus. Der einzelne Bauer hat diese Macht nicht, und dem lokalen Bauunternehmer fehlt sie ganz. Diese Unterschiede üben wiederum einen großen Einfluß darauf aus, wie das Wirtschaftssystem funktioniert – und für wen. Hierin und nicht im unberechenbaren Verbrauchergeschmack ist die Erklärung für den hohen Entwicklungsstand bei Autos, Straßenbau und Waffen und für den niedrigen Stand bei Wohnungsbau, Gesundheit und Ernährung zu suchen.

Daraus ersieht man, daß man das Wirtschaftssystem nicht als einheitliches Ganzes betrachten kann. Man sollte es sich lieber als Kontinuum vorstellen – als eine Hierarchie von Organisationen, an deren einem Ende der bäuerliche Familienbetrieb und an deren anderem Ende General Motors oder der Volkswagenkonzern steht. Aber eine Klassifikation, und sei sie noch so willkürlich, ist der erste Schritt zu einer Klärung. Man verliert wenig an Wahrheit und gewinnt dafür viel an Klarheit, wenn man die wirtschaftlichen Organisationen in zwei Klassen einteilt: solche, die über Preise, Kosten, Lieferanten, Verbraucher, Gemeinde und Staat das ganze Instrumentarium der Macht anwenden, und andere, die das nicht tun. Im vierten Kapitel wird dieses Zwei-Klassen-Modell der modernen Wirtschaft erläutert. Aber vorher müssen wir uns die wichtigsten Grundzüge des etablierten oder neoklassischen Systems klar vor Augen führen. Man muß die Fesseln sehen, die man sprengen will.

II

Das neoklassische Modell

> Zweck des Studiums der Volkswirtschaft ist es nicht, sich ein paar vorgefertigte Antworten auf wirtschaftliche Fragen anzueignen, sondern zu lernen, wie man den Täuschungsmanövern der Nationalökonomen entgeht!
>
> *Joan Robinson*

I

Die allgemein akzeptierte Interpretation des nichtsozialistischen Wirtschaftssystems wird von den Nationalökonomen als »neoklassisches Modell«, von anderen einfach als »Nationalökonomie« bezeichnet. Die Anfänge dieses Modells gehen auf Adam Smith und sein 1776 erschienenes Werk *An Inquiry into the Nature and Causes of the Wealth of Nations* zurück. Smith' Gedanken wurden in der ersten Hälfte des vorigen Jahrhunderts in Großbritannien von David Ricardo, Thomas Malthus und James, insbesondere jedoch durch John Stuart Mill zum sogenannten klassischen System weiterentwickelt. Im letzten Viertel des vergangenen Jahrhunderts fügten österreichische, britische und amerikanische Nationalökonomen die sogenannte Grenzwertanalyse hinzu – aus der *klassischen* Wirtschaftslehre wurde die *neoklassische*. In den dreißiger Jahren unseres Jahrhunderts kamen zwei weitere wichtige Ergänzungen hinzu: Bis dahin nahm man an, jeder Markt werde von zahlreichen Firmen bedient, von denen jede einen kleinen Anteil am Gesamtprodukt liefere. Alle waren einem von niemandem kontrollierten Marktpreis unterworfen. Monopole gab es zwar, aber sie bildeten die Ausnahmen von der Regel. Nun fand man sich damit ab, daß zahlreiche Märkte eventuell von einigen wenigen Großbetrieben kontrolliert sein könnten, die gemeinsam eine Macht ausübten, die man bislang nur einzelnen zugebilligt hatte. Dies war das Oligopol. Seit Keynes mit der Veröffentlichung seiner *Allgemeinen Theorie* * großes Aufsehen erregte, betrachtete

*) John Maynard Keynes, *Allgemeine Theorie der Beschäftigung, des Zinses und des Geldes*, deutsch bei Duncker & Humblot, Berlin 1936 und 1955

man dieses System auch nicht mehr als autonom. Nur aktive Eingriffe des Staates ins Wirtschaftsgeschehen konnten annähernde Vollbeschäftigung und ein stetiges Wachstum garantieren.
Im Laufe der letzten vierzig Jahre wurde das neoklassische System immer weiter verfeinert. Es ist so vielschichtig und spezialisiert geworden, daß kein Volkswirt mehr von sich behaupten kann, mehr als höchstens einen kleinen Bruchteil des Ganzen zu überblicken. Gerade wegen dieser Verfeinerung existiert das neoklassische Modell bis heute – es ist zum Selbstzweck geworden. Aber keine noch so weitgehende Verfeinerung kann den Kern der Wirtschaftslehre beeinflussen oder auch nur berühren. Er ist vermeintlich endgültig, und sei er noch so subjektiv.

2

Im wesentlichen sagt das neoklassische System folgendes aus: Die Individuen drücken ihre Wünsche dadurch aus, daß sie ihr überwiegend aus eigener produktiver Tätigkeit stammendes Einkommen nach Belieben auf die angebotenen Waren und Dienstleistungen verteilen. Gemäß der schon erwähnten Grenzwertanalyse neigen sie dazu, ihr Einkommen so zu verteilen, daß die letzte für einen bestimmten Zweck ausgegebene Geldeinheit genau dasselbe Maß an Befriedigung bringt wie die Ausgabe zu irgendeinem anderen Zweck. An diesem Punkt ist die maximale Befriedigung – oder gar das Glück – erreicht. Über die Wünsche des einzelnen wird nicht geurteilt; selbst ihre Quellen werden kaum untersucht. Sie sind Ausdruck individueller Persönlichkeit und des Willens, wenn auch zweifellos von der Kultur geformt. Hier ist der Ursprung. Das genügt.
Der Markt reicht diese Willenskundgebung aller an den Produzenten weiter. Ist der Wunsch ausgeprägt, herrscht auch große Bereitschaft, Geld auszugeben. Der Preis liegt hoch. Ist der Wille weniger ausgeprägt, sinkt der Preis. Nach dem neoklassischen Modell wird der Hersteller ausschließlich durch Gewinnstreben motiviert. Diesen sucht er über einen unbestimmten Zeitraum hinweg zu maximieren. Preisänderungen signalisieren dieses Motiv. Zu den Empfängern dieses Signals gehören Produzenten, die ihre Produk-

tion entweder ausweiten oder einschränken können, und andere, die dann in das Geschäft einsteigen oder es verlassen können. Sie reagieren auf Signale. Durch eine solche Reaktion gewährleisten sie, daß die Produktion letztlich dem Willen des einzelnen unterworfen ist. Die Information wird aber auch von dem Produzenten an den Markt und an den Verbraucher weitergegeben. Hier liegt jedoch keine solche Weisungsbefugnis vor. Es handelt sich vielmehr um Angaben, die den Verbraucher in die Lage versetzen, seine Instruktionen an den Hersteller abzuändern. Genauer gesagt: Senkt eine Veränderung der technischen Produktionsbedingungen die Kosten, nimmt die Gewinnspanne der Herstellerfirma zu. Neue und alte Produzenten werden auf diese günstige Gelegenheit mit einer Produktionssteigerung reagieren, und die Preise sinken. Damit wird dem einzelnen Verbraucher der Rat erteilt, die Verteilung seiner Geldmittel entsprechend dieser neuen Chance des Lustgewinns zu überdenken. Er tut es und teilt dem Produzenten wiederum seinen Willen mit.

In der formellen Theorie wird die Tatsache, daß die Instruktion vom Verbraucher ausgeht, nicht besonders herausgestellt. Man sieht einen Mechanismus, über den Informationen vom Verbraucher zum Hersteller und vom Hersteller zum Verbraucher wandern. Urteile werden nicht weitergereicht. Man fragt nicht, ob eine Schreibmaschine oder ein Mähdrescher gut oder schlecht ist, nur wie er funktioniert. Aber die moralische Billigung dieses Systems hängt grundlegend von der Quelle der Instruktion ab. Diese Quelle ist das Individuum. Damit wählt das Wirtschaftssystem das Individuum – den Verbraucher – zum obersten Herren. Mit dieser Wirtschaftstheorie geht eine politische Theorie einher, die dem Bürger als Wähler die letzte Autorität über die Produktion von Allgemeinbesitz einräumt * – über die Entscheidung, ob mehr für Bildung ausgegeben werden soll oder für Waffen oder für die

*) Diese Theorie ist allerdings längst nicht so weit entwickelt. Die Macht des einzelnen über die Verbrauchermärkte drückt sich in formellen Modellen aus. Was den Staat betrifft, bleibt sie eine Frage der Rhetorik und der subjektiven Überzeugung. Seit dem achtzehnten Jahrhundert »blüht die auf persönlichem Nützlichkeitsdenken begründete Wirtschaftstheorie, während die auf derselben Grundlage aufgebaute politische Theorie stagniert . . .« Edwin T. Haefele, A Utility Theory of Representative Government, *The American Economic Review*, Band 61, Nr. 3 (Juni 1971), S. 350.

Raumfahrt. Diese Theorien in Wirtschaft und Politik sind die Grundlagen für das übergeordnete Image einer demokratischen (oder zumindest nicht autoritären) Gesellschaft, die letztlich dem Willen des einzelnen unterworfen ist. Da das Individuum herrscht, kann es keinen Gegensatz zwischen ihm und dem Wirtschaftssystem oder dem politischen System geben. Man kann nicht mit dem in Konflikt geraten, was man beherrscht.

3

Die Kontrolle des Wirtschaftssystems durch den einzelnen – den Verbraucher oder Bürger – bedeutet noch nicht eine gleichmäßige Verteilung der Macht. Man hat hier öfter das Beispiel angeführt, daß ein Bürger, der schon zehnmal gewählt hat, bei ansonsten völliger Gleichheit zehnmal mehr Macht hat als ein Bürger, der nur einmal wählt. Das gilt auch für den häufiger vorkommenden Fall, daß ein Mann zehn Stimmen kontrolliert und nicht nur eine einzige. Jemand, der im Laufe eines Jahres zweihunderttausend Deutsche Mark ausgibt, übt auf den Markt im Hinblick auf die Produktion zehnmal soviel Autorität aus wie ein anderer, der nur zwanzigtausend Deutsche Mark ausgibt. Das ist ein Makel auf dem Spiegelbild der Demokratie. Aber immer noch liegt die Macht beim einzelnen. Es ist nur so, daß bei der Ausübung dieser Macht manche eben etwas gleicher sind als andere.

In der ursprünglichen oder klassischen Version des neoklassischen Modells wiesen die im Zusammenhang mit unterschiedlichen Ausgabemöglichkeiten auftretenden Machtunterschiede die Neigung auf, sich selbst zu berichtigen. Da auf jedem Markt zahlreiche Hersteller auftraten (abgesehen vom Sonderfall des Monopols), hatte keiner die Macht, den für alle geltenden Preis zu beeinflussen. Wer mehr als diesen Marktpreis zu berechnen versuchte, mußte mit dem Verlust aufmerksamer Kunden rechnen. Wer bezahlt schon gern mehr als den gängigen Preis, wenn er zu diesem Preis jede gewünschte Menge bekommen kann. Eine Unterbietung des Marktpreises war schlicht und einfach dumm, da man ja zu diesem Preis alles verkaufen konnte. Warum weniger nehmen, wenn man auch mehr bekommen kann? Da die Produktion eines jeden Herstellers im Verhältnis zur Gesamtproduktion sehr klein war, konnte keiner in seine Berechnungen die Auswirkung seines Umsatzes auf den Markt mit einkalkulieren. Lagen Preise und Gewinne (damit auch das Einkommen) ausnehmend günstig, sahen sich daher einige oder auch alle Produzenten zu einer Expansion veranlaßt. Wie schon erwähnt, lockte eine so günstige Geschäftslage auch neue Firmen an, und da man davon ausging, daß diese Firmen im allgemeinen klein waren und einen überschaubaren Kapitalbedarf aufwiesen, war das ganz praktisch. Die Produktionssteigerung senkte nämlich den Marktpreis – der unabhängig und von keinem kontrolliert war – und damit auch Profit und Einkommen. Das wiederum minderte die Macht, das heißt die Kaufkraft des Herstellers als Verbraucher. So behielt nicht nur der Verbraucher die letzte Kontrolle in der Hand, sondern das System wies darüber hinaus die wirksame Kraft des Wettbewerbs auf, der eine Begrenzung oder Egalisierung des Einkommens und damit eine Demokratisierung der Marktkontrolle bewirkte.

4

In den dreißiger Jahren unseres Jahrhunderts war die Prämisse des Wettbewerbs zwischen vielen kleinen Firmen, die sich am Marktgeschehen beteiligten, unhaltbar geworden. Seit dem Ende des vorigen Jahrhunderts war immer unübersehbarer der Wirtschaftsriese aufgetaucht. Seine Bedeutung wurde von allen erkannt – nur nicht in den Lehrbüchern. Selbst den nicht so strengen Gelehrten fiel es allmählich schwer, die Augen vor der Tatsache zu verschließen, daß die Märkte für Stahl, Automobile, Gummiprodukte, Chemikalien, Aluminium, andere Nicht-Eisen-Metalle, Elektrogeräte, landwirtschaftliche Maschinen, weiterverarbeitete Nahrungsmittel, Seife, Tabak, Alkoholika und andere Schlüsselprodukte nicht unter viele Hersteller aufgeteilt waren, von denen keiner die Preise bestimmen konnte, sondern nur unter einer Handvoll Produzenten, die diese Macht durchaus besaßen. Infolgedessen wurde das neoklassische Wirtschaftsmodell so modifiziert, daß es auch dann anwendbar war, wo sich drei, vier oder sechs (meist) sehr große Produzenten in einen Markt teilten. Zwischen den Wettbewerb unter vielen und dem Monopol einer einzelnen Firma wurde das Oligopol einiger weniger eingeschoben. Dieses Oligopol wurde nun, wenn auch zunächst widerstrebend, allmählich als normale Form der Marktorganisation anerkannt *. Diese Ergänzung änderte am System jedoch weniger, als man sich damals oder heute vorstellte. Man wollte die Struktur des Geschäftsunternehmens nicht verändern. Auch die Motivation blieb dieselbe. »Die Firma ist das primitive Konzept der (anerkannten) Theorie. Man geht indirekt oder in manchen Fällen auch direkt davon aus, daß die Firma von einem Einzelbesitzer geleitet wird, der maximale Profite anstrebt.« ** Hinzu kam nur die Macht, den Preis für das Produkt oder die Dienstleistung festzusetzen. Der so von einer Firma festgesetzte Preis spielt eine Rolle bei der Preisfestlegung einer anderen Firma für dasselbe Produkt. Unter dieser Voraussetzung berücksichtigt jede Firma das gemeinsame Interesse der Branche bei einem allgemein akzeptablen Preis. Bei unveränderter Motivation ist dies der Preis, der den höchsten Ertrag verspricht. So nimmt das neoklassische Modell an, ein Oligopol erziele dasselbe Resultat wie ein Monopol (wenn auch wegen unzureichender Information oder einiger überflüssiger Absatzkosten unvollkommen). An die Stelle einer Firma, die aus dem Verkauf des Produkts maximale Erträge anstrebt, tritt nun eine kleine Anzahl von Firmen, die ihren gemeinsamen Ertrag zu maximieren suchen. Alle Firmen – das ist ein entscheidender Punkt – unterliegen weiterhin dem Verbraucherwillen. Immer noch wird die Instruktion des Verbrauchers in Form zunehmender oder abnehmender Käufe dem Markt erteilt; immer noch ist dies die einzige Instruktion, der die Firma und die Branche gehorcht. Die Beteiligten erfahren daraus, wo sie den größtmöglichen Profit erhoffen dürfen, und nur daran sind sie interessiert. König ist immer noch der Kunde.

Die Gewinne des Oligopols liegen höher, als unbedingt nötig wäre, und der Wettbewerbsprozeß, der Gewinne und Erträge wieder

*) Trotz der Vorarbeit einiger anderer Autoren, insbesondere Piero Sraffas von der Universität Cambridge, stammten die maßgeblichen Werke von Edward H. Chamberlin *The Theory of Monopolistic Competition*, Harvard University Press, Cambridge 1933, und Joan Robinson *The Economics of Imperfect Competition*, Macmillan, London 1933.

**) Martin Shubik, A Curmudgeon's Guide to Microeconomics, *The Journal of Economic Literature*, Band 8, Nr. 2 (Juni 1970), S. 411.

normalisieren sollte, ist eingeschränkt. Damit fehlt dem System die bisherige Tendenz gleicher Einkommen. Und da die Preise höher liegen als unbedingt nötig, bleiben Produktion und damit Investition und Zahl der Arbeitsplätze beim Oligopol (oder Monopol) hinter dem idealen Stand zurück *. Unbeeinträchtigt bleibt dabei jedoch die letzte soziale, politische und moralische Sanktion des Systems, die sich aus der Unterordnung unter den Willen des Individuums ergibt **.

Außerdem erstreckt sich die aus einem Monopol oder Oligopol entstehende Ungleichheit nur auf verhältnismäßig wenig Leute und kann daher im Prinzip durch staatlichen Eingriff behoben werden. Arbeiter haben keinen Anteil an Monopolgewinnen, da der Monopolträger keine Veranlassung sieht, die ortsüblichen Löhne zu überschreiten. Wären die Löhne in einem vom Monopol beherrschten Sektor tatsächlich höher, würde der Zustrom neuer Arbeitskräfte sie bald wieder drücken. So erzielt nur der Inhaber einen ungebührlich hohen Ertrag. Ihn könnte man mit Hilfe der Einkommensteuer ausgleichen.

Hier sei angemerkt, daß die Verfechter des neoklassischen Systems im Prinzip zwar seit langem die monopolistischen und damit krankhaften Tendenzen des Oligopols bedauern, in der Praxis je-

*) Die Produktion wird nicht geringer, als sie bei vorhandenem Wettbewerb wäre, behaupten die Lehrbücher oft. Gäbe es einen Wettbewerb, wären viele Firmen vorhanden, im einzelnen wesentlich kleiner und mit einer anderen Technologie sowie mit anderen Kostenfunktionen ausgestattet. Man weiß daher nicht, ob sich das Wettbewerbsgleichgewicht auf einer höheren und tieferen Ebene von Output, Investment oder Beschäftigung einpendeln würde. Man kann daher das Ergebnis bei einem Monopol nicht mit dem bei freiem Wettbewerb vergleichen. Dieser Vergleich wird häufig von Wirtschaftswissenschaftlern gezogen, wobei dem Wettbewerb eine scheinbare moralische Überlegenheit zukommt.

**) Der Begriff eines freien Wettbewerbs auf dem Markt ist jedoch sehr zählebig. »... der Nationalökonom sieht im Wettbewerb und seinen Preismechanismen ein besonders leistungsfähiges Instrument der individuellen Willensäußerung ... Freie Wahl und ein Wettbewerb, der sich in Form von Kauf- und Verkaufsentscheidungen individueller Konkurrenten ausdrückt, weisen oft die bemerkenswerte Fähigkeit auf, auf sozialem Gebiet Ergebnisse zu erzielen, die ein staatliches Eingreifen nicht verbessern könnten. Gleichzeitig weist der Markt jedoch viele Fehler und Mängel auf, die einen staatlichen Eingriff erfordern. In Hinblick auf diese Mängel fühlt sich der Nationalökonom am wohlsten, wenn er eine Politik empfehlen kann, die auf eine Perfektion des Marktes abzielt, ohne ihn auszuschalten oder mit Finessen zu versehen.« Arthur M. Okun, *The Political Economy of Prosperity*, The Brookings Institution, Washington 1970. S. 5–6.

doch nie viel dagegen getan haben. Das Krebsgeschwür wurde erkannt, aber man operierte nicht. Vor der Ausweitung des Begriffs Monopol auf das Oligopol in den dreißiger Jahren blieben die Fälle erkennbarer Monopole selten. Was Großunternehmen der Industrie anbetraf, dachte man zunächst nur an die Aluminum Company of America. Bis zu diesem Zeitpunkt war das Gerede über eine Reglementierung, Sozialisierung oder Aufsplitterung von Monopolen gar nicht so unrealistisch. Aber nachdem man das Oligopol als eine dominierende Marktform anerkannt hatte, entfiel diese Möglichkeit; man hätte dann nämlich die Firmen, die den Hauptteil des Wirtschaftssystems ausmachten, sozialisieren, reglementieren oder aufsplittern müssen. Das wäre kein Eingriff, sondern eine Revolution gewesen. Wirtschaftswissenschaftler sind ebensowenig revolutionär wie ihre Lehrbücher. Außerdem bahnte sich in der Motivation der Firma ein Wandel an, auch wenn er von Großorganisationen noch nicht anerkannt wurde – ein Punkt, den es zu untersuchen galt. Hatte man die verfügbaren Quellen bisher sehr ungenügend ausgewertet, so kam es nun zu relativen Übertreibungen. Die Nationalökonomen legten weiterhin Lippenbekenntnisse für die Antitrustgesetze ab, und diese Gesetze wurden leidenschaftlich von den daran verdienenden Anwälten verfochten. Aber wir werden gleich sehen, daß die Hauptleistung, sowohl der Nationalökonomen als auch der Rechtsanwälte, darin bestand, eine kritische Einstellung gegenüber den Großbetrieben in eine harmlose Sackgasse abzuleiten.

Nach dem neoklassischen Modell ist die einzelne Firma außerdem ganz der Aufsicht des Staates unterstellt. Die Wirtschaftspolitik des Staates richtet sich nach den Bedürfnissen der Allgemeinheit und nicht nach denen eines Geschäftsunternehmens. Zahlreiche von der Industrie geforderte Dienste (Ausbildung von Personal, Unterstützung der Technologie, Straßenbau) werden im Interesse des übergeordneten Gemeinwohls geleistet. Dasselbe gilt für Produkte und Dienstleistungen, die an den Staat verkauft werden; diese – Waffen, waffentechnische Entwicklungen, Wissenschaft und Forschung, Entwicklung der Raumfahrt – spiegeln den Willen der Legislative und damit letztlich der souveränen Bürger wider. Der Bürger fungiert als Oberschiedsrichter sowohl über den Gesamtumfang als auch die Details staatlicher Dienstleistungen.

III

Das neoklassische Modell II
Der Staat

I

Der neoklassische Staat wird mit dem neoklassischen Modell identifiziert. Das Wirtschaftssystem gehorcht den Instruktionen des Marktes und damit letztlich dem Verbraucher. Wo aus diesem oder jenem Grunde die Reaktion auf diese Instruktion unzureichend oder unvollkommen ist, kann sich die Regierung gezwungen sehen, der Instruktion Nachdruck zu verleihen oder die Reaktion so zu verstärken, daß sie dem öffentlichen Interesse besser entspricht. Wenn es um Heroin, Massageinstitute oder krebserzeugende Genußmittel geht, reagiert die Industrie einwandfrei auf Instruktionen des Marktes und der Verbraucher. Aber eine derartige Reaktion ist sozial unerwünscht, unmoralisch und ungesund; entsprechend wird hier die Instruktion des Marktes ausgeschaltet. Es gibt andere Dienstleistungen – Landesverteidigung, Erziehung, Schutz von Mensch und Eigentum –, die man vom Markt nicht erwarten kann. Auch hier muß der Staat einschreiten.

Dennoch glaubt das neoklassische Modell fest daran, daß die meisten wirtschaftlichen Aufgaben aufgrund der Instruktionen des Marktes bewältigt werden können. Dem Staat fällt dabei nur eine regulierende und ergänzende Aufgabe zu; wer sein Eingreifen fordert, hat die volle Beweislast zu tragen. Bis vor gar nicht so langer Zeit ging man noch davon aus, daß die Leistungen des Staates, verglichen mit den Leistungen privater Firmen aufgrund von Marktinstruktionen, umfangmäßig eindeutig an zweiter Stelle rangierten.

Abgesehen von bedauerlichen Ausnahmen steht der Staat über den wirtschaftlichen Interessen und insbesondere über dem Einfluß oder der Macht der einzelnen Firma. Diese ist dem Markt und damit dem Verbraucher unterstellt; aufgrund dieser Abhängigkeit kann sie im Verhältnis zum Staat keinen dominierenden Machtfaktor darstellen. Und da der Staat dem Willen der Bürger und

Wähler zu gehorchen hat, kann er keinen anderen Machteinflüssen unterliegen.

Es gibt jedoch Abweichungen. Verständlicherweise versucht die einzelne Firma, den Markt zu beeinflussen, um von ihm nicht versklavt zu werden. Sie mag in ihrem Marktbereich Sperrzölle anstreben, um höhere Preise zu erzielen, eine Preisstützung durch Käufe der öffentlichen Hand oder ein staatliches Verbot von Neuerungen, durch die ein besseres Produkt zum selben Preis beziehungsweise ein gleichwertiges Produkt zu niedrigerem Preis droht. Sie bemüht sich vielleicht um die Unterstützung oder zumindest die stillschweigende Billigung des Staates beim Schlucken von Konkurrenten, um so Einfluß auf deren Preisgestaltung zu gewinnen. Die neoklassische Wirtschaftslehre wendet sich entschieden gegen Schutzzölle, Preissubventionen, Unterdrückung technischer Neuerungen und alle Maßnahmen, die man als staatliche Unterstützung oder Billigung des Monopols deuten könnte. Diese Methoden der Marktmanipulation zugunsten der Einzelfirma sind die klassischen Mittel der Werbung um staatliche Unterstützung für private Zwecke.

Auch hinsichtlich dessen, was es ignoriert, bleibt das neoklassische Modell seinen Ursprüngen treu. Wie bereits erwähnt, schreibt man dem Staat eine geringe und relativ untergeordnete Rolle im gesamten Wirtschaftsgeschehen zu. Man sieht in ihm keinen Großabnehmer von Waren. Die Leistungen des Staates – etwa die Unterstützung von Forschung und Entwicklung oder der Bau von Autostraßen – waren für die Entwicklung bestimmter Industrien nicht entscheidend. Man dachte kaum nach über den Einfluß der Privatfirma auf die Regierung – die Abnahme ihrer Waren oder die Stellung erforderlicher Leistungen, da diesem Gedanken die tiefen historischen Wurzeln fehlten. So ist das auch heute noch.

2

Im Laufe des letzten halben Jahrhunderts hat sich auch in neoklassischer Sicht die Aufgabe des Staates geändert; sie wurde um die Pflicht eines allgemeinen Wirtschaftsmanagements erweitert. Auch von diesem Management nimmt man an, es sei wirtschaftlichen

Sonderinteressen übergeordnet. Es spiegelt ebenfalls das Interesse der Allgemeinheit wider.

Die dreißiger Jahre dieses Jahrhunderts hinterließen auf allen Gebieten wirtschaftlichen Denkens einen tiefen Eindruck. Bis zur Depression hielt man das Wirtschaftssystem – so meinten die Neoklassiker – für ein Gebilde, das sich selbst reguliert oder, genauer gesagt, sich selbst berichtigt. Vorübergehende Fehlfunktionen mochten zwar auftreten, aber die Grundtendenz des Systems zielte doch auf eine Beschäftigung aller arbeitswilligen und verfügbaren Arbeitskräfte für ein nahezu maximales Produktionsvolumen ab. Die Produktion schuf nämlich das zum Kauf der produzierten Waren nötige Einkommen, und das reichte letztlich aus, um die gesamte Produktion aufzukaufen.

Ein Teil dieses Einkommens konnte natürlich gespart werden. Aber schließlich würde man auch das Gesparte investieren, also ausgeben. Bei einer zeitweilig zu starken Spartätigkeit sinken die Zinssätze, und der Konsum wird angeregt. Oder – läßt die Nachfrage vorübergehend nach, sinken die Preise, und die Märkte können auch durch ein geringeres Maß an Kaufkraft geräumt werden. Daher kann kein permanenter Mangel an Kaufkraft auftreten. Ein Jahrhundert lang verkündete man als wirtschaftliches Evangelium die Behauptung, Produktion schaffe ihre eigene ausreichende Nachfrage. Diese Vorstellung wurde in Says Marktgesetzen formuliert. Daran, ob jemand das Saysche Gesetz akzeptierte oder nicht, schied man bis in die dreißiger Jahre hinein die Wirtschaftsexperten von den Spinnern.

Das neoklassische Gleichgewicht zwischen Produktion und der für die Aufnahme dieser Produktion erforderlichen Kaufkraft spielte sich beim Stand der Vollbeschäftigung aller arbeitswilligen und brauchbaren Arbeitskräfte ein. Gab es Arbeitslose, so sanken durch den Wettbewerb um die Arbeitsplätze die Löhne. Dann wurde es lohnend, mehr Leute einzustellen. Vielleicht sinken aufgrund der niedrigeren Löhne auch Nachfrage und Preise; aber die von der Arbeitslosigkeit unmittelbar beeinflußten Löhne würden einen größeren Rückgang aufweisen. Dieses Absinken der Reallöhne sollte der entscheidende Faktor für eine zunehmende Beschäftigung sein. Diese Zunahme setzte sich dann bis zur Vollbeschäftigung fort.

John Maynard Keynes zerstörte um die Mitte der dreißiger Jahre im Gefolge zahlreicher ungehört verklungener Stimmen (denen Keynes' Prestige und die zwingenden Umstände der Depression fehlten) das Saysche Gesetz und damit auch die Illusion eines sich selbst regulierenden Wirtschaftssystems. Das war Keynes' historische Leistung. Nach ihm fand man sich mit dem Gedanken ab, daß in der Wirtschaft eine Verknappung (oder ein Übermaß) an Kaufkraft auftreten konnte und daß weder Löhne noch Zinssätze geeignet waren, diesen Zustand zu korrigieren. Eine Lohnsenkung würde höchstens zu einer weiteren Verminderung der Kaufkraft – der Gesamtnachfrage, wie man sie nun nannte – führen und die Lage noch verschlimmern. Wie die Erfahrungen der Depression zeigten, läßt sich ohne eine ausreichende Nachfrage selbst durch niedrigste Zinssätze die erforderliche Investitionstätigkeit nicht beleben und demnach die Nachfrage nicht steigern. Die Stagnation setzt sich fort. Als einziger Ausweg bleibt eine staatliche Intervention.

Der Staat kann mehr ausgeben, als er an Steuern einnimmt, und auf diese Weise im Bedarfsfall die Nachfrage anregen. Übersteigt die Nachfrage die derzeitige Produktionskapazität von Menschen und Material – treibt sie also die Preise hoch –, kann der Staat umgekehrt eingreifen. Damit greift die Fiskalpolitik helfend und kontrollierend in das Wirtschaftssystem ein.

Außerdem kann die Regierung den Geldmarkt manipulieren und damit auch die Zinssätze für Darlehen. Mit niedrigen Zinssätzen allein läßt sich nicht viel erreichen. Aber im Rahmen einer allgemeinen Stabilitätspolitik können monetäre Maßnahmen wirksam werden. Das Mysterium, mit dem die Nationalökonomen die Währungspolitik umgeben haben, verschaffte ihnen zwar nützliches Prestige, aber in den Grundzügen ist sie doch recht einfach. Spareinlagen bei Banken und anderen Geldinstituten stehen natürlich zum Wiederausleihen zur Verfügung. Der so verfügbare Betrag kann dadurch erhöht werden, daß man den Banken Anleihen bei der Zentralbank erlaubt. Durch einen günstigen Diskontsatz kann notfalls ein zusätzlicher Anreiz gegeben werden. Die Zentralbank kann den Banken weitere Geldmittel für die Wirtschaft zur Verfügung stellen, indem sie ihnen Staatsanleihen abkauft. Muß die Nachfrage gedämpft werden, kehrt man diesen Vorgang um. Wir stellen fest, daß der Zinssatz bei einer aktiven Währungspolitik zu einem geplanten oder fixen Preis wird – fixiert durch die Zentralbank. Dieser Punkt tritt im neoklassischen Modell jedoch kaum zu Tage. Man läßt bezeichnenderweise im Dunkeln, ob die Zinsrate einen vom Markt oder vom Staat festgelegten Preis für Ersparnisse darstellt.

Der praktische Nutzen einer bestimmten währungspolitischen Maßnahme ist höchst umstritten. Niemand kann voraussagen, welche Auswirkung eine bestimmte Geldverknappung haben wird – zusammen mit der entsprechenden Anhebung des Zinssatzes. Oft erzielt eine spürbare Verknappung überhaupt keine ersichtliche Wirkung, und dann kommt es plötzlich zu krassen Einschränkungen bei Geldaufnahmen, Investitionen und Nachfrage – mit peinlichen Folgen für Produktion und Beschäftigung. Ähnlich ungewiß ist die Reaktion der Kreditnehmer auf niedrigere Zinssätze und eine Lockerung der Bedingungen. Möglicherweise geschieht dann gar nichts, wenn eine solche Maßnahme nicht von guten Aussichten für den Absatz von Waren begleitet wird. Es liegt zum Teil an dieser Ungewißheit, daß Zentralbankbeschlüsse immer das kollektive Urteil von Leuten darstellen, die einzeln keine Ahnung von den unmittelbaren Folgen ihres Tuns haben. Diese Tatsache dient zusammen mit der ernsten, tiefschürfenden und fast weihevollen Diskussion jeglicher Zentralbankpolitik recht wirkungsvoll zur Verschleierung der Unsicherheit hinsichtlich der Auswirkungen.

Dennoch ist das neoklassische (und jetzt das neo-Keynessche) Modell davon überzeugt, daß eine Kombination von Fiskal- und Währungspolitik einigermaßen stabile Preise beim Stand der annähernden Vollbeschäftigung erreichen kann. Herrscht Arbeitslosigkeit, kann diese durch Maßnahmen der Regierung zur Nachfrageanheizung behoben werden. Beim Verschwinden der Arbeitslosigkeit wird die Inflation zu einer gleichgroßen Gefahr mit umgekehrten Vorzeichen. Man kann sie vermeiden, indem man die Ausweitung der Nachfrage bremst. Bei einigem Geschick lassen sich die Preissteigerungen aufhalten, ohne das Gespenst der Arbeitslosigkeit heraufzubeschwören.

Es sollte darauf hingewiesen werden, daß dieser Optimismus durchaus der neoklassischen Idee vom Markt entspricht. Die Wirtschaft wird über den Markt gesteuert. Die Herstellerfirma ist dem

Markt unterworfen. Daraus ergibt sich, daß bei einer Ausweitung der Gesamtnachfrage auf dem Markt die Firmen auf diese Instruktion reagieren und Produktion wie auch Beschäftigung steigern werden. Der entscheidende Punkt ist, daß sie auf eine schrumpfende Nachfrage durch den Verzicht auf Preissteigerungen oder mit Preissenkungen reagieren werden. Die neo-Keynessche und die neoklassische Überzeugung stimmen hier überein. Beide schreiben dem Markt dieselbe Macht zu.

3

Die Aufgabe einer Gesamtsteuerung der Wirtschaft hat die Rolle des Staates im Wirtschaftssystem deutlich verstärkt. Aber davon sprach man kaum in Fachdiskussionen. Man glaubte auch nicht, daß sich dadurch die Beziehung des Staates zum Wirtschaftsinteresse veränderte. Dieses war immer noch dem Markt untergeordnet; die Gesamtsteuerung der Wirtschaft gehorchte nach wie vor dem Willen des Bürgers und dem öffentlichen Interesse.

Die Entwicklung schien dieser Auffassung recht zu geben. In den Keynesschen Maßnahmen der dreißiger Jahre sah man bereitwillig und nicht so ganz abwegig eine humane Reaktion auf das Problem der Massenarbeitslosigkeit. Der ursprüngliche Plan sah eine Ausweitung der Staatsausgaben für dringende zivile Zwecke vor; hierfür wurde mehr ausgegeben, als die Steuern einbrachten, und damit steigerte man die gesamte Nachfrage. Demselben Ziel diente automatisch die Sozialfürsorge. War die Arbeitslosigkeit erst einmal erfolgreich bekämpft, glaubte man, die Staatsausgaben wieder drosseln zu können, soweit sie nicht von selbst zurückgingen, wie zum Beispiel bei der Arbeitslosenunterstützung. Dann würde die Aufgabenpolitik des Staates auf den früheren Stand zurückkehren.

Aber die von Keynes begonnene Politik entwickelte sich ganz anders. Die Staatsausgaben wurden nicht je nach Bedarf der Wirtschaft gesteigert oder verringert, sondern von vornherein sehr hoch angesetzt. Diese Politik unterstützten wiederum Einkommens- und Körperschaftssteuern, die bei steigendem Einkommen überproportional zunahmen und bei sinkendem Einkommen überproportional zurückgingen. So wirkten die Steuern automatisch dämpfend oder fördernd auf Privateinkommen und Ausgaben – sie übten einen automatischen Stabilisierungseffekt auf die Nachfrage aus. Zusätzlich senkte man je nach Bedarf die Steuersätze oder erhöhte sie, was schwieriger war. Die hohen Staatsausgaben bedeuteten, daß die Rolle des Staates im Wirtschaftsleben nicht mehr klein war, sondern sehr umfangreich. Viele dieser Ausgaben dienten in der Praxis den Bedürfnissen von Privatfirmen oder dem Absatz ihrer Produkte. Die augenfälligsten Beispiele waren Aufwendundungen für militärische und andere technische Zwecke, die allmählich einen bedeutenden Prozentsatz des Staathaushaltes ausmachten. Man sah darin jedoch nicht das Ereignis des Einflusses der betreffenden Firmen. Wenn der Staat Waffen kaufte, so geschah dies nur im allgemeinen öffentlichen Interesse, entsprechend dem Willen der Bürger, der über die Gesetzgebung der Regierung interpretiert wurde. »Der Friede ist das oberste Gebot in der Sphäre der neoklassischen Wirtschaftslehre.«*

Die Trennung zwischen dem Gesamtmanagement der Wirtschaft und Fragen nach dem Einfluß der Privatfirma – von dem Gedanken ausgehend, daß hier in großem Umfang den Bedürfnissen moderner Großunternehmen entsprochen wird – erhielt den Glauben an den einfachen Ursprung der Ideen aufrecht. Diese Tendenz wurde durch die Arbeitsteilung in der Nationalökonomie unterstützt. Dieses stellt, wie schon bemerkt, ein altes Problem dar. Die Tendenzen moderner Großunternehmen und der Gewerkschaften sind bei der Theorie der Firma nie voll zum Tragen gekommen, weil sie in eine andere Sparte von Lehre und Forschung gehören. Eine noch breitere Kluft trennt die neoklassische Betrachtung der Firma und des Marktes von der Beschäftigung mit dem Gesamtmanagement der Wirtschaft. Die Theorie der Firma gehört in das Gebiet Mikro-Ökonomie, die Beschäftigung mit der Wirtschaft im ganzen ist Makro-Ökonomie. Für beides gibt es gesonderte Kurse, Lehrer und Bücher. Die Unterscheidung wäre ohne Bedeutung, wenn sich in der Makro-Ökonomie der Bedarf des modernen Großkonzerns ausdrückte – und genau das ist der Fall, wie wir noch sehen werden. Aber die Unterscheidung ist nun einmal da

*) Harry Magdoff, Militarism and Imperialism, *The American Economic Review*, Papers and Proceedings, Band 60, Nr. 2 (Mai 1970), S. 237.

DM
29,80

Galbraith, Wirtschaft für Staat und Gesellschaft
Autor · Titel

3-426-04565-6	geb.	1.	
ISBN	Einb.	Aufl.	Bd.

—
Reihe u.ä.

Droemer Knaur	11547
Verlag	Verkehrs-Nr.

BUCHLAUFKARTE

und lenkt die Aufmerksamkeit vom Einfluß der Konzerne auf die Politik ab.

So also bleibt im neoklassischen Modell das Individuum – genauer gesagt der Haushalt – sowohl in der Privatwirtschaft als auch im Staat souverän. Entsprechend verhalten sich die gesellschaftlichen, moralischen und politischen Sanktionen innerhalb der Gesellschaft. Noch zwei weitere Punkte müssen erwähnt werden.

4

Abgesehen von einem Merkmal sind alle Firmen in ihrer Reaktion auf die Nachfrage von Verbraucher und Staat homogen – das Modell besitzt nur eine einzige Theorie der Firma. Ob groß oder klein, alle Firmen reagieren in ihrer Entwicklung auf die Instruktionen von Markt und Verbraucher. Keine weist eine besondere Tendenz auf, Kapital anzusammeln und sich selbständig zu machen; da die Firmen völlig der Instruktion des Marktes unterliegen, hat keine von ihnen diese Möglichkeit. Ausnahmen bildet das Oligopol oder Monopol. Aber hier werden Investition und Wachstum immer noch durch das Profitdenken bestimmt, und das wiederum wird von der Nachfrage nach den Erzeugnissen der Monopol- oder Oligopolfirma gesteuert. Der einzige Unterschied besteht darin – erstaunlicherweise entgegen allen heutigen Besorgnissen, wie wir sehen werden –, daß überall da, wo Firmen einen sehr starken Einfluß auf den Marktsektor ausüben, Investitionen, Beschäftigung und Entwicklung hinter dem gesellschaftlich wünschenswerten Ideal zurückbleiben.

Es besteht die Möglichkeit, daß manche Firmen oder manche Industrien mehr Gebrauch von der Technologie machen – ein höheres Maß an technischer Innovation aufweisen – und sich daher auch rascher entwickeln als andere. Hier bleibt das neoklassische Modell zweideutig. Es läßt zwar zu, daß manche Branchen in technischer Hinsicht fortschrittlicher sind als andere, aber auf eine Erklärung dieses Umstandes konnte man sich nicht einigen. Die Schule des verstorbenen Joseph A. Schumpeter * behauptet, Oligopole und

*) Siehe Joseph A. Schumpeter, *Capitalism, Socialism and Democracy*, Harper and Brothers, New York und London 1942, S. 81 ff.

Monopole seien technisch fortschrittlicher als konkurrierende Einzelunternehmen. Ihre Monopolgewinne versetzten sie in die Lage, mehr Geld für die technische Entwicklung aufzuwenden; sie würden dazu ermutigt, weil ihre Monopolstellung es ihnen erlaubt, einen größeren Teil der erwirtschafteten Beträge für sich zu behalten. Im Gegensatz dazu erklärt eine konservativere Schule, daß Firmen mit einer Monopolstellung zur Rückständigkeit neigten; sie setzten ihre Macht zur Bremsung oder Unterdrückung von Neuerungen ein. Es ist ein altes Klischee der Wirtschaftslehre, daß sich der Monopolist nichts sehnlicher wünsche als ein beschauliches Leben.

Am verbreitetsten ist vermutlich die Meinung, technischer Fortschritt sei zufällig. Er komme dann zum Tragen, wenn jemand eine Marktlücke entdeckt oder auch eine bessere Methode zur Herstellung einer Ware, zur Leistung eines gerade geforderten Dienstes (so gehorcht der technische Fortschritt, wie alles andere, letztlich doch dem Verbraucherwillen). Wenn manche Teile der Wirtschaft technisch fortschrittlicher sind als andere, so liegt das daran, daß die Konkurrenz auf einigen Gebieten eine größere geistige Wendigkeit erzwingt als auf anderen.

5

Es ist kein Geheimnis, daß das neoklassische System nicht die Wirklichkeit beschreibt. Die folgenden Seiten werden das bestätigen. Wie erklärt sich dann seine Langlebigkeit bei den Nationalökonomen?

Es wurde bereits darauf hingewiesen, daß dieses System die Aufmerksamkeit von unbequemen Tatsachen und Handlungen ablenkt. Es ist deshalb eine Formel zur Vermeidung von Auseinandersetzungen. Aber das ist nicht die ganze Erklärung, denn auch bei den Wirtschaftswissenschaftlern spielen, wie überall, Wahrheit und Selbstachtung eine Rolle. Das neoklassische System verdankt viel der Tradition, denn es stellt eine recht plausible Beschreibung einer vergangenen Gesellschaftsform dar. Es ist auch als Abbildung jenes Teils der Wirtschaft, den wir das Marktsystem nennen wollen, nicht so ganz unbefriedigend.

Außerdem wird das Modell als Lehre nun einmal angeboten. Studenten kommen, man muß ihnen etwas beibringen, und man kann auf das neoklassische Modell zurückgreifen. Eine weitere Stärke liegt darin, daß es sich zu endlosen theoretischen Verfeinerungen förmlich anbietet. Seine zunehmende Komplexität vermittelt den Eindruck vermehrter Präzision und Genauigkeit. Auf die anfängliche Verwirrung folgt das Gefühl des Verstehens. Ist der Nationalökonom erst einmal hinreichend »in seinen Daten und Techniken befangen«, kann er gesellschaftliche Konsequenzen übersehen. Da seine Aufmerksamkeit anderen Dingen gilt, kann er sogar ohne schlechtes Gewissen »ein System unterstützen, das eine große Anzahl von Menschen schlecht behandelt«*.

Man darf jedoch nicht davon ausgehen, daß die gegenwärtige Vorrangstellung des neoklassischen Systems für alle Zeiten gesichert sei. Der Zusammenhang zwischen Lehre und Wirklichkeit läßt sich nicht überstrapazieren. Niemand glaubt, in der ungleichen Entwicklung des Wohnungsbaus und der Raumfahrt manifestiere sich der Verbraucherwille. Es behauptet auch niemand mehr, die Löhne in verschiedenen Wirtschaftszweigen tendierten zum Ausgleich. Wenn man den Bogen überspannt, bricht er; eine unglaubwürdig gewordene Doktrin wird abgelehnt. Dasselbe gilt für ihre Verfeinerung ohne rechte Relevanz. Früher oder später sieht man darin nur noch ein Spiel **. Es ist daher nicht überraschend, daß das neoklassische Modell in den letzten Jahren an Überzeugungskraft verliert, insbesondere bei den jüngeren Gelehrten.

Eine Folge der Ablehnung des neoklassischen Modells ist das neuerwachte Interesse an Marx. Das Marxsche System stellte einst die echte Alternative zum klassischen Wirtschaftsdenken dar. In zahl-

*) John G. Gurley, The State of Political Economics, *The American Economic Review*, Band 61, Nr. 2 (Mai 1971), S. 53.

**) »... die Leistungen der Wirtschaftstheorie in den beiden letzten Jahrzehnten sind eindrucksvoll und in vieler Hinsicht sehr schön. Aber es läßt sich nicht abstreiten, daß man es als einigermaßen skandalös empfindet, wenn so viele Leute an der Analyse ökonomischer Zustände herumfeilen, die es nie gegeben hat und wahrscheinlich auch niemals geben wird... Das ist ein unbefriedigender und einigermaßen unaufrichtiger Zustand.« F.H. Hahn, früherer Präsident der Ökonometrischen Gesellschaft, zitiert von Wassily Leontief in seiner Ansprache zur Amtseinführung als Präsident der American Economic Association 1970, Theoretical Assumptions and Nonobserved Facts, *The American Economic Review*, Band 61, Nr. 1 (März 1971), S. 2.

reichen Punkten steht es in krassem Gegensatz zu den weniger glaubwürdigen Prämissen des neoklassischen Modells. Es weist dem Großunternehmen eine wichtige Rolle zu. Unternehmen und Unternehmer – der Kapitalist – werden nicht als machtlos hingestellt. Auch die überlegene technische Kompetenz wird eingestanden, ebenso die Tendenz der Großunternehmen zum Zusammenschluß in immer weniger, immer größeren Einheiten – eben die Tendenz zur kapitalistischen Konzentration. Kapitalisten sind nicht dem Staat unterworfen; der Staat ist ihr ausführendes Organ.

Das ist nicht meine Auffassung, wie ich auf den folgenden Seiten deutlich machen werde. Marx durchschaute einen Großteil der kapitalistischen Entwicklungstendenz, aber er besaß keine übernatürlichen Kräfte und konnte damals noch nicht wissen, was sich daraus ergeben würde. Seit Marx ist vieles geschehen, was mitberücksichtigt werden muß. Aber da er für anständig denkende Menschen so lange Zeit verboten war, gilt ein volles Akzeptieren seines Systems heute als Zeichen für Ehrlichkeit und Mut. Damit wird aber lediglich eine unzulängliche Betrachtung der Wirtschaft durch eine andere ersetzt. Ehrlichkeit und vielleicht auch Mut beweist man dann, wenn man das akzeptiert, was tatsächlich ist.

IV

Konsum und der Begriff des Haushalts

> Sie waren ja so beschäftigt – mit Einkaufen, Autofahren, mit dem Bedienen ihrer Geschirrspüler und Trockner und elektrischen Mixer, mit Gartenarbeit, Bohnern und Staubsaugen, mit den Hausaufgaben der Kinder, Sammlungen für caritative Zwecke und Tausenden kleiner Pflichten. *Betty Friedan*
> The Feminine Mystique

1

Das neoklassische System sieht im Konsum eine im großen und ganzen untadelige Sache, die mit allen ehrlichen und gesellschaftlich vertretbaren Mitteln gefördert werden muß. Eigentümlicherweise ist Konsum außerdem ein Genuß ohne Reue. Bei der Auswahl von Waren und Dienstleistungen sind Überlegungen anzustellen. Bei ihrem Gebrauch entstehen keine Probleme. Das alles ist falsch, und was hier übersehen wurde, formt maßgeblich das Leben des einzelnen, der Familie und der Gesellschaft. Die Auslassungen und die Hintergründe dieser Kurzsichtigkeit sollen genauer untersucht werden. Sie sind nämlich von großer Bedeutung.

Von einem gewissen Punkt an werden Besitz und Verbrauch von Waren zu einer Last, falls man die damit verbundenen Aufgaben nicht delegieren kann. So hat man nur dann etwas von immer raffinierteren und ausgefalleneren Speisen, wenn ein anderer sie zubereitet. Sonst wird jeder normale Mensch bald den Eindruck gewinnen, daß der erforderliche Zeitraum in keinem Verhältnis zum Lustgewinn durch den Genuß der Speisen steht. Immer größere und vollkommenere Wohnungen stellen in Pflege und Verwaltung eine immer größere Belastung dar. Dasselbe gilt für Kleidung, Fahrzeuge, den Garten, Sportgeräte und andere Konsumartikel. Dem Konsum sind keine Grenzen gesetzt, wenn es Leute gibt, auf die man die Verantwortung der Verwaltung abwälzen kann und die wiederum imstande sind, eine entsprechende Dienerschaft zu besorgen und zu beaufsichtigen. Ansonsten ist Konsum streng begrenzt. Betrachtet man die großartigen Villen aus dem siebzehnten, achtzehnten und neunzehnten Jahrhundert, so denkt man zuerst an den Reichtum ihrer Bewohner. Nach modernen Maßstäben war dieser Wohlstand oft bescheiden. Aber die Besitzer dieser Häuser konnten die mit dem Konsum verbundenen Verwaltungsaufgaben einer großen, willigen und disziplinierten dienenden Klasse übertragen.

Dienende Berufe waren immer schon durch die attraktiveren Verdienstmöglichkeiten in der Industrie gefährdet. Aber der durch die industrielle Entwicklung geförderte Wohlstand machte gerade diese Berufe immer nötiger. Es kann daher nicht erstaunen, daß in den letzten hundert Jahren sehr viel Mühe darauf verwandt wurde, Bedienung zu erhalten, einen Ersatz dafür zu finden oder nach Ausweichmöglichkeiten zu suchen. Bei der Suche nach Ersatz wurden die Frau und die Familie entdeckt. Eine allgegenwärtige Kraft hat hier gesellschaftliche Verhaltensnormen geformt – eine Kraft, die man oft ahnte, aber kaum einmal beschrieb. Da das Kind einen Namen haben muß, wollen wir diese Kraft »Gemeinschaftsbezogene Tugend« taufen.

2

Die Gemeinschaftsbezogene Tugend läßt jede für das Individuum noch so unbequeme oder unnatürliche Verhaltensweise als verdienstvoll erscheinen, die der Bequemlichkeit oder dem Wohlbefinden der Mächtigen unter uns dient oder ihnen auf andere Weise zum Vorteil gereicht. Die moralische Belobigung der Gemeinschaft für ein konformes und damit tugendhaftes Verhalten dient dann als Ersatz für pekuniäre Entlohnung. Ein nicht konformes Verhalten wird zur Zielscheibe für gerechte Empörung oder Sanktionen der Gemeinschaft.

Die Gemeinschaftsbezogene Tugend ist von großer Bedeutung, wenn man jemanden zu unangenehmen Dienstleistungen bewegen will. Ein treffendes Beispiel war der fröhliche, brave Wehrpflichtige, der den Militärdienst zu einem weit unter dem Marktpreis liegenden Sold auf sich nahm und dadurch die steuerliche Belastung des verhältnismäßig wohlhabenden Steuerzahlers fühlbar minderte. Wer sich einem solchen Dienst an der Gemeinschaft widersetzte, wurde als unpatriotisch oder sonstwie verächtlich abgestempelt. Die Gemeinschaftsbezogene Tugend half auch bei der Beschaffung von Krankenschwestern, Pflegern und anderem Krankenhauspersonal. Auch hier diente das Lob der Gemeinschaft als Teilersatz für Bezahlung (im Falle der Ärzte wurden solche Ehrungen niemals als ganz zufriedenstellender Ersatz für Bezahlung betrachtet). Zahlreiche andere Aufgaben des Gemeinwohls – man faßt sie gemeinhin unter dem Oberbegriff Caritas oder Nächstenliebe zusammen – werden durch die Gemeinschaftsbezogene Tugend beträchtlich verbilligt. Am nützlichsten hat sich die Gemeinschaftsbezogene Tugend jedoch bei der Lösung des Problems niederer Dienstleistungen erwiesen.

Im vergangenen Jahrhundert und bis ins zwanzigste Jahrhundert hinein wurde der Domestike als eine ungewöhnlich achtbare Person dargestellt. Es gab keine größere Empfehlung als Fleiß und Ausdauer in den Diensten einer anderen Person. Das »alte Familienfaktotum« stand in der Achtung nur geringfügig unter »weisen und liebevollen Eltern«. Auf dem Begriff »braver und getreuer Diener« ruhte ein biblischer Segen. In England entwickelte sich eine umfangreiche, geschickt gestrickte Literatur, die der dienenden Klasse Humor, Schlagfertigkeit, Einfühlungsvermögen und gewaltigen Kastenstolz zuschrieb. Das alles konnte natürlich die Abwanderung in die Industrie nicht verhindern. Der größte Erfolg der Gemeinschaftsbezogenen Tugend war die Bekehrung der Frauen zu niederen Diensten.

In den vorindustriellen Gesellschaften wurde den Frauen – abgesehen von ihren Aufgaben bei der Fortpflanzung – dann Tugend zugeschrieben, wenn sie in der landwirtschaftlichen Arbeit oder beim Hüttenbau tüchtig waren – oder in einer höheren Gesellschaftsschicht, wenn sie als intellektuelles, dekoratives, Sex bietendes oder unterhaltsames Schmuckstück dienten. Die Industrialisierung beseitigte die Notwendigkeit der Frauenarbeit beim Spinnen, Weben und der Herstellung von Kleidung; in Verbindung mit dem technischen Fortschritt ist die Frau in der Landwirtschaft heute von geringerem Nutzen. Aber der steigende Lebensstandard und das gleichzeitige Aussterben der Dienerschaft schufen auf anderen Gebieten einen dringenden Bedarf: Arbeiter müssen beaufsichtigt werden, und auch auf andere Weise gilt es, Konsum zu verwalten. Daher wurde die Haushaltsführung mit einer neuen gesellschaftlichen Tugend in Verbindung gebracht, die sich auf kluges Einkaufen, auf die Zubereitung von Nahrungsmitteln, den Gebrauch, die Unterhaltung und Pflege von Wohnung und Besitz erstreckt. Aus dem tugendsamen Weib wurde die tüchtige Hausfrau. Das soziale Leben entwickelte sich weitgehend zum Beweis des Könnens auf diesen Gebieten – zu einer Art Musterschau für weibliche Tugend. So ist es heute noch. In Familien mit höherem Einkommen waren diese Tendenzen zu Beginn unseres Jahrhunderts schon weit fortgeschritten. Thorstein Veblen bemerkt: »Nach dem Idealbild der Geldkultur ist die Dame des Hauses gleichzeitig oberste Hausmagd.«*

Mit steigendem Einkommen nimmt auch der Verbrauch an Umfang und Vielseitigkeit zu, damit auch Anzahl und Kompliziertheit der häuslichen Pflichten. Die richtige Aufteilung der Zeit zwischen den verschiedenen Aufgaben in Verbindung mit Haushalt, Kindererziehung, Unterhaltung, Kleidung, geselligem Leben und anderen Konsumformen wird zu einer immer schwierigeren und anspruchsvolleren Angelegenheit**. Daraus ergibt sich der paradoxe Zustand, daß die Frau immer mehr zur niederen Dienerin wird, je höher das Einkommen steigt, abgesehen von den wenigen, die noch über bezahlte Hausangestellte verfügen. Die Frau eines höheren Angestellten braucht nicht geistig wendig oder unterhaltend zu sein, man verlangt jedoch von ihr, daß sie bei gelegentlichen Auftritten in der Öffentlichkeit halbwegs dekorativ wirkt. Aber sie muß kochen können und ihrem Mann das Essen servieren, wenn er zu Hause ist; für den Haushalt einkaufen und das Haus in Ordnung halten; den Chauffeur der Familie spielen; notfalls arbeitet sie auch als Putzfrau, Hausmeister oder Gärtner. Tüchtigkeit auf diesen Gebieten wird nicht hervorgehoben, man setzt sie als selbstverständlich voraus. Entledigt sie sich zufriedenstellend all dieser Pflichten, akzeptiert man sie als gute Hausfrau,

*) Thorstein Veblen, *The Theory of the Leisure Class*, Houghton Mifflen, Boston 1973, S. 128.

**) Eine ausgezeichnete Analyse des Zeitaufwandes für Konsum (und manches andere) findet man bei Staffen Burenstam Linder, *The Harried Leisure Class*, Columbia University Press, New York 1970.

tüchtigen Kameraden, zuverlässige Verwalterin und gute Ehefrau – sie ist kurzum die Tugend in Person. Die Konvention untersagt ihr eine anderweitige Tätigkeit, die nichts mit dem Beweis häuslicher Tugenden zu tun hat und die ihre Rolle als brave Hausfrau beeinträchtigen könnte. Sie darf vielleicht noch im Beirat der Stadtbibliothek sitzen oder in einem Ausschuß zur Bekämpfung der Jugendkriminalität. Aber sie wird getadelt, wenn sie einer Vollbeschäftigung oder einem anstrengenden Beruf nachgeht. Eine Frau, die so etwas tut, vernachlässigt angeblich Heim und Familie, das heißt ihre *wirklichen* Pflichten. Sie hört damit auf, eine tugendsame Frau zu sein.

3

Die Verwandlung der Frauen in eine heimliche Dienerklasse war eine ökonomische Leistung ersten Ranges. Diener für niedere Arbeiten konnte sich nur eine Minderheit der vorindustriellen Gesellschaft leisten; im Zuge der Demokratisierung steht heute fast dem gesamten männlichen Bevölkerungsanteil eine Ehefrau als Dienerin zur Verfügung. Würden diese Arbeiten mit Geld entlohnt, so bildeten die Hausfrauen die mit Abstand größte Gruppe der ganzen Arbeiterschaft. Der Geldwert der Hausfrauentätigkeit wurde einmal sehr grob auf ungefähr ein Viertel des gesamten Bruttosozialprodukts geschätzt. Die durchschnittliche Hausfrau verrichtet (nach den Löhnen für vergleichbare Tätigkeit im Jahre 1970) eine Arbeit, die pro Woche etwa 257 Dollar oder ungefähr 13 364 Dollar pro Jahr wert ist *. Ohne diese Dienstleistung wäre jeglicher Konsum im Haushalt durch den Zeitaufwand für die Verwaltung dieses Konsums begrenzt: Auswahl, Transport, Zubereitung, Reparatur, Unterhaltung, Säuberung, Bedienung, Lagerung, Aufbewahrung und alles andere, was mit Warenkonsum zusammenhängt. Die dienende Rolle der Frau ist von ausschlaggebender Bedeutung für die Expansion des Konsums in der modernen Wirtschaft. Daß diese Rolle der Frau so allgemein gutgeheißen

*) Ann Crittenden Scott, The Value of Housework: For Love or Money, Zeitschrift *Ms.* (Juli 1972).

wird – sieht man von einiger Kritik in jüngster Zeit ab –, ist nur der Macht der Gemeinschaftsbezogenen Tugend zu verdanken.
Wie schon bemerkt, werden die Leistungen der Frauen zur Konsumerleichterung weder beim Nationaleinkommen noch beim Bruttosozialprodukt berücksichtigt. Auch das dient der Verschleierung, denn was man nicht zählt, bemerkt man oft nicht. Aus diesem Grunde und gestützt durch die konventionelle Pädagogik von heute kann es geschehen, daß Frauen Volkswirtschaft studieren, ohne sich ihrer genauen Rolle in der Wirtschaft bewußt zu werden. Dadurch finden sie sich wiederum leichter mit ihrer Rolle ab. Wäre ihre wirtschaftliche Funktion in der heutigen Pädagogik genauer dargestellt, könnte das ein Aufruf zu unbequemer Revolte sein.

4

Das neoklassische Modell kann jedoch mit einer weitaus raffinierteren Verschleierung der Rolle der Frau aufwarten: Mit dem Haushalt. Es wurde schon hinreichend betont, wie sehr dieses Modell die Rolle der individuellen Entscheidung im Wirtschaftsgeschehen in den Mittelpunkt stellt. Diese moralische Grundlage würde ernsthaft ausgehöhlt, wenn diese Entscheidung sich auf die Ausbeutung der Frauen stützte – und wenn man den Frauen beim Entscheidungsprozeß gegenüber den Männern eine untergeordnete Rolle zuwiese.
Diesen Schwierigkeiten geht man durch den Begriff des Haushalts aus dem Wege. Zu einem Haushalt gehören zwar mehrere Individuen – Ehemann, Ehefrau, Kinder, manchmal auch Verwandte oder Eltern – mit unterschiedlichen Bedürfnissen, Meinungen und Vorlieben, aber die neoklassische Theorie setzt ihn mit dem Individuum gleich. Willensäußerungen des Individuums und des Haushalts sind praktisch austauschbar *.

*) Einige Gelehrte haben sich allerdings besorgt geäußert. »In der Theorie der Nachfrage betrachten wir den Haushalt als unser Grundatom ... Wir sollten berücksichtigen, daß viele interessante Probleme, man denke an Familienkonflikte und die elterliche Gewalt über Minderjährige, ignoriert werden, wenn wir den Haushalt als Grundeinheit des Entscheidungsprozesses betrachten. Wenn Wirtschaftswissenschaftler von *dem* Verbraucher sprechen, meinen sie tatsächlich

Nachdem der Haushalt mit dem Individuum gleichgestellt wurde, verteilt er sein Einkommen so auf unterschiedliche Zwecke, daß die Grenznutzen ungefähr gleich bleiben. Wie bereits bemerkt, ist dies der optimale Zustand des Genusses, das neoklassische Verbraucher-Gleichgewicht. Nun erhebt sich die einleuchtende Frage, wessen Grenznutzen ausgeglichen werden sollen – jene des Ehemanns, der Ehefrau, der Kinder mit gewissen altersmäßigen Einschränkungen oder eventuell anderer Familienangehöriger. Zu all diesen Punkten schweigt die gängige Theorie. Zwischen Ehemann und Ehefrau herrscht offenbar in Übereinstimmung mit der idyllischen Vorstellung von einer glücklichen Ehe ein Kompromiß. Jeder der beiden Partner ordnet die wirtschaftliche Präferenz dem höheren Genuß des Beisammenseins und des Ehebettes unter. Oder es sollten nur Menschen mit identischen Präferenzen heiraten. Oder ein bislang unbemerkt gebliebenes Instrument des Ehesakraments gleicht nachträglich die Präferenzlisten aus. Oder es folgt eine Scheidung, wenn die Präferenzen doch voneinander abweichen, und der Prozeß läuft so lange weiter, bis sich endlich Personen mit identischen Präferenzen finden. Oder die Frau, die in der Praxis die meisten Einkäufe tätigt, erreicht den Grenzausgleich ihrer Präferenzen, und ihr Ehemann findet sich mit einem geringeren Maß an Befriedigung ab. Oder der Ehemann trifft als Herr im Hause die Entscheidungen entsprechend seinen Präferenzen, und die Ehefrau ergibt sich resigniert in ihr Schicksal.

In Wirklichkeit gestattet der moderne Haushalt keinerlei Entfaltung der individuellen Persönlichkeit und Präferenz. Er verlangt weitgehende Unterordnung des einen oder anderen Mitgliedes. Die Vorstellung, daß unser Wirtschaftsgefüge ungefähr die Hälfte aller Erwachsenen zu einem untergeordneten Status zwingt, läßt sich nicht leicht verfechten. Sie ist auch nicht ohne weiteres mit einem gesellschaftlichen Denkmodell vereinbar, das nicht nur das Individuum hervorhebt, sondern auch seine Macht ausdrück-

die Gruppe von Individuen, die den Haushalt bilden.« Richard G. Lipsey und Peter O. Steiner, *Economics*, 2. Auflage, Harper and Row, New York 1969, S. 71–72. Nachdem die Autoren auf die kühne Vereinfachung einer Identifizierung von Individuum und Haushalt hingewiesen haben, kehren sie zur Tradition zurück und lassen diese Vereinfachung im Raum stehen. Daß sie das Problem überhaupt erwähnen, ist jedoch schon eine Ausnahme von der Regel.

lich bestätigt. Daher löst die neoklassische Nationalökonomie dieses Problem, indem sie die Unterordnung des Individuums in Grade des Haushalts beisetzt und dessen interne Beziehungen ignoriert. Dann erschafft sie den Haushalt als individuellen Verbraucher neu. Das Problem bleibt bestehen. Aber der Wirtschaftswissenschaftler dringt nicht in die Privatsphäre des Haushalts ein.

5

Die Wirklichkeit sieht so aus, daß im modernen Haushalt eine einfache, aber äußerst wichtige Arbeitsteilung herrscht. Mit dem Empfang des Einkommens ist üblicherweise die *grundsätzliche* Verfügungsgewalt verbunden. Sie liegt in der Regel beim Mann. Ein Teil dieser Autorität gilt als unbestritten. Der Wohnort der Familie hängt überwiegend davon ab, was für das verdienende Familienmitglied praktisch oder notwendig ist. Auch die Ausgaben werden nach Umfang und Art oder Stil hauptsächlich durch ihre Quelle beeinflußt – also dadurch, ob der Empfänger Geschäftsmann, Rechtsanwalt, Künstler, Buchhalter, Beamter, Handwerker, Hilfsarbeiter oder Professor ist. Noch ausschlaggebender ist der Umstand, daß in einer Gesellschaft, die so großen Wert auf wirtschaftliche Leistung legt, eine natürliche Autorität der Person zukommt, die das Geld verdient. Sie berechtigt zur Führung des Titels *Familienoberhaupt*. Die Verwaltung des Konsums ist Aufgabe der Frau. Sie erfordert so manche Kaufentscheidungen – ob man dieses oder jenes Kuchenpulver, dieses oder jenes Waschmittel erstehen soll. Die hausfrauliche Klugheit wird von der konventionellen Meinung hoch gepriesen: Die Frau hält den Daumen auf die Brieftasche. In Wirklichkeit ist das bestenfalls ein Recht, Entscheidungen zu ergänzen, nicht aber, sie zu treffen. In größerem strategischem Rahmen entscheidet der Mann, der das Geld verdient. Der Haushalt ist in der anerkannten Wirtschaftslehre im wesentlichen ein Deckmantel für die Ausübung männlicher Autorität.
Dieser Haushalt ist die ideale Konstruktion zur Förderung von Konsum. Die großen Entscheidungen über den allgemeinen Lebensstil liegen beim Mann und können von ihm, unbekümmert ob der damit verbundenen Verwaltungsprobleme, getroffen wer-

den. Diese sind Angelegenheit seiner Frau. Die meisten Dinge – auch der Konsum – machen mehr Freude, wenn die damit verbundene Arbeit von einem anderen verrichtet wird.

Die Frauen finden sich normalerweise mit den Funktionen der heimlichen Dienerin beim Konsummanagement ab – sie sorgen für Pflege und Reparatur des Hauses und der Haushaltsgeräte, des Automobils und anderer Apparate, für die Beschaffung und Zubereitung der Nahrung, die Überwachung des Konsums, der Kinder, die Organisation und Durchführung von Geselligkeiten, sie nehmen am gesellschaftlichen Schaukampf teil. Man betrachtet ja all diese Pflichten als die natürlichen Aufgaben des weiblichen Geschlechts. Nun wird man einwenden, hier besteht gar kein Anlaß zur Klage; die meisten Frauen erfüllen diese Aufgaben gern und sind sogar glücklich dabei.

Betrachtet man die Sachlage genauer, so legen Zufriedenheit und Glück der Hausfrau ein eindrucksvolles Zeugnis dafür ab, wieweit die Gesellschaft einen Menschen konditionieren kann. Es ist eine Hauptforderung des modernen Wirtschaftsdenkens – ein Zentralpunkt der anerkannten Wirtschaftslehre und kräftig gefördert durch Werbung und Absatzförderung –, daß Glück eine Funktion der Versorgung mit Waren und Dienstleistung sei. Wenn das feststeht, könnte eine Frau dann mehr für ihr Glück und das ihrer geliebten Familie tun, als sich voller Hingabe der tüchtigen und energischen Verwaltung des Familienkonsums widmen? So werden Pflichtgefühl und ihre Liebesfähigkeit im Dienste der Wirtschaft ausgenutzt. Diese und andere Bedürfnisse der Wirtschaft werden durch die Gemeinschaftsbezogene Tugend gestützt. Als moralisch wird jene Frau gefeiert, die sich *hingebungsvoll* dem Wohl ihrer Familie widmet, die ein liebevoller Kamerad ist, eine gute Verwalterin oder ganz einfach eine gute Hausfrau, ein Heimchen am Herd. Im Vergleich dazu werden bloße Schönheit, geistige und künstlerische Leistung oder sexuelle Qualitäten weitaus niedriger eingeschätzt. Eigenschaften, die sich mit einer guten und unauffälligen Haushaltsführung nicht vertragen – persönliche Aggressivität, Beschäftigung mit persönlichen Interessen zu Lasten von Ehemann und Familie, und vor allem eine nachlässige Führung des Haushalts –, werden laut angeprangert.

In kaum einer anderen Hinsicht war das Wirtschaftssystem bei der

Aufstellung von Werten und der Anpassung sich daraus ergebender Verhaltensweisen an die eigenen Bedürfnisse so erfolgreich wie bei der Formung weiblicher Einstellung und Verhaltensweise. Fassen wir zusammen: Das Ergebnis ist von größter wirtschaftlicher Bedeutung. Gäbe es nicht die Hausfrau als Konsummanager, wären den Möglichkeiten einer Konsumausweitung enge Grenzen gesetzt. Solange die Frauen die Pflichten der Konsumverwaltung übernehmen, läßt sich der Verbrauch praktisch unbegrenzt steigern. In Haushalten mit sehr hohem Einkommen wird diese Verwaltungsaufgabe, wie bereits bemerkt, zu einer echten Belastung. Aber selbst hier sind noch Expansionsmöglichkeiten gegeben. Frauen dieser Einkommensschicht sind meist gebildeter und als Manager geschickter. Seit die Scheidung erleichtert wurde, kann der Mann im praktischen Experiment nach der besten Managerin suchen. So sind es die Frauen in ihrer Rolle als heimliche Dienerinnen am Konsummanagement, die eine unbegrenzte Konsumsteigerung möglich machen. Wie die Dinge heute stehen (solange sich keine Veränderung ergibt), ist das ihr erhabener Beitrag zur modernen Wirtschaft.

V

Allgemeine Theorie der fortgeschrittenen Entwicklung

I

Im neoklassischen Modell ist das Oligopol – die Aufteilung des Marktes unter wenige Firmen – die einzige Konzession an das Vorhandensein der Großbetriebe. Diese Konzession stellt einen kleinen Schritt in einem gigantischen Prozeß dar, der einen Großteil des Wirtschaftslebens eindeutig von diesem Modell abrücken läßt. Der Oligopolist kann Preise festsetzen und die Produktion kontrollieren. Aber es geht um viel mehr, wenn Firmen größer werden: Dann findet nämlich ein Wandel statt, der sich bis in die Grundsubstanz des Wirtschaftslebens erstreckt.

Entscheidendes Instrument des Wandels ist nicht der Staat oder das Individuum, sondern der moderne Großkonzern. Er ist die treibende Kraft. Aber das ganze gesellschaftliche Leben gleicht einem dichten Gewebe aus vielen einzelnen Fäden. Der Wandel, bei dem der Großkonzern als treibende Kraft auftritt, ist ein komplexer Prozeß, der gleichzeitig auch viele andere Dinge verändert und aus Ursachen Wirkungen und wieder Ursachen entstehen läßt. Keine Beschreibung darf den alleinigen Anspruch auf Richtigkeit erheben; viel hängt davon ab, an welcher Stelle man in diese Matrix eindringt *. Aber ein Angriffspunkt, der sich auf die ganze Entwicklung auswirkt, ist die Technologie und ihr noch wichtigeres Gegenstück, die Organisation.

Die Technologie – die Entwicklung und Anwendung wissenschaftlicher oder systematischer Erkenntnisse in der Praxis – ist ein zentrales Merkmal der modernen Wirtschaftsentwicklung. Sie wirkt sich sowohl bei Waren als auch bei Dienstleistungen und allen Vorgängen ihrer Herstellung und Lieferung aus. Die Organisation geht mit dem technischen Fortschritt Hand in Hand. Technologie nützt wenig, wenn Erkenntnisse nur einem einzelnen zur Verfü-

*) Siehe auch *Die moderne Industriegesellschaft,* Droemer Knaur, München 1968, S. 76.

gung stehen; ihre Anwendung erfordert unweigerlich, daß mehrere oder auch zahlreiche Spezialisten davon wissen – kurzum eine Organisation. Aber das ist erst der Anfang. Um Technologie wirksam werden zu lassen, braucht man Kapital – Gebäude, Maschinen, Fließbänder, Energie, Geräte, Computer, die greifbare Verkörperung der Technologie. Auch die Verwaltung dieser Ausrüstung erfordert Spezialisten und noch mehr Organisation.

Von einigen seltenen Ausnahmen einmal abgesehen, wird die Anlaufzeit um so größer, je technisierter ein Prozeß oder ein Produkt ist – zwischen Anfangsinvestition und dem Ausstoß eines brauchbaren Produkts liegt ein immer größerer Zeitraum. Je länger eine Ware in Arbeit ist, um so mehr muß an Arbeitskapital investiert werden. Man muß Vorsorge treffen, daß die Anfangsentscheidungen nicht überholt werden und daß nicht Kapital verlorengeht durch Ereignisse, die vor der Erzielung der Ergebnisse eintreten. Das Kapital, das nun auf dem Spiel steht, und die dafür geschaffene Organisation müssen bezahlt werden – es sind allgemeine Betriebskosten. Sie fallen unabhängig von der Höhe des Umsatzes an. Um so notwendiger wird eine Kontrolle schädlicher Ereignisse. Man muß dafür sorgen, daß nichts eintritt, was den Absatz und damit den Rückfluß des Kapitals oder der zur Bezahlung der Organisation notwendigen Erträge gefährden könnte; man muß außerdem dafür sorgen, daß alles nach Plan verläuft.

Das bedeutet im einzelnen, daß die Preise nach Möglichkeit einer Kontrolle unterliegen müssen, daß entscheidende Kostenfaktoren ebenfalls kontrolliert oder doch so gehandhabt werden müssen, daß sich Gegenbewegungen durch die kontrollierten Preise abfangen lassen; daß man sich bemühen muß, eine günstige Reaktion des Verbrauchers auf das Produkt herbeizuführen; daß der Staat, falls er der Kunde ist, an das Produkt oder seine Entwicklung vertraglich gebunden bleibt; daß andere erforderliche staatliche Maßnahmen eingeleitet und unerwünschte Maßnahmen verhindert werden; daß andere Unsicherheitsfaktoren außerhalb der Firma auf ein Minimum beschränkt und äußere Voraussetzungen gewährleistet sind. Mit anderen Worten: Bei zunehmend technischen Produkten und Prozessen, wachsendem Kapital, einer verlängerten Entwicklungsperiode und einer immer größeren und komplexeren Organisation muß die Firma die soziale Umwelt, in der sie arbeitet, kontrollieren oder zu kontrollieren suchen – jedenfalls den Teil, der ihre Funktion beeinträchtigen könnte. Sie muß nicht nur die eigenen Operationen planen, sondern auch so weitgehend wie möglich das Verhalten der Menschen und des Staates, soweit dies von einem solchen Verhalten berührt wird. Es ist keine Frage des Ehrgeizes, sondern der Notwendigkeit.

Zweifellos gibt es, je nach Niveau und Anwendung der Technologie, immer eine technisch optimale Firmengröße, die es erlaubt, am wirtschaftlichsten die erforderlichen Spezialisten, die erforderliche Organisation und den nötigen Kapitaleinsatz zu gewährleisten. Aber die Notwendigkeit einer Umweltbeeinflussung – um nachteilige Ereignisse abzuwenden – erfordert eine weitaus höhere Größenordnung. Je größer die Firma, um so größer ist sie auch innerhalb ihrer Branche. Um so größer wird damit auch ihr Einfluß bei der Festsetzung von Preisen und Kosten. Und um so größer ist im allgemeinen ihr Einfluß auf die Verbraucher, auf Gemeinde und Staat – kurzum ihre Fähigkeit zu beeinflussen, das heißt die Umwelt zu verplanen.

Noch wichtiger ist ein anderer Punkt: Je größer und ausgeklügelter sich eine Organisation entwickelt, um so immuner ist sie gegen äußere Störungen. In einem kleinen unkomplizierten Unternehmen leitet sich die Autorität vom Kapitalbesitz ab – von der Verfügung über die Produktionsmittel. In der großen, durchorganisierten Firma geht die Autorität auf die Organisation selbst über – auf die Technostruktur des Konzerns *. Auf der höchsten Entwicklungsstufe, wie sie von General Motors, General Electric, Shell, Unilever oder IBM verkörpert wird, ist die Technostruktur allmächtig, solange die Firma Geld verdient. Die Macht der Kapitaleigner, das heißt der Aktionäre, ist gleich null.

Wenn eine Organisation Macht erlangt, gebraucht sie diese Macht natürlich zugunsten der Beteiligten; deren Ziele – Sicherheit des Arbeitsplatzes, Bezahlung, Aufstiegsmöglichkeiten, Prestige, Firmenflugzeug und Privattoilette, der Reiz gemeinsam ausgeübter Macht – werden durch das Anwachsen des Unternehmens eindeutig befriedigt. Wachstum fördert also nicht nur die Gewalt über Preise, Kosten, Verbraucher, Lieferanten, Gemeinde und Staat, sie

*) Siehe Kapitel IX.

begünstigt auch ganz persönlich jene, die Wachstum schaffen. Daher überrascht es nicht, daß das Wachstum der Firma in der fortgeschrittenen Wirtschaftsentwicklung eine Vorrangstellung einnimmt.

Dieses Wachstum und die damit verbundene Machtausübung sind die bei der Veränderung der Wirtschaft primär wirksamen Kräfte. Sie treten in der Praxis jedoch ganz unterschiedlich in Erscheinung. In manchen Bereichen der Wirtschaft ist dem Wachstum der Firma keine klare obere Grenze gesetzt, in anderen wieder ist dafür eine enge Begrenzung gegeben, oder der Widerstand dagegen wird zunehmend stärker. Wird das Wachstum gestoppt, stagniert natürlich auch die Fähigkeit, Verbraucher für ein Produkt zu gewinnen, den Staat von Produkt und Bedarf zu überzeugen, und damit die mit der Organisation verbundene technische Kompetenz. Dies sind äußerst wichtige Tatsachen zum Verständnis der modernen Wirtschaft. Das ist auch der Grund, warum in manchen Sparten der Wirtschaft die Produktion und alle damit verbundenen Segnungen so groß sind, in anderen Sparten jedoch unzulänglich. Deshalb können manche Teile der Wirtschaft Arbeiter und sonstige Beteiligte mehr begünstigen als andere Branchen. Wie wir sehen werden, erklärt sich daraus auch noch manches andere.

2

Wie bereits erwähnt, wird das normale Wachstumsstreben in zahlreichen Industrien verhindert oder gebremst. Dies ist eine äußerst wichtige Tatsache, und der Punkt, an dem Wachstum zum Stillstand kommt, ist absolut klar erkennbar: Da nämlich, wo die Leitung der Firma durch einen einzelnen, entweder den Inhaber oder seinen unmittelbar Beauftragten, der Leitung durch eine Organisation weichen müßte. Manches kann die Organisation, manches nicht. In jenen Industrien, wo Organisation unanwendbar oder uneffektiv wäre, bleibt die Firma bei der Größenordnung stehen, die eine Durchführung ihrer Operationen oder die Leitung durch einen einzelnen noch gestattet. Vier Faktoren schließen eine Organisation aus und machen die individuelle Leistung oder Leitung notwendig.

Organisation kommt dann nicht in Betracht, wenn die gestellte Aufgabe nicht genormt und geographisch weit gestreut ist. In einem solchen Fall läßt sich eine zentrale Überwachung nur schwer und unwirtschaftlich aufrechterhalten, und man kann keine hoch entwickelte Technologie mit ihren teuren Anlagen einsetzen, da der Geschäftsumfang an jedem Ort nur gering ist. In diesen Fällen gibt es keinen Ersatz für den Anreiz, den eine Gewinnbeteiligung (oder ihr Fehlen) auf Können, Intelligenz und Bemühen des einzelnen ausübt. Als weiterer Vorteil kommt häufig noch die Gelegenheit hinzu, daß der einzelne sich selbst und gelegentlich seine Familie oder persönliche Mitarbeiter ausbeutet. Organisationen sind in bezug auf Zahlung und Arbeitsbedingungen strengen Regeln unterworfen; für Einzelpersonen gilt das im Verhältnis zu sich selbst und ihren Familien nicht. Sie können deshalb auch da noch gedeihen, wo für Organisationen kein Platz mehr ist.

Der zweite Faktor, der zur individuellen Leitung einer Firma zwingt, ist die immer noch vorhandene Nachfrage nach persönlicher Bedienung. Wo eine Person ausdrücklich für die persönlichen Dienste einer anderen Person bezahlt, kommt normalerweise Technologie nicht oder kaum in Frage. Eine Organisation brächte hier wenige oder keine Vorteile.

Der dritte Faktor, der die Firmengröße einschränkt, ist die Beschäftigung mit Kunst. Wissenschaftler und Ingenieure lassen sich leicht organisieren. Der Berufsstolz hebt zwar ihre individuelle Schöpferkraft hervor, aber sie arbeiten normalerweise in Teams mit einer umfangreichen und kostspieligen Ausrüstung, die auch verwaltet werden muß. Ein Künstler dagegen läßt sich nicht so leicht organisieren. Verlangt das Produkt oder die Dienstleistung daher originellen und echt künstlerischen Ausdruck (zum Unterschied zur Serie und zum Banalen), wird die Firma immer klein bleiben. Wie im Fall einer persönlichen Dienstleistung wird sie häufig nur aus dem Inhaber bestehen.

Schließlich gibt es noch Fälle, wo eine Firma durch Gesetz, Berufsethos oder gewerkschaftliche Beschränkungen klein gehalten wird; eine Technologie oder Organisation (zum Beispiel eine medizinische Gruppenpraxis) wird hier verboten, aber ohne sie kann die Firma nicht wachsen. Dies gilt insbesondere für die freien Berufe und das Baugewerbe, obgleich in beiden Fällen auch die geographische Streuung zusätzlich als wachstumshemmender Faktor vorhanden ist.

Die nun folgenden Kapitel beschäftigen sich mit den genannten Beschränkungen des Wachstums einer Firma.

3

Die Kombination aus einem machtvollen Expansionsstreben der Firma in einigen Wirtschaftsgebieten und wirksamen Wachstumsbremsen auf anderen Gebieten führt zu einem sehr bizarren Bild der wirtschaftlichen Entwicklung. Es zeigt sich in allen nichtsozialistischen Industriestaaten; auch in osteuropäischen Ländern und in der Sowjetunion gibt es diese Asymmetrien. In den Vereinigten Staaten kann man sich tausend Hersteller-, Handels-, Transport-, Energie- und Finanzfirmen vorstellen, die annähernd die Hälfte aller nicht vom Staat gestellten Güter und Dienstleistungen produzieren. In der Herstellung ist die Konzentration größer. Die beiden größten Industrieunternehmen General Motors und Exxon arbeiten mit Jahresumsätzen, die den Landesetat von Kalifornien und New York bei weitem überschreiten. Zusammen mit Ford und General Electric setzen sie mehr um als die gesamte Land-, Forst- und Fischwirtschaft. Im ersten Quartal 1971 verfügten die einhundertelf Industriegiganten mit mehr als einer Milliarde Kapital über mehr als die Hälfte aller Industrieanlangen, und sie machten wesentlich mehr als die Hälfte aller Gewinne und tätigten über die Hälfte sämtlicher Umsätze. Die dreihundertdreiunddreißig Industriefirmen mit je einem Kapital von mehr als einer halben Milliarde verfügten über volle siebzig Prozent aller Produktionsmittel *. Im Transport- und Nachrichtenwesen, bei Versorgungsbetrieben, Banken und Finanzinstituten wird eine ähnliche Tendenz sichtbar,

*) Aussage von Willard F. Mueller beim Hearing vor dem Senatsausschuß für Kleinbetriebe am 12. November 1971, S. 1097. »Die Einbeziehung nicht konsolidierten Firmenvermögens würde den Anteil dieser Giganten an den Gesamtanlagen noch erhöhen.« Professor Mueller faßt in seiner Aussage zusammen: »Es existiert eine außergewöhnlich asymmetrische Industriestruktur, wobei die Masse wirtschaftlicher (d. h. industrieller) Tätigkeit durch eine Elite von wenigen hundert riesigen Firmen kontrolliert wird und sich der Rest auf vierhunderttausend kleine und mittlere (Herstellungs-)Unternehmen verteilt.«

auch wenn die Konzentration nicht ganz so ausgeprägt ist; auch der Handel weist ein hohes Maß an Konzentration auf. Eine Versammlung der Chefs jener Firmen, die die Hälfte des gesamten Handelsumsatzes in den USA auf sich vereinen, würde in einem Universitätshörsaal kaum auffallen und in einem Fußballstadion nicht mehr zu finden sein.

Die übrige Wirtschaft der USA besteht aus ungefähr zwölf Millionen kleineren Firmen, darunter drei Millionen bäuerliche Betriebe, deren Gesamtumsatz noch hinter dem der vier größten Industriekonzerne zurückbleibt; ferner knapp drei Millionen Reparaturwerkstätten, Tankstellen, Garagen, Wäschereien, Restaurants und andere Dienstleistungsbetriebe; zwei Millionen kleine Einzelhandelsgeschäfte; ungefähr neunhunderttausend Baufirmen; einige hunderttausend kleine Fabriken * und eine nicht spezifizierte Anzahl von Betrieben, die den buntfarbigen Interessen einer Wohlstandsgesellschaft verbotenerweise dienen.

Es gibt keine feste Trennungslinie nach Firmenvermögen oder Umsatz zwischen den Millionen kleiner Firmen, die die Hälfte der Privatwirtschaft ausmachen, und jener Handvoll Industriegiganten, die die andere Hälfte darstellen. Aber in der Konzeption existierte ein deutlicher Unterschied zwischen dem Unternehmen, das einem einzelnen untersteht und diesem Umstand seinen Erfolg verdankt, und der Firma, die ohne Organisation nicht existieren könnte, ohne den Einfluß des Individuums ganz auszuschalten. Diese Trennungslinie, die man sich zwischen den zwölf Millionen Kleinbetrieben und den tausend Giganten denken kann, kennzeichnet die schon erwähnte generelle Zweiteilung der Wirtschaft. Was auf der einen Seite steht, wird künftig als ein »Marktsystem« bezeichnet, auf der anderen Seite steht das sogenannte »Planungssystem«.

4

Es läßt sich unschwer beweisen, daß das Planungssystem nicht dem neoklassischen Modell entspricht – daß sich seine Firmen gegenüber dem Markt und dem Staat nicht passiv verhalten. In der Haupt-

*) *Statistical Abstract of The United States 1972*, US-Handelsministerium, Zahlen für das Jahr 1969.

sache geht es darum, mit gewohnten Denkmodellen zu brechen. Auf diesen Teil der Wirtschaft kommen wir noch zurück. Das Marktsystem mit seinem Nebeneinander von Monopol und Wettbewerb entspricht in großen Zügen dem neoklassischen Modell. Dieses Modell beschreibt skizzenhaft die eine Hälfte der Wirtschaft; es hat den Kontakt zur anderen und in vieler Hinsicht ausschlaggebenden Hälfte verloren. Gerade aufgrund der Fähigkeit, sich radikal wandeln zu können, ist aus dem Planungssystem etwas ganz anderes geworden. Aber auch das Marktsystem weicht in doppelter Hinsicht vom neoklassischen Modell ab: Staatliche Interventionen sind in diesem Teil der Wirtschaft umfangreicher und normaler, als die Theorie glauben machen möchte. Und das Marktsystem muß neben dem Planungssystem existieren. Durch diese Tatsache wird seine Entwicklung, wie man sich unschwer vorstellen kann, nachhaltig beeinflußt.

Innerhalb der von Können, Energie und Ehrgeiz gesteckten Grenzen strebt die Firma im Marktsystem – sei sie monopolistisch oder nicht – tatsächlich höchstmögliche Gewinne an. Dafür sorgt schon ein positiver Anreiz: Im Gegensatz zur Firma innerhalb des Planungssystems, wo die Organisation den Inhaber entmachtet hat, bekommt hier der Verantwortliche noch die Gewinne, oder man kann ihn zumindest entsprechend seiner Fähigkeit, Gewinne zu erwirtschaften, entlohnen. Aber die negative Motivation mag noch zwingender sein. Bei guter Gewinnlage tendiert die Firma zur Expansion. Andere eifern ihr nach. Im Normalfall gelingt noch weiteren Firmen, in den Markt einzudringen, da das erforderliche Kapital wegen der geringen Firmengröße auch gering ist. Im Gegensatz zu den Firmen des Planungssystems genießen die bereits vorhandenen Firmen nicht den Vorteil ausgebauter Organisationen. Damit soll gesagt werden, daß sich ein kleines Monopol viel schwerer verteidigen läßt als ein großes. Im Marktsystem ist daher kaum zu erreichen, daß Produktion und Preise einer wirksamen und verläßlichen Kontrolle durch die Firma unterworfen werden. Sie unterstehen auch kaum der gemeinsamen Kontrolle einiger weniger Firmen. Treten ungewöhnlich hohe Gewinne auf, werden sie daher bald sinken. Das heißt, daß sich der Unternehmer nur für kurze Zeit den Luxus erlauben darf, sich mit anderen Zielen als dem Geldverdienen zu befassen. Auf diesem Gebiet muß er aber immer sein Bestes geben. Amateurverteidiger des Marktes schließen daraus häufig in der Freude über die bereits vor zweihundert Jahren von Adam Smith gemachte Entdeckung, daß aus Bösem Gutes hervorgehe, daß Habgier eine Haupt-Tugend sei. Damit macht man aber aus einer bitteren Notwendigkeit eine Tugend.

Aus dem Fehlen wirksamer Preis- und Produktionskontrollen ergibt sich auch, daß im Marktsystem ein guter Teil der gleichmacherischen Tendenz des neoklassischen Systems überlebt hat.

Da im Marktsystem die Gewinne kaum für längere Zeit den Betrag übersteigen, der den Unternehmer für seine Mühe und seinen Kapitaleinsatz entschädigt, lassen sich aus den Geschäftserträgen auch keine Rücklagen bilden. Daher ist die Firma – wieder im Gegensatz zur Firma im Planungssystem – von externen Kapitalquellen abhängig. Dieser Umstand ist von großer Bedeutung, wie wir noch bei der Betrachtung der staatlichen Wirtschaftsregulierung sehen werden. Wenn damit eine Reglementierung der Kredite verbunden ist, wie sie tatsächlich stattfindet, wird das Marktsystem besonders hart getroffen.

Die Firma im Marktsystem kann von sich aus wenig tun, um das Verhalten ihrer Kunden zu beeinflussen. Dazu fehlen ihr einfach die Mittel. Wenn ein Bauer allein versuchte, Kunden für seinen Weizen, sein Vieh oder seine Tomaten zu werben, wäre das ein selbstloses Unternehmen im Interesse aller Hersteller dieser Massenartikel, da man dem Weizen, dem Rindfleisch und den Tomaten nicht anmerkt, woher sie kommen. Und anders als bei Treibstoffen – alle Beteiligten wissen auch, daß es so ist. Landwirte treten deshalb nicht als Kunden großer Werbeagenturen in Erscheinung, weil ihr Produkt gleichförmig ist und Umsatz wie Einkommen solche Maßnahmen nicht erlauben.

Wie der einzelne im Marktsystem normalerweise seine Kunden nicht beeinflussen kann *, so kann er auch keinen Einfluß auf den Staat ausüben. Wenn der Präsident von General Motors Washington besucht, steht ihm das ungeschriebene Recht zu, mit dem Präsidenten der Vereinigten Staaten zu sprechen. Der Präsident von General Electric wird vom Verteidigungsminister emp-

*) Der Landwirtschaftsbetrieb ist das beste Beispiel für eine in dieser Beziehung machtlose Firma. In den Dienstleistungsbranchen verfügt die einzelne Firma, wie ich gleich erklären werde, über gewisse Beziehungen zu ihren Kunden.

fangen, der Präsident von General Dynamics von jedem General. Dagegen steht dem einzelnen Landwirt die Tür zum Landwirtschaftsministerium nicht offen; der Einzelhandelskaufmann besitzt kein Entree beim Handelsminister. Es würde ihnen auch wenig nützen. Wie wir später noch sehen werden, läßt sich die Beamtenbürokratie nur durch eine andere Organisation wirksam und nachhaltig beeinflussen. Zwischen staatlichen und privaten Organisationen kann sich eine echte Symbiose entwickeln.

Die Innovation im Marktsystem stimmt im allgemeinen auch mit der Darstellung des neoklassischen Modells überein: Sie ist sehr begrenzt. Neuerungen erfordern meistens Kapital zur Überbrückung der Entwicklung, zur Vorbereitung und zur Anschaffung der erforderlichen Ausrüstung *. An Kapital mangelt es aber der Firma im Marktsystem; entscheidender ist jedoch, daß ihm auch die technischen und wissenschaftlichen Spezialkräfte sowie die dazugehörige Organisation fehlen, die für eine moderne technische Entwicklung fast unweigerlich erforderlich sind. Nicht eine bedeutsame technische Entwicklung der jüngeren Vergangenheit – Atomenergie und ihre Anwendung, moderner Luftverkehr, moderne Elektronik, Computer, wichtige Neuerungen in der Landwirtschaft – ist das Ergebnis eines einzelnen Erfinders im Marktsystem. Individuen bringen immer noch Ideen hervor. Aber abgesehen von seltenen Ausnahmen können nur Organisationen diese Ideen nutzbar machen. Die Innovation im Marktsystem ist praktisch nur noch für jene Leute von Bedeutung, die einfach nicht wahrhaben wollen, daß der kleine Unternehmer je versagen könnte.

5

Die Firma im Marktsystem ist zwar den Marktbeschränkungen und Pflichten des neoklassischen Modells unterworfen, aber sie fügt sich nur ungern. Wir dürfen es als eine feste Regel betrachten, daß alle am Wirtschaftssystem Beteiligten solche Beschränkungen zu ihren Gunsten abändern möchten. Sie versuchen Preise, Kosten,

*) Siehe Edwin Mansfield, Innovation and Size of Firm, *Monopoly Power and Economic Performance*, Hg. Edwin Mansfield, Norton, New York 1964, S. 57 bis 64.

Verbraucherentscheidungen und die Maßnahmen von Gemeinde und Staat zu beeinflussen. Das gilt sowohl im Marktsystem wie auch im Planungssystem. Der Unterschied liegt nicht im Wollen, sondern im Können. Der Markt und seine Disziplin werden von den Gelehrten hoch gepriesen – kaum jedoch von jenen, die dieser Disziplin unterworfen sind.

Die geographische Streuung der Firmentätigkeit, der geringe Umfang dieser Tätigkeit an jedem Platz und der hohe praktische Wert des Anreizsystems beim Einzelunternehmer gewährleisten eine bescheidene Unabhängigkeit von den Marktbeschränkungen. Die Streuung bedeutet häufig, daß in einem bestimmten Gebiet einfach nur für einen oder für wenige Unternehmer *Raum* ist. Weitere Drogisten, Café- oder Wäschereibesitzer im selben Gebiet würden verhungern. Dadurch erlangt die Firma ein gewisses Maß an Kontrolle über Preise und Produktion. Durch seinen persönlichen Charme oder eine bescheidene Überzeugungskraft kann der Besitzer vielleicht einen Kundenstamm an sich binden. An die Stelle des Wettbewerbs tritt eine Differenzierung von Produkt und Dienstleistung durch die Assoziation mit der Persönlichkeit eines bestimmten Anbieters *.

Das ist natürlich eine sehr eng begrenzte Kontrolle, denn eine motorisierte und mobile Kundschaft kann sich jederzeit eventuellen Ausbeutungsversuchen durch den Inhaber eines lokalen Monopols entziehen.

Das neoklassische Modell geht über Produktionsdifferenzierung und lokale Monopole elegant hinweg. Weniger nachsichtig verfährt es mit kollektiven Bemühungen um eine Kontrolle des Marktes. Solche Versuche sind zahlreich, und sie streben oft die Beihilfe oder Initiative des Staates an. Der Arbeiter verzichtet auf die Gelegenheit, seine Dienste als einzelner auf dem Markt anzubieten, und er schließt sich mit anderen zusammen, um sie über die Gewerkschaft zu verkaufen. So erlangt die Gewerkschaft Macht über den Verkehrswert einer solchen Dienstleistung und auf dem Wege über eine Kontrolle von Kandidatur und Mitgliedschaft ge-

*) Siehe Edward H. Chamberlin, *The Theory of Monopolistic Competition*, Harvard University Press, Cambridge 1933. Die Marktkontrolle aufgrund einer solchen Produktdifferenzierung wurde von Chamberlin als »monopolistischer Wettbewerb« bezeichnet.

legentlich auch über das Angebot. Die staatliche Unterstützung der Tarifautonomie verstärkt diese Kontrolle. Der kleine Kleiderfabrikant oder Bauunternehmer legt seiner Preisgestaltung den ortsüblichen Tariflohn plus üblichem Aufschlag zugrunde. Andere machen es genauso und gewinnen damit eine (manchmal fragwürdige) Kontrolle über die Preise. Ärzte, Chiropraktiker, Knochendoktoren, Augenärzte, Rechtsanwälte und Bauhandwerker kontrollieren oder beeinflussen das Angebot durch Ausübung einer Kontrolle über Ausbildungsvorschriften, Prüfungsordnungen oder Zulassungsbestimmungen. Landwirte veranlassen den Staat, die Preise durch staatliche Stützungskäufe festzusetzen und über Auflassungsprämien oder Marktquoten das Angebot zu begrenzen. Kleinere Hersteller streben staatlich kontrollierte Endverkaufspreise an, kleine Einzelhändler suchen gesetzlichen Schutz vor einer Bevorzugung ihrer mächtigen Konkurrenten. In all diesen Bemühungen zeigt sich die Tendenz sämtlicher Produktionsbetriebe, sei es im Marktsystem oder im Planungssystem, ihre wirtschaftliche Umwelt zu kontrollieren, anstatt sich ihr zu unterwerfen.

In der Landwirtschaft ist diese Bestrebung über eine Kontrolle der Produktion und der Preise hinaus gediehen und erstreckt sich bereits auf recht elementare Bemühungen, um eine Beeinflussung der Verbraucherreaktion. Es wird mit dem Nährwert und den moralischen Vorteilen des Konsums von Milchprodukten geworben. Gerade in jüngster Zeit war es interessant zu beobachten, wie sich das amerikanische Landwirtschaftsministerium um eine Förderung des Tabakkonsums bemühte, während das Gesundheitsministerium seine schädlichen Auswirkungen propagierte.

Auf dem Gebiet der Landwirtschaft gab es sehr erfolgreiche Bestrebungen, die Technologie von den durch das Marktsystem auferlegten Beschränkungen auszuklammern. Man erreichte dies (wie wir beim Planungssystem noch sehen werden) durch eine Sozialisierung der technischen Innovation und ihrer Verbreitung; dieser Erfolg ist staatlichen Versuchsstationen, den Landwirtschaftshochschulen und der Landwirtschaftsförderung zu verdanken. Auch das Planungssystem hat zur technischen Erneuerung in der Landwirtschaft über die Sparten landwirtschaftlicher Geräte und Chemie einen bedeutenden Beitrag geleistet. In geringerem Maße läßt sich das auch von Großbetrieben sagen, die entweder durch Aufzuchtverträge für Geflügel oder Vieh unmittelbar an der Landwirtschaft beteiligt sind, oder auch direkt wie beim Obst- und Gemüseanbau. Wer die moderne Landwirtschaft als Beispiel für die fortschrittlichen Tendenzen des Kleinunternehmens und der Marktwirtschaft anführt, übersieht stets die Rolle des Staates und der Zulieferindustrie. Keine Innovation von Bedeutung hat ihren Ursprung beim einzelnen Bauern. Ohne den Einfluß der Regierung, der Landmaschinenhersteller und der chemischen Firmen würde die Landwirtschaft technologisch stagnieren *.

6

Der Unterschied zwischen Planungssystem und Marktsystem besteht nicht in dem Wunsch, den Beschränkungen des Marktes zu entfliehen und seine wirtschaftliche Umwelt zu kontrollieren. Es geht vielmehr um die Instrumente zur Erreichung dieser Ziele und den Grad an Erfolg, mit dem sie angewandt werden. Beteiligte am Markt, die eine Stabilisierung ihrer Preise oder eine Kontrolle über ihr Angebot wünschen, müssen gemeinsam vorgehen oder den Staat als Helfer gewinnen. So etwas ist sehr auffällig und oft unwirksam, erfolglos oder unzulänglich. Einige wenige Abtrünnige können das freiwillige gemeinsame Bemühen zunichte machen. Nicht einmal der Bauer kann immer die Gesetzgeber für sich ge-

*) Wie bereits erwähnt, ist der Großbetrieb zu einer Kontrolle seiner Preise (und anderer Betriebsbedingungen) gezwungen, um die technologisch erforderlichen Investitionen zu schützen. In dieser Beziehung leistet die Regierung durch ihre Preisfestsetzung der Landwirtschaft einen wichtigen Dienst. Eine solche Preisstabilisierung ermöglicht den Bauern die Investition in Betriebsvermögen und Ausrüstung, die eine solche Technologie erfordert; das wäre bei den unberechenbaren Schwankungen der freigestalteten Preise niemals möglich. Daraus erklärt sich zum guten Teil die große Zunahme der Produktivität in der Landwirtschaft seit der Einführung des Festpreissystems durch US-Gesetz im Jahre 1933. Eine solche Intervention widerspricht den Richtlinien des neoklassischen Modells; sie läßt die Preise über das Niveau des Gleichgewichts ansteigen und verhindert eine Räumung der Märkte. Infolgedessen werden Interventionen als ungesunde Politik und als Quelle sozialer Leistungsschwäche verurteilt. Diese Kritik wird regelmäßig gerade von den Gelehrten vorgetragen, die auf der anderen Seite die Tüchtigkeit des amerikanischen Bauern und seine technische Fortschrittlichkeit loben.

winnen. Wenn etwas unternommen wird, dann oft halbherzig, da man ja weiß, daß die etablierte Wissenschaft dagegen ist.
Im Planungssystem dagegen gewinnt die Firma automatisch, ohne Pauken und Trompeten, ganz einfach durch ihre Größe, die Kontrolle über die Preise. Dasselbe gilt für die Produktion. Die Firma kann groß sein, weil sich ihre Aufgaben organisieren lassen. In mancher Hinsicht bedarf sie der Unterstützung durch den Staat. Aber sie wendet sich dabei nicht an den Gesetzgeber, sondern an die Bürokratie. Das ist unauffälliger. Da die Bürokratie über mehr Macht verfügt, ist dies zumeist auch wirksamer. Infolgedessen kann es nicht überraschen, daß die Firmen im Marktsystem in bezug auf die Lockerung von Einschränkungen oder eine anderweitige Anpassung der wirtschaftlichen Umwelt an ihre Bedürfnisse viel weniger erreichen, dabei aber mehr auffallen. Der Großbetrieb im Planungssystem fällt nicht auf und erreicht viel. Damit hat sich die Wirtschaftslehre ausgiebig beschäftigt. Nationalökonomen reden viel über die politische Macht und die Winkelzüge der Bauernlobby. Kaum jemand erwähnt, daß General Motors mehr Macht über Preise, Kosten und Verbraucher ausübt und beim Verkehrsministerium, dem Verteidigungsministerium und anderen Behörden weitaus größeren Einfluß besitzt.

7

Das Planungssystem strebt eine Kontrolle über seine wirtschaftliche Umwelt an, und zwar mit Erfolg, wie spätere Kapitel beweisen werden. Das Marktsystem legt dieselben Wünsche an den Tag, fällt in seinem Bemühen aber mehr auf und erreicht weniger. Das eine System beherrscht seine Umwelt; das andere bleibt ihr im allgemeinen unterworfen.
Aber das Planungssystem ist in weitem Maße Bestandteil der wirtschaftlichen Umwelt, der das Marktsystem ja unterworfen ist. Es liefert Energie, Treibstoff, Maschinen, Ausrüstung, Material, Transportmittel und Kommunikationen für das Marktsystem. Es liefert ferner einen großen Anteil der Konsumgüter und Dienstleistungen, die von den am Marktsystem Beteiligten gekauft werden. Und es ist ein wichtiger Kunde für die Erzeugnisse des Marktsy-

stems, insbesondere der Landwirtschaft. Ein wesentliches Merkmal dieser Beziehung tritt bereits zutage: Das Marktsystem kauft zu Preisen, die weitgehend durch die Macht des Planungssystems bestimmt werden. Ein Großteil seiner Waren und Dienstleistungen wird zu Preisen angeboten, die es selbst nicht kontrolliert, die aber eventuell vom marktbeherrschenden Planungssystem bestimmt werden. Bei dieser Machtkonstellation ist klar, daß das Planungssystem es leichter hat als das Marktsystem. Die Geschäftsbedingungen zwischen den beiden Systemen tendieren dazu, die Seite zu begünstigen, die eine Kontrolle über ihre Preise und Kosten und damit auch über die Preise und Kosten der anderen Seite ausübt. Eine weitere Auswirkung besteht darin – falls zwischen beiden Systemen nicht eine unbehinderte Mobilität herrscht –, daß die Erträge ungleich verteilt sind: Im Planungssystem dürfen die Beteiligten mit einem verhältnismäßig sicheren und guten Einkommen rechnen, im Marktsystem mit einem weniger sicheren und nicht so günstigen Einkommen. Auf diese Hypothesen komme ich noch zu sprechen, denn sie sind leider sehr wesentlich. Zuerst müssen wir aber die Hauptmerkmale der beiden Systeme eingehender untersuchen.

ZWEITER TEIL

Das Marktsystem

VI

Dienstleistungen und Marktsystem

I

Man hält zu Recht den Dienstleistungssektor für die Domäne des Kleinbetriebs und damit des Marktsystems. In jüngster Zeit hat in den Vereinigten Staaten und in anderen Industrieländern der Aufstieg der sogenannten Dienstleistungsindustrie großes Aufsehen erregt. Entschlossene Verteidiger einer freien Marktwirtschaft haben damit zu beweisen versucht, daß ihr Wirtschaftssystem nicht nur überlebt hat, sondern sogar im Wiederaufstieg begriffen sei. Die steigende Nachfrage nach Dienstleistungen rettet die Nationalökonomie, wie sie an unseren Universitäten gelehrt wird, vor der Aushöhlung durch den Großkonzern.

Bei genauerer Betrachtung erweist sich diese Entwicklung als weitaus komplexer. Zahlreiche Dienstleistungsunternehmen sind durch den Aufstieg des Großbetriebs entstanden. Sie stellen praktisch eine ergänzende Nebenentwicklung des Planungssystems dar. Das gilt insbesondere für jenen Teil des Dienstleistungssektors, der am stärksten zu expandieren scheint.

Dennoch bleiben Dienstleistungen die bevorzugte Domäne des Kleinbetriebs. Wie schon im letzten Kapitel erwähnt, wird dem Wachstum einer Firma da Einhalt geboten, wo eine weite geographische Streuung vorliegt und wo infolgedessen die Geschäftstätigkeit an jedem einzelnen Platz nur begrenzt und nicht standardisiert ist. Das bedeutet, daß einer oder wenige Leute für sich allein arbeiten, das heißt ohne Überwachung. Unter diesen Umständen wählen sie das angenehmste Tempo und arbeiten normalerweise langsam. Ihren Aufwand an geistiger und körperlicher Energie steigern sie nur, wenn sich in ihrer eigenen Entlohnung Verdienst und Strafen des selbständigen Unternehmens niederschlagen.

Dabei muß angemerkt werden, daß geographische Streuung eine Organisation nicht unbedingt ausschließt. Ist die Tätigkeit einigermaßen standardisiert, kann man auch für weit verstreute Arbeiter Leistungsnormen aufstellen, an die sie sich halten müssen. Oder man richtet die Zahlung entsprechend der Leistung und des Ertrags ein. Man kann auch eine weitverzweigte Geschäftstätigkeit an das Kapital und die technischen Mittel einer größeren Organisation koppeln, wie es bei der Filiale einer Einzelhandels- oder Restaurantkette der Fall ist. In letzter Zeit begegnet man Mischverträgen – meist als Konzessionen bezeichnet –, die einem einzelnen die Verantwortung für ein örtliches Unternehmen übertragen und ihn dadurch in das Anreizsystem einbauen, das wir vom Privatunternehmer her kennen. Für gewöhnlich muß er etwas von seinem eigenen Kapital einsetzen. Als Inhaber wird er für aufgewandte Energie und Intelligenz belohnt und für ein Versagen in dieser Hinsicht bestraft, aber auch für Optimismus und Leichtgläubigkeit sowie für Fehler in anderer Richtung. Gleichzeitig stellt die Mutterfirma Werbung, Kapital und technische Unterstützung (real wie auch imaginär) zur Verfügung, die der einzelne als absolut selbständiger Geschäftsmann allein nicht aufbringen könnte. Dennoch bleibt die geographische Streuung einer nicht standardisierten Geschäftstätigkeit ein allgemeines Hindernis für das Wachstum der Firma.

2

Geographisch gestreute Tätigkeiten zerfallen in zwei Kategorien: Solche, die von Natur aus viel Fläche erfordern, wie die Landwirtschaft, und andere, die persönlichen Service bedingen. In wichtigen Dingen wird ein Kunde dann, wenn er es sich leisten kann, auch eine größere Strecke zurücklegen, um eine bestimmte Dienstleistung zu erlangen – beispielsweise eine Scheidung, eine Abtreibung oder eine Untersuchung in der Mayo-Klinik. Aber im großen und ganzen müssen Dienstleistungen da angesiedelt sein, wo sie gebraucht werden. Das ist anders als bei der Produktion, die sich häufig in der Nachbarschaft von Rohmaterial, geschulter oder billiger Arbeitskraft oder Wirtschaftszweigen niederläßt, die branchenverwandt sind, wie bei der Konfektion von Kleidung; manchmal beginnt ein Industriezweig auch zufällig an einem bestimmten Platz, wie Gummi in Akron oder Autos in Detroit *.

*) Naturkautschuk wurde niemals in der Umgebung von Akron produziert, und

Hinzu kommt, daß manche Dienste unpersönlich durch Organisationen geleistet werden können, wie es immer mehr der Fall ist, daß aber andere gerade durch ihre Verbindung zu einer ganz bestimmten Person geschätzt werden. Da keine Technologie im Spiel ist, erfordert eine Zunahme der Dienstleistungen einen proportional höheren Zeitaufwand der Beteiligten. Organisation bringt hier keine oder nur geringe Vorteile. Das gilt mehr oder weniger für die Dienste von Ärzten, Psychiatern, Rechtsanwälten und Prostituierten. In all diesen Branchen existiert der Kleinbetrieb weiter.

3

Paradoxerweise weiten sich aber gerade jene Dienstleistungsunternehmen am raschesten aus, in denen Maschinen die Handarbeit verdrängen, zum Beispiel das Hauspersonal. Dieser Ersatz des Menschen durch die Maschine bringt zahlreiche neue, nicht standardisierte Aufgaben mit sich, die infolgedessen genau auf den Kleinbetrieb zugeschnitten sind. Diese Entwicklung ist Bestandteil eines übergeordneten Wandlungsprozesses.

Im vorindustriellen Zeitalter bestand ein großer Teil der nichtlandwirtschaftlichen Wirtschaftstätigkeit in den *persönlichen* Diensten, die jemand einem anderen erwies: Zubereiten und Servieren von Speisen, Pflege der Garderobe, Hilfe bei Verschönerung und Hygiene, Erziehung und Unterhaltung, das Spenden von religiösem Trost, physischer Schutz des Bürgers, Befriedigung der sexuellen Bedürfnisse und zahlreiche andere Dienste, die ein Individuum unmittelbar einem anderen leistete, gehörten in diese Kategorie. Derjenige, der Dienste leistete – gelegentlich mit Ausnahme von Geistlichen und Kurtisanen –, stand in einem Untergebenenverhältnis zum Empfänger. Eingeübte Unterwürfigkeit war Bestandteil der Dienstleistung. Eine Livree und sogar die Belobigung des gutgeschulten, sich selbst verleugnenden Dieners bestätigten seine untergeordnete Stellung.

Die Industrie übte von Anfang an auf die dienenden Berufe eine

die Fertigwaren werden auch nicht überwiegend dort konsumiert. Ganz ähnlich liegen die Dinge bei der Automobilindustrie von Detroit.

sehr nachteilige Wirkung aus. Die Fabrik mochte in den frühen Stadien der Industrialisierung noch so bedrückend und trist sein, sie schuf immerhin eine Umwelt, in der das Individuum nicht gezwungen war, gegenüber einer anderen Person seinen Untergebenenstatus anzuerkennen und zur Schau zu tragen. Er stand zusammen mit vielen anderen in einem unpersönlichen Abhängigkeitsverhältnis. Da sich die Arbeit in der Fabrik mechanisieren ließ und kollektive Maßnahmen den Arbeitern einen größeren Anteil der gesteigerten Produktivität eintrugen, lagen die Fabrikarbeiterlöhne bald auch höher als die Löhne des Dienstpersonals. Der Fabrikarbeiter besaß nicht nur mehr Würde, er bekam auch mehr Geld.

Parallel dazu vollzogen sich zwei weitere Entwicklungen zum guten Teil als Folge der Flucht von Hauspersonal in die Fabriken. Die eine haben wir bereits besprochen – es ist die Verwandlung der Frau zur heimlichen Sklavin des Haushalts, eine Rolle, die dadurch gefördert wurde, daß ein steigendes Konsumvolumen der Verwaltung bedurfte. Mit der anderen Entwicklung werden wir uns noch befassen: Eine große Anzahl bisher im Haushalt selbst angesiedelter Dienstleistungen wechselte über in die Domäne des Kleinbetriebs und des selbständigen Unternehmers.

Gleichzeitig machte man den Frauen ihre Rolle als heimliche Sklavin des Haushalts dadurch schmackhafter, daß man ein großes Sortiment mechanischer Vorrichtungen erdachte, die ihnen bei der Pflege und Behandlung von Waren und bei der Konsumverwaltung helfen sollten. Nachdem der Konsum den Bedarf an dieser Form der Frauenarbeit geschaffen hatte, folgten arbeitssparende Vorrichtungen. Waschmaschinen, Kühlschränke, Staubsauger, automatische Heizungen und eine Vielzahl von Küchengeräten sind nur dazu bestimmt, die in Verbindung mit dem steigenden Warenkonsum anfallenden Arbeiten zu verringern oder auszugleichen.

Von diesen Vorrichtungen lebt wiederum eine zunehmende Zahl von Dienstleistungsbetrieben. Manche Geräte müssen vom Fachmann installiert werden. Andere bedürfen fachmännischer Wartung und Reparatur. Diese geographisch weitgestreute Tätigkeit bietet ideale Voraussetzungen für die Initiative des kleinen Unternehmens und wird daher überwiegend von selbständigen Unternehmern ausgeführt. Auf einen weiteren Punkt kommen wir noch zurück: Das Planungssystem, das diese Geräte liefert, orientiert sich in seiner Technologie nicht auf Haltbarkeit und auch nicht immer auf Nützlichkeit. Produziert wird vielmehr, was sich verkaufen läßt – was man dem Verbraucher schmackhaft machen kann. Hier wird ausgiebig mit dem Argument operiert, alles technisch Neue dokumentiere den Fortschritt. Das Ergebnis sind umfangreiche Neuerungen, die das Neue oder Neuartige auf Kosten der Haltbarkeit oder der Funktionstüchtigkeit in den Vordergrund stellen. Auf diese Weise wird der Bedarf an Dienstleistungen kleiner geographisch gestreuter Firmen weiter gesteigert: Man braucht sie, um diese Geräte zu warten oder um neue Geräte zu installieren, die wegen einer veränderten Aufmachung den Kunden als »besser« verkauft werden.

Ein hohes Konsumniveau hat in Verbindung mit der Belastung der Frau in ihrer Rolle als heimliche Sklavin weiterhin zu einer Konsumverlagerung aus dem Haushalt auf selbständige Unternehmen geführt. Hier setzt sich ein alter Trend fort. Arzt, Priester, Schulmeister, Konkubine und Prostituierte gehörten ursprünglich zum Haushalt. Sie alle entflohen schon frühzeitig in den zivilisierteren Status des selbständigen Werktätigen, genau wie der Diener, der zum Fabrikarbeiter wurde. Einen ähnlichen Effekt erzielte in jüngster Zeit die Belastung durch hohen Konsum. Die Wäsche wird von der Hausfrau immer mehr in eine Wäscherei gegeben; die Nahrungszubereitung geht auf das Restaurant über; Speisen, die immer noch zu Haus konsumiert werden, sind zunehmend tischfertig oder sonst irgendwie präpariert; Dienstleistungsunternehmen stellen Geschirr, Tischtuch und zahlreiche andere Haushaltsartikel zur Verfügung, teilweise zum Wegwerfen nach Gebrauch; selbständige Unternehmer säubern das Haus und pflegen den Garten. Da auch diese Dienste nicht standardisiert und geographisch weit gestreut sind, eignen sie sich gut für das Anreizsystem des Kleinbetriebs.

4

Die konventionelle Wirtschaftslehre verteidigt eine Vielzahl von Verbrauchsgütern als arbeitssparend. Dieser Umstand und die Aussicht auf mehr Muße und Freizeit hat man wiederum als zivilisationsfördernde Auswirkung der modernen industriellen Entwicklung bezeichnet. Wer die unmittelbare Beziehung zwischen Ware und Glück anzweifelt, wird manchmal sehr streng mit dem Vorwurf zurechtgewiesen, er könne nicht ermessen, was der Geschirrspüler für die durchschnittliche Hausfrau bedeute.
Inzwischen dürfte klargeworden sein, daß diese konventionelle Auffassung unehrlich ist und zu sehr vereinfacht. Es läßt sich nicht bezweifeln, daß ein höherer Konsumstandard den Bedarf an persönlicher Dienstleistung gesteigert hat. Es ging nicht mehr ohne eine hauptamtliche Dienerin, einen Manager. Und da die Industrialisierung die dienende Klasse aussterben ließ, wurde diese Rolle unter dem Druck der gemeinschaftsbezogenen Tugend von der heimlichen Dienerin übernommen, der Hausfrau. Haushaltsgeräte und Dienstleistungsfirmen erleichtern dann die mit dieser Rolle verbundene Arbeit. Geht man davon aus, daß die Frau nun einmal die heimliche Sklavin ist, dann läßt sich nicht leugnen, daß mechanische Hilfsmittel und von Dritten geleistete Dienste ihr Los sehr erleichtern. Aber man sollte sich auch einmal genau ansehen, wie diese Belastung, die hier gemildert wird, überhaupt entstanden ist. Man muß dann bei der Konsumgesellschaft beginnen, die überhaupt erst den Bedarf an heimlichen Sklavinnen geschaffen hat.
Doch lassen wir diese Angelegenheit vorerst ruhen. Begnügen wir uns mit der Feststellung, daß der Dienstleistungssektor die wirtschaftliche Entwicklung und die daraus resultierende gesellschaftliche Veränderung überstanden hat und immer noch expandiert – und daß dies zum großen Teil der Entwicklung des Planungssystems und der Notwendigkeit zu verdanken ist, Konsum zu verwalten und zu fördern. Daraus ergibt sich, daß der selbständige Unternehmer und die kleine Firma weiterhin ihre Daseinsberechtigung haben – und mit ihnen dieser ganze Teil des Marktsystems.

VII
Das Marktsystem und die schönen Künste

I

Ebenso wie die Dienstleistung entzieht sich auch die Kunst der Organisation. Daß dieser Umstand bisher kaum aufgefallen ist, darf nicht verwundern. Die Wirtschaftswissenschaft hat die Künste nie ernst genommen. Wichtig sind Wissenschaft und Technik. Malerei, Bildhauerei, Musik, Theater oder alles, was mit Formgebung zu tun hat, sind Lappalien. Die Herstellung von Leinwand und Farben ist ein legitimes Interessengebiet des Nationalökonomen; alles, was die Kosten dieser Waren senkt oder die Produktionsziffern erhöht, dient den Zielen der Wirtschaft. Aber was der Künstler dann mit der Farbe macht, ob er sich mit anderen zusammentut und ob er gut verdient – das gehörte schon nicht mehr mit zum Thema. Künstlerische Leistung mag im Prinzip kennzeichnend für eine Ära, für ein Gebiet sein. Aber im Vergleich zur Warenherstellung, zu technischen oder wissenschaftlichen Leistungen tritt sie in den Hintergrund. Und das ist kein Zufall. Diese Haltung ist tief in der Natur der modernen Wirtschaftsgesellschaft verwurzelt.

2

Der Künstler ist natürlich ein selbständiger Unternehmer. Er vollbringt einen eigenen Schöpfungsakt; im Gegensatz zum Ingenieur oder Produktionsforscher leistet er keinen spezialisierten Beitrag zur Gesamtaufgabe eines Teams. Da er sich selbst genügt, unterwirft er sich nicht so leicht den Zielen der Organisation; er müßte dann seine künstlerische Auffassung derjenigen der Organisation unterordnen. Das bedeutete aber die Aufgabe der künstlerischen Integrität, die immer mit der Auffassung des Künstlers von seiner Arbeit übereinstimmen muß, sei das Ergebnis nun gut oder schlecht.

Da der Künstler die Unterstützung durch die Organisation nicht braucht und ihre Ziele nicht akzeptieren kann oder darf, läßt er sich nur schlecht einordnen. Diese Tatsache zeigt sich auch in der Umgangssprache, wenn man ein sehr eigenwilliges Mitglied einer Organisation als »eine Art Künstler« verteidigt. Ein genialer Störenfried oder ein unbrauchbarer Exzentriker wird dann abqualifiziert: »Er hat zuviel von einem Künstler.« Der Künstler seinerseits empfindet das Dasein in einer größeren und erfolgreichen Organisation als lästig, hinderlich oder gar erdrückend. Er muß dies auch offen sagen, wenn er die Achtung seiner Berufskollegen nicht verlieren will.

Infolgedessen arbeitet der Künstler – abgesehen von künstlerisch geprägten Organisationen wie einem Sinfonieorchester oder einem Ballett – als selbständiger Unternehmer (obgleich er sich selbst nie so bezeichnen wird) oder, wie im Falle des angesehenen Architekten, als Angehöriger einer sehr kleinen Firma, in der er dominieren oder die Eigenart seiner Arbeit bewahren kann. Einige Branchen – Filmgesellschaften, Fernsehfirmen, die großen Werbeagenturen – müssen notgedrungen Künstler in eine sehr komplexe Organisation einordnen. Dann kommt es oft genug zu Unstimmigkeiten und Konflikten zwischen den Künstlern und der übrigen Organisation. Einige Bücher, wie Budd Schulbergs *What Makes Sammy Run?*, Evelyn Waughs Kurzgeschichte *Excursion in Reality* oder Rod Serlings *Patterns*, beleuchten diesen Konflikt und die Rücksichtslosigkeit der Organisation vom Künstlerstandpunkt aus. Man löst das Problem häufig dadurch, daß man Schauspieler, Schauspielerinnen, Texter, Regisseure, Komponisten und Werbetexter aus der Technostruktur des Filmstudios, der Fernsehgesellschaft oder der Werbeagentur herausnimmt und sie in kleinen, selbständigen Firmen zusammenfaßt. Der Großbetrieb beschränkt sich dann auf die Schaffung der Voraussetzungen für die Produktion und – was noch wichtiger ist – für Verkauf, Verleih oder Sendung des Produkts. Ähnlich funktionieren auch Maler, Bildhauer, Pianisten und Romanautoren * praktisch als Einmann-Firmen oder als kleine Gruppen wie bei Tänzern und Chören, während größere Organisationen die Künstler selbst oder ihr Erzeugnis vermarkten.

*) Der verstorbene Ian Fleming, erfolgreicher James-Bond-Fabrikant, erregte weltweites Aufsehen, als er kurz vor seinem Tode eine kleine Firma gründete.

3

Wo die Warenherstellung ein gewisses Maß an künstlerischer Leistung erfordert und zum Teil von ihr bestimmt wird, garantiert die künstlerische Überlegenheit oft der kleinen Firma ihren Weiterbestand im Wettbewerb mit der großen Organisation. Da sich der gute Künstler einer Organisation nicht unterwerfen kann oder will, verfügt das relativ starre Großunternehmen nicht über die besten, sondern über die anpassungsfähigsten Leute. Sie sind schon dadurch zweitrangig. Das liegt nicht allein am schlechten oder gar verdrehten Geschmack der Organisation. Der Großbetrieb braucht Entwürfe, die sich für langfristige und wirtschaftliche Produktionsprozesse eignen. Künstlerisches Empfinden muß sich auch dem Willen jener beugen, die aufgrund von Instinkt, Erfahrung oder Marktforschung wissen, was sich dem Publikum verkaufen läßt. Das künstlerische Urteil unterliegt dem Argument der Gängigkeit, und diese ist wiederum stark von der weitverbreiteten Überzeugung beeinflußt, man dürfe den Publikumsgeschmack auf keinen Fall unterschätzen. Daher erzielt der Großbetrieb umfangreiche Serien, rationelle Technik, niedrige Kosten und eine wohlüberlegte Marktstrategie auf Kosten des guten Entwurfs. Einen Beweis für diesen Sachverhalt präsentieren uns die Automobilindustrie, die Massenhersteller von Möbeln und Haushaltsgeräten sowie die Verpackungsindustrie und zahlreiche andere Branchen.

In der kleineren Herstellerfirma, wo der Künstler noch eine dominierende Rolle spielt oder wo zumindest die Disziplin der Organisation weniger streng in Erscheinung tritt, bietet sich ihm mehr Raum für die wichtige individuelle Note. Die Gestaltung kann dadurch auch viel besser sein. Da der Künstler dominiert, wird die Firma hier auch nicht der Rationalisierung am Fließband untergeordnet. Im Produkt spiegelt sich das Gespür des Künstlers für das Gute und nicht das Wissen des Technikers über rationelle Fertigung oder des Marktexperten über Verkäuflichkeit. Die kleine Firma hat daher, trotz geringerer technischer Leistungsfähigkeit, gerade wegen ihrer Kleinheit den Vorteil, künstlerische Überlegenheit aufzuweisen. Bei der Herstellung von Kleidung, Schmuck, Uhren, Möbeln und anderen Haushaltsartikeln sowie beim

Kochen, in der Architektur und im Verlagsgewerbe kann dieser Vorteil beträchtlich sein. Immer bedient die kleine Firma einen Spitzenmarkt, das heißt, sie verkauft teurere Erzeugnisse an zahlungskräftigere Kunden mit besserem Geschmack oder (was häufiger der Fall sein dürfte) mit besserer Anleitung zum guten Geschmack.

Gelegentlich werden kleine Firmen durch Großbetriebe am Leben erhalten, die bestimmte Talente der kleinen Firma brauchen, selbst aber nicht darüber verfügen. Der große Konfektionär kauft Modelle vom kleinen Atelier; der Automobilhersteller sucht beim italienischen Designer Hilfe; Kunstfaserhersteller wie DuPont holen sich Stoffmusterentwürfe von kleinen Firmen in Paris oder New York. Vor einigen Jahren bemerkte ein DuPont-Direktor gesprächsweise, daß es leicht sei, Chemiker einzustellen; man wisse dann genau, was man bekommt. Aber niemand habe eine Ahnung, woher man einen guten Künstler bekommen könne. Diese lebten dann auch nicht in Wilmington, dem Stammsitz des Unternehmens.

Die charakteristische Kurve der Nachfrage nach der Arbeit des Künstlers bedeutet einen weiteren Vorteil für die kleine Firma. Diese Kurve – sie drückt die Menge aus, die bei einem gegebenen Preis zu verkaufen ist – stellt eine Funktion der Zeit dar. Wie wir gleich noch sehen werden, lassen sich die Menschen leicht davon überzeugen, in der technischen Neuerung etwas *Gutes* zu sehen und sie mit Fortschritt gleichzusetzen. Daher reagiert der Markt auf Neues allgemein positiv. Diese Einstellung kommt natürlich den Interessen des Planungssystems entgegen. Im Gegensatz dazu wurde die Publikumshaltung gegenüber Neuem auf dem Gebiet der Kunst nicht entsprechend geprägt. Das künstlerisch Neue ruft daher fast immer zuerst einen negativen Eindruck hervor. Man hält es allgemein für anstößig oder absurd. So erging es den Impressionisten, den Kubisten, den abstrakten Expressionisten – so ergeht es heute der Popart. Bei Prosa, Poesie und einem Teil der Musik ist die Lage ähnlich. Daraus ergibt sich, daß der Markt für Neues auf dem Gebiet der Künste fast immer klein ist; erst mit der Entwicklung des Geschmacks stellt sich die Nachfrage ein. Aber manche fühlen sich angezogen und andere bewundern zum Schein das, was viele abstößt. Dafür sind sie bereit zu zahlen. Diese Situation eines kleinen Marktes, in dem der Preis an zweiter Stelle hinter der künstlerischen Leistung rangiert, kommt dem einzelnen oder der kleinen Firma ebenfalls entgegen *.

4

Früher war das Kunstmäzenatentum eine der üblichsten Demonstrationen des Wohlstands. Kommunale und kirchliche Bauwerke und ihre Ausschmückung sowie Volksbelustigung zeugten von der Tüchtigkeit einer Gemeinde. Im privaten Bereich war die Exklusivität von Haus und Einrichtung, Bildern, Plastiken, Möbeln, Speisen und Getränken sowie eine gepflegte Konversation ein ähnlicher Beweis. Das galt für besonders stark leistungsorientierte Gemeinwesen wie Venedig, Florenz, Genua, Amsterdam, Brügge und Antwerpen. Militärische und sexuelle Protzerei, die Perfektion in höfischem Zeremoniell und galanten Manieren sowie gastronomische und alkoholische Exzesse rivalisierten als Manifestationen der Zivilisation immer schon mit den schönen Künsten. Im Vergleich zu den Höfen erwiesen sich die Handelsstädte gegenüber solchen Zurschaustellungen als resistenter.
Heutzutage ist die Kunst längst nicht mehr in so hohem Grade ein Maßstab für kommunale und private Leistung. Wissenschaftliche und technische Errungenschaften sind ungleich wichtiger geworden und haben auch die einstige Hochachtung vor soldatischen Qualitäten abgebaut. Heute spricht man kaum noch von Disziplin, Zackigkeit und Heldenmut der Soldaten, Matrosen oder Flieger. Die technische Vollkommenheit ihrer Panzer, Atom-U-Boote, Flugzeuge oder ihr elektronisches Leitsystem wird vermerkt und als Maßstab für den Leistungsstand der Nation herangezogen. Die Raumforschung ist ein noch treffenderes Beispiel dafür, wie weit nationale Leistung am wissenschaftlichen und technischen Können

*) Die gegensätzliche Reaktion des Publikums auf technische und künstlerische Neuerungen beruht zwar auf gesellschaftlicher Prägung, aber vielleicht nicht ausschließlich. Es könnte sein, daß visuelle Reaktionen von Natur aus konservativ sind und sich erst im Laufe der Zeit anpassen. Aus diesem Grunde erscheinen auch groteske Auswüchse in der Mode oder bei Autos – die niemand auch nur im Traum mit Kunst in Verbindung bringen würde – nach einer gewissen Zeit als visuell erträglich.

gemessen wird. Genau wie die Städte des Mittelalters einst die Herrlichkeit ihrer Kathedralen und den Reichtum der Ausstattung miteinander verglichen, führen die modernen Supermächte Anzahl, Konzeption und Kosten ihrer bemannten oder unbemannten Expeditionen zum Mond und zu den Planeten oder ihre erdumkreisenden Himmelslabors ins Feld. Der Lohn der Mühe reicht immer noch teilweise ins Metaphysische und Spirituelle hinein *.
Wissenschaftliche und technische Errungenschaften stellen auch auf anderen Gebieten den gängigen Leistungsmaßstab dar – in der Physik, Chemie, Genetik, Luftfahrt und in der Computertechnologie. Niemand käme auf den Gedanken, einen Leistungsvergleich zwischen der Sowjetunion und den Vereinigten Staaten in der Malerei, in der Schauspielkunst, in der Belletristik oder in der industriellen Formgebung für ähnlich wichtig zu halten. Zumindest bis vor kurzem war es so, daß beide Länder bei einer vergleichenden Ausstellung auf ihre besten und interessantesten Stücke hätten verzichten müssen. Die Amerikaner wären bei der Vorauswahl gezwungen gewesen, das wegzulassen, was zahlreiche Kritiker aus dem Kongreß »von Kommunisten inspirierte Kunst« genannt hätten. Die Sowjets hätten in ähnlicher Weise Arbeiten ausklammern müssen, in denen sich bourgeoise Dekadenz widerspiegelt. Da technische und wissenschaftliche Errungenschaften geltender Maßstab für Gemeinschaftsleistungen sind, ergibt sich daraus, daß die Ausbildung und jede andere Unterstützung auf diesen Gebieten aus öffentlichen Mitteln nicht nur angemessen ist, sondern sogar sehr wünschenswert. Ähnliche Ansprüche können die schönen Künste aus verständlichen Gründen nicht stellen.
Woher diese Einstellung stammt, weiß jeder. Schuld daran sind die Technostruktur und das Planungssystem mit ihrer Fähigkeit, ihre

*) In seiner Begrüßungsansprache bei der Rückkehr der ersten Astronauten vom Mond rief Dr. George C. Mueller, Direktor des Raumfahrtprogramms der NASA, die Amerikaner auf, »nicht flüchtigen materiellen Wohlstand an die Stelle geistiger Güter und langfristiger Leistungen zu setzen«. Er fuhr mit der Forderung fort: »Wir sollten uns alle der noch unvollendeten Aufgabe widmen, die hier von drei Mitbürgern so tapfer in Angriff genommen wurde, auf daß diese Nation mit Gottes Willen gemeinsam mit allen anderen das Wohl der Menschheit anstrebe ...« Man sollte aber die Wirkung einer so hehren Verpflichtung nicht überschätzen. Kurz darauf ging Dr. Mueller für ein höheres Gehalt als Vizepräsident zu General Dynamics. Siehe auch Richard F. Kaufman, *The War Profiteers*, Bobbs-Merrill, Indianapolis und New York 1970, S. 80.

Wertbegriffe der Gesellschaft und dem Staat aufzuzwingen. Die Technostruktur vereinnahmt den Ingenieur und benutzt ihn – den Künstler kann sie nicht vereinnahmen. Technik und Wissenschaft dienen dem Zweck der Technostruktur; Kunst wird bestenfalls als ärgerlich und schwierig empfunden, auch wenn man sie zuweilen braucht. Hieraus ergibt sich auch die Haltung der Gemeinde und des Staates. Technik und Wissenschaft sind gesellschaftliche Notwendigkeiten; Kunst ist ein Luxus.

5

Während die Kunst heute kein Beweis mehr für gesellschaftliche Leistung ist, vielleicht mit Ausnahme esoterischer und pompöser Einzelfälle, hat sie für den einzelnen und den Haushalt eine vielleicht sogar noch steigende Bedeutung. Bei der Einschätzung von Ansehen und gesellschaftlicher Stellung einer Familie wird das künstlerische Element außer acht gelassen. Im Mittelpunkt stehen statt dessen gewisse Standardwaren. Nach allgemeiner Ansicht sind die Bewohner eines Hauses mit drei Schlafzimmern »besser dran« als diejenigen mit nur zwei Schlafzimmern; ein weiteres Prädikat sind eine gut eingerichtete, vollautomatische Küche und der Zweitwagen. Die Werbung betont die technischen Eigenschaften und die Neuheit der Waren und nicht ihre Schönheit. Greift man die Gestaltung eines Konsumartikels als banal an, stößt man häufig auf empörten Widerspruch. Die Leute wollen so etwas. Der Kritiker gilt als hochgestochen.

Auf einer höheren Einkommensebene genießt man jedoch künstlerischen Geschmack – echten oder vorgegebenen – bei Architektur, Innendekoration, Möblierung, Gartengestaltung und sogar beim Essen und der Unterhaltung, und zwar um seiner selbst willen, oder man glaubt, ihn sich schuldig zu sein. Hier findet wiederum die Arbeit des Künstlers einen recht umfangreichen und noch wachsenden Markt; es ergeben sich Chancen für Leute, die andere anleiten, wenn diese in Geschmacksfragen nicht sicher sind. Infolgedessen ist ein nicht unerhebliches Wirtschaftsvolumen nicht von der technischen Vollkommenheit des Produkts oder der rationellen Produktion abhängig, sondern von der Qualität der gestaltenden Künstler. Darauf begründen sich manche Industrien. Dänische und finnische Möbel verdanken ihre moderne Form nicht tüchtigen Ingenieuren, sondern der Hand des Künstlers. Auf einer ähnlichen Grundlage beruht der Wiederaufstieg der italienischen Industrie nach dem Krieg. Italienische Waren zeichnen sich nicht durch ihre Technik, sondern durch ihr Aussehen aus. Eine ähnliche, wenn auch weniger deutliche Entwicklung vollzieht sich in den Vereinigten Staaten. Man nimmt sie noch kaum zur Kenntnis, da es niemandem einfällt, den Künstler und nicht den Ingenieur, Wissenschaftler oder Geschäftsmann als die Grundlage einer künftigen industriellen Entwicklung hervorzuheben. Aber das Monopol auf künstlerische Leistung bedeutet für die kleine Firma eine wichtige Existenzgrundlage.

6

Aus den vorgenannten Gründen werden die Künste und die Produkte, in denen sich künstlerische Leistung niederschlägt, über einen längeren Zeitraum hinweg immer wichtiger für die wirtschaftliche Entwicklung werden. A priori gibt es keinen Grund zur Annahme, daß wissenschaftliche und technische Leistungen den letzten Zielen menschlichen Glücks dienen. Wenn sich der Konsum ausweitet, kann man von einem bestimmten Punkt an mit einem übergeordneten Interesse an Schönheit rechnen. Dieser Übergang wird den Charakter und die Struktur des Wirtschaftssystems einschneidend verändern.

Zuerst müssen jedoch Technostruktur und Planungssystem einem gesellschaftlichen Erziehungsprozeß unterworfen werden, weil sie alles, was sich nicht vereinnahmen oder gebrauchen läßt, in eine untergeordnete soziale Rolle abdrängen. Auch die Gemeinschaftsbezogene Tugend des Künstlers bedarf einer Beeinflussung. Hierzu muß einiges gesagt werden, denn hier liegen die Gründe, aus denen sich der Künstler, sowohl für sich selbst als auch für die Kunst im allgemeinen, mit einer untergeordneten wirtschaftlichen und gesellschaftlichen Rolle abfindet.

Man hat den Künstler davon überzeugt, daß die Welt der Wirtschaft von Natur aus so beschaffen sei, daß er zu ihr nur eine geringe Beziehung haben kann. Es ist eine Frage seines Stolzes, daß nur eine sehr kleine Anzahl von Menschen das Werk des wahren Künstlers zu schätzen weiß und seinen Sinn begreift. Sein Markt bleibt eng, die Entlohnung karg. In dieser Bescheidenheit wiederum zeigt sich sein Wert. Je ärmlicher er lebt, desto mehr ist er Künstler. Nur Klosterbrüder teilen mit dem Künstler die Überzeugung, daß Verdienste in einem umgekehrten Verhältnis zum Verdienst stünden.

Diese Selbsteinschätzung des Künstlers bringt zwei soziale Vorteile mit sich. Sie schränkt die Aufgaben für Kunstwerke ein, denn wenn eine pekuniäre Belohnung die Leistung nicht verbessert, sondern möglicherweise sogar beeinträchtigt, sollte man sie möglichst minimal halten. Und sie bedeutet ferner, daß die Künstler, bis auf eine kleine Minderheit, sich klaglos mit einer untergeordneten Rolle, mit Anonymität und Armut abfinden. Sie konkurrieren daher nicht mit Managern, Wissenschaftlern oder Ingenieuren um soziales Ansehen. Sie konkurrieren auch nicht mit Wissenschaftlern und Technikern um öffentliche Mittel zur Unterstützung der Kunst.

Die Belastung der öffentlichen Hand wird ferner durch die auch vom Künstler mehr oder weniger geteilte Überzeugung reduziert, daß man Kunst nicht lernen könne. Wenn das Geld zur Verfügung steht, kann man beliebig viele Wissenschaftler und Ingenieure heranbilden. Sie lassen sich fast aus jedem Holz schnitzen. Die Zahl der Künstler bleibt jedoch immer auf Menschen mit einem angeborenen Talent beschränkt, und ihre Anzahl wird gering eingeschätzt, obgleich niemand das beweisen kann. Außerdem besagt die Volksmeinung über die Kunst, daß sich der wahre Künstler immer durchsetzt, gleichgültig, welche Hindernisse er zu überwinden hat. So trägt die Gemeinschaftsbezogene Tugend dazu bei, die Ausgaben für Kunsterziehung minimal zu halten.

Man sollte sich daran erinnern, daß bis vor etwa 150 Jahren nach der Gemeinschaftsbezogenen Tugend der Wissenschaftler eine weltentrückte Asketengestalt war, der am besten von einem privaten Gönner ernährt wurde. Das öffentliche Ansehen des Künstlers war damals weitaus größer, da älter und besser etabliert, und er hatte auch einen größeren Anspruch auf öffentliche Mittel. Der Wissenschaftler hat längst die Mönchszelle gesprengt; niemand behauptet mehr, persönlicher Wohlstand und öffentliche Unterstützung beeinträchtigten seine Schöpferkraft. Im Gegenteil: Man hält beides sogar für notwendig. Der Künstler hingegen ist immer noch weitgehend vom privaten Gönner abhängig; er hat sich zusammen mit allen Nichtkünstlern zu der Überzeugung bekehren lassen, eine öffentliche Unterstützung der Künste könne eine gefährliche Unterdrückung seiner geistigen Freiheit sein *. Es ist klar, daß die öffentliche Hand auf diese Weise sehr viel mehr Geld sparen kann, als wenn die Gesellschaft die Kunst für genauso wichtig hielte wie etwa die Erforschung des Mondes.

7

Soviel zu den Künsten. Sie werden auch weiterhin ein wichtiges Bollwerk für den einzelnen und die kleine Firma bleiben. Und sie werden im Wirtschaftsleben immer breiteren Raum einnehmen. Den Möglichkeiten des Lustgewinns aus einer Entwicklung der Kunst sind keine sichtbaren Grenzen gesetzt; sie dürften ungleich vielfältiger sein als bei der technischen Entwicklung.

Aber diese Expansion wäre wesentlich größer, wenn man die Ursprünge unserer heutigen Einstellung zu Kunst, Wissenschaft und Technik besser begriffe. Der Anspruch der Kunst auf private und öffentliche Mittel ist zur Zeit sehr viel geringer als jener der Wissenschaft und Technik. Das liegt, wie wir gesehen haben, nicht am Willen des Publikums, sondern an einer bewußt gesteuerten Meinungsbildung. Das Volk – die Künstler nicht ausgenommen – wird so konditioniert, daß es Bedeutung und Priorität nur dem beimißt, was in die Kompetenz von Technostruktur und Planungssystem fällt und deren Bedarf entspricht.

Wie man die Volksmeinung emanzipieren kann, damit sie nicht mehr im Dienste des Planungssystems steht, muß daher noch eingehender besprochen werden.

*) Architekten werden von der Industrie gebraucht. Auf sie trifft daher nicht die Überzeugung zu, wirtschaftliches Denken oder persönlicher Wohlstand könnten der künstlerischen Leistung schaden.

VIII

Sich selbst und andere ausbeuten

I

In einer Organisation arbeiten die Leute nach vorgeschriebenen Regeln. Arbeitsbeginn und Feierabend sind festgelegt; während des ganzen Arbeitstages wird eine Mindestleistung gefordert, die nicht unterschritten werden darf. Man erreicht dies durch Überwachung oder durch die Aufstellung zwingender Normen für alle Arbeiter oder durch den Einsatz von Maschinen (das Paradebeispiel ist das Fließband), die das Arbeitstempo des Bedienungspersonals festlegen, oder durch Akkordlöhne und Prämiensysteme, also eine Entlohnung nach quantitativer Leistung.

Eine Hauptaufgabe der modernen Gewerkschaft besteht darin, wenigstens zum Teil Einfluß auf die Arbeitsbedingungen zu gewinnen und dafür zu sorgen, daß sie, wenn auch indirekt, bei der Festlegung und Ausführung dieser Bedingungen mitbestimmen kann. Das bedeutet, daß für viele Angehörige der Organisation nicht nur die untere, sondern auch die obere Leistungsgrenze festgesetzt und reglementiert wird. Je nach Standpunkt wird diese Regelung entweder als Vermenschlichung der modernen Industrie gepriesen oder als willkürliche Einschränkung der Produktivität des Arbeiters entschieden abgelehnt.

Es sollte nicht übersehen werden, daß die Regeln zur Festsetzung oder Begrenzung der Arbeitsleistung zur Spitze der Hierarchie einer Organisation hin immer mehr an Bedeutung verlieren. Bei den leitenden Angestellten wird die Leistung größtenteils dadurch garantiert, daß sie sich fleißig und eifrig bemühen, einer festgesetzten Verhaltensnorm zu genügen. Ist dieses Verhalten in einer Organisation weit verbreitet, spricht man ihr eine hohe Arbeitsmoral zu. Alles was diese Moral fördert – das freudige und bereitwillige gemeinsame Bemühen –, wird von der Gemeinschaftsbezogenen Tugend hoch geschätzt. In den oberen Ebenen einer Organisation verschwinden feste Regeln völlig und werden durch den Konkurrenzkampf um die Karriere ersetzt oder – was vielleicht eine noch größere Rolle spielt – durch das Bestreben, von den Kollegen gefürchtet, geachtet und für voll genommen zu werden. Diese Vorzüge verdient man sich wiederum, wenigstens teilweise, durch ein entschiedenes Eintreten für die Zwecke der Organisation. Im allgemeinen folgt daraus, daß der einzelne dann, wenn er keinen Leistungsnormen mehr unterliegt, nicht weniger, sondern mehr leisten muß. Er hat während der Arbeitszeit keine Rücksicht auf sich selbst zu nehmen. Er beeindruckt sich selbst und andere durch die Intensität seines Denkens und Tuns den ganzen Tag lang. Seine sogenannte Freizeit verbringt er – oder sollte er verbringen – mit Nachdenken über seine Verantwortung oder einer rein therapeutischen Erholung, die dem Geschäft dient. Es ist ein seltener Ausnahmefall, wenn ein leitender Angestellter behauptet, nie ein geschäftliches Problem mit nach Hause zu nehmen. Sichtbares Leistungsstreben gilt so gut wie immer als die richtige Strategie für eine Karriere. Man ist darauf angewiesen, den Ruf des unermüdlichen Chefs zu genießen *.

In der kleinen Firma verlieren Regeln als Mittel der Leistungsgarantie ihre Bedeutung. An ihre Stelle tritt das Anreizsystem des selbständigen Unternehmers, da für Leistung umfassend belohnt und für Schlamperei und Unfähigkeit ebenso umfassend bestraft wird. Was die wenigen Angestellten der Kleinfirma betrifft, ersetzt die persönliche Überwachung ein formelles Reglement. Diese Form der Leistungsgarantie ist, wie schon bemerkt, besonders nützlich bei weitgestreuten und nicht standardisierten Aufgaben, für die sich schwerlich Leistungsnormen formulieren lassen. Sie erweist sich auch da als außerordentlich nützlich, wo der Erfolg, wie bei vielen Dienstleistungen, vielleicht mehr von der subjektiven Reaktion des Kunden als vom Aufwand an Energie oder technischem Können abhängt. So mag beim Tankwart oder beim

*) In der Universität hat die Gemeinschaftsbezogene Tugend hingegen eine sehr viel reserviertere Einstellung zu Anstrengungen vor. Geschätzt wird der nachdenkliche oder gar ein wenig unzuverlässige Mann. Es fördert den Ruf eines Gelehrten, wenn er lange, erholsame Ferien nimmt. Der übertrieben geschäftige Professor riskiert den Tadel, nicht gründlich genug zu sein, durch Geschäftigkeit mangelnde Gelehrsamkeit zu bemänteln oder es zumindest nicht zu verstehen, daß man mit der kostbaren Geisteskraft haushalten muß. Ein gründlich fauler Professor begrüßt seinen normal fleißigen Kollegen oft mit der Ermahnung: »Übernehmen Sie sich auch nicht? Sie müssen vorsichtiger sein.«

Kellner die Fähigkeit, schlechte Laune nicht in offene Beleidigung ausarten zu lassen – oder sogar den Eindruck von höflichem Entgegenkommen und Dienstbereitschaft zu erwecken –, wichtiger sein als Anstrengung oder technisches Können. Ein solches Verhalten erreicht man am besten dadurch, daß man ihn persönlich die positiven und negativen Folgen seines Verhaltens tragen läßt.

Die Abschaffung einer Regelung der Mindestleistung bedeutet naturgemäß auch eine Abschaffung jener Regeln, die eine Maximalleistung festlegen. Das heißt aber auch – abgesehen von gewissen flexiblen Einschränkungen durch Gesetz und Sitte –, daß die Arbeitszeit des selbständigen Unternehmers sowie die Intensität seiner Bemühungen durch nichts nach oben hin begrenzt sind. Er wird dadurch in die Lage versetzt, die technisch bedingte höhere Produktivität des besser ausgestatteten Arbeiters im organisierten, jedoch reglementierten Sektor der Wirtschaft dadurch auszugleichen, daß er länger, härter oder vernünftiger arbeitet als sein organisierter Kollege. Dadurch reduziert er seine Entlohnung pro Einheit effektiv aufgewandter Arbeitskraft. Anders ausgedrückt: Im Gegensatz zur Organisation kann er seine Arbeiterschaft fast uneingeschränkt ausbeuten, da diese Arbeiterschaft nur aus ihm selbst besteht. Der Begriff Ausbeutung beschreibt hier – wohlgemerkt im engeren Sinne – eine Situation, in der der einzelne durch seinen relativen Mangel an wirtschaftlicher Macht veranlaßt wird, für einen Lohn zu arbeiten, der unter dem liegt, was die Wirtschaft im allgemeinen für vergleichbare Tätigkeiten zahlt.

Die Selbstausbeutung spielt für die Existenz der kleinen Firma eine außerordentlich wichtige Rolle. In der Landwirtschaft ist sie unabdingbar. Sie ist auch äußerst wichtig für kleine oder Ein-Mann-Betriebe in anderen Branchen – Einzelhandel, Restaurants, Reparaturwerkstätten, Haushalt und dergleichen. Sie ist als Mittel der Erlangung hochqualifizierter Dienstleistungen zu niedrigen Preisen so nützlich, daß eine Anzahl kommunistischer Staaten – Polen, Ungarn und Jugoslawien – das private Unternehmertum und die damit verbundene Möglichkeit der Selbstausbeutung bei der Treibstoffverteilung, in Restaurants, Cafés oder anderen Dienstleistungsbranchen zulassen. In solchen Ländern sind diese

Dienstleistungen praktischer, einfacher und wirtschaftlicher geregelt als in der Sowjetunion, wo man die Selbstausbeutung ablehnt. Es kann nicht überraschen, daß die Selbstausbeutung beim kleinen Unternehmer als hohe Gemeinschaftsbezogene Tugend gilt.

2

Der Begriff der Ausbeutung wird üblicherweise mit dem Arbeitnehmer in Verbindung gebracht; kaum jemand hat sich mit der Selbstausbeutung des Arbeitsgebers oder selbständigen Unternehmers befaßt. Es wäre möglich, daß diesem Faktor eine größere wirtschaftliche und gesellschaftliche Bedeutung zukommt als einer ähnlichen Behandlung von Angestellten. In der Praxis der modernen Wirtschaft gehen jedoch Selbstausbeutung und die Ausbeutung von Arbeitnehmern Hand in Hand.

Wir stellten fest, daß der kleine Arbeitgeber die Leistung seiner Mitarbeiter nicht durch Aufstellung von Regeln, sondern durch persönliche Überwachung garantiert. Und da diesen Arbeitgeber keine Regeln davon abhalten, seine eigene Belohnung für geleistete Arbeit zu reduzieren, widersetzt er sich auch entschieden allen Vorschriften, die ihn daran hindern, in ähnlicher Weise die Entlohnung seiner Angestellten zu drücken. Er fühlt sich berechtigt, von anderen genausoviel zu verlangen wie von sich selbst.

Diese Tendenzen werden in der Landwirtschaft am deutlichsten sichtbar. Die Selbstausbeutung des Bauern und die Ausnutzung seiner Familie war lange Zeit eine rühmliche Verhaltensweise – eine eindeutige Manifestation der Gemeinschaftsbezogenen Tugend, auf die ich noch zurückkomme. Damit und unter Berufung auf Ernte, Wetter und die Eigengesetzlichkeit des Getreideanbaus fühlt sich der Bauer berechtigt, seine Arbeitnehmer in ähnlicher Weise auszubeuten. In den Vereinigten Staaten gesteht man ihm dieses Recht ganz allgemein zu; die Landwirtschaft wird normalerweise bei arbeitsrechtlichen Regelungen über Löhne und Arbeitszeiten ausgeklammert, und den Gewerkschaften in der Landwirtschaft wird ausdrücklich die Unterstützung durch das Arbeitsrecht, den National Labor Relation Act, versagt (diese Ausnahme von der gesetzlichen Regelung und der Schutz gegen

Gewerkschaften erstreckt sich natürlich auch auf landwirtschaftliche Großbetriebe, in denen eine entsprechende Selbstausbeutung nicht vorkommt).
Gemeinsam mit dem Bauern und dem Kleinstadtkaufmann war auch der kleine Fabrikant oder sonstige Kleinunternehmer ein Bollwerk heftigen Widerstands gegen Gewerkschaften, Arbeitsgesetze, Sozialversicherung und andere Reglementierungen der Arbeitsbedingungen. Große Firmen, denen die Gesellschaft eine Ausbeutung weitaus eher zutraute, leisteten längst nicht so hartnäckigen Widerstand. Das war allen, die an der Oberfläche der Dinge bleiben, ein Rätsel. Wie konnte der brave kleine Mann nur so böse sein? Aus seiner Haltung schloß man für gewöhnlich, daß man bei einem geringen Umfang des Unternehmens eben nur ein minimales Verständnis für soziale Fragen erwarten dürfe – oder daß die Bindung an den Boden eine besonders retardierende Wirkung ausübe. Aber wir sehen, daß die wirkliche Erklärung, wie üblich, durch die wirtschaftlichen Umstände wohl begründet ist. Der kleine Unternehmer ist auf dem Markt verhältnismäßig machtlos und kann nicht sicher damit rechnen, daß er höhere Lohnkosten oder Nebenleistungen über den Preis auf die Öffentlichkeit abwälzen kann. Er spürt vollkommen richtig, daß er nur weiterexistieren kann, weil er in der Lage ist, den Lohn für seine geleistete Arbeit zu verringern. Dasselbe Recht sucht er sich auch gegenüber seinen Angestellten zu erhalten. Daraus begründet sich sein Widerstand gegen Gewerkschaft, gesetzliche Mindestlöhne und alles, was seine Lohnkosten erhöhen könnte.

3

Das Großunternehmen wird von der Gesellschaft kaum gelobt. Der kleine Unternehmer hingegen wird fast allgemein bewundert. Zum Teil liegt das an einer gewissen gesellschaftlichen Nostalgie: Der kleine Geschäftsmann ist das moderne Gegenstück zum Kleinbetrieb in der klassischen Wettbewerbswirtschaft. Als solcher erinnert er an eine schlichtere und überschaubarere Welt. Aber das Lob erwächst zweifellos zum größeren Teil aus der Gemeinschaftsbezogenen Tugend. Gelobt wird, was der Bequemlichkeit der Gemeinschaft dient und mit ihren Vorstellungen konform geht.

Nicht alles, was man so lobpreist, hält einer näheren Untersuchung stand. So preist man den kleinen Unternehmer als standhaften Verfechter der Selbständigkeit. Dabei wird nicht erwähnt, daß diese Unabhängigkeit, oft sowohl theoretisch als auch praktisch, durch den harten Kampf ums Überleben eingeschränkt wird. Im Gegensatz zu dem Mann aus der Organisation soll er in seinen politischen und gesellschaftlichen Ansichten bewundernswert unbestechlich sein. Aber diese seine Ansichten sind höchstwahrscheinlich ein objektives Spiegelbild seiner eigenen Interessen. Da er außerhalb der Organisation lebt, erfreut er sich angeblich der Freiheit von organisatorischer Disziplin. Niemand erteilt ihm Befehle, keiner überwacht seine Arbeit. Er kann jedem offen und stolz ins Auge blicken. Dabei wird übersehen, daß sich hierin oft die Vorsicht, Anpassung, Höflichkeit und bisweilen Unterwürfigkeit eines Mannes ausdrückt, der in seiner Existenz seinen Kunden auf Gnade oder Ungnade ausgeliefert ist. Er genießt oft die Freiheit des Hundes, der von vielen Hasen zu Tode gehetzt wird.

Beim Großkonzern bestreitet niemand, daß es für die Arbeitsstunden, den Leistungsaufwand und alle anderen Arbeitsbedingungen Grenzen geben müsse. Man begrüßt den Erfolg der Gewerkschaften bei der Erlangung und Verteidigung solcher menschenwürdiger Vorschriften. Auch Bemühungen des Staates werden begrüßt. Aber beim Marktsystem gilt der kleine Unternehmer, der früh aufsteht und bis in die Nacht hinein arbeitet, der seinen Kunden rund um die Uhr zur Verfügung steht und unermüdlich tätig ist, als verdienstvoll. Er erlahmt nie, er ist ein Wohltäter der Menschheit und ein Vorbild für die Jugend. Besonders tapfer ist der Bauer, der in der Stadt arbeitet und abends sowie an Sonn- und Feiertagen sein Land bestellt und der auch Weib und Kinder dazu antreibt. Das gereicht nicht nur ihm persönlich zum Ansehen, sondern auch der ganzen dänischen, norwegischen, deutschen, schottischen, finnischen oder japanischen Bauernschaft. Niemand denkt daran, daß eine solche Schwerarbeit durch die Umstände des Marktsystems erzwungen wird. Es bleibt unerwähnt, daß die Gesundheit seiner Kinder darunter leiden kann und daß gerade der Landwirtschaft, die es am nötigsten hätte, der Schutz durch Gewerkschaften, Mindestlöhne oder gar Arbeitslosenunterstützung vorenthalten bleibt. So beherrschend ist der Einfluß der Gemeinschaftsbezogenen Tugend.

4

So ist die tatsächliche Lage im Marktsystem. Zu den in den letzten drei Kapiteln untersuchten Faktoren, die eine Organisation ausschließen, kommt noch hinzu, daß in einigen Teilen der Wirtschaft die Firmengröße durch gesetzliche Vorschriften begrenzt ist. Rechtsanwälte, Ärzte (und bis vor kurzem auch Maklerbüros) werden durch Gesetz oder durch Berufsethik gezwungen, als Ein-Mann-Firma oder Assoziation zu arbeiten. Einige amerikanische Bundesstaaten haben Zusammenschlüsse in der Landwirtschaft verboten. Illegale oder halblegale Unternehmen – Bordelle, Pornographen, Drogenhändler und heimliche Spielsalons – haben schon aus praktischen Gründen nicht die Wachstumsmöglichkeiten, die das Firmenrecht gewährt. All das hält die Firma in diesen Wirtschaftsbranchen klein, obgleich sie wahrscheinlich aufgrund ihrer Funktion oder Dienstleistung ohnehin nicht wachsen würde.
Seit über einem halben Jahrhundert wird darüber diskutiert, ob der Kleinbetrieb zum Untergang verurteilt sei – ob der Wirtschaft die unausweichliche Tendenz zum Großunternehmen innewohne. Verfechter der orthodoxen neoklassischen Lehre waren immer von der Wichtigkeit der kleinen Firma für ihr System überzeugt. Sie stellt das eindeutigste Merkmal der Marktwirtschaft dar. Je nach Temperament teilen sich die Verfechter dieser Lehre in solche, die den Kleinbetrieb für gefährdet und daher für besonders schutzbedürftig hielten, und andere, die seine Zukunft (und damit ihr System) als absolut gesichert betrachteten.
Wir sehen also, daß es Betätigungsgebiete gibt – ein Großteil der Landwirtschaft, geographisch gestreute Dienstleistungen, den ganzen Bereich der Künste –, die sich der Organisation entziehen. Und selbst wo eine Organisation möglich wäre, kann der Unternehmer durch Verminderung seiner Entlohnung, Steigerung seiner Anstrengungen – und, innerhalb von Grenzen, mit denselben Maßnahmen gegenüber seinen Mitarbeitern – auch gegen die Konkur-

renz der Organisation bestehen. Also wird es den kleinen Unternehmer auch weiterhin geben. Es besteht auch kein Grund zu der Annahme, daß sein Anteil am gesamten Wirtschaftsgeschehen – jener nicht von der Organisation erfaßte Anteil – zurückgehen wird. Meine folgenden Ausführungen werden keinen Zweifel daran lassen, daß das Marktsystem in seiner Entwicklung hinter dem organisierten Sektor der Wirtschaft zurückbleiben wird – aber vielleicht nur im Verhältnis zum Entwicklungsbedarf im Marktsektor, der viel größer ist als im Planungssektor. In der Volkswirtschaft ist es wichtig, in relativen Begriffen denken zu lernen.

Daß der Weiterbestand des Marktsystems zumindest teilweise auf seine Fähigkeit zurückzuführen ist, den Lohn der Beteiligten zu reduzieren, führt zu einer logischen und bedenklichen Schlußfolgerung: Zwischen verschiedenen Teilen des Wirtschaftssystems besteht von vornherein eine Ungleichheit. Sie wird noch durch die Gemeinschaftsbezogene Tugend vertieft, die den Selbstbetrug unterstützt, man solle sich mit einem geringeren Ertrag zufriedengeben – ein Teil der Kompensation liege eben in der Erfüllung einer gesellschaftlichen Pflicht. Die Erkenntnis der Ungleichheit wird natürlich noch verstärkt, wenn ein Teil des Wirtschaftssystems Macht über seine Preise und Kosten ausübt und diese wiederum die Kosten und Preise des anderen Teils darstellen. Das bedeutet in der Praxis, daß man den anderen Teil zur Ausbeutung zwingen kann.

Daß es eine solche Ausbeutung zwischen einzelnen Teilen der Wirtschaft gibt, werden wir gleich sehen. Gemeinsam mit der soeben erwähnten ungleichen Entwicklung ist sie der Hauptgrund dafür, daß wir die Wirtschaft nicht als ein System untersuchen, sondern als deren zwei. Gewisse Aufgaben lassen sich nicht organisieren, damit bleibt ungezählten Firmen das Wachstum verwehrt. Aber die Tatsache, daß sich gewisse Aufgaben organisieren lassen, gestattet einigen wenigen Firmen ein unbegrenztes Wachstum. Solchen Wachstumszonen wollen wir uns jetzt zuwenden.

DRITTER TEIL

Das Planungssystem

IX

Das Wesen der kollektiven Intelligenz

> In den fortschrittlichen kapitalistischen Ländern ersetzen neue, auf Wissenschaft und Technologie begründete Eliten allmählich die älteren, auf Reichtum begründeten Eliten.
>
> *Robert L. Heilbroner*
> The New York Times Magazine

I

Organisation ist eine Einrichtung, die es gestattet, das speziellere Können und Wissen mehrerer oder vieler an die Stelle der Spezialkenntnisse eines einzelnen zu setzen. Bei zahlreichen Aufgaben der Wirtschaft ist Organisation sowohl möglich als auch notwendig. Die Produktion standardisierter Waren und Dienstleistungen – Autos, Stahl, Energie, Nachrichtenverbindungen – erlaubt eine weitgehende geographische Zusammenfassung von Arbeitskräften. Nichts daran läßt sich mit Kunst in Zusammenhang bringen. Die Ware oder Dienstleistung ist unabhängig von einer bestimmten Persönlichkeit. Ist persönlicher Einsatz am Rande doch erforderlich, wie beim Flugverkehr, läßt auch er sich standardisieren, beispielsweise durch Vorschriften für die Frisur von Stewardessen oder durch die strenge Bestimmung, daß die Anwesenheit der Fluggäste »uns ein Vergnügen« zu sein habe. Dadurch wird Organisation möglich.

Sie ist auch notwendig. Die Herstellung standardisierter Waren und Dienstleistungen erfordert den Einsatz von Spezialisten mit technischen Kenntnissen, die sich auf ganz bestimmte Details des Produkts oder der Produktion beziehen oder die Änderungs- und Verbesserungsvorschläge ermöglichen. Der Gegenpol der Spezialisierung ist immer die Organisation; sie stellt zum Zwecke eines vollständigen und nützlichen Ergebnisses eine Zusammenarbeit zwischen Spezialisten her, die als Einzelpersonen technisch unvollkommen und ziemlich nutzlos wären.

Aber technische Spezialisten sind nur die augenfälligsten Vertreter einer Gattung. Die Organisation macht eine zunehmende Firmengröße möglich; diese bringt wiederum zunehmenden Einfluß auf Märkte, öffentliche Meinung und staatliche Belange mit sich. Zur Ausübung dieser Macht – in der Produktplanung, Preis- und Marktstrategie, bei Verkauf, Werbung, Einkaufsplanung, Public Relations und den Behördenkontakten – braucht man ebenfalls Spezialisten. Die Perfektion und Führung der Organisationen, in deren Rahmen die Spezialisten arbeiten sollen, bedarf wiederum neuer Spezialisten. Der führende Kopf einer Firma ist dann allmählich nicht mehr ein einzelner, sondern ein Apparat von Wissenschaftlern, Ingenieuren und Technikern, von Verkäufern, Werbefachleuten und Marktexperten, von PR-Leuten, Lobbyisten, Rechtsanwälten und Männern mit besonderer Kenntnis der Staatsbürokratie und ihrer Manipulation, von Koordinatoren, Managern und leitenden Angestellten. Das ist die Technostruktur. Die Befehlsgewalt geht vom einzelnen auf die Technostruktur über. »Wir halten die Managementprobleme von heute und morgen für so komplex ... daß immer ein Team entscheiden sollte.«*

Wenn der Zweck einer Firma sich nicht für Organisation eignet, sind ihrer Größe durch die Energie und intellektuellen Fähigkeiten einer einzelnen Person Grenzen gesetzt. Diese Fähigkeiten mögen variieren, aber sie sind nicht unendlich. Läßt sich eine Aufgabe organisieren, gibt es für die Firmengröße keine obere Grenze. Sie kann aus Gründen, die wir gleich noch untersuchen werden, sehr große Dimensionen erreichen. Dieser Teil der Wirtschaft wird daher durch verhältnismäßig wenige, sehr große Firmen charakterisiert. Sie sind ihr auffälligstes Merkmal.

Ein Merkmal – das muß betont werden –, das in der neoklassischen Wirtschaftslehre kaum erwähnt wird. In diesem Modell strebt die Firma nur Gewinnsteigerung an. Ihre Kosten sind gegeben oder größtenteils durch äußere Umstände fixiert. Das gilt auch für die Nachfrage nach ihren Erzeugnissen. Auch die verfügbare Technologie gilt zu einem bestimmten Zeitpunkt als festgelegt. Aus diesen Umständen ergibt sich eine optimale Betriebsgröße – nämlich die Größe, bei der die Differenz zwischen Kosten und Warenpreis, multipliziert mit dem Umsatz, am größten ist. Ein beträchtlicher

*) Hans Süssenguth vom Verwaltungsrat der Lufthansa in einem Interview mit Robert Spencer in *The American Way* (Juni 1972), S. 20.

Teil der Wirtschaftslehre beschäftigt sich mit der Ermittlung dieser idealen Betriebsgröße; es handelt sich um die Betriebsmathematik im Grundlehrgang. Für jedes Unternehmen existiert daher eine solche optimale Größe, eine solche Grenze. Sie kann überschritten werden, aber nur, wenn das Management von einer bösartigen und unvernünftigen Tendenz zum Gigantismus erfaßt wird, die Größe um jeden Preis anstrebt.

Will man die Verhaltensweise des modernen Unternehmens verstehen, so muß man dieses historische Klischee rundweg ablehnen. Es könnte nur dann stimmen, wenn die Kontrolle über Kosten, Preise, Nachfrage und Technologie von der Firmengröße unabhängig wäre. Sollte die Firma mit zunehmender Größe eine bessere Kontrolle über Kosten, Technologie, Preise sowie die Reaktionen von Verbrauchern und Behörden erlangen (handelt es sich bei all diesen Variablen um Funktionen der Größe), dann kann der Umfang, bei dem Höchstgewinne zu erzielen sind, mit zunehmendem Wachstum der Firma weiterwachsen. Eine andere Größenordnung und die damit verbundene Kontrolle über Kosten, technische Vorgänge, Preise, Nachfrage und den Staat würde dann zu einer Methode der Gewinnsteigerung. Wie wir gleich sehen werden, ist die Gewinnsteigerung gar nicht immer das Hauptziel der Technostruktur. Oberhalb einer gewissen Gewinnschwelle werden die Angehörigen der Technostruktur durch das Wachstum selbst besser belohnt. Die gängige Nationalökonomie stellt ein großes Hindernis beim Verständnis der grundsätzlichen Tendenz in unserer modernen Wirtschaftsgesellschaft dar. Es ist die Tendenz der Betriebe, sich auszuweiten und weiterzuwachsen.

2

Die Firmen im Planungssystem – da es sich durchwegs um Kapitalgesellschaften handelt, wird dieser Ausdruck in Zukunft häufig vorkommen – sind keineswegs homogen. An einem Ende der Skala stehen die verhältnismäßig kleinen Kapitalgesellschaften mit einer noch elementaren Organisationsform – sie befinden sich im Übergangsstadium von der Einmannführung zur Gruppenführung. Am anderen Ende stehen General Motors und unter den Versorgungsbetrieben die noch größere (nach Vermögen, aber nicht nach Umsatz) American Telephone and Telegraph. Je größer eine Kapitalgesellschaft wird, eine um so geringere Rolle spielt der einzelne, und um so mehr nimmt die Autorität der Organisation zu. Unter den sehr großen Kapitalgesellschaften, die schon längere Zeit bestehen – ich werde sie »ausgereifte Gesellschaften« nennen –, wird die Organisation allmächtig.

Es kostet uns Mühe, uns eine Organisation vorzustellen, sei sie staatlich oder privat, die nicht die Handschrift eines einzelnen trägt. Der Mensch ist eitel und sehnt sich nach schlichten, überschaubaren Ordnungen mit erkennbaren Heiligen und Sündern. Wie wir später noch sehen werden, bemüht man sich auch aus subjektiven, intellektuellen Gründen um die Assoziation von Macht mit bestimmten Personen. Zwei Faktoren sorgen dafür, daß mit zunehmender Firmengröße und Betriebsdauer die Macht vom einzelnen auf die Technostruktur übergeht.

Der erste Faktor ist die hohe Autorität der kollegialen Entscheidung. Wie bemerkt, ist Organisation eine Einrichtung der Zusammenfassung von Spezialistenwissen zur Entscheidungsfindung – für Entscheidungen, die das Wissen, die Erfahrung oder die Intuition mehrerer oder vieler Personen voraussetzen. Das trifft bei fast allen wichtigen Maßnahmen zu. Eine Einzelperson verfügt heute nur noch über einen Bruchteil des Wissens, das für Entwurf, Herstellung oder Verkauf eines neuen Automodells, einer neuen Rakete oder eines neuen Waschmittels nötig ist. Daraus ergibt sich, daß keine Person einzeln darüber entscheiden kann, ob so etwas entworfen, entwickelt, hergestellt oder verkauft werden kann. Es ergibt sich weiter daraus, daß nicht eine einzelne Person über die erforderliche Investition befinden kann. Diese Dinge müssen von Gruppen entschieden werden – üblicherweise sind das Ausschüsse, in denen jeder Beteiligte seine eigenen Spezialkenntnisse beisteuert. Es ergibt sich aber noch etwas daraus: Wer nicht an diesem kollegialen Entscheidungsprozeß beteiligt ist, aber dennoch seine Entscheidungen zu ändern oder zu beeinflussen sucht, geht von einer unzureichenden Kenntnis der Sachlage aus. Das tut der Eigentümer, der in unregelmäßigen Abständen die von der Organisation getroffenen Entscheidungen revidiert – oder ein Mitglied des Verwaltungsrates oder ein Vorgesetzter innerhalb der Organisation, der selbst nicht an der Gruppenentscheidung beteiligt war. Es kann natürlich auch auf einen Vertreter von Gewerkschaft oder Regierung zutreffen. Da solche Interventionen eines einzelnen notwendigerweise durch einen Mangel an Wissen gekennzeichnet sind, können sie Schaden anrichten. Daher verlagert sich die Macht von den Eigentümern oder deren nominellen Vertretern im Aufsichtsrat auf das Management der Kapitalgesellschaft. Und aus denselben Gründen verlagert sich die Macht innerhalb der Gesellschaft nach unten auf jene Personen, die mit ihren Kenntnissen aktiv an den Entscheidungen beteiligt waren.

Im allgemeinen nehmen die Entscheidungen mit der Firmengröße zahlenmäßig zu und werden komplexer. Immer größer und komplexer wird damit auch das Monopol der Technostruktur über die für solche Entscheidungen erforderlichen Wissensgebiete. Also wächst die Macht der Technostruktur.

Wer mit seinem Wissen zu Gruppenentscheidungen beiträgt, wird sicher nicht die Qualität der hier gelieferten Informationen anzweifeln. Die Beteiligten werden den Prozeß – die Konferenzen, Memoranden, Denkschriften und Gespräche –, durch den ihre Kenntnisse gesammelt, überprüft und mit der Information anderer kombiniert wurden, für wichtig erachten. Daher reagieren sie empfindlich auf uninformierte Interventionen von oben oder außen und widersetzen sich ihnen. Ein einzelner kann sich der Entscheidung eines anderen fügen, wenn man ihn als überlegen und klüger anerkennt. Eine Gruppe kann sich in dieser Weise nicht fügen. Was man oft als bürokratische Arroganz bezeichnet, ist tatsächlich oft nur die Notwendigkeit, den noch arroganteren einzelnen auszuschließen, der gewisse Dinge nicht weiß und nicht wissen kann. Niemand sollte sich durch seine natürliche Sympathie für den einzelnen darüber hinwegtäuschen lassen, worum es hier geht. Der Entscheidungsprozeß in der Gruppe ist daher autoritär, weil sie sich aufgrund eines gesunden Instinkts gegen schlecht informierte Außenseiter abschirmen muß, auch solche, die nominell Machtpositionen innehaben.

Mit dem Wachstum und Älterwerden einer Kapitalgesellschaft taucht ein zweiter Faktor auf, der die Technostruktur mächtiger werden läßt. Die kleine Kapitalgesellschaft, in der wenige Aktionäre einer einzelnen Person Geld und Verfügungsgewalt anvertrauen, unterscheidet sich nur rechtlich insbesondere durch die Haftungsbeschränkung von der Firma, die sich im Besitz eines einzelnen befindet und von ihm aktiv geleitet wird. Mit zunehmender Größe wächst auch die Zahl der Aktionäre. Erbschaften, Erbschaftssteuern, Philanthropie, Alimente und die Neigung nichttätiger Besitzer oder ihrer Verwalter zur breiten Streuung des Besitzes tragen auch zur Streuung der Wertpapiere bei. Das reduzierte den Anteil des einzelnen am Gesamtvermögen und damit seine Macht. Die Aktionäre finden sich mit der Schwäche ihrer Position ab und werden passiv. Sie geben ihre Stimmen automatisch zugunsten des Managements oder gar nicht ab. Der Aufsichtsrat erkennt, daß seine Macht vom Management und nicht von den Aktionären stammt. Er beschränkt sich daher auf eine rituelle Billigung der Entscheidungen des Managements.

Dieser Wandel vollzieht sich progressiv. Die Tendenz der Machtverlagerung in den großen Kapitalgesellschaften vom Eigentümer auf den Manager wurde erstmals 1932 durch die klassische Studie von Adolf A. Berle und Gardiner C. Means *The Modern Corporation and Private Property* allgemein bekannt. Die beiden Autoren gelangten zu dem Schluß, daß bei 88 (das sind 44 Prozent) der 200 größten nicht im Bankgewerbe tätigen Kapitalgesellschaften der Vereinigten Staaten die Macht beim Management lag. Unter normalen Umständen konnte keine einzelne Gruppe von Aktionären genug Stimmen aufbringen, um die Autorität der Firmenchefs von eigenen Gnaden anzugreifen. Dreißig Jahre später wurde dieselbe Untersuchung mit denselben Kriterien von Robert J. Larner wiederholt. Er stellte fest, daß nicht weniger als 169 (das sind 84,5 Prozent) der 200 größten Firmen außerhalb des Bankgewerbes unbestritten vom Management kontrolliert wurden *. »Fast alle sind sich darin einig, daß der Eigentümer in der

*) Robert J. Larner, Ownership and Control in the 200 Largest Nonfinancial Corporations, 1929 and 1963, *The American Economic Review*, Band 56, Nr. 4 (September 1966), S. 777 ff. Die Definition der Kontrolle durch das Management enthält subjektive Elemente, die weidlich ausgenutzt wurden, um die Macht des Eigentümers und Kapitalisten am Leben zu erhalten. Die von Berle und Means gezogenen Schlußfolgerungen werden jedoch heute allgemein anerkannt. Es besteht kein Grund zu der Annahme, daß Larners Berechnungen weniger zuverlässig seien, auch wenn sie nicht das Prestige des Alters und großer Namen aufzuweisen haben.

großen Kapitalgesellschaft im allgemeinen zu einem passiven Einkommensempfänger geworden ist, daß die Kontrolle normalerweise in den Händen des Managements liegt, daß das Management über die eigene Nachfolge entscheidet.«*

3

Die Macht des Managements wird nicht zur Schau gestellt. Sie wird aber auch nicht peinlich kaschiert. Ein gemeingültiges Ritual verlangt Gehorsam gegenüber der nominellen Autorität. Aus Greisen bestehende Verwaltungsratsgremien, die vom Management ausgewählt werden und gelegentlich zusammentreten, um Maßnahmen zu billigen, von denen sie nichts verstehen, gelten als wertvoller Born der Weisheit und Lebensklugheit. Daher beziehen sie ihre Macht. Die natürliche Hochachtung vor dem Alter oder der beginnenden Senilität unterstützt diese Illusion. Die feierliche Liturgie der Geschäftsordnung, bescheidene Aufwandsentschädigungen und ein ebenso bescheidenes Maß an erforderlichem Einblick vermitteln oft Aufsichtsräten, die nicht der Technostruktur angehören, das Gefühl von Macht. Diese Illusion wird noch dadurch verstärkt, daß sie routinemäßig Aufwendungen, Kredite und andere finanzielle Transaktionen zu genehmigen haben: Nichts ist besser geeignet, den Eindruck von Allmacht zu erwecken, als der, wenn auch nur nominelle, Umgang mit großen Geldsummen **.
Ähnlich verhält sich die Technostruktur. Man legt Aufsichtsratsvorsitzenden oder Präsidenten die sorgfältig ausgearbeiteten Entscheidungen von Untergebenengruppen mit einer solchen Unterwürfigkeit vor, daß die so Geehrten häufig nicht einmal merken, daß sich ihre Funktion mit dem Ratifizieren erschöpft. Jeder, der

*) Edward S. Mason, *The Corporation in Modern Society*, Harvard University Press, Cambridge 1959, S. 4.

**) »Sie versammeln sich einmal im Monat. Sie starren auf manipulierte Finanzberichte, bekommen aber nie die Zahlen zu sehen, die tatsächlich Aufschluß über die Entwicklung der Firma geben. Sie lauschen, wenn der Chef und sein Stab obenhin den Stand der Dinge schildern. Sie stellen ein paar Pflichtfragen, machen – wie erwartet – einige Vorschläge, die höflich protokolliert und dann nicht mehr beachtet werden, und vertagen sich bis zum nächsten Monat.« Robert Townsend, *Hoch lebe die Organisation*, Droemer-Knaur, München 1970, S. 39.

in einer staatlichen oder privaten Bürokratie dient, hat ein instinktives Gefühl für dieses Ritual. In staatlichen Bürokratien ist es vielleicht besonders hoch entwickelt. Präsidenten, Premier-, Verteidigungs- und andere Minister werden ausführlich über Dinge unterrichtet, von denen sie nichts verstehen. Aber nur selten dürfen sie entscheiden. Vielmehr suggeriert man ihnen den Eindruck (gestattet, daß sie ihn auch anderen suggerieren), daß die Entscheidung bei ihnen liege. Auf diese Weise geraten sie weniger in die Versuchung, ihre Autorität herauszukehren, was bei ihrer Unkenntnis gefährlich bis verheerend wäre.

Macht verringert sich nicht dadurch, daß man sie einem anderen zuschreibt. Sie wird im Gegenteil fast immer vermehrt und ist leichter auszuüben. Nichts kommt der Technostruktur gelegener, als unpopuläre oder gesellschaftlich bedenkliche Maßnahmen einer höheren Instanz zuschreiben zu können. »Leider sind wir den Interessen unserer Aktionäre verpflichtet.« »Ich habe das vor dem Aufsichtsrat zu verantworten.« Daraus erwächst eine reelle Macht ohne ihre nachteiligen Begleiterscheinungen.

4

Hier müssen einige Einschränkungen gemacht werden – wer die Wahrheit nicht hören will, benutzt nur allzugern eine Übertreibung als Handhabe gegen die ganze Sache. Nur in den größten Kapitalgesellschaften ist die Technostruktur allmächtig – nur hier hat sie sich zu voller Blüte entwickelt. Hier könnten die Aktionäre aufmucken, wenn die Gesellschaft kein Geld verdient – wobei der einzelne Aktionär üblicherweise den weniger aufwendigen Weg wählt und seine Anteile verkauft. Kampfabstimmungen finden normalerweise nur in schlechtgehenden Großunternehmen statt.

Wie es Kräfte gibt, die eine Streuung des Aktienkapitals bewirken, gibt es andere Kräfte, die eine Bündelung bewirken, insbesondere Versicherungsgesellschaften, Rentenfonds, Investmentfonds und Banken. Sie wirken der Machtabwertung des Aktionärs entgegen. Aber das Ergebnis wird leicht übertrieben. Finanzinstitute verhalten sich gegenüber dem Management meistens passiv. Man weiß um die Gefahren einer schlechtberatenen Intervention.

In den kleineren Kapitalgesellschaften des Planungssystems, insbesondere beim Umgang mit weniger komplexen technischen Prozessen oder Produkten, kann ein einzelner – ein Mann an der Spitze der Verwaltungshierarchie oder ein Hauptaktionär – informiert sein. Damit kann er Einfluß auf Entscheidungen nehmen. Sowohl in großen als auch in kleinen Gesellschaften hat ein einzelner drei Möglichkeiten der Einflußnahme auf Entscheidungen, die er aus Mangel an Information nicht selbst treffen kann.

Erstens kann er personelle Änderungen vornehmen und die Leute, die an Entscheidungen teilhaben, entlassen, versetzen, austauschen. Ein großer Teil der Macht eines modernen Managers gründet sich auf dieses Schachspiel mit Menschen.

Zweitens kann er Änderungen des großen Rahmens vorschlagen, der den Entscheidungen gesteckt ist. Es wäre zu gefährlich für ihn, die Herstellung eines neuen Produkts, die Anwendung eines neuen Prozesses oder den Erwerb einer neuen Tochterfirma zu beschließen. Das setzt die Beteiligung von Spezialisten voraus, die über die erforderlichen Kenntnisse verfügen oder sie beschaffen. Die letzte Entscheidung hängt immer von Kenntnissen ab, über die nur eine Gruppe verfügen kann. Aber die individuelle Phantasie kann der Anwendung solcher Gruppenkenntnisse neue Bereiche eröffnen. Die allgemeine Überzeugung mag zutreffen, daß ein bekannter Rahmen von Parametern die beste Voraussetzung für glückliche Gruppenentscheidungen ist und daß die Gruppe es seltsamerweise nicht vermag, aus diesem Rahmen auszubrechen.

Schließlich kann der einzelne mit Hilfe unabhängiger Fachleute die Kompetenz des Entscheidungsgremiums und die Qualität der gefällten Entscheidungen durchleuchten. Als einzelner verfügt er nicht über die hierfür erforderlichen Kenntnisse. Aber er kann eine Organisation damit betrauen. Hieraus erklärt sich das Aufblühen von Betriebsberatungsunternehmen in letzter Zeit. Die Umsätze der Beratungsfirmen und spezieller technischer Dienstleistungsunternehmen werden für 1970 auf eine runde Milliarde Dollar geschätzt. Die größten Betriebsberatungsfirmen sind selbst schon zu Kapitalgesellschaften geworden, und einzelne gehören größeren Konzernen an *.

*) Consultants Clash Over Ownership, *Business Week* (27. November 1971), S. 66.

Diese Machtmittel – die Personalpolitik, die Umlenkung des Entscheidungsprozesses auf neue Bereiche und seine Durchleuchtung – sind die wichtigsten Vorrechte des einzelnen im modernen Großbetrieb, seine sogenannten Führungsaufgaben. In der ausgereiften Kapitalgesellschaft sind es die einzigen Vorrechte, die ein einzelner für sich allein hat.

Es wird auffallen, daß diese Ausübung von Autorität keine substantiellen Entscheidungen berührt – was oder wie produziert werden soll, oder wie eine Ware oder Dienstleistung zu vermarkten sei. Ein Eingriff dieser Art kann in Unkenntnis der Sachlage erfolgen, willkürlich und daher schädlich sein, aber das ist nicht unbedingt der Fall. Personelle Entscheidungen oder eine Umorganisierung des Managements können eine Bedrohung für die Angehörigen der Technostruktur darstellen, wenn dadurch zum Beispiel Leute gekündigt, versetzt oder pensioniert werden. Solchen Maßnahmen widersetzt man sich deshalb ebenso wie einer uninformierten Einmischung in wichtige Entscheidungen. Wir werden gleich sehen, daß eines der Hauptziele der Technostruktur darin besteht, sich gegen solche Einmischungen zu schützen.

5

Daß die Macht in der ausgereiften Kapitalgesellschaft vom Aktionär auf das Management übergeht, wird von den Wirtschaftswissenschaftlern längst anerkannt, allerdings nur in der Praxis, nicht in der Theorie. Es wird auch zunehmend eingesehen, daß sich die Ziele des Managements von denen der Eigentümer unterscheiden können – daß es ihnen mehr um eine Sicherung der Erträge und insbesondere das Wachstum der Firma geht, wie Dr. Robin Marris von der Universität Cambridge, Professor William Baumol von Princeton und andere herausgestellt haben *. Die Trennung von Eigentum und Verfügungsgewalt bedeutet eine Infragestellung der Theorie von der Gewinnsteigerung. Nach dem neoklassischen Modell ist Gewinnstreben immer skrupellos und unbedingt. Habgier,

*) Vergleiche hierzu *Die moderne Industriegesellschaft,* Droemer Knaur, München 1968, insbesondere Kapitel XV.

Geiz und Neid (sonst nicht gerade seligmachende Tugenden) werden paradoxerweise zu Energiequellen, die sodann der öffentlichen Gewalt und dem Gemeinwohl unterworfen werden. Aber bei einer Trennung von Eigentum und Verfügungsgewalt entstehen ernste Probleme. Habgier, Geiz und Neid, diese wertvollen Triebfedern des Systems, werden von den Managern – der Technostruktur – gestellt, ihre Früchte gehen aber an die Eigner. Die Manager sind den Eigentümern nicht verpflichtet. Das System funktioniert also aufgrund der Tatsache, daß gerade die Habgierigsten am gewissenhaftesten darauf bedacht sind, für andere zu arbeiten. Habgier wird im Dienste anderer zu einer menschenfreundlichen Tugend. Dies ist ein bemerkenswerter Widerspruch, den der moderne Großbetrieb für die neoklassische Nationalökonomie aufwirft. Es ist ein Problem, das die neoklassische Theorie dadurch zu lösen sucht, daß sie es ignoriert. Sie verschanzt sich dabei hinter einer sehr praktischen Gepflogenheit der Wirtschaftswissenschaftler: Stößt man auf unliebsame Tatsachen, dann diskutiert man sie einfach weg! Der wichtige Zentralpunkt aller Theorie und eines guten Teils der Lehre ist der Unternehmer, der Eigentum und wohltätiges Gewinnstreben mit der aktiven Leitung des Unternehmens verbindet. Man ignoriert die Wirklichkeit der Kapitalgesellschaft. Jede Diskussion beginnt mit der Bemerkung: »Das Streben nach Höchstgewinnen natürlich vorausgesetzt ...« Wie immer in bezug auf die Gewinnsteigerung fühlt man sich bei der freimütigen Anerkennung der Habgier als Ausgangspunkt für jede volkswirtschaftliche Analyse scheinbar sicher. Wie schwer Habgier wiegt, kann niemand anzweifeln.

Aber wie schon erwähnt, gesteht man der Trennung von Eigentum und Verfügungsgewalt zuweilen einen gewissen Einfluß auf die Ziele der Kapitalgesellschaft zu. Man konzediert, daß das Schwergewicht mehr auf der Sicherung von Ertrag und Wachstum und weniger auf der Erzielung von Höchstgewinnen liegt. Aber das verändert die neoklassische Einstellung kaum. Für einige strebt die Kapitalgesellschaft eine Kombination von Sicherheit, Wachstum und Profit an. Aber ihr Streben wird immer noch vom Markt dirigiert; die Preise mögen ein wenig niedriger liegen, die Umsätze ein wenig höher als bei ausschließlichem Streben nach Profit – eine revolutionäre Bedeutung wird diesen Abweichungen nicht beigemessen. Eine Verfolgung dieser andersgearteten Ziele würde auch tatsächlich nicht viel ändern, wenn die Firma ganz dem Markt unterworfen wäre.

Wenn jedoch mit dem Aufstieg der großen Kapitalgesellschaft die Macht einhergeht, ihren Willen weitgehend der Gesellschaft aufzuzwingen – nicht nur Preise und Kosten festzusetzen, sondern auch die Verbraucher zu beeinflussen, die Zulieferung von Material und Teilen zu organisieren, eigene Reserven und eigenes Kapital zu mobilisieren, eine Strategie gegenüber den Arbeitnehmern zu entwickeln und die Haltung der Mitmenschen sowie die der Regierung zu beeinflussen –, dann sind die Ziele der Kontrollinstanz, der Technostruktur, plötzlich von größter Wichtigkeit. Sie bleiben nicht auf den Markt beschränkt. Sie reichen über den Markt hinaus und werden zu einem Karren, vor den die Gesellschaft gespannt, wenn schon nicht gekettet ist. Natürlich bestreitet das neoklassische Modell, daß die moderne Kapitalgesellschaft eine derartige Macht ausübt. Aber es ist die Wirklichkeit, wie wir sie hier sehen. Daher werden die Ziele der Technostruktur so bedeutsam. Die folgenden Kapitel beschäftigen sich eingehender mit diesen Zielen. Danach werden wir untersuchen, wie Macht in Verfolgung dieser Ziele ausgeübt wird.

Wie wir gleich sehen werden, dienen diese Ziele ganz unmittelbar den Interessen – auch den pekuniären Interessen – der Technostruktur. Habgier dient nicht länger über eine Eselsbrücke dem Besitzstreben anderer. Das ist beruhigend. Der Widerspruch der neoklassischen Theorie löst sich somit auf. Unser Argument ist insofern völlig orthodox, als es sich an die Maxime hält, daß hier Macht zur Verfolgung von sehr genau empfundenen egoistischen Interessen ausgeübt wird. Wer behauptet, das Management der modernen Kapitalgesellschaft verfolge nicht eigene pekuniäre Interessen, sondern die pekuniären Interessen von Eigentümern, an die es nicht länger gebunden ist, muß, wie es Sitte ist, auch den Beweis dafür antreten. Diese Leute sind es nämlich, die den selbstlosen Dienst an anderen zu einem wesentlichen Bestandteil ihres Systems erheben.

X

Wie Macht gebraucht wird: zum Schutz

1

Macht ist die Fähigkeit eines einzelnen oder einer Gruppe, seine oder ihre Absichten anderen aufzuzwingen. In diesem Zusammenhang erheben sich drei Fragen: Wer verfügt über die Macht? (Was nicht immer klar erkennbar sein muß.) – Zu welchem Zweck wird sie gebraucht? – Welche Werkzeuge werden angewandt, um den anderen Zustimmung oder Gehorsam abzunötigen? – Im Planungssystem, dem Wirtschaftsbereich der großen Kapitalgesellschaften, liegt die Macht in den Händen der Technostruktur, und zwar um so deutlicher, je größer und ausgereifter das Unternehmen ist. Mit den Werkzeugen der Macht befassen sich die folgenden Kapitel. Doch erst müssen wir uns fragen, welchen Zwecken diese Macht dienen soll.

Im elementarsten Sinne sind die Absichten bei allen Firmen, großen wie auch kleinen, dieselben. Der kleine Unternehmer sucht vor allen Dingen seine Position oder Autorität zu schützen – er will im Geschäft bleiben und sich seinen Arbeitsplatz erhalten. Seine erste Absicht ist also der eigene Schutz. Hat er seine Existenz einigermaßen gesichert, so sucht er seine Interessen zu fördern – er sucht die Selbstbestätigung. Im Kleinbetrieb geht es dabei beide Male um Geld. Dem Schutzbedürfnis ist durch ein gewisses Minimum an Ertrag gedient; erreicht der Unternehmer dies nicht, verliert er sein Kapital und damit sein Recht, das Unternehmen weiter zu führen. Den Zweck der Selbstbestätigung betrachtet man im allgemeinen so, daß er über das Minimum hinaus soviel mehr zu verdienen sucht, wie möglich ist, ohne ein übertriebenes Risiko einzugehen, das heißt, ohne den Mindestertrag, der sein Schutzbedürfnis befriedigt, allzu ernsthaft zu gefährden.

Auch die Absichten der Technostruktur dienen teils dem Schutzbedürfnis, teils dem Bedürfnis nach Bestätigung. Die Zwecke sind nur komplexer als beim kleinen Unternehmer. Das liegt daran, daß die Technostruktur – die nicht im gleichen Maße wie der

Kleinunternehmer dem Markt ausgeliefert ist – bei der Auswahl und Verfolgung ihrer Ziele eine größere Bandbreite zur Verfügung hat.

2

Die Technostruktur hat zwei Schutzbedürfnisse. Wie der kleine Unternehmer muß sie ihre Existenz sichern; sie muß jeden – den störrischen Aktionär wie den unbezahlten Gläubiger – daran hindern, sie aus dem Rennen zu werfen. Gelingt dies nicht, muß sie sich wenigstens bemühen, die Gefahr äußerer Einmischungen bei ihren Entscheidungen so gering wie möglich zu halten. Wie im letzten Kapitel gezeigt wurde, werden alle wichtigen Entscheidungen kollegial getroffen; nur so kann bei der betreffenden Entscheidung alles an einschlägigem und spezialisiertem Wissen und an der Erfahrung geltend gemacht werden. Wir haben auch gesehen, daß eine Störung bei diesen Entscheidungen durch einen einzelnen, der am kollegialen Entscheidungsprozeß nicht teilgenommen hat, höchstwahrscheinlich uninformiert und störend verlaufen wird, auf jeden Fall aber denen so erscheint, die durch ihre eigene Teilnahme wissen, welches Maß an Information bei der betreffenden Frage herangezogen wurde. Wenn die Firma wächst und die Entscheidungen komplexer werden, ist sie in zunehmendem Maße gezwungen, ihre Entscheidungsfindung gegen den uninformierten Außenseiter abzuschirmen.

Eine solche Einmischung kann von vier verschiedenen Seiten kommen. Das eine sind Eigentümer und Gläubiger. In dem System, das sich immer noch Kapitalismus nennt, ist es ein Sonderrecht des Kapitaleigners, die Tätigkeit der Firma zu überwachen – ihr zu befehlen ist das legale Grundrecht des Kapitalisten. Ebenso hat die Institution, die einer Firma Geld leiht, zumindest das Recht, sich vorher zu erkundigen, wie der Kredit verwendet werden soll. Im Falle eines Mißerfolgs hat sie ein Anrecht auf das Anlagevermögen der Firma. Dazwischen steht ihr mehr oder minder das Recht zu, ihre Investition zu schützen.

Die drei anderen möglichen Störfaktoren sind Arbeiter (üblicherweise über die Gewerkschaften), Verbraucher und die Regierung. Die Technostruktur der ausgereiften Kapitalgesellschaft widersetzt sich allen Einmischungen. Bei der Abwehr von Eigentümer und Gläubiger (und vielleicht dem Verbraucher) werden weitaus mehr Takt und Fingerspitzengefühl aufgewandt als gegenüber der Gewerkschaft oder dem Staat. Gegen Gewerkschaften oder Staat kann man sich mit gerechter Empörung und langen Reden wehren. Aktionäre werden ferngehalten, indem man ihnen den Eindruck, nicht aber die Substanz der Macht vermittelt. In jedem Fall bleibt aber dasselbe Bedürfnis bestehen: die Abwehr des uninformierten Außenseiters.

Die Grundstrategie, die von der Technostruktur zum Schutz ihrer Entscheidungsprozesse gegenüber Eigentümern oder Gläubigern angewandt wird, besteht darin, daß man für ein gewisses Mindestniveau an Erträgen (das nicht unbedingt niedrig zu liegen braucht) sorgen muß. Nichts anderes ist von ähnlicher Bedeutung. Oberhalb gewisser Mindesterträge halten die Aktionäre still. Sie regen sich einzeln oder kollektiv nur dann auf, wenn schlecht verdient wird, wenn Verluste eintreten und Dividenden gestrichen werden. Abgesehen von Bemühungen um Firmenübernahmen, kommt es nur dann zu Kampfabstimmungen, wenn in einer Firma die Gewinne niedrig liegen oder Verluste eintreten. Bei den hundert größten Kapitalgesellschaften (die den Löwenanteil aller Umsätze und Vermögen auf sich vereinen) sind bei guter Gewinnlage Kampfabstimmungen praktisch unbekannt. Man könnte ebenso sagen, daß unter solchen Bedingungen die Lage der Technostruktur prekär geworden ist.

Unter den kleineren der hier betrachteten Großbetriebe – sagen wir einmal den kleinsten achthundert von den tausend größten – wird die Firma durch niedrige oder unterbrochene Erträge anfällig für Übernahmeversuche, wenn alle anderen Bedingungen günstig sind. Bei geringen oder fehlenden Gewinnen sind die Aktien billig, und der Aktionär ist gegenüber jedem Angebot oberhalb des Tageskurses ausgeschlossen.

Ein so angesammeltes Aktienpaket verleiht die Macht zur Beseitigung der führenden Köpfe der Technostruktur. Diese sind mit der Bedrohung ihrer Position nicht einverstanden. Die übrige Technostruktur wird erhalten bleiben, da sie unentbehrlich ist. Aber auch hier tritt eine Periode der Unruhe und Unsicherheit ein, denn beim Führungswechsel wird man die ganze Organisation überprüfen und umformen. Auch werden die an der Übernahme Beteiligten sich ihres Mangels an Kenntnissen über die zum Verkauf stehende Firma nicht bewußt sein. Das erhöht zumindest für einige Zeit die Gefahr einer inkompetenten Einmischung in wesentliche Entscheidungen – das können schlecht beratene Maßnahmen hinsichtlich neuer oder alter Produkte sein, unüberlegte Investitionen, unkluge Entscheidungen bei Erwerb oder Veräußerung von Anlagevermögen. Das ist ein Grund dafür, warum in den letzten Jahren schlecht verdienende Firmen nach ihrer Übernahme durch einen neuen und energischen Konzern häufig noch schlechter verdient haben.

Unterhalb einer gewissen Größe gibt es keinen absoluten Schutz vor einem Kaufangebot an die Aktionäre. Der beste Schutz sind immer noch gesunde Erträge. Sie veranlassen die Aktionäre am ehesten, Kaufangebote für ihr Aktienkapital abzulehnen.

Ein Mindestmaß an Erträgen sichert der Firma und damit ihrer Technostruktur eine Quelle für Ersparnisse und damit Kapital, das sie voll kontrolliert. Das bedeutet Schutz gegenüber Gläubigern. Wenn keine Fremdmittel gebraucht werden, muß die Firma auch nicht den Ansichten derer, die Geld geben, Konzessionen machen. Da sie keine Schulden hat, drohen auch im Fall sinkender Erträge keine Einmischungen. Und wenn sie Geld aufnehmen muß, tut sie das unter Bedingungen, die ihre Autonomie wahren. Eine gute Ertragslage ist der Beweis für die Kompetenz ihrer Entscheidungen. Eine Firma, die kein Geld verdient, muß sich von einer schwachen Ausgangsposition aus an Banken, Investitionsunternehmen und Versicherungsgesellschaften wenden *. Als Bittsteller hat sie sich

*) Die Vertreter der Geldgeber werden häufig im Aufsichtsrat sitzen, um den Geldmarkt zu informieren und zu beruhigen und um auf diese Weise Routinefinanzierungen zu erleichtern. Solche Kontrollsitze im Aufsichtsrat sind eine milde Form der Bevormundung. Ihre normalerweise zugänglichen oder gar schläfrigen Inhaber wachen erst auf, wenn sich die Ertragslage verschlechtert. Siehe Peter C. Dooley, The Interlocking Directorate, *The American Economic Review*, Band 59, Nummer 3 (Juni 1969), Seite 314. Professor Dooley gesteht zwar der Technostruktur eine wesentliche Unabhängigkeit zu, glaubt jedoch, daß firmenfremde Aufsichtsräte maßgeblich »die Heimatgemeinde« vertreten, und zwar bei der Steuerung der Finanzpolitik sowie bei einer Eindämmung schädlicher Konkurrenz. Ich glaube, daß er die Verflechtung der Aufsichtsräte miteinander nur durchleuchtet, um ihnen einen größeren Einfluß zuzubilligen, als sie tatsächlich besitzen.

Fragen hinsichtlich ihres leitenden Personals oder ihrer Entscheidung gefallen zu lassen und eventuelle Einmischungen hinzunehmen, da mangelhafte Erträge zu der Annahme verleiten, eine Einmischung von außen könne die Leistung verbessern. Wie jede äußere Einmischung wird auch diese wahrscheinlich uninformiert und daher schädlich sein. Eine Firma, die den Bankiers in die Hände fällt, wird danach höchstwahrscheinlich noch schlechter wirtschaften. Dafür gibt es einen guten Grund.

Was ist die erste Schutzaufgabe der Technostruktur: Sie hat ein gleichmäßiges Niveau von Mindesterträgen zu garantieren. Was diesem Zweck dient – die Preisstabilisierung, die Kostenkontrolle, die Verbraucherbeeinflussung, die Einflußnahme auf die öffentliche Hand, die Neutralisierung schädlicher Entwicklungen bei Preisen, Kosten oder Verbrauchergewohnheiten, die nicht kontrolliert werden können, die Durchsetzung staatlicher Maßnahmen zur Stabilisierung der Nachfrage oder die Beseitigung gefährlicher Risiken –, das alles steht im Mittelpunkt der Bemühungen von Technostruktur und Kapitalgesellschaft.

3

Die Technostruktur des Planungssystems einer Firma zählt zu den Generalkosten – die Ausgaben variieren nicht in Relation zum Umsatz oder der Produktion. Die Tüchtigkeit von Angehörigen einer Organisation hängt teilweise von ihrer Erfahrung bei der Zusammenarbeit in der Organisation ab. Diese Erfahrung lehrt die Beteiligten, wie sehr man sich auf die Information des einzelnen verlassen darf. Infolgedessen kann man nicht mehr ohne weiteres, wie früher bei den Arbeitern, Mitglieder der Technostruktur einstellen und wieder entlassen oder sie hin und her versetzen. Die Organisation bedarf des *Schutzes*. Außerdem ist die Technostruktur selbst die bestimmende Kraft. Es ist besonders schwierig, Entlassungen vorzunehmen, wenn sich die Beteiligten mehr oder weniger selber entlassen müssen. Eine Begleiterscheinung der technisierten Produktion sind hohe Investitionen, sowohl an festem wie an Betriebskapital. Auch diese Investitionen zählen zu den Generalkosten, obgleich sie dadurch weniger gefährlich werden, daß Erträge eine Kapitalquelle darstellen – und nicht zu einer Erhöhung der fixen Zinskosten führen. Schließlich ist das Wachstum des modernen Konzerns, wie wir gleich sehen werden, stark von Fremdmitteln abhängig und führt damit zu einer Steigerung der Fixkosten. Wenn bei feststehenden Kosten Nachfrage und Preise fluktuieren, sind die Erträge naturgemäß sehr anfällig. Die Firma im Planungssystem hat daher ein noch viel stärkeres Bedürfnis, die Faktoren zu kontrollieren – Preis, Kosten, Nachfrage, staatliche Maßnahmen –, die ihre Erträge sichern. Die Machtausübung aus Gründen des eigenen Schutzes sollte daher nicht als Absicht ausgelegt werden. Sie erfolgt zwangsläufig. Die Technologie und die an ihr hängende Organisation sowie der Kapitalbedarf führen die Firma im Interesse ihrer eigenen Fortexistenz dazu, ihren Bedarf der Gesellschaft aufzuerlegen – diese Kräfte ihrer Umwelt zu kontrollieren, die sich auf ihre Erträge bedrohlich auswirken könnten. Das Bemühen der Technostruktur um die Sicherung von Mindesterträgen verläuft nicht immer ganz einheitlich oder erfolgreich. Wie das nächste Kapitel zeigt, haben manche Konzerne dem Wachstum einen Vorrang gegenüber der Ertragssicherung eingeräumt. Ihre Erträge flossen demnach weniger gleichmäßig als die anderer Großbetriebe. Zu Beginn der siebziger Jahre hatten manche Rüstungsbetriebe Managementaufgaben zu übernehmen, die ihre Kapazität zumindest zeitweise überforderten. Dennoch ist die Ertragslage bei den größten Kapitalgesellschaften gut gesichert. Im Jahre 1970, einem Jahr mit allgemein schlechter Gewinnlage *, erzielten nur sechs der hundert größten Industrieunternehmen keinen Gewinn. Diese waren mit Ausnahme der Chrysler Corporation entweder Rüstungsfirmen oder Konzerne oder eine Kombination von beiden. Unter den größten Kapitalgesellschaften auf dem Sektor Finanzen und Handel waren Verluste noch seltener. 1971 erlitten sieben der hundert größten Industrieunternehmen Einbußen. Auch sie waren mit zwei Ausnahmen Rüstungsfirmen oder Konzerne. Nur zwei davon erlitten in beiden Jahren Verluste **.

*) Siehe Kapitel XVII.

**) Auch einige Eisenbahngesellschaften verloren Geld. Das beweist höchstens noch die vorgetragene Behauptung. Staatliche Bestimmungen haben die Eisenbahnen im allgemeinen daran gehindert, eine Kontrolle über jene Faktoren zu erlangen, die ihre Erträge beeinflussen. Daran liegt es vielleicht zum Teil, daß Mißerfolge in dieser Branche so verbreitet waren.

4

Wie bemerkt, erfordert es das Schutzbedürfnis der Technostruktur, auch Gewerkschaften, Verbraucher oder die Regierung an der Einmischung in kollegiale Entscheidungen zu hindern. Hier besteht das Hauptabwehrmittel in traditionellen Haltungen, die stark von der Konvention bestimmt werden.

Nach dem neoklassischen Modell untersteht die Firma letztlich dem Markt und dann dem Verbraucher. Es gibt keine allgemeingültigen Gründe, aus denen der Verbraucher (oder die Regierung als Interessenvertreter der Verbraucher) sich in die Entscheidungen der Firma einschalten sollte. Der Verbraucher kontrolliert sie ja bereits. Mißwirtschaft und absichtliche Täuschung des Verbrauchers müssen verhindert werden. Aber solange der Verbraucher nicht irregeführt wird, was sein Interesse betrifft, geht das System mit diesem Interesse konform. Die neoklassische Nationalökonomie leistet dem Planungssystem einen sehr wichtigen und nützlichen Dienst insofern, als sie alle im Einflußbereich des Planungssystems in der, wenn auch vagen und undefinierten Überzeugung beläßt, jede Einmischung in Privatgeschäfte sei unnötig und unnatürlich.

Aus ähnlichen Gründen ist der Regierung eine solche Einmischung verwehrt. Da die Öffentlichkeit über den Verbraucher bereits am Ruder sitzt, sollte die Öffentlichkeit nicht über die Regierung intervenieren und braucht es auch nicht. Diese Doktrin wird so unbestritten durch das Gewohnheitsrecht gestützt, daß man sie kaum noch wahrnimmt; sie verbietet der Regierung die Einmischung in irgendeine Managemententscheidung einer *privaten* Gesellschaft. Die äußere Gestaltung ihrer Produkte, die Produktionsmethode, die Auswahlförderung und Bezahlung des Personals, all diese Dinge sind *Privatangelegenheit.* Selbst da, wo sich solche Entscheidungen stark auf die Öffentlichkeit auswirken, wie zum Beispiel bei Sicherheitsvorkehrungen punkto Auto, der Umweltverschmutzung durch Waschmittel, banaler Werbung im Radio, der Verharmlosung von Verbrechen und Gewalt durch die Fernsehprogramme oder der Werbung für Zigaretten als Nerventröster (in den USA inzwischen verboten), muß jede Intervention erst umständlich begründet werden. Sie darf sich nie auf eine bestimmte geschäftliche Entscheidung beziehen, sie muß immer generelle Regel bleiben. Wenn man erklärt, »die Entscheidung liegt beim Management«, ist das normalerweise das Ende jeder Diskussion über eine öffentliche Intervention.

Selbstverständlich bietet auch Untüchtigkeit keinen Ansatzpunkt für einen Eingriff in die Privatindustrie. Wie manche Menschen mittelmäßig sind, so sind es auch manche Organisationen. In einer mittelmäßigen Organisation besteht die plausible Tendenz, nach Möglichkeit alles bestehen zu lassen – ein etwas weniger mittelmäßiger Mann wirkt in seiner bescheideneren Umgebung wie ein Genie. Er wird Karriere machen und seine Mittelmäßigkeit über einen größeren Verantwortungsbereich ausdehnen. Und oft wird sein Erfolg von den Kollegen begrüßt werden, weil er – im Gegensatz zu einem fähigen Mann – gegenüber Dummheit toleranter ist.

Das alles geht selbst in ausgeprägter Form die Öffentlichkeit nichts an, wenn es sich nicht nachteilig auf den Markt auswirken kann. Vor dem Zweiten Weltkrieg war die Firma Ford jahrelang eine Brutstätte für Dummheit und Untüchtigkeit. Was man sich beim Bau des Bombers B-24 leistete, spottet jeder Beschreibung. In Willow Run wurde ein riesiges Werk errichtet; das dringend gebrauchte Flugzeug ließ jedoch auf sich warten. In Washington wurde unter den Rüstungskaufleuten heftig diskutiert. Alle waren sich darin einig, daß bei Ford eine entsetzliche Mißwirtschaft herrschte. Aber man hielt es für unmöglich, gegen das Prinzip der geschäftlichen Autonomie zu verstoßen – obgleich es darum ging, einen Krieg zu gewinnen. Alle waren erleichtert, als dann Abhilfe geschaffen wurde. Nach vielen Monaten kam das Flugzeug doch zum Einsatz. Ganz ähnlich breitete sich in jüngerer Zeit die Überzeugung aus, daß sich das Management der Lockheed Corporation ungewöhnlich teure Mißgriffe erlaube. Obgleich der Staat fast alleiniger Auftraggeber war und für die Schulden bürgte, blieb das Recht der Firma auf Selbstbestimmung so gut wie unangetastet.

5

Eine ähnliche Sperre schließt auch die Einmischung der Arbeiter, insbesondere der Gewerkschaften, bei Managemententscheidungen aus. Im neoklassischen System strebt die Firma eine Kombination von Arbeit und Kapital an, die bei jedem denkbaren Output die Kosten möglichst niedrig hält, um Höchstgewinne zu erreichen. Jede Einmischung in Entscheidungen, die diesem Zweck dienen, steigert die Kosten. Mit steigenden Kosten steigen auch die Preise, dadurch sinken Konsum und Produktion und Beschäftigung. So schadet die Einmischung letztlich der Arbeiterschaft. Daher liegt es nach Auffassung der herrschenden Wirtschaftslehre und der daraus resultierenden Einstellung im Interesse der Arbeiter selbst, auf jede Einmischung in Entscheidungen des Managements zu verzichten.

Manche Gewerkschaften intervenieren trotzdem bei Entscheidungen über Mechanisierung und Arbeitskräfteersparnis. Die Mißbilligung solcher Maßnahmen ist jedoch fast allgemein. Ein Management, das man für technologisch rückständig hält, schadet angeblich nur sich selbst, aber eine Gewerkschaft, die sich der Neuerung widersetzt, wird gesellschaftlich untragbar. Aus diesem Grunde genießen Gewerkschaften, die jede Neuerung, ohne Rücksicht auf ihre Auswirkungen auf die Beschäftigung, akzeptieren, in den Augen der Gemeinschaftsbezogenen Tugend großes Ansehen. Wir haben es in jüngster Zeit im Falle der Vereinigten Bergarbeitergewerkschaft in USA erlebt, daß dieses Argument schon genügt, um außerordentlich radikale Gewerkschaftsführer in staatsmännisch weise Politiker zu verwandeln.

Soweit die Schutzbedürfnisse der Technostruktur und ihre Erfüllung. Sie mögen vom Begriff her klar definiert sein, aber in den Alltagsentscheidungen treten sie fast immer zusammen mit den Zielen der Selbstbestätigung auf, denen wir uns jetzt zuwenden.

XI
Die Selbstbestätigung

I

Die vorrangige Selbstbestätigung der Technostruktur liegt im Wachstum der Firma. Damit wird Wachstum zu einem Hauptziel des Planungssystems und infolgedessen der Gesellschaft, in der die große Firma dominiert.

Wachstum bewirkt vor allem einen verstärkten Schutz der Technostruktur. Wie wir sehen werden, ist der Großbetrieb – von Ausnahmen abgesehen – besser als ein kleiner in der Lage, seine Preise und Kosten zu kontrollieren, die Verbraucher zu überzeugen und zu manipulieren, sich aus den vorgenannten Gründen gegen einen gewinnschädlichen Wettbewerb abzusichern und dadurch seine Erträge und seine Kapitalquelle zu sichern, Lohnkosten, die er nicht beeinflussen kann, weiterzureichen und schließlich die erforderliche geistige Einstellung bei der Gemeinschaft zu erwirken und staatliche Maßnahmen durchzusetzen, das heißt, die große Firma kann sich leichter gegen rückläufige Erträge sichern, die eine Einmischung von seiten der Aktionäre oder Gläubiger nach sich ziehen könnten, ebenso aber gegen eine ungünstige öffentliche Meinung, die eine Intervention der Gewerkschaften, der Verbraucher oder der Regierung zur Folge hätte.

Aber das Wachstum der Firma dient außerdem in vorbildlicher Weise dem unmittelbaren pekuniären Interesse der Technostruktur. In einer größenmäßig stagnierenden Firma hat der einzelne vor einer Beförderung den Tod, die Arbeitsunfähigkeit oder Pensionierung jener abzuwarten, die in der Hierarchie über ihm rangieren. Oder er verläßt sich auf seine Fähigkeit, sie zu verdrängen. Gleichermaßen werden aber andere unter ihm hoffen, ihn selbst verdrängen zu können. Wie sein Erfolg von der Aggression gegenüber anderen abhängt, sehen sich andere zur Aggression ihm gegenüber veranlaßt. Wie er seine Vorgesetzten, wenn auch verstohlen, nach Anzeichen von Krankheit oder Hinfälligkeit absucht, wird er selbst in ähnlicher Weise von anderen beobachtet.

In einer wachsenden Firma entstehen hingegen neue Arbeitsplätze durch Expansion. Die Karriere ist kein Lösungen-Spiel mehr, in dem einer das verliert, was der andere gewinnt. Alle können vorankommen. Alle können Erfolg haben. Das Klima der Zusammenarbeit wird nicht durch allseitiges Hoffen auf Alkoholismus oder einen Autounfall beeinträchtigt. Und mit der Zunahme der Umsätze, der Belegschaftszahlen oder der verwalteten Vermögenswerte steigen auch Gehälter, die Spesenkonten und die Ansprüche des einzelnen auf Sondervergünstigungen. Sein Büro wird größer, seine Einrichtung schöner, der Weg zur Privattoilette und zum firmeneigenen Flugzeug steht ihm offen. Er kann sicher sein, daß Pflicht, Treue und kollegiales Verhalten entsprechend belohnt werden *.

Wachstum gewinnt auch dadurch viel an Bedeutung, daß zwischen den dafür Verantwortlichen und der daraus resultierenden Belohnung eine enge Beziehung besteht. Dieser wichtige Punkt wird zu wenig beachtet. In einer großen Organisation kalkuliert man die Erträge nach Abteilungen von beträchtlichem Umfang. Der Beitrag eines jeden Untergebenen oder jeder Gruppe zu den Er-

*) Dieses Ziel läßt sich natürlich auch erreichen, indem man zu einer anderen größeren Firma wechselt, wie es nicht selten vorkommt. Robin Marris von der Universität Cambridge, der sich am eingehendsten mit diesen Dingen befaßt hat, sagt zu diesem Punkt – und zur Motivation des Wachstums im allgemeinen: »Wäre die Mobilität der Manager vollkommen, würden sie immer mehr von kleineren zu größeren Firmen überwechseln und schließlich ihr ehrgeiziges Streben mit der Ernennung zum Verteidigungsminister krönen. Aber in Wirklichkeit sieht die Sache anders aus. Aufgrund einer allgemeinen Bevorzugung der Beförderung aus den eigenen Reihen heraus ist die Mobilität (verhältnismäßig) gering, und entsprechend ist ein Mann, der die Firma kennt und der in ihr bekannt ist, von beträchtlich größerem wirtschaftlichem Wert als ein vergleichbarer Außenseiter. Daher sieht jedes Management im Wachstum der eigenen Organisation gern eine der besten Methoden der Befriedigung persönlicher Bedürfnisse und Bestrebungen, eine Haltung, die noch durch die psychologische Neigung der Identifizierung mit der Organisation verstärkt wird. In oligarchischen Firmen, in denen die Geschäftspolitik von Gruppen bestimmt wird, wird man sich am wahrscheinlichsten auf solche Beschlüsse einigen, die den Marktwert eines jeden einzelnen am ehesten steigern. Und wenn wir im Marktwert eine Zusammenfassung von Gehalt, Macht und Prestige sehen, ist klar, daß für die Männer an der Spitze Wachstum von vorrangiger Bedeutung sein muß, auch wenn ein Teil des Zuwachses vielleicht mit nachrückenden jüngeren Kräften geteilt werden muß.« A Model of the »Managerial« Enterprise, *The Quarterly Journal of Economics*, Band 77, Nr. 2 (Mai 1963), S. 187–188.

tragen wird mit dem Beitrag vieler anderer in einen Topf geworfen. Er bleibt unter allen Umständen subjektiv – eine Sache, die man diskutieren und abschätzen muß.
Beim Wachstum hingegen ist der Beitrag des einzelnen oder einer kleinen Gruppe unmittelbar und erkennbar. Die Umsatzzahlen eines neuen Produkts oder Sortiments sind gegeben, auch wenn sich ihr Anteil am Ertrag nicht so leicht ermitteln läßt; jeder weiß, wer dafür verantwortlich ist. Wachstum belohnt oft ganz unmittelbar die für ihn Verantwortlichen. Die Betriebseinheit – und sei sie noch so klein –, die ihren Umsatz erweitert, erweitert damit gleichzeitig ihre Beschäftigung und den Anspruch des Beteiligten auf Beförderung, höheres Gehalt und alle Vorrechte, die durch den größeren Betriebsumfang entstehen. Der Ingenieur, der eine bisher unerschlossene Möglichkeit zur Entwicklung eines Produktes kennt, ist für diese Entwicklung verantwortlich und erlangt damit ein Recht auf seine Position und sein Gehalt. Der Marketing-Fachmann, der dem Publikum erfolgreich irgendeinen unmöglichen Gegenstand zu verkaufen versteht, wird dadurch zum Leiter eines größeren Absatzvolumens. Zusammen mit dem Produkt fördert er gleichzeitig sich selbst. Die Möglichkeiten einer solchen Selbstförderung sind in der Technostruktur weit verbreitet. Da viele Mitglieder ein unmittelbar eigenes Interesse am Wachstum haben, kann es nicht überraschen, daß sich die Technostruktur als Ganzes intensiv um Wachstum bemüht.

2

Wenn das Wirtschaftssystem als Ganzes wächst, werden auch die Firmen im allgemeinen expandieren. Zu den Aufstiegsmöglichkeiten innerhalb der Firma kommen zusätzliche Chancen in anderen Firmen. Da so viele einflußreiche Leute im Wachstum der Firma und in dem damit verbundenen Wachstum der Wirtschaft ihren Vorteil sehen, wäre es überraschend, wenn sie nicht eine positive Einstellung zum Wirtschaftswachstum hätten. Daraus ergibt sich die Konsequenz, daß Wirtschaftswachstum zu einem gesellschaftlichen Ziel von so hohem Rang geworden ist. Was zum Wachstum der Wirtschaft beiträgt und damit zum pekuniären

Wohlstand der Technostruktur, wird somit immer wieder als Gemeinschaftsbezogene Tugend bei allen öffentlichen Gelegenheiten gepriesen.

Wirtschaftstheoretiker halten sich im allgemeinen einen besonderen Blick für die gesellschaftlichen Vorteile des Wirtschaftswachstums zugute. Sie haben erkannt, daß es mehr Konsum, mehr Einkommen, mehr Beschäftigung, höhere Steuereinnahmen, mehr Sozialleistung, mehr Glück bedeutet. Daß das Wachstum außerdem der Selbstbestätigung der Technostruktur dient, bedeutete für den Nationalökonomen eine willkommene Bestätigung. Hätte sich Wachstum nachteilig auf die Technostruktur ausgewirkt, wäre es nicht zu solchem Ansehen gelangt.

3

Das Wachstum des modernen Wirtschaftsbetriebs ist ein komplexer Vorgang, der die verschiedensten Strategien mit einbezieht. Die erste Strategie besteht in einer Expansion von Erzeugung und Absatz der vorhandenen Betriebseinheit. Man sagt allgemein, daß bei einer solchen Expansion technisch verwandte Waren oder Dienstleistungen hinzukommen, bei denen man zum Teil von den vorhandenen technischen Voraussetzungen, Einrichtungen und Maschinen, Absatzmöglichkeiten, Marktkenntnissen oder Verwaltungstalenten Gebrauch macht – wie im Falle des Gummiherstellers, der Plastik hinzunimmt. Aber wenn es nur um Wachstum geht, sind solche Ergänzungen nicht notwendig. Entscheidend ist nur die Frage, wodurch Wachstum gefördert wird, und die Antwort darauf können ebenso oder noch mehr ganz und gar branchenfremde Produkte sein. In letzter Zeit hat man sich viel darüber den Kopf zerbrochen, warum ein modernes Unternehmen oft ein so offenbar unlogisches Warensortiment herstellt. Aber das sollte nicht überraschen. Es geht nicht in erster Linie darum, ob die neuen Artikel technisch komplementär sind oder einen ähnlichen Markt bedienen. Das Hauptaugenmerk bleibt immer auf das Wachstum gerichtet.

Die zweite Strategie ist der Erwerb kleinerer Firmen, verwandter oder auch nicht verwandter Branchen zur mehr oder minder vollständigen Konsolidierung mit der Technostruktur der Mutterfirma. Das erlaubt den Einsatz der überlegenen Geldmittel der größeren Firma für ein weitaus rascheres Wachstum, das im allgemeinen durch eine Umsatzausweitung möglich wäre. Eine solche Fusion bietet außerdem ein großartiges Betätigungsfeld für überlegene Fähigkeiten auf den Gebieten Management, Technik oder Verkauf. Diese erlauben es gelegentlich der kleineren Firma, eine ähnliche Wachstumsrate zu erlangen wie der größere und manchmal auch konservativere oder bürokratischere Konkurrent. Aber diesem bleibt es normalerweise unbenommen, sich – früher oder später – durch Einsatz der überlegenen Finanzmacht zu schützen und den kleinen unbequem gewordenen Rivalen aufzukaufen.

Die konsequente Durchführung dieser zweiten Strategie führt zur Konzernbildung. Hier versucht eine Kapitalgesellschaft die stimmberechtigte Aktienmehrheit einer anderen Gesellschaft in der Absicht zu erwerben, die Technostruktur der Partnerfirma in ihrer betrieblichen Autonomie zumindest teilweise unangetastet zu lassen. Häufig werden Finanzierungsunternehmen, wie zum Beispiel Versicherungsgesellschaften, erworben, die über sehr hohe flüssige Barmittel zur Investition verfügen. Diese können dann zumindest teilweise zum Erwerb weiterer Firmen herangezogen werden. Eine solche Zusammenballung ist die schnellste Form der Expansion; ein besonders spektakuläres Beispiel dafür bietet die Firma International Telephone & Telegraph, die noch 1961 unter den Industriebetrieben den siebenundvierzigsten Rang einnahm und zehn Jahre später auf den neunten Platz emporgeschnellt war. Da die einzelnen Firmen einer solchen Zusammenballung verschiedenen Branchen angehören und oft vollkommen verschiedene Märkte bedienen, wird vom Größenwachstum in bezug auf eine Kontrolle der Preise, Kosten oder Möglichkeiten der Verbrauchermanipulation kaum etwas gewonnen. Was die Macht betrifft, besteht der Hauptvorteil in der Einflußnahme auf die Regierung und in der Möglichkeit, die Kapitalquellen einer Firma zugunsten einer anderen zu nutzen (oder auszupressen). In dem Streben nach Zusammenschlüssen zeigt sich zum guten Teil das Interesse an Größe um ihrer selbst willen – hier haben wir es mit einem unverfälschten Beispiel dafür zu tun, daß die Führung einer Kapitalgesellschaft nach den Früchten der Größe um ihrer selbst willen greift *.

Die Zusammenballung ist zwar die Strategie, die das rascheste Wachstum gestattet, gleichzeitig ist sie jedoch auch die unsicherste, und sie führt darüber hinaus zu den ernsteren Konflikten mit dem Schutzbedürfnis der Technostruktur. Die Ungewißheit entsteht aus der Möglichkeit, daß sich die Technostruktur der aufgekauften Firma den Übernahmebestrebungen erfolgreich widersetzt; je größer sie ist und je eifersüchtiger auf ihre daraus entstandene Autonomie, um so wahrscheinlicher wird ein solcher Widerstand. Ist die übernommene Firma im Verhältnis zum Käufer sehr groß, müssen außerdem fremde Geldmittel in Anspruch genommen werden. Das erhöht die fixen Kosten und belastet zusätzlich die Erträge. Selbst wenn die Organisation durch einen Austausch von Aktien finanziert wird, können dadurch die neuen aktiven Eigentümer Macht in die Hand bekommen.

Ende der sechziger Jahre, während der sogenannten Konzernexplosion, wurde Wachstum häufiger auf diese riskante Art betrieben. Die Initiative ging keineswegs nur immer von großen Firmen mit hochentwickelten Technostrukturen aus, sondern sehr häufig auch von einzelnen Unternehmen, deren Betriebsgrundlage nicht immer zur obersten Größenordnung gehörte. Bei ihnen verband sich bezeichnenderweise die Gleichgültigkeit oder Arglosig-

*) Oberhalb einer bestimmten Firmengröße bedeutet die Koordination der Betriebsabteilungen – Einkauf, Produktentwicklung, Herstellung, Verkauf – eine übermäßige Belastung für die Firmenspitze. Man löst dieses Problem durch die Schaffung von Zweigbetrieben, die absolut selbständig über Einkauf, Produktion, Verkauf und die daraus resultierenden Gewinne entscheiden. Das Konglomerat, in dem jeder Betrieb eine getrennt kooperative Einheit darstellt, ist die höchstentwickelte Form dieser Struktur. Manche haben behauptet, diese Struktur führe zu einer Rehabilitierung des Gewinnstrebens als Unternehmenszweck, da Gewinne den übergeordneten Leistungsmaßstab für die einzelnen Zweigniederlassungen darstellen. Es ist nicht zu bezweifeln, daß diese Struktur einen verstärkten Schutz für die Gewinne mit sich bringt – und damit dem Schutzbedürfnis der Technostruktur dient. Aber auch der Umsatz ist ein zentraler Prüfstein für das Abschneiden der Zweigniederlassung. Selbst die Verfechter der These, diese Struktur tendiere zum Streben nach Höchstgewinnen, müssen zugeben, daß ihr vorrangiges Ziel die Beseitigung aller dem Wachstum gesetzten Grenzen ist – hier wird fast jede Firmengröße möglich. Siehe auch Oliver E. Williamson, *Corporate Control and Business Behavior*, Prentice-Hall, Englewood Cliffs 1970.

keit gegenüber dem Risiko mit einer beklagenswerten Fähigkeit, andere durch die Überschätzung der eigenen Geschäftstüchtigkeit zu beeindrucken. Die meisten daraus entstandenen Gebilde schnitten schlecht ab; mehrere gerieten in ernste Geldschwierigkeiten. Es ist durchaus möglich, daß diese risikoreiche, individuell betriebene Zusammenballung eine Fehlentwicklung im Zusammenhang mit dem gerade grassierenden Boom-Denken darstellt.

Immer war jedoch das Wachstum durch Fusion eine ganz normale Tendenz im Planungssystem. Zwischen 1948 und 1965 – ohne die hektischen Fusionen der nachfolgenden Jahre – erwarben die zweihundert größten Herstellerbetriebe der Vereinigten Staaten 2692 andere Firmen mit einem Betriebsvermögen von insgesamt 21,5 Milliarden US-Dollar. Die Zuerwerbungen machten in diesem Zeitraum etwa ein Siebentel des gesamten Vermögenszuwachses dieser Firmen aus. Klammert man die zwanzig größten Herstellungsbetriebe aus, war ihnen ein Fünftel bis ein Viertel des gesamten Wachstums zuzuschreiben *. Während der nachfolgenden drei Jahre erwarben die zweihundert größten Kapitalgesellschaften ungefähr 1200 weitere Firmen mit zusätzlichen Betriebsanlagen im Wert von annähernd dreißig Milliarden Dollar **. Man schätzt heute, daß die zweihundert größten Konzerne annähernd zwei Drittel vom gesamten Firmenvermögen aller Herstellerbetriebe kontrollieren ***.

Man sollte noch einmal hervorheben, daß die Übernahme einer Firma durch eine andere zu ihrem Erfolg nicht unbedingt einer höheren Ertragsrate pro kombiniertem Kapital bedarf. Darum geht es nicht in erster Linie. Vorrangig bleibt die Verbesserung der pekuniären Belohnung des Prestiges, der Technostruktur der Käuferfirma (und in manchen Fällen auch der aufgekauften Firma). Das wird nicht durch höhere Erträge, sondern durch eine höhere Größenordnung erreicht.

*) William G. Shepherd, *Market Power and Economic Welfare,* Random House, New York 1970, S. 75. Die Daten sind der Aussage von Willard F. Mueller beim Hearing vor dem Senatsausschuß für Kleinbetriebe, Erste Sitzungsperiode des 90. Kongresses, 15. März 1967, S. 455, entnommen.

**) Morton Mintz und Jerry S. Cohen, *America, Inc.*, Dial Press, New York 1971, S. 36. In diesen Zahlen ist auch die Übernahme kleinerer Firmen durch sehr große innerhalb der oberen zweihundert enthalten.

***) Nach Willard F. Mueller von der Universität Wisconsin.

Auf den ersten Blick erkennt man eine oberflächliche Parallele zwischen dem Wachstum des modernen Großkonzerns durch Firmenübernahmen und dem von Marx an die Wand gemalten kapitalistischen Konzentrationsprozeß, in dem fortlaufend kleinere Kapitalisten von größeren verschlungen werden. Aber der Vergleich hinkt. Die Motivation Marx' hieß Ausbeutung und Profit. Die vorrangige Motivation im modernen Prozeß ist der bürokratische Vorteil – mehr Prestige und mehr Geld für die Technostruktur. In diesem Prozeß wird die Macht des Kapitalisten eher noch geschmälert. Die Macht der Technostruktur dagegen wird gestärkt.

Eine Firma, die nach dem neoklassischen Modell Höchstgewinne anstrebt, muß groß genug sein, um die rationellste Betriebsgröße wählen zu können. Sie zieht einen weiteren Gewinn aus der Größe, wenn diese ihr eine Kontrolle über die Preise und damit die Vorteile aus ihrer Monopolstellung einräumt. Aber größer darf sie nicht werden. Sonst opfert sie ihre Leistungsfähigkeit und damit den Profit. »In einem einzelnen Stahlwerk hat der großdimensionierte integrierte Betrieb unbestreitbare Vorteile ... aber es besteht kaum eine technologische Rechtfertigung für die Zusammenfassung solcher funktionell getrennter Werke zu einer Verwaltungseinheit. Der Konzern United States Steel ist nichts anderes als mehrere Stahlfabriken über das ganze Land verstreut ... Eine Firma, die so unterschiedliche Dinge produziert wie Gummistiefel, Bandsägen, Motorboote und Hühnerfutter, strebt vielleicht die Größe und Macht des Konzerns an, aber ganz gewiß nicht auf Grund einer technologischen Notwendigkeit.«*

Übergröße wird von der orthodoxen Wirtschaftslehre für gewöhnlich mit Unvernunft umschrieben – mit der Sucht der großen Kapitalgesellschaft nach sinn- und zwecklosem Gigantismus. Der sehr große Umfang der modernen Kapitalgesellschaft ist eine äußerst wichtige Tatsache. Sie nur der Dummheit zuzuschreiben wird für viele keine befriedigende Antwort sein. Aber wenn man die Absicht von der Technostruktur her betrachtet, ergeben sich keine Probleme. Größe und Wachstum dienen ihr ohne eine obere

*) Walter Adams, Hearing vor dem Senatsausschuß für Kleinbetriebe, 90. Kongreß, 1. Sitzungsperiode, 29. Juni 1967, S. 12–13.

Grenze. Sie kommen dem Schutzbedürfnis der Technostruktur entgegen, und je größer die Firma, desto besser ist im allgemeinen der Schutz. Je stärker das Wachstum, um so größer wird die greifbare pekuniäre und sonstige Belohnung der Technostruktur. Ein Prüfstein für ökonomische Ideen ist die Frage, ob sie zusammenpassen oder mühsam in Einklang gebracht werden müssen. Unsere Darstellung von den Zwecken der großen Kapitalgesellschaften besteht diese Prüfung.

4

Nun haben wir die beiden Hauptzwecke dargestellt, für die die Technostruktur ihre Macht einsetzt. Die Technostruktur schützt die Autonomie ihrer Entscheidungen vor allem durch das Bestreben, einen Mindestertrag sicherzustellen. Dann bestätigt sie sich selbst durch Wachstum. Das ist aber noch nicht alles. Ist die Firma stark technisch orientiert, können technische Entwicklung und Innovation ein begrenztes Eigenleben erlangen. Man betreibt sie, wenn auch innerhalb enger Grenzen, um ihrer selbst willen. Auf diese Angelegenheit werde ich noch zurückkommen. Teils aus Gründen der Tradition, überwiegend jedoch wegen der objektiven Bestätigung wird die Firma normalerweise versuchen, eine jährliche Ertragsverbesserung aufzuweisen.

Gewinne waren der Zweck der kapitalistischen Firma. In der neoklassischen Wirtschaftslehre wurden sie immer noch so sehr hervorgehoben, daß sie alle anderen Zwecke so gut wie ausschließen. Aktionäre und ihre Sprachrohre in der Finanzwelt betonen natürlich ihre Wichtigkeit. In der Praxis vermag niemand innerhalb oder außerhalb der Firma zu sagen, ob die Gewinne tatsächlich ein Maximum erreicht haben. Es besteht auch keine Übereinstimmung darin, wie lange das Profitstreben anzudauern habe. Da Kosten aufgeschoben werden können und Verbraucher nicht immer sofort auf Preise reagieren, die gegenüber konkurrierenden Firmen aus der Reihe tanzen, lassen sich oft kurzfristig höhere Gewinne auf Kosten des langfristigen Ergebnisses erwirtschaften. Umgekehrt kommt es immer wieder in Supermärkten, Warenhäusern und anderen Handelsfirmen vor, daß kurzfristig niedrigere Spannen und Gewinne langfristig einen höheren Umsatz und höhere Erträge bedeuten.

Niemand kann zwar sagen, ob Gewinne ihren Höchststand erreicht haben, aber man kann feststellen, ob sie zu- oder abnehmen. Bei unveränderter Buchhaltungs- und Abschreibungspraxis ist dies – wie eine Umsatzsteigerung – ein objektiver Maßstab. So wird der Ertragstrend zum Leistungstrend. Eine wachsende Firma mit zufriedenstellenden Erträgen arbeitet gut. Eine wachsende Firma mit steigenden Erträgen arbeitet noch besser. So kommt zu den übrigen Zwecken der Technostruktur das Bemühen um eine Ertragssteigerung von Jahr zu Jahr hinzu. Sie dient den Interessen der Technostruktur nicht so unmittelbar wie das Wachstum. Dennoch ist die Ertragssteigerung ein wichtiges Ziel.

XII

Wie Preise festgesetzt werden

I

Das neoklassische Modell stellt die Preise in den Vordergrund; sie sind das Nachrichtensystem der Wirtschaft. Sie signalisieren den Herstellerfirmen Veränderungen der Verbraucherwünsche. Umgekehrt teilen sie dem Kunden Veränderungen bei den Produktionskosten und somit neue Möglichkeiten der Bedarfsdeckung mit. Auf der Grundlage der so etablierten Preise verteilt der Verbraucher seine Käufe auf eine Weise, die ihm ein Maximum an Befriedigung aus den zur Verfügung freien Geldmitteln garantiert. Und da nichts den Konsum von Waren an Bedeutung übertrifft, schafft sich der Verbraucher auf diese Weise ein Maximum an Glück. Ein Gegenstück dieses angenehmen Gleichgewichts findet sich in der entsprechenden Verteilung von Arbeit, Kapital, Rohmaterial und Managerkunst. Preise, darunter der Preis für Arbeit, signalisieren auch diesen Produktionsfaktoren, wo sie am gewinnbringendsten eingesetzt werden können. In ihrem Einsatz spiegelt sich letztlich der Verbraucherwille wider. Es ist, abgesehen vom Monopol und einigen kleinen Hindernissen, vom Standpunkt des Verbrauchers aus (und bei gegebener Einkommensverteilung) die bestmögliche Nutzanwendung.

Über die Preise beutet das neoklassische Monopol oder Oligopol die Macht aus, die aus dem Umstand erwächst, einziger oder einer von wenigen Anbietern auf dem Markt zu sein. Eine solche Macht gestattet höhere Preise und Gewinne und einen geringeren Ausstoß, als wenn mehr Anbieter vorhanden wären. Infolgedessen bezahlen die Verbraucher mehr für weniger Waren und Dienstleistungen, als wünschenswert wären. Der Aufwand an Arbeit, Kapital und Material für die Ware oder Dienstleistung bleibt hinter dem Ideal zurück. Mehr Arbeiter müssen sich eine neue Beschäftigung suchen. Die Einkommensverteilung wird zugunsten des Monopolisten verzerrt. Im neoklassischen System sind Preise daher der wichtigste Schlüssel sowohl zu den Vorzügen als auch zu den Unvollkommenheiten der Wirtschaft. Deshalb beschäftigt sich ja die neoklassische Nationalökonomie so ausgiebig mit Preisen. Es ist noch gar nicht so lange her, da bestand das Studium der Volkswirtschaft fast ausschließlich darin, daß man lernte, wie Preise und Einkommen festgesetzt werden.

Im Marktsystem – der realen Welt der kleinen Firma, die den Weg ins Planungssystem versperrt sieht, weil sie sich nicht der Organisation bedienen kann – spielen Preise keine so eindeutige Rolle. Es herrscht eine Mischung aus Monopol, Wettbewerb und – wie im Falle der Landwirtschaft – staatlicher Reglementierung. In der Nachbarschaft droht zudem die ganz andere Welt des Planungssystems mit ihrem gewaltigen Einfluß auf die Verteilung der Mittel. Der kleine Fabrikant, Händler oder Handwerker übt immer noch nur in engen Grenzen Macht auf die Preise aus. Und der Preis, den das Landwirtschaftsministerium für Weizen oder Mais festlegt, ist der Einflußnahme des einzelnen Bauern überhaupt entzogen. Demnach bleiben Preise eine Gegebenheit von außen; die Firma muß ihre Produktion nach Dingen richten, die sie nicht kontrollieren kann. Insofern als Preise zu Expansion, Verkleinerung oder Aufgabe des Geschäfts verleiten, regeln sie immer noch, wenn auch unvollkommen, die Verteilung der Mittel auf Waren und Dienstleistungen. Dadurch behalten die Preise im Marktsystem ihre Bedeutung.

Im Planungssystem spielen Preise eine weitaus geringere Rolle. Sie werden viel wirkungsvoller von der Firma kontrolliert. Und sie sind nur eine – wenn auch nach wie vor die augenfälligste – jener Kräfte, die sich im neoklassischen Modell oder im Marktsystem dem Einfluß der Firma entziehen, die aber im Planungssystem von ihr gesteuert werden. Im Marktsystem ist der einzelne machtlos gegenüber Verbraucherneigungen, Kosten, Verhalten der Lieferanten und des Staates. Im Planungssystem erstrebt und erringt die Firma Macht oder Einfluß über all diese Dinge.

Daraus ergibt sich, daß Preise nicht länger allein über die Aufteilung der Mittel bestimmen. Was zählt, ist die gesamte Machtentfaltung – über Preise, Kosten, Verbraucher, Zulieferer und die Regierung. Preise mögen von geringerer Bedeutung sein als die Energie, die List oder die Geschicklichkeit, mit der die Firma den Verbraucher oder den Staat davon überzeugt, daß er das braucht, was sie herstellt, oder mit der sie die freie Auswahl beseitigt. Das Kostenniveau kann weniger wichtig sein als die Energie, die von der Firma in das Beschaffungsprogramm investiert wird. Was sie heute herstellt, ist das Ergebnis früherer geschickter Verhandlungen mit der Regierung über eine Unterstützung ihrer Forschung und Entwicklung; daraus haben sich bestimmte Prozesse oder Produkte ergeben. Die Verteilung der Mittel im Planungssystem ist nicht das Ergebnis aus der Kontrolle der Preise durch die Firma, sondern aus dem gesamten Ausspielen all ihrer Machtmittel. Das ist ein sehr wichtiger Punkt.

Im Planungssystem spiegelt sich also die Konsumentenentscheidung über die Preise in der Nutzung der Mittel wider. Die Vorstellung von Kaufentscheidungen, die so verteilt sind, daß die daraus resultierende Nutzung der Mittel zu einem Maximum an Befriedigung führt, löst sich in Wohlgefallen auf. In der Verteilung der Mittel spiegelt sich vielmehr weitgehend die Macht der einzelnen Firma wider, zusammen mit anderen den ureigensten Zwecken zu dienen; diese Macht erlaubt es uns, von einem Planungssystem zu sprechen. Eine bevorzugte Beschäftigung mit Preisen könnte selbstverständlich die allgemeinere Machtausübung der modernen Firma verschleiern. Sie könnte die Aufmerksamkeit von der Ausübung einer umfassenderen Macht – der Planung – ablenken, von der die Kontrolle der Preise nur ein Teilgebiet ist.

2

Wenn die Firma im Planungssystem die Preise kontrolliert, so steht dahinter, wie bei jeder anderen Anwendung ihrer Macht, das Bedürfnis der Technostruktur nach Schutz und Selbstbestätigung. Diese beiden Zwecke muß man sich daher voll vor Augen halten.

Die erste Voraussetzung eines Schutzes ist eine strenge Preiskontrolle. Abenteuerliche und ungünstige Preisbewegungen können so die Erträge nicht schädigen oder zunichte machen. Im Marktsystem ist die Technologie einfach und der Kapitaleinsatz infolgedessen verhältnismäßig unspezifisch. Wie bei der Vielzweckmaschine oder den vielseitig verwendbaren Werkshallen kann dieses Kapital dem einen oder anderen Verwendungszweck zugeführt werden. Hinzu kommt, daß die Zeitdauer zwischen Einleitung und Vollendung der Produktion kurz ist. Das bedeutet, daß der Unternehmer bei einer ungünstigen Preisentwicklung rasch, wenn auch nicht immer schmerzlos, etwas anderes produzieren kann. Im Planungssystem hingegen ist die Technologie komplex, und sie erfordert ein Betriebskapital – Maschinen und Anlagen –, das auf eine bestimmte Ware oder Dienstleistung spezialisiert ist. Die Produktionszeit – also die Zeitspanne zwischen der Entscheidung zu produzieren und der Fertigstellung des Endprodukts – ist weitaus größer als im Marktsystem. Da die Anlagen speziell auf ein bestimmtes Produkt ausgerichtet sind, müssen sie erst entworfen und hergestellt werden. Gelegentlich muß auch die Ausrüstung zur Herstellung der Ausrüstung entwickelt werden. Hinzu kommen mit zunehmender Bedeutung der Organisation die Kosten der Technostruktur selbst. So fallen für die Firmen im Planungssystem große Kosten an, bevor eine verkäufliche Ware zur Verfügung steht, und die Kosten laufen unabhängig vom Umsatz weiter. Unter diesen Umständen müssen Preise und Kosten einer Kontrolle unterliegen. Man muß auch soweit wie möglich die Nachfrage der Verbraucher und der Regierung kontrollieren. Das gilt in gleicher Weise für die Zulieferung zu den kontrollierten Kosten. Wie bereits bemerkt, ist Planung nicht ein absichtliches Tun des Großunternehmens; Planung ist ein untrennbarer Bestandteil des gesamten Entwicklungsschemas, zu dem auch die fortgeschrittene Technologie, der intensive Kapitaleinsatz und der Aufstieg der Technostruktur gehören.

Auch die Preise müssen kontrolliert werden, weil einige Kosten, insbesondere Löhne und Gehälter, nicht voll von der Firma beherrscht werden. Zu ihrem eigenen Schutz muß die Firma in der Lage sein, Preise zu erhöhen, um das unvermeidbare Ansteigen der Lohnkosten auszugleichen. Das ist aufgrund der inflationären Konsequenzen eine Angelegenheit von großer praktischer Bedeutung. Die Firma muß auch deshalb Preise und das Verhalten von Kunden und Lieferanten kontrollieren, weil die technologische Entwicklung bewirkt, daß die Nachfrage zunehmend unelastisch wird und Märkte immer unberechenbarer werden. Ein höheres Angebot von Spargel oder Karotten auf dem Markt wird in halbwegs vorhersehbarem Umfang und ohne Aufsehen die Preise drücken und den Verbrauch ausweiten. Würde man in ähnlicher Weise zusätzliche Verkehrsmaschinen auf den Markt werfen, so wären die Auswirkungen auf Preise sehr unberechenbar. Es wäre undenkbar, zusätzliche Hochleistungscomputer zu liefern, ohne Rücksicht darauf, was geschieht. Ähnlich ist die Situation bei Arbeit, Material und Ersatzteilen. Der normale Arbeitsmarkt ist eine verläßliche Quelle für ungelernte Arbeiter, die man jederzeit zu den üblichen Löhnen oder auch ein wenig teurer bekommen kann. Aber spezialisierte Ingenieure kann man mit höheren Gehältern nicht einfach kurzfristig anlocken. Auch ausgefallene Materialien oder Bestandteile sind nicht ohne weiteres zu haben. Anstatt sich zur Beschaffung von Arbeitsmaterial oder Ersatzteilen auf höhere Löhne oder Preise zu verlassen, muß die Firma Löhne, Gehälter und Preise festlegen und dann ihre ganze Energie darauf konzentrieren, alles Erforderliche zu diesen Löhnen und Preisen zu bekommen.

3

Die Kontrolle der Preise bereitet dem Planungssystem keine großen Schwierigkeiten. Sie ist vielmehr eine automatische Folge der Entwicklung in diesem Bereich der Wirtschaft. Große Firmen sind auch auf dem Markt, den sie beliefern, groß *!
Was diese Firmen produzieren und kaufen, beeinträchtigt ihre Preise, also üben sie Macht über ihre Preise aus. Wenn eine Firma diese Macht erlangt hat, setzt sie üblicherweise zuerst den Preis und dann den beabsichtigten Produktionsumfang fest. Hierzu noch ein weiteres Wort: Der Bauer oder Viehzüchter ist in seinem Markt nur ein kleiner Mann, und es macht keinen Eindruck auf die Preise, ob er mehr oder weniger liefert oder das Geschäft ganz aufgibt. Ihm bleibt nur die Wahl, den Preis als gegeben hinzu-

*) Ein neoklassischer Aberglaube behauptet, daß nicht *notwendigerweise* eine Beziehung zwischen Firmengröße und Macht auf dem Markt bestehe und daß es daher einen solchen Zusammenhang überhaupt nicht gebe. Es lohnt sich nicht, über diesen Punkt zu streiten. Die Großbetriebe des Planungssystems sind auch in Relation zu ihrem Markt groß. Dies gilt praktisch ohne jede Ausnahme.

nehmen und seine Produktion danach zu richten. General Motors oder die United States Steel Corporation hingegen würden die Preise ihrer Fahrzeuge oder ihres Stahls drastisch verändern, wenn sie ihren Ausstoß verdoppeln und alles auf den Markt werfen würden. Für sie ist es am sichersten, ihre Kontrolle nicht in erster Linie über die Produktion mit ihren ungewissen Auswirkungen auf den Preis auszuüben, sondern den Preis festzusetzen. Die Produktion wird dann danach eingerichtet, was zu diesem Preis abgesetzt werden kann.

Die Macht, Preise festzusetzen, bedeutet, daß jede andere große Firma der Branche – Ford oder Chrysler bei den Automobilen, Bethlehem oder Inland beim Stahl – durch Festsetzung eines niedrigen Preises eine Veränderung des ursprünglichen Niveaus erzwingen kann. So etwas kommt vor. Man weiß aber allgemein, daß solche Maßnahmen, wenn sie in entsprechender Weise vom ersten Preisgestalter erwidert werden, zu einem allgemeinen Schleudern führen können. Das würde bedeuten, daß alle die Kontrolle verlieren – daß alle beteiligten Technostrukturen ihr Schutzbedürfnis opfern. Diese Gefahr wird von allen erkannt. Daher gibt es im Planungssystem eine Übereinkunft, die ein solches Verhalten ächtet. Ausnahmen kommen kaum vor. Dazu sind keine Verträge, keine Strafen und für gewöhnlich nicht einmal Fühlungnahmen nötig. Den Beteiligten genügt die klare Erkenntnis der Nachteile eines solchen Konkurrenzkampfes mit harten Bandagen. Wenn es um Geld geht, wird das gemeinsame Interesse fast ausnahmslos erkannt und auch respektiert *.

*) Diese Übereinkunft versagt nur da, wo besondere Umstände die stillschweigende Billigung eines bestimmten Preises verhindern. Das kam bei schweren elektrischen Geräten vor, die nach Vorschrift hergestellt und entsprechend einem geheimen Angebot verkauft wurden – ihr Preis war unbekannt. Oder es ereignete sich bei Zulieferern des Baugewerbes, wo zahlreiche Hersteller oder viele und sehr unterschiedliche Waren die Durchsetzung einer stillschweigenden Übereinkunft erschwerten. Das Ergebnis war in diesen Industrien eine offene Absprache, gefolgt von einschneidenden Maßnahmen der Aufsichtsbehörde. Man schloß daraus, daß diese Branchen in bezug auf verschwörerische Preisabsprachen besonders bösartig seien. In Wirklichkeit ist nur eine stillschweigende Übereinkunft in diesen Branchen besonders schwierig. Die Beteiligten waren infolgedessen gezwungen, illegale Maßnahmen zu ergreifen, um genau dieselbe Verständigung über Preise zu erzielen, die in allen anderen Branchen mit nur wenigen großen Beteiligten ganz legal herbeigeführt werden kann, und das sogar mit dem Flair eines besonderen Wohlverhaltens.

4

Die Kontrolle der Preise dient dem Zweck der Garantie von Mindesterträgen – damit nicht unkontrollierte Preise die Firma (und Industrie) in Verluste stürzen. Ist diese Kontrolle gesichert, weicht das Schutzbedürfnis der Technostruktur dem Drang nach Selbstbestätigung. Diese bestimmt das Niveau, auf dem die kontrollierten Preise festgesetzt werden.

Wachstum ist der wichtigste Selbstzweck der Technostruktur. Infolgedessen werden die Preise auf dem Niveau festgesetzt, das zwar den erforderlichen Mindestertrag gewährleistet, sich aber in erster Linie auf gleichbleibende oder steigende Umsätze auswirkt. *In erster Linie* muß man hier betonen, denn das Preisniveau, auf dem sich ein maximaler Umsatz mit den erforderlichen Mindesterträgen trifft, kann durch die Notwendigkeit des Nachweises von Mindesterträgen eine weitere Berichtigung erfahren. Wie schon im letzten Kapitel bemerkt wurde, gibt es hinsichtlich des Kompromisses, der für alle Firmen des Planungssystems Wirkung hat, keine Verallgemeinerung.

Die so festgesetzten Preise – sie verkörpern das Streben nach Selbstbestätigung der Technostruktur – werden fast durchweg niedriger und gelegentlich sogar sehr viel niedriger als jene liegen, die über einen von oben her berechenbaren Zeitraum hinweg Höchstgewinne sichern würden *. Man kann den Käufer nicht gleichzeitig durch Preise anlocken, die den Umsatz steigern, und durch solche abstoßen, die Höchstgewinne garantieren.

Außerdem stellt die Wirtschaft wie immer ein Gebilde dar, bei dem jeder Teil mit den übrigen harmonisieren muß. Die Technostruktur kontrolliert nicht nur die Preise; sie versucht auch zu diesen Preisen eine günstige Verbraucherreaktion hervorzurufen. Preise müssen deshalb so festgesetzt werden, daß man damit Kunden anlocken kann. Das wird unmöglich, wenn der Verbraucher einer monopolistischen Ausbeutung ausgesetzt ist oder sich einer solchen Ausbeutung ausgesetzt glaubt. Schließlich neigt, wie gleich

*) Wie bereits erwähnt, muß man häufig zwischen kurzfristigen Gewinnen und solchen wählen, die sich in fernere Zukunft auf eine Umsatzausweitung stützen. Dadurch verkleinert sich der Konflikt zwischen Gewinn und Wachstum mit zunehmender Länge langfristiger Kalkulationen.

noch näher durchleuchtet werden soll, der festgesetzte Preis in jeder Branche zu einem Niveau, in dem sich der vorrangige Wunsch der Technostruktur nach Wachstum widerspiegelt. Hier wird der Preis am niedrigsten liegen. Andere müssen ihn akzeptieren – und damit auch die Ziele der Technostruktur.

5

Der Prozeß, durch den die Preise so festgesetzt werden, daß sie der Selbstbestätigung der Technostruktur dienen, läßt sich ebenso wie der Prozeß zur Errichtung einer grundlegenden Preiskontrolle aus dem meist gemeinsamen Interesse aller Firmen und der Erkenntnis dessen, was solchen Interessen am besten dient, ableiten. Unterschiedliche Technostrukturen haben ein weitgehend ähnliches Interesse am Wachstum – deshalb kann man allgemein sagen, daß die Preise, die das Wachstum einer Firma fördern, auch dem Wachstum anderer dienen. Eine Firma kann demgemäß ihre Preise in dem Bewußtsein festlegen, daß die anderen sie allgemein akzeptabel finden werden. Da die Anzahl der Firmen innerhalb der Branche klein ist, kann der Schrittmacher im voraus wissen oder abschätzen, was für die anderen akzeptabel sein wird, und sich danach richten. Die anderen werden dann nachziehen. Gelegentlich schlägt eine andere Firma ihr eigenes Preisniveau vor, in dem sich ihr anderes Kostengefüge oder ein anderer Kompromiß zwischen Selbstbestätigung (das heißt Wachstum und Ertragssteigerung) ihrer Technologie widerspiegelt. Die erste Firma wird dann oft aufhören und auf den niedrigeren Preis einsteigen. Das gemeinsame Schutzbedürfnis erfordert eine solche Zusammenarbeit. Daraus ergibt sich ein Kompromiß, der für keine Firma ideal, aber für alle erträglich ist. Ein solcher Kompromiß wird weiterhin durch die übergeordnete Erkenntnis gefestigt, daß ein selbständiges Vorgehen – das die gegenseitige Abhängigkeit mißachtet – ein noch schlimmeres Ergebnis zeitigen und das Schutzbedürfnis aller gefährden könnte.

Die Preise in einer Branche müssen, soweit man sie miteinander vergleichen kann, ungefähr einheitlich sein. Kleine Firmen können gelegentlich als Preisbrecher wirken; einem solchen Vorstoß von seiten eines unbedeutenden Unternehmens schrieb man einmal eine beruhigende Wirkung auf das Justizministerium zu. Entscheidend ist jedoch die Stellungnahme der größeren Firmen. Letztlich bestimmt General Motors den Preis eines Standardfahrzeugs und nicht die American Motors. Ähnlich ist es zwischen IBM und seinen kleinen Konkurrenten, General Electric und Westinghouse und den kleineren Herstellern von Elektroartikeln, ähnlich zwischen Ölmagnaten und abhängigen Firmen. Da die Großbetriebe über die am weitesten entwickelten Technostrukturen verfügen, ergibt sich daraus, daß sich die Absichten der hochentwickelten Technostrukturen am deutlichsten in der gesamten Preisgestaltung der Industrie niederschlagen. Diese Firmen unterliegen kaum noch dem Einfluß des kapitalistischen Unternehmens; sie verkörpern in reinster Form den Wunsch, eine sichere Ertragslage mit einem für die Technostruktur optimalen Wachstum zu verbinden. Diese Absicht wird unter sonst gleichen Bedingungen der gesamten Industrie aufgezwungen *.

Nach Festsetzung eines allgemein zufriedenstellenden Preisniveaus folgen die meisten Branchen der Praxis, diese Preise über einen beträchtlichen Zeitraum hinweg unverändert zu lassen. Auch hier zeigt sich wieder, wie unpräzise der Prozeß der Preisfestsetzung ist. Es gibt kein Preisniveau, das für alle Firmen genau zutrifft; ein Annäherungswert ist fast so gut wie der andere, und es ist vernünftig, sich mit dem gegebenen Annäherungswert abzufinden. Diese verwaltungstechnische Unbeweglichkeit deckt wiederum das Schutzbedürfnis der Technostruktur auf. Jede Preisänderung bringt eine Gefahr mit möglichem Kontrollverlust mit sich. Mißverstandene Motive einer anderen Firma zur Reduzierung eines Preises oder der Ablehnung einer Preiserhöhung können eine wenn auch noch so schmale Tür zu gegenseitiger Preisunterbietung öffnen. Je geringer die Anzahl der Preisänderungen, um so geringer das Risiko.

*) Dadurch verlieren empirische Studien der korporativen Motivation an Wert. Diese Studien zeigen zwar meist, daß die hochentwickelten Technostrukturen stärker wachstumsorientiert sind als jene in weniger ausgereiften Kapitalgesellschaften, aber dieser Unterschied wird offenbar verwischt, wenn die größeren Firmen imstande sind, den kleineren ihre Zwecke aufzudrängen. Siehe auch R. Joseph Monsen Jr. und Anthony Down, A Theorie of Large Managerial Firms, *The Journal of Political Economy*, Band 73, Nr. 3 (Juni 1965), S. 221.

6

Befinden sich die Preise voll unter Kontrolle, können sie erhöht werden, um steigende Lohnkosten auszugleichen, die nicht ähnlich kontrollierbar sind. Löhne und Gehälter stellen das wichtigste Beispiel unkontrollierter Kosten dar. Die Möglichkeit von Preiserhöhungen zum Ausgleich steigender Lohnkosten ist für das Schutzbedürfnis der Technostruktur von großer Bedeutung. Im Marktsystem bedeutet das Fehlen der Einflußmöglichkeit auf Preise, daß die kleine Firma zumindest am Anfang steigende Lohnkosten ganz oder teilweise auffangen muß. Im Planungssystem hingegen können gestiegene Lohnkosten leicht an das Publikum weitergegeben werden. Diese Möglichkeit – auch die Lösung von Lohnkonflikten auf Kosten dritter – bedeutet eine beträchtliche Verringerung der Spannung zwischen Arbeitern und der Technostruktur innerhalb des Planungssystems, und das ist kein Zufall. Sie bedeutet aber auch, daß man nach einer allgemeinen Lohnwelle eine Preiswelle erwarten darf, und damit rechnet man im allgemeinen auch. Der Preisanstieg wird üblicherweise mehr als ausreichend sein, um die Kosten der gestiegenen Löhne wettzumachen. Das liegt daran, daß die Gelegenheit zu einer Preiserhöhung im Anschluß an Lohnforderungen auch dazu benutzt wird, die Gewinnspanne zugunsten der Firma zu berichtigen.

Daß Preissteigerungen üblicherweise auf Lohnverhandlungen folgen, ist kein Zufall und beweist, daß Gewinnsteigerung nicht zu den Zielen der Technostruktur gehört. Wenn sich die Einnahmen kurz nach einer Lohnsteigerung erhöhen lassen, hätte man sie natürlich auch lange vorher erhöhen können *.

*) Man könnte hier natürlich rein formal einwenden, daß die Veränderung bei den Grenzkosten während einer Lohnanhebung den Preis, der Höchstgewinne gestattet, nach oben korrigiere. Dieser Punkt ist ohne praktische Bedeutung. Man könnte viel eher sagen, daß Gewinne, wenn sie schon gesteigert werden sollen, nur im Laufe eines wesentlich längeren Zeitraums erhöht werden. Es kann daher nicht überraschen, wenn Anpassungen zu einem bestimmten Zeitpunkt unvollkommen erscheinen und dann im Gefolge einer größeren Kostenveränderung korrigiert werden. Ich mache auf diesen Punkt nur aufmerksam, weil die überzeugten Verfechter des neoklassischen Modells Wert auf den Beweis legen, daß man eine Preisanhebung im Gefolge einer Lohnanhebung durch einen Grenzausgleich zwischen Kosten und Preisen erklären könne. Aber der plausibelste Einwand wird nicht einmal in der Sprache des neoklassischen Modells erhoben.

Die Ausschaltung des Preiskampfs als Teil der Schutzmaßnahme der Technostruktur bedeutet nicht gleichzeitig die Beseitigung anderer Formen der Rivalität zwischen einzelnen Firmen. In der Produktionsentwicklung, Werbung, bei Verkauf und Öffentlichkeitsarbeit geht der Wettbewerb weiter. Im Gegensatz zum Preiskampf sind die Auswirkungen einer solchen Rivalität begrenzt. Eine Preisschleuderei kann alle Firmen in verheerende Verluste stürzen. Andere Formen der Rivalität mögen zwar kostspielig sein, bergen jedoch keine vergleichbaren Gefahren. Wie wir später sehen werden, fördern sogar die Absatzbemühungen einer jeden Firma den Verkauf der Waren oder Dienstleistungen der Branche insgesamt und steigern so die Zufriedenheit, die sich aus Konsum ganz allgemein ergibt. Ein Preiskampf ist schädlich für alle; andere Formen des Wettbewerbs können für alle vorteilhaft sein.

7

Die Technostruktur vertritt somit eine Preispolitik, die durch Sicherung der Preiskontrolle in erster Linie ihrem Schutzbedürfnis entspricht und dann dem aktiven Interesse am Wachstum der Firma (mit allen Vorteilen für die Technostruktur), eingeschränkt durch die Notwendigkeit, Ertragssteigerungen vorweisen zu müssen. Diese Betrachtung der Preise wiederum erhellt einen der wichtigsten Konflikte zwischen den Schlußfolgerungen des neoklassischen Modells und der Wirklichkeit. Nach dem neoklassischen Modell sind auf einem typischen Absatzmarkt – mit vorherrschendem Oligopol weniger Firmen – die Preise angeblich so festgesetzt, daß sie den Herstellern als Gruppe maximale Erträge garantieren. Das ist, abgesehen von gewissen Unvollkommenheiten der stillschweigenden Übereinkunft zwischen Oligopolisten, derselbe Preis, den ein Monopolist berechnen würde. Kein Punkt ist im neoklassischen Modell so unbestritten wie die Behauptung, der Monopolpreis liege höher und der Ausstoß niedriger, als vom gesellschaftlichen Standpunkt aus ideal wäre. Das Opfer ist die Öffentlichkeit. Diese Ausbeutung macht das Oligopol zum Bösewicht.

Und dennoch führt die Ausbeutung durch das moderne Oligopol

zu keinem ernsten Aufstand der Massen, weil die Produktion zu gering oder die Preise zu hoch wären. Die Branchen Automobile, Gummi, Öl, Seife, Fertignahrung, Tabakwaren und Alkoholika entsprechen durchwegs dem Muster des Oligopols. Sie alle streben nach der neoklassischen Theorie genau wie ein Monopol Höchstgewinne an. In allen Fällen klagt man regelmäßig über eine relativ starke Überentwicklung – verglichen beispielsweise mit dem Wohnungsbau, der öffentlichen Versorgung oder dem innerstädtischen Verkehr. Oder man hält ihnen die Auswirkungen ihres Wachstums auf Luft, Wasser, Landschaft und Gesundheit entgegen. Buchstäblich nie wird ihnen eine zu geringe Produktion vorgeworfen. Auch die Preise des Oligopols geben keinen wichtigen Anlaß zur Klage.

Den Grund dafür erkennen wir jetzt – und wir beginnen einen der wichtigsten Vorteile eines klaren Blicks für die ökonomische Wirklichkeit einzusehen. Die in diesen Branchen tätigen Firmen kontrollieren die Preise aufgrund eines Schutzbedürfnisses – weil sie Kapital investieren, langfristig planen, umfangreich spezialisieren und organisieren und infolgedessen anteilig höhere Generalkosten aufwenden müssen. Genau diese Technologie und Organisation gestattet eine steigende Produktivität bei sinkenden Kosten. Das wird von der Öffentlichkeit mit Beifall aufgenommen. Diese Firmen setzen ihre Preise unter Berücksichtigung der Umsatzausweitung – des Wachstums – fest. Auch mit dieser Antithese der monopolistischen Preisgestaltung ist die Öffentlichkeit einverstanden. Das neoklassische Modell beschreibt ein Übel, das es nicht gibt, weil es von einem Ziel ausgeht, das nicht verfolgt wird. Der Beweis liegt in der Tatsache, daß dieses Übel die Öffentlichkeit nie zu ernsten Klagen veranlaßt. Es ist unvorstellbar, daß die gesamte Öffentlichkeit ausgebeutet werden könnte, ohne etwas davon zu merken.

Aber die neoklassische Auffassung kommt wie üblich dem Planungssystem entgegen. Monopol ist ein Wort mit einem sehr unangenehmen Beigeschmack. Einen besonders talentierten Einbrecher mag man noch bewundern, nicht jedoch einen Monopolisten. Während die Ausbeutung des Verbrauchers kein Problem darstellt, ergeben sich aus der Machtausübung durch das Planungssystem ernste Probleme. Solange Macht mit Monopol in Zusammenhang gebracht wird, kommt einem bei entsprechender Schulung automatisch ein harmloses Heilmittel in den Sinn, nämlich die Aufsplitterung der Monopolfirmen; man könnte die Macht des Monopols beseitigen, indem man einige oder viele kleine Firmen an die Stelle weniger großer setzt. Die Antitrust-Gesetze bieten hierfür eine Handhabe. Es ist nicht einmal nötig, neue Gesetze zu verabschieden, man braucht nur die alten anzuwenden.

Diese Reaktion kommt der Technostruktur höchst gelegen. Wer etwas einzuwenden hat, kann sich leicht mit dem Gedanken beruhigen, eine starke oder gar blutige Waffe zur Hand zu haben. Er glaubt, mit der Ausrottung des Monopols den Kern des Problems zu treffen; in seiner Forderung nach Auflösung der großen Kapitalgesellschaft wirkt er unerbittlich, in seinem Appell an vorhandene Gesetze außerdem praktisch. Und so weiß die Technostruktur, daß nichts geschehen wird, es sei denn, es gibt irgendein harmloses juristisches Geplänkel. Die Antitrust-Gesetze Amerikas sind jetzt achtzig Jahre alt; abgesehen von einigen Fusions-Novellen ist die Grundstruktur des Gesetzes annähernd sechzig Jahre alt. In dieser Zeit ist nichts geschehen, was die Entwicklung und den Machtzuwachs der Technostruktur hätte hindern können *. Gelegentlich mag man einer Firma den Kauf einer anderen Firma verbieten; man kann sie vielleicht zwingen, einen Tochterbetrieb abzustoßen. Aber wenn sie schon groß war, konnte sie sich seit über einem halben Jahrhundert in ihrer bestehenden Größe absolut sicher fühlen und so gut wie ungestört weiter wachsen. Also ist das vom neoklassischen Modell angebotene Heilmittel unwirksam. Es stellt keine Bedrohung der Macht oder Autonomie der Technostruktur oder ihres eigennützigen Interesses am Wachstum dar. Und da man dieses Heilmittel für umfassend hält – man glaubt, mit Wettbewerb alle Krankheiten der Wirtschaft heilen zu können –, leitet es alle eventuellen Beschwerden auf ein ziemlich harmloses Nebengleis ab. Was sich vielleicht zur gefährlichen Agitation für wirksame Reglementierung oder staatliche Kontrolle oder Verstaatlichung entwickeln könnte, wird zu der Forderung

*) Ich fasse hier eine Argumentation zusammen, die ich an anderer Stelle ausführlicher vorgetragen habe. Siehe *Die moderne Industriegesellschaft*, Droemer-Knaur, München 1967, Seite 208 ff.

verharmlost, die Antitrust-Gesetze anzuwenden. Jüngere Reformer kann man immer mit dem Hinweis beruhigen, der Fehler hätte nicht bei dem bewährten Allheilmittel gelegen, sondern bei einem Mangel an Mut, Durchsetzungsvermögen – oder gar Einsicht – der Generation vor ihnen. Erst wenn sie zu alt geworden sind, um noch lästig zu werden, entdecken sie, daß sich nichts verändert hat. Vom Standpunkt der Technostruktur aus wäre eine Immunität gegenüber allen Angriffspunkten das beste. Aber das zweitbeste – eine sehr begrüßenswerte Sache – ist ein Ideengebilde, das jeden Angriff in völlig harmlose Kanäle leitet.

XIII

Kosten, Verträge, Koordinierung und imperialistische Tendenzen

1

Die Absichten der Technostruktur besagen schon, wie sie ihre Preise festsetzt. Diese Absichten beherrschen auch ihr Verhalten gegenüber der Beschaffung von Material und Einrichtung sowie von Kapital und Arbeit. In diesen Entscheidungen muß sich das Schutzbedürfnis der Technostruktur widerspiegeln. Erst wenn es befriedigt ist, wird die Selbstbestätigung berücksichtigt.

Im letzten Kapitel haben wir aufgezeigt, daß das wichtigste Schutzbedürfnis der Technostruktur im Hinblick auf Preise dann befriedigt ist, wenn diese Preise unter Kontrolle sind. Es können keine Marktpreise sein; diese sind nach ihrer Definition unkontrollierbar. Kontrolle schließt den Preiswettbewerb aus. Sie erlaubt auch die Weitergabe allgemeiner Kostensteigerungen an Verbraucher oder Kunden.

Doch die Möglichkeit der Kostenabwälzung schützt die Technostruktur einer bestimmten Kapitalgesellschaft nur dann, wenn die Kostensteigerung, wie bei branchenweiten Lohnverhandlungen, alle Firmen einer Industrie ungefähr zur selben Zeit und mehr oder weniger in derselben Höhe trifft. Ist nur eine Firma von der Steigerung betroffen – muß eine Ölgesellschaft mehr für ihr Rohöl oder eine Stahlfirma mehr für ihr Erz bezahlen, während das Kostengefüge der Gesamtbranche unberührt bleibt –, kann sie nicht mit der Möglichkeit einer Preisanhebung rechnen. Andere Firmen spielen dann vielleicht nicht mit. Daher erfordert es das Schutzbedürfnis der Technostruktur, daß auch die wesentlichen Kosten kontrolliert werden. Ebenso wichtig ist die Sicherstellung der Belieferung zu diesen kontrollierten Preisen. Eine Unterbrechung oder das Ausbleiben der Versorgung mit einem wichtigen Material, Werkteil oder das Fehlen einer Spezialkraft ist für die Technostruktur nicht weniger gefährlich als ein unvorhergesehener Preisanstieg.

2

Wo das Material oder Werkteil ein wesentlicher Kostenfaktor ist – wie bei Rohöl, Eisenerz oder Faserholz –, besteht die normale Strategie der Kontrolle darin, daß die Technostruktur die Materialquelle zu erwerben sucht. Dadurch fallen mit einem Schlag sowohl die Kosten als auch der gesicherte Nachschub unter die Kontrolle der Firma. Diese Form der Absicherung schlägt sich auch in der Alltagssprache nieder. Wenn man eine Firma als »voll integriert« bezeichnet, heißt das nicht, daß sie höhere Gewinne abwirft als andere, sondern daß sie sicherer ist – weniger anfällig gegenüber Zufälligkeiten und damit auch sicherer in den Erträgen.

Die Notwendigkeit, die Versorgung mit Rohmaterial sicherzustellen, hat noch weiterreichende Konsequenzen. Die imperialistischen Tendenzen der modernen Technostruktur werden besonders von jenen gründlich mißverstanden, die gemäß der ältesten Technik der Nationalökonomie Tatsachen durch Formeln ersetzen. Wirtschaftsimperialismus bringt man üblicherweise mit dem Bedarf an Absatzmärkten in Verbindung. Nach Marx war der Kapitalismus abhängig von einer skrupellosen Umsatzexpansion, deren Opfer in erster Linie die Kolonialgebiete waren. Wie ich schon an anderer Stelle bemerkte, ist die Übereinstimmung mit Marx heute noch die Nagelprobe auf mutiges, eigenwilliges Denken.

Die Technostruktur ist tatäschlich sehr an Überseemärkten interessiert. Aber dieses Interesse beschränkt sich ausschließlich auf Märkte in anderen Industrieländern. Schon daraus ergibt sich die Notwendigkeit einer internationalen Stabilisierung der Märkte, eine Angelegenheit, über die wenig bekannt ist und die noch näher untersucht werden soll *. Noch wichtiger ist vielleicht, daß das imperialistische Streben nach Märkten in den armen Ländern durch die wirtschaftliche Entwicklung und den steigenden Lebensstandard größtenteils aus der Mode gekommen ist. Im vergangenen Jahrhundert waren die armen Länder und die Kolonialgebiete lohnende Absatzmärkte für billige Textilien und Metallwaren, für

*) Siehe Kapitel XVII.

den Eisenbahnbau und für Krimskrams, wie Marx sehr richtig erkannte. Aber diese Länder sind leider verhältnismäßig arm geblieben. Die dortigen Märkte beschränken sich immer noch auf ein ziemlich kleines Sortiment elementarer Konsumgüter und Maschinen. General Motors und IBM sind stark auf dem britischen und deutschen Markt engagiert, wo eine große Nachfrage nach Automobilen und Büromaschinen herrscht; sie haben wenig Interesse an den Märkten von Birma oder dem Tschad, wo sie praktisch nichts absetzen können, oder an Indien und Indonesien, wo ihre Marktchancen gering sind. Manche Leute behaupten, ihrem Streben nach Macht (und der Einflußnahme auf die Außenpolitik) liege ein perverses kapitalistisches Denken zugrunde. Aber so gleichgültig stehen sie glücklicherweise ihren eigenen Interessen nicht gegenüber.

Während die wirtschaftliche Entwicklung zu einem konzentrierten Bemühen um Märkte in den Industrieländern führte, steigerte sie auch den Bedarf an Rohmaterial. Dieses ist mehr oder weniger unabhängig von der wirtschaftlichen Entwicklung über unseren ganzen Planeten verstreut; daher sind die armen Länder als Lieferanten von Rohmaterial weitaus interessanter. Daraus wiederum ergibt sich im Hinblick auf die imperialistischen Tendenzen der Technostruktur in den armen Ländern, daß diese sich weitaus mehr auf Material als auf Märkte beziehen. Rohöl, Eisenerz, Kupfer, Bauxit, elektrische Energie für elektrochemische Verfahren, Erdgas und Holz sind wichtiger als der Absatz von Fertigwaren. Wenn die Kapitalgesellschaften die Außenpolitik der Vereinigten Staaten in den Entwicklungsländern wirklich entsprechend ihren Bedürfnissen beeinflussen, dann geht es um den Bedarf an Rohmaterial.

Aber auch hier besteht die Gefahr der Übertreibung. Der Verbrauch von Rohmaterial ist im Zuge der wirtschaftlichen Entwicklung stark angestiegen. 1969 verbrauchte Nordamerika mit 6 Prozent der Weltbevölkerung 37 Prozent der flüssigen Treibstoffe der Welt und 37 Prozent der gesamten Weltenergie. Im selben Jahr verbrauchten die USA 24 Prozent des Stahls, 41 Prozent des Gummis und 32 Prozent des Zinns des gesamten Weltmarktes*. Die

*) Statistisches Jahrbuch der UNO, 1970.

in den letzten Jahrzehnten gebrauchten Mengen an Rohmaterial übersteigen bei weitem den Gesamtverbrauch aller früheren Zeiten. Aber auch bei der Versorgung macht sich eine parallele, wenn auch weniger bekannt gewordene Steigerungstendenz bemerkbar. Die Technologie hat ferner ungezählte Substitutionsmöglichkeiten geschaffen – Kunststoff für Nitrate, Kunststoff für Kautschuk, Aluminium für Kupfer, eine Eisenlegierung für die andere, Plastik für alles mögliche. Deshalb war bisher mit Ausnahme des Öls noch keine besonders intensive Strategie zur Beschaffung der notwendigen Rohstoffe erforderlich. Rohmaterial ist immer noch im Überfluß vorhanden. Das sieht man an den Preisen. Sie werden zusätzlich verbilligt durch die niedrigen Lohnkosten und die schwache Verhandlungsposition der Zulieferländer. Das könnte sich ändern, aber noch ist es nicht so weit.

Damit wird schon die Form des Imperialismus in der dritten Welt umschrieben. Er ist nur eine Form der Fortsetzung der Beziehung zwischen Planungssystem und Marktsystem in den fortgeschrittenen Ländern. Wie beim Marktsystem im Industriestaat bedeuten reichliches Angebot, eine geringe oder fehlende Kontrolle über die Preise, ein Arbeitsmarkt, der sich zur Ausbeutung anbietet, von sich aus ungünstige Handelsbedingungen. Das Ergebnis ist dieselbe Tendenz zu einer ungleichen Einkommensverteilung zwischen entwickelten und weniger entwickelten Ländern, wie sie auch im Industriestaat zwischen Planungssystem und Marktsystem existiert. Das Planungssystem des hochentwickelten Landes ist nicht chauvinistisch. Es verhält sich gegenüber der Ausbeutung des einheimischen Marktsystem genauso gleichgültig wie gegenüber dem allgemeinen Prototyp dieses Systems im unterentwickelten Land.

3

Im Industrieland wird der Bedarf an einer gesicherten Rohstoffversorgung zu gesichertem Preis im Falle der wichtigsten Materialien und Werkteile durch Integration befriedigt – dazu gehört auch der Besitz von Pipelines zur Ölbeförderung oder von Energie zur Aluminiumverarbeitung. Die Deckung des Bedarfs wird auch durch ein Vertragswerk geregelt. Dieses ist bei weitem wichtiger.

Man kann das Vertragswerk als Ausweitung der Sicherheit betrachten, die der große Konsumgüterproduzent auf seinen eigenen Märkten oder der große Rüstungsbetrieb überall im Planungssystem gegenüber der Regierung besitzt; die Vorteile genießen alle Beteiligten. Das deutlichste Beispiel ist das eines Waffenherstellers – zum Beispiel bei einem geheimen Raketensystem oder einem neuen U-Boot. Abgesehen von seltenen Pannen garantiert der Vertrag mit der Regierung Preise und künftigen Absatz. Mit dieser Garantie in der Tasche geht die Firma Verträge mit Lieferanten ein, und diese wiederum schließen Verträge mit ihren Lieferanten ab usw. Diese Subkontrakte garantieren den ersten Vertragschließenden Preise und Nachschub. Gleichzeitig geben sie aber auch dem Zulieferer eine ähnliche Garantie für *seine* Preise und Umsätze; sie erlauben es ihm, Verpflichtungen einzugehen und die zur Erfüllung seines Vertrags notwendige Planung vorzunehmen. Wie bereits erwähnt, ist die Zeitspanne zwischen erster Produktionsentscheidung und der lohnenden Serienfertigung des Endprodukts um so größer, je mehr technischen Aufwand Verfahren und Produkt erfordern. Und je komplizierter die Technik bei einem Produkt ist, um so weniger kann damit gerechnet werden, daß der Markt die Teile, das Material oder die Arbeitskräfte zu seiner Herstellung liefern kann. Mit fortschreitender Technologie werden deshalb Verträge immer wichtiger – sowohl zur Absicherung des immer längeren Zeitraums zwischen Initialentscheidung und Verkauf als auch zur Ermöglichung der Planung, die wiederum die erforderlichen Materialien, Bestandteile und Spezialisten dann garantiert, wenn sie gebraucht werden.

Das Beispiel des Waffenherstellers zeigt am deutlichsten, wie Sicherheit durch Verträge und zum Vorteil aller Beteiligten weitergereicht wird. Der Hersteller von Konsumgütern – Automobilen, Fernsehgeräten oder Haushaltsgeräten – verfügt über keinen Vertrag, in dem Preise und abgesetzte Warenmengen festgelegt werden. Aber er hat eine Kontrolle über seine Preise. Und er erlangt mit Hilfe von Methoden, die im nächsten Kapitel behandelt werden, eine weitgehende Kontrolle über das Verhalten der Verbraucher. Nun sucht er sich noch durch Verträge mit seinen Lieferanten abzusichern. Ist er selbst geschützt, kann er auch seinen Lieferanten vertraglichen Schutz gewähren. Diese werden dadurch in die Lage versetzt, zu investieren und so zu planen, daß sie den Ansprüchen der ersten Firma gerecht werden können.

Hier haben wir es – das ist wichtig – mit dem grundlegenden Mechanismus zur Koordinierung der Produktionspläne verschiedener Firmen im Planungssystem zu tun *. Der Markt, dieser traditionelle und hochverehrte Mechanismus für eine solche Koordinierung, versagt. Wie schon an anderer Stelle bemerkt, bewirkt ein höherer Preis nicht zuverlässig, daß sich innerhalb einer angemessenen Zeitspanne Angebot und Nachfrage aufeinander einpendeln, und das gilt immer mehr, je spezialisierter und technisch aufwendiger Produkte, Teile, Materialien und Arbeitskräfte werden. Der Vertrag sichert den Bedarf, da er die Erfordernisse des Käufers auf Monate und Jahre festlegt – und Preise und Bedingungen spezifiziert. Die Planung der Firma ist auf das künftige Wachstum als vorrangiges Ziel ausgerichtet. Danach lassen sich leicht die Erfordernisse ableiten. Zusammen mit ähnlichen Angaben und Garantien von anderen bezieht die Lieferfirma hieraus die Angaben für *ihre* Planung. Sie ist dann in der Lage, den Bedarf ihres Kunden fristgemäß zu decken.

Aus diesen Umständen ergibt sich eines der bemerkenswertesten und seltsamerweise so wenig beachteten Merkmale des Planungssystems – daß es hier um ein riesiges Gewebe ineinander verflochtener Verträge geht. Der Vertrag, der Preis und Versorgung einer Firma sichert, sichert auch Preis und Umsätze einer anderen Firma. Mit fortschreitender Entwicklung und zunehmender Technisierung von Produkten und Verfahren in der Herstellung wird dieses Gewebe von Verträgen immer größer und dichter. Zu jedem Zeitpunkt sind Millionen von Verträgen in Kraft, Zehntausende

*) Das Fehlen einer solchen Koordinierung wurde mir kürzlich als wesentliche Auslassung in meiner früheren Argumentation vorgehalten. Siehe Assar Lindbeck, *The Political Economy of the New Left: An Outsider's View*, Harper & Row, New York 1971, insbesondere Paul A. Samuelsons Einleitung zu diesem Buch. Aber der Mechanismus der Koordinierung nach den oben erwähnten Richtlinien mit besonderer Betonung ihrer Wichtigkeit, wenn Spezialisierung und Technologie den Markt ausschalten, wird ausführlich in meinem Buch *Die moderne Industriegesellschaft* behandelt. Es fehlte vielleicht eine unmißverständliche Aussage für Gelehrte, denen es – vielleicht unfreiwillig – weniger auf das Verstehen ankommt als vielmehr auf das Sammeln von Punkten.

werden wöchentlich ausgehandelt. Die Vertragsverhandlung ist im Planungssystem eine Angelegenheit, die ebensoviel Zeit in Anspruch nimmt wie die Beschäftigung mit der Produktion oder dem Umsatz. Ein Geschäftsmann ist ständig dabei, einen Vertrag auszuhandeln, die dafür erforderlichen Informationen zu sammeln beziehungsweise die Erneuerung oder Kündigung eines Vertrages zu überlegen. Man könnte mit geringfügiger Übertreibung sagen, daß im Planungssystem das Geschäft hauptsächlich aus Vertragsverhandlungen bestehe.

Der Vertrag, der vom Hersteller oder Lieferanten des Endprodukts mit seinen Zulieferern abgeschlossen wird, trägt sehr viel zur Lösung des Problems der vertikalen Koordinierung im Planungssystem bei. Der Hersteller von Automobilen oder Waffen benutzt seine Macht, den eigenen Ausstoß zu planen; mit Hilfe von Verträgen ermöglicht sie denen, von denen sie abhängig ist, die Planung ihrer Produktion und gibt damit die Garantie, daß die erforderlichen Teile fristgerecht in der entsprechenden Menge geliefert werden. Bleibt noch das Problem der Koordinierung der Endprodukte untereinander. Der Umsatz und der Verbrauch zahlreicher Endprodukte stehen in einem gegenseitigen Abhängigkeitsverhältnis wie zum Beispiel bei Elektrizität und Klimaanlagen.

Im neoklassischen System kann es eine mangelhafte Koordinierung zwischen einzelnen Industrien nicht geben. Sollte eine solche Tendenz auftreten, würde der Preis die Nachfrage dem Angebot angleichen oder umgekehrt. In der vollen Planwirtschaft sozialistischer Systeme sind solche Mängel gang und gäbe – sie werden fast zu einem spezifischen Merkmal. Daß diese hier beschriebenen Pannen im Planungssystem nicht vorkommen, wurde von andersdenkenden Gelehrten als Beweis dafür angesehen, daß es ein solches Planungssystem nicht gibt *.

Das ist kein sehr glücklicher Einwand. Wie üblich wird er durch die Umstände widerlegt. Tatsächlich spielen im Planungssystem solche Koordinierungsprobleme eine sehr große Rolle. Dem Laien oder noch unbefangenen Studenten drängt sich der Eindruck auf, daß sie immer ernster werden. Der elektrische Versorgungsbetrieb hat es mit dem Wachstum schwerer und kann mit der dynamische-

*) Siehe Samuelsons Einleitung zu Lindbecks *Political Economy.*

ren Elektroartikelindustrie nicht länger Schritt halten. Die Folge sind Strommangel und Stromausfälle. Die Expansion der Ölindustrie hält trotz ihres Tempos nicht mehr Schritt mit dem Wachstum der Automobilindustrie oder dem Ausstoß an anderen ölverbrauchenden Produkten. Das kann sich schon in der Praxis zeigen, wenn dieses Buch erscheint. Eine schwache Branche kann den Bedarf an Lokomotiven und Waggons nicht mehr decken. Diese Probleme der Koordinierung, entstanden durch die Eigenart des Planungssystems und das unkoordinierte Wachstumsstreben in verschiedenen Industrien, werden immer wieder verstärkt auftauchen. Sie sind systembedingt. Auch sie rütteln an den Grundfesten des bequemen neoklassischen Denkens.

4

Der Vertrag ist von zentraler Bedeutung für den Schutz von Preisen und Kosten sowie von Umsätzen und Zulieferungen zu diesen Preisen und Kosten. Ist dies gewährleistet, macht sich das Streben der Technostruktur nach Selbstbestätigung bemerkbar. Jede Firma im Planungssystem, die an den Vertragsabschlüssen beteiligt ist, strebt nun ein Niveau von Preisen oder Kosten an, das dem Wachstum – unter Berücksichtigung des notwendigen Nachweises von Ertragsverbesserungen – am ehesten entspricht.
Diese Zweckbestimmung wiederum macht das gewaltige Spinngewebe von Verträgen praktisch – was es nicht wäre, wenn das neoklassische System die Wirklichkeit wiedergäbe. Im neoklassischen System gelten für Endprodukte jene Preise, die Höchstgewinne garantieren. Von dem so entstehenden Gewinn sucht jeder eine möglichst große Scheibe abzuschneiden. Das bedeutet, daß es bei Verhandlungen zwischen Herstellern und Lieferanten im wesentlichen um die Teilung des Kuchens geht. Was der eine bekommt, büßt der andere ein. Wenn das der Fall wäre, würden solche Verhandlungen als Nullsummenspiel nur ein zeitraubendes Kräftemessen von Macht, Ausdauer und Habgier sein. Unter solchen Umständen wäre es unmöglich, Milliarden von Transaktionen über die Bühne zu bringen. Die meisten würden einen unzufriedenen Partner zurücklassen. Man würde einen neuen Vertrag nicht

freundschaftlich mit einem Glas Wein begießen, sondern es wäre normaler, wenn der angetrunkene Verlierer seinem Widersacher an die Kehle ginge.

Zu solchen Schwierigkeiten und Peinlichkeiten kommt es gar nicht. Das liegt daran, daß sich die Handlungen, wenn erst einmal das Schutzbedürfnis aller Beteiligten befriedigt ist, letztlich mit der Festlegung eines Kosten- und Preisniveaus beschäftigen, das beiden Parteien ein maximales Wachstum garantiert. Bei Käufern und Verkäufern von annähernd gleicher Macht – Vertragsparteien, die sich mehr oder weniger gegenseitig brauchen – dürften diese Preise und Kosten dieselben sein. Wer mit Erz handelt, nimmt kleine Einkommenseinbußen hin, um die Erzlieferung zu steigern, und die Stahlfirma möchte mehr Bleche für Automobile absetzen. Beide suchen nach einem Preis für Erz, der diesem Ziel dient. Es ist, grob gesprochen, für beide derselbe Preis. Dann verhandelt die Stahlgesellschaft wieder mit Blickrichtung auf die Umsatzerweiterung in ähnlicher Weise mit einem Automobilhersteller, der mehr Fahrzeuge verkaufen möchte. Auch hier liegt ein gemeinsames Interesse vor. Wenn das Ziel Wachstum heißt, sind Verhandlungen kein Nullsummenspiel; stimmt der Preis, haben alle Anteil an der Umsatzsteigerung. Aus diesem Grund sind Vertragsverhandlungen im Planungssystem nicht ungebührlich schwierig. Sie spielen sich in einer freundlichen Atmosphäre unter Leuten ab, denen es in erster Linie darum geht, unterschiedliche Beurteilungen desselben Interesses auf einen Nenner zu bringen. Auch hier liegt das Verdienst einer allgemeingültigen Betrachtungsweise wirtschaftlicher Vorgänge darin, daß sich das Unerklärliche erklärt.

5

Bei verschieden mächtigen Verhandlungspartnern ist die Einigung nicht schwieriger, sondern nur anders. Dieser Unterschied erklärt eine der grundlegendsten Tendenzen der Einkommensverteilung zwischen den verschiedenen Teilen des Wirtschaftssystems.

Größe spielt verständlicherweise eine wichtige Rolle. Der Großbetrieb kann sich einem anderen Lieferanten zuwenden. Er ist kaum, wenn wir von den großen Rüstungsbetrieben einmal absehen, von nur einem Kunden abhängig. Die kleinere Firma hat weniger Ausweichmöglichkeiten. Häufig ist sie auf einen Kunden beschränkt, wie zum Beispiel der Hersteller von Elektroartikeln, der nur ein großes Versandhaus beliefert. Wenn eine Firma, der Alternativen offenstehen, mit einer anderen verhandelt, die diese nicht hat, sind ihre Beziehungen und das daraus resultierende Ergebnis ungleich.

Die Art dieser Ungleichheit muß jedoch richtig verstanden werden. Die kleinere Firma kann mehr investieren und daher wirtschaftlicher produzieren, wenn ihre Existenz durch einen verläßlichen Vertrag gesichert ist. Für die größere Firma ist es nicht von Vorteil, einen Preis auszuhandeln, zu dem die kleinere Firma das betreffende Produkt nicht mehr liefern kann. Ein Vertrag, der so ungünstig oder so wenig flexibel ist, daß er die kleinere Firma ruiniert, läßt sich nicht aufrechterhalten. Die Macht zeigt sich darin, wie der Preis dem Bedarf angepaßt wird. Die größere Firma kann sich ausrechnen, welches Einkommen die kleinere Firma zum Überleben und zu einer minimalen Selbstbestätigung braucht, und sie tut es ganz selbstverständlich. Die kleinere Firma kann eine ähnliche Berechnung nicht vornehmen und sie der größeren nicht aufzwingen. Die Folge ist, daß bei der kleineren Firma, die Geschäfte mit einer größeren macht, der Ertrag fast immer näher beim Existenzminimum liegen wird als bei der größeren Firma.

Das bedeutet ungleiche Erträge für große und kleine Firmen *. Das hier Gesagte gilt für große und kleine Firmen im Planungssystem. Die Prämisse der Ungleichheit der Erträge wird wesentlich stärker, wenn die kleine Firma keine Macht über ihre Preise und Kosten besitzt. Sie wird auch dann ausgeprägter, wenn Umstände vorliegen, die Unternehmer oder Arbeiter zu einer mehr oder weniger unbegrenzten Senkung ihres Einkommens veranlassen, um im Geschäft zu bleiben – wenn Selbstausbeutung vorliegt. Wir

*) Es muß betont werden, daß man hier einen Vergleich der Gewinne *nicht* als Maßstab anlegen kann. Der Technostruktur geht es um Gehälter, und im Großbetrieb haben die Ziele der Technostruktur Vorrang gegenüber jenen der Eigentümer. Die Ungleichheit von Firmen drückt sich daher nicht nur in unterschiedlichen Gewinnen aus, sondern mehr noch in der unterschiedlichen Fähigkeit, gute Gehälter zu bezahlen.

haben gesehen, daß es viele solche Umstände gibt. Sie gehören zu dem, was das Planungssystem vom Marktsystem unterscheidet.

Das Marktsystem ist eine Welt der kleinen Firmen. Es verkauft aber auch sehr viele Dinge – land- und forstwirtschaftliche Produkte, anderes Rohmaterial, zahlreiche Dienstleistungen und viele Werksteile – an die Firmen des Planungssystems. Wo sich die Industrie der klassischen Wettbewerbsstruktur annähert, wird nicht mehr allgemein mit Verträgen gearbeitet. Das Angebot reagiert verläßlich auf Veränderungen der Marktpreise, und da es zahlreiche Anbieter gibt, ist es weder praktisch noch notwendig, sich miteinander zu arrangieren *.

Wie wir gesehen haben, läßt das Marktsystem die Selbstausbeutung zu und stellt sie sogar als Gemeinschaftsbezogene Tugend hin. Man sagt nicht nur, das selbständige Unternehmertum sei sich zumindest teilweise selbst Lohn genug; noch unlogischer ist die Behauptung, es sei ein Ersatz für den Schutz der Gewerkschaften für gesetzliche Mindestlöhne und eine gesetzliche Sicherung des Einkommens von Leuten, die wie landwirtschaftliche Arbeitskräfte eng damit verbunden sind. Da die Technologie einfach und der Kapitalbedarf bescheiden sind, kommt man leicht ins Geschäft. So kann der Mann, der im Planungssystem keine Anstellung findet, häufig im Marktsystem Unternehmer werden.

Schließlich gehört die Landwirtschaft dem Marktsystem an. In ländlichen Gegenden liegt die Geburtenrate wesentlich höher als in den Großstädten – sie betrug beispielsweise 1969 im US-Staat Mississippi 20 pro 1000, im stadtnahen Connecticut jedoch nur 16,4 **. Hinzu kommt, daß die Produktivität der Landwirtschaft – die Leistung pro Arbeitskraft – infolge staatlicher Förderung der landwirtschaftlichen Technologie und des raschen Tempos technologischer Neuerungen in den Zulieferindustrien in den letzten Jahren schneller gestiegen ist als die Produktivität in den Städten. Daraus ergibt sich, daß eine ständige Abwanderung von Arbeitskräften aus der Landwirtschaft in die Industrie statt-

*) Aber in der Geflügelwirtschaft, in der Rinderzucht und Schweinemast wächst die Tendenz, dem kleinen Unternehmer die Sicherheit eines Vertrags zu bieten. So werden Investitionen möglich, die sonst nicht aufzubringen wären.

**) *Statistical Abstract of the United State 1971*, herausgegeben vom US-Handelsministerium.

finden muß, wenn landwirtschaftliche und industrielle Produktion jetzt etwa im selben Maße zunehmen. Ansonsten hätte die Landwirtschaft Arbeitslose oder überzählige Arbeitskräfte. Die Alternative zum Abwandern besteht für viele darin, zu bleiben und sich mit einem geringeren Lohn abzufinden *. Alle diese Faktoren drükken auf das Einkommen im Marktsystem im Vergleich zum Planungssystem.

Was bisher eine provisorische Annahme war, tritt nun voll in Erscheinung. Im Marktsystem liefern Manager und Arbeiter immer noch Waren und Dienstleistungen bei einer Kompensation, die unter der Bezahlung für vergleichbare Kräfte im Planungssystem liegt. Daran wird sich nicht so schnell etwas ändern. Man kann daraus schließen, daß zwischen dem Planungssystem und dem Marktsystem die allgemeine Tendenz nicht zur Gleichheit, sondern zu Ungleichheit des Einkommens führt. Zahlen bestätigen diese Annahme. 1971 betrug der durchschnittliche Stundenlohn bei den Herstellern haltbarer Waren, die am stärksten im Industriesystem vertreten sind, 3,80 Dollar. Bei den Herstellern kurzlebiger Verbrauchsgüter, mit einer erheblichen Komponente im Marktsystem (Textil und Bekleidung), betrug der Durchschnitt 3,26 Dollar, bei den Dienstleistungen, die stark marktorientiert sind, 2,99 Dollar. Im Einzelhandel, ebenfalls einem Bollwerk des Marktsystems, lag der Durchschnitt bei 2,57 Dollar, in der Landwirtschaft, der für das Marktsystem typischsten Industrie, nur 1,48 Dollar **. Würde man Unternehmerverdienst und das Einkommen leitender Angestellter zu den Lohnkosten hinzurechnen, ergäbe sich natürlich noch ein weitaus größerer Unterschied ***.

*) Die Abwanderung von Arbeitskräften aus bäuerlichen Betrieben in den Jahren 1964 bis 1968 reichte aus, um das mittlere Einkommen der zurückbleibenden Familien im Vergleich zu allen Familien anzuheben. Aber trotz der Zunahme (von 0,54 auf 0,67 Prozent des durchschnittlichen Familieneinkommens) hinkt die Landwirtschaft immer noch nach. Siehe Andrew F. Brimmer, Inflation and Income Distribution in the United States, *The Review of Economics and Statistics*, Band 53, Nummer 1 (Februar 1971), S. 37–48. Eine akute Inflation würde sich zumindest vorübergehend günstig auf die Einkommen im Marktsystem auswirken.

**) Wirtschaftsbericht des Präsidenten, 1972 (vorläufige Zahlen).

***) Peter Henles wichtige Untersuchung, Exploring the Distribution of Earned Income, US-Arbeitsministerium, *Monthly Labor Review* (Dezember 1972), S. 16. Hier zeigt sich eine zunehmende Ungleichheit beider »individueller Be-

Die Beziehung zwischen Planungs- und Marktsystem, das ungleiche Entwicklungstempo, die Ausbeutung des Marktsystems durch das Planungssystem und die sich daraus ergebende Ungleichheit sind zentrale Merkmale der modernen Wirtschaft. Sie stehen daher auch im Mittelpunkt dieses Buches.

Die neoklassische Lehre zweifelt die Gültigkeit der obigen Angaben über Stundenlöhne nicht an. Sie erklärt, in einer homogenen, aus ungefähr ähnlichen Firmen zusammengesetzten Wirtschaft wechselten die Arbeitskräfte von schlechter zu besser bezahlten Stellungen über. Dadurch vermindere sich die Ungleichheit. Deshalb sei auch die Notwendigkeit einer Korrektur nicht oder kaum noch gegeben; man braucht das nicht zu behandeln, was die Zeit und die Natur eines Systems von selbst kurieren werden. Die neoklassische Lehre tadelt sogar die Farmer im Marktsystem, weil sie staatliche Unterstützung zur Stärkung ihrer Verhandlungsposition anstreben. Und sie tadelt Einzelhändler und andere kleine Geschäftsleute, weil sie sich organisieren, um ihre Spannen oder Festpreise zu verteidigen. Solche Unternehmer wollen nicht, wie wir hier gesehen haben, etwas gegen ihre naturgemäß schwache Position tun; sie versuchen ein Monopol zu schaffen. Eine solche Auffassung wirkt sich dahingehend aus, daß die Einkommensvorteile des Planungssystems verschleiert werden, wo ihr Fortbestand gesichert ist. Auch hier wird das neoklassische Modell in seiner Erziehungsaufgabe zu einem wichtigen Instrument.

rufs- und Industriegruppen«, woraus Henle den Schluß zieht: »Eine sich wandelnde Berufsstruktur als Ergebnis technologischer Fortschritte hat zur Ungleichheit allgemein und insbesondere in jenen Industrien beigetragen, die ein rasches, zahlenmäßiges Anwachsen hochbezahlter Spezialisten und Manager aufzuweisen haben.« Es braucht nicht betont zu werden, daß diese Industrien dem Planungssystem angehören und es größtenteils verkörpern.

In der Industrie bezahlen generell die für das Planungssystem typischen Großbetriebe höhere Löhne als die für das Marktsystem typischen Kleinbetriebe. Siehe Stanley H. Masters, An Interindustry Analysis of Wages and Plant Size, *The Review of Economics and Statistics*, Band 51, 3 (August 1969), S. 341 ff. T. Paul Schultz gelangte kürzlich zu dem Schluß, von 1939 bis 1969 habe die Ungleichheit bei den männlichen und weiblichen Arbeitskräften unter fünfundzwanzig Jahren zugenommen, sonst sei sie verhältnismäßig konstant geblieben. Long Term Changes in Personal Income Distribution: Theoretical Approaches, Evidence and Explanations, *The American Economic Review*, Band 62, Nr. 2 (Mai 1972), S. 361.

XIV

Überzeugung und Macht

> Mr. Hill wollte mehr Raucherinnen zur Lucky-Strike-Zigarette bekehren: Untersuchungen ergaben, daß der Umsatz bei Frauen zurückgegangen war, weil sich die grüne Zigarettenpackung nicht mit der Farbe des Kostüms vertrug. »Ändern Sie die Farbe der Packung«, schlug ich vor. Mr. Hill war empört. Daraufhin empfahl ich, Grün zur dominierenden Modefarbe zu machen ... Ein Jahr lang arbeiteten wir daran ..., dann wurde Grün die Modefarbe.
>
> *Edward L. Bernays*
> The Business History Review
> Herbst 1971

1

Nun kommen wir zu einem entscheidenden Punkt in der Entwicklung einer modernen Betrachtung des Wirtschaftssystems. Das neoklassische Modell räumt ein, daß Hersteller in vielen Industrien ein beträchtliches Maß an Kontrolle über Preise und Kosten ausüben. Das liege in der Natur des Monopols und Oligopols. Solange dies zur Gewinnsteigerung und nicht im Rahmen einer umfassenderen Machtausübung geschieht, bleibt die Firma dem obersten Gebot des Verbrauchers unterworfen. Ändern sich die Wünsche und Bedürfnisse des Verbrauchers, so verändern sich auch die Menge, die er kauft, und der Preis, den er dafür bezahlt. Entsprechend diesen Veränderungen beugt sich die Firma dem Willen des Verbrauchers, da sie ihre Gewinne maximal halten möchte. Obgleich die Reaktion unvollkommen ist, bleibt die Souveränität des Verbrauchers unangetastet.

Diese wunderbare Vision von der Vollmacht des Verbrauchers läßt sich jedoch nicht aufrechterhalten, wenn seine Wünsche und Bedürfnisse vom Hersteller bestimmt werden. Dies bedarf kaum einer Erläuterung. Der Verbraucher ist nicht mehr souverän, wenn er ganz oder teilweise dem Willen des Herstellers unterliegt. Man kann nicht mehr behaupten, die Wirtschaft stehe letztlich im

Dienste des Verbrauchers, wenn der Hersteller diesen Verbraucher entsprechend seinem eigenen Bedarf manipulieren kann. Wird einmal zugegeben, daß der Hersteller über ein gewisses Maß von Autorität über den Verbraucher oder sonstigen Benutzer seiner Waren verfügt, ist der Damm eigentlich schon gebrochen. Dann läßt sich nämlich argumentieren, die Macht über Preise, Kosten, Verbraucherbedarf und den Staat gehöre zu einer allgemeinen Machtvollkommenheit, die den Zwecken der Technostruktur im besonderen und dem Planungssystem im allgemeinen gilt. Die Verfechter des neoklassischen Systems erklären unisono im Brustton der Überzeugung, der Hersteller habe keine effektive Macht über den Benutzer seiner Waren. Auch hier geht es ihnen instinktiv nicht um die Wahrheit, sondern um die Selbsterhaltung.
Aber kein Mythos, und diene er noch so sehr gewissen Sonderinteressen, ist ganz zufriedenstellend, wenn er den Glauben auf eine zu harte Probe stellt. Bei der Ausübung von monopolistischer Macht gibt es eine Kontrolle der Preise und, soweit möglich, der Kosten. Das Vorhandensein dieser Macht wird von der traditionellen oder neoklassischen Auffassung akzeptiert, aber dem Gewinnstreben des Monopols wäre wenig gedient, wie man wohl zugeben muß, wenn nach der Sicherung der Macht über Preise nichts unternommen würde, um auf die Nachfrage einzuwirken – wenn sich die Firma dann auf ihren Lorbeeren ausruhte und in bezug auf Annahme oder Ablehnung des Produkts ganz den Launen des Verbrauchers vertraute. Das logische Gegenstück zur Kontrolle der Preise ist das Bemühen um eine Kontrolle der Käuferreaktion auf diese Preise. Genauso absurd ist eine Strategie zur Bewahrung gängiger Überzeugungen, die die Macht der Kapitalgesellschaften auf die Kontrolle von Preisen und Kosten beschränken möchte – auch wenn sie berechtigten intellektuellen Interessen dient.

2

Die Endverbraucher von Waren und Dienstleistungen sind Privatkunden und der Staat. Gegenüber beiden werden umfassende Bemühungen unternommen, den Bedarf zu beeinflussen. Bei der Manipulierung des privaten Verbrauchers sind zwei Dimensionen erkennbar: Entweder der Verbraucher bevorzugt die Ware oder Dienstleistung des Herstellers, oder er bevorzugt sie nicht. Hier muß ein entsprechender Einfluß genommen werden. Ebenso schwerwiegend ist die Frage, ob der Kunde beim Vorhandensein einer Präferenz das Geld hat, um die Ware oder Dienstleistung zu kaufen. Es hat wenig Sinn, den Kunden zu einem Produkt zu überreden, wenn er es sich nicht leisten kann. Eine wirksame Strategie zur Sicherung der gewünschten Verbraucherreaktion muß deshalb sowohl seine Einstellung gegenüber der bestimmten Ware oder Dienstleistung beeinflussen, als auch soweit wie möglich sicherstellen, daß er – und die Verbraucherschaft insgesamt – über die nötigen Mittel oder die effektive Nachfrage verfügt, um das Produkt zu kaufen.

Das Management des privaten Verbrauchers ist untrennbar verbunden mit dem Management des öffentlichen Warenbedarfs. Die Kapitalgesellschaft versucht die Wahl des privaten Verbrauchers zu beeinflussen. Sie versucht auch, die öffentliche Hand zu beeinflussen. In beiden Fällen haben wir es mit einer radikal unterschiedlichen Technik zu tun, aber der Zweck ist derselbe. Es gibt noch weitere Zusammenhänge. Die staatlichen Aufwendungen, die aus dem Einfluß der Technostruktur auf die Beschaffungspolitik der öffentlichen Hand hervorgehen, sind auch von großer Bedeutung für die Aufrechterhaltung eines gleichmäßigen Flusses öffentlicher Gelder, der die Kaufkraft des privaten Konsumenten stabilisiert. Insbesondere Militäraufgaben haben diese doppelte Wirkung: Die Waren der Lieferfirmen werden verkauft, und die Nachfrage in der Wirtschaft insgesamt wird verstärkt. Daraus ersieht man, daß alles, was Nationalökonomen in Makroökonomie und Mikroökonomie einteilen, zu einem größeren Ganzen gehört, das durch die Macht des Planungssystems gebildet wird.

Die Nachfragesteuerung erfordert noch aus anderen Gründen eine Aktivität des Staates. Manche Arten privater Nachfrage treten nur auf, wenn der Staat ergänzend etwas unternimmt – die Nachfrage nach Automobilen setzt verstärkte staatliche Ausgaben für den Straßenbau voraus; die Nachfrage nach Flugreisen und Flugzeugen erfordert öffentliche Aufwendungen für Flughäfen und Rollbahnen. Durch die staatliche Politik werden auch dem Verbraucherverhalten Maßstäbe gesetzt. Wenn die Menschen in den Vereinigten Staaten mit dem Auto zur Arbeit fahren, tun sie dies zum Teil deswegen, weil es keine Alternativen gibt. Die Automobilindustrie hat sich heftig der Bereitstellung öffentlicher Mittel für andere Verkehrsmittel widersetzt *.

Obwohl wir es hier mit eng verflochtenen Phänomenen zu tun haben, dürfte es praktischer sein, erst zu betrachten, auf welche Weise das Planungssystem seine Macht gegenüber dem privaten Verbraucher ausübt. Dann werden wir sehen, wie es den Staat als Kunden beeinflußt und auf andere Weise für notwendige staatliche Maßnahmen sorgt. Das Problem einer generellen Nachfragestabilisierung ist zwar Bestandteil desselben Vorgangs, bleibt aber einem späteren Kapitel vorbehalten.

3

Die Steuerung des privaten Verbrauchers ist keine unkomplizierte Aufgabe; der Kostenaufwand ist erheblich, und es müssen dafür einige der besten Spezialisten eingesetzt werden, die im Planungssystem überhaupt zu finden sind. Ihr bekanntestes Instrument ist die Werbung. Und ein besonders wirksamer Werbeträger ist wiederum das Fernsehen, das eine überzeugende Kommunikation mit praktisch jedem Verbraucher von Waren und Dienstleistungen ermöglicht, ohne große Ansprüche an Mühe, Bildung oder Intelligenz zu stellen. Aber die Steuerung des Verbrauchers erfordert auch den Einsatz von geübtem Verkaufspersonal sowie den Aufbau von Absatz- und Händlerorganisationen. Es macht ausgiebig Gebrauch von der Marktforschung, um festzustellen, wozu sich der Verbraucher überreden läßt, mit welchen Mitteln und mit welchen Kosten. Die Werbung greift tief in Auswahl und Gestaltung der Waren ein, um zu gewährleisten, daß sie Merkmale enthalten, die sich leicht verkaufen lassen – um gute Verkaufsargumente zu sammeln. Sie macht ausgiebig Gebrauch von Neuerungen, die sie, wie wir gleich sehen werden, deutlich von den klassi-

*) Besonders Paul Sweezy hat mich darauf aufmerksam gemacht, wie groß die Auswirkungen fehlender Alternativen auf die Verbraucherentscheidung seien, und er hat mir zu Recht vorgeworfen, diesen Punkt bisher vernachlässigt zu haben. Siehe seinen Kommentar in: *The Quarterly Journal of Economics*, Band 86, Nr. 4 (November 1972), S. 661 ff.

schen Zwecken der Erfindung entfernen, nämlich der Befriedigung eines Bedürfnisses, das der Erfinder erkannt hatte und nun zu erfüllen sucht. Die moderne Innovation besteht häufiger darin, ein Bedürfnis zu schaffen, an das bislang noch niemand gedacht hat. Oder es wird der Umstand ausgenutzt, daß Neuerung und Verbesserung in der Vorstellung des Publikums eng miteinander verknüpft sind. Zu den Besonderheiten der modernen technischen Innovation kehren wir im nächsten Kapitel zurück.

Ein Wort zur Marktforschung ist hier noch angebracht. Diese soll, wie gelegentlich vorgetragen wird, feststellen, was der Verbraucher wünscht. Ihr Vorhandensein bestätigt infolgedessen die Machtvollkommenheit der Verbraucher und sorgt dafür, daß sich die Produktion dieser Macht reibungsloser unterordnet. Genausooft oder noch häufiger hat sie die Wirksamkeit verschiedener Formen der Überredung zu ermitteln oder die Frage zu klären, wie gut oder schlecht sich verschiedene Produkte, Marken oder Packungen damit verkaufen lassen. Daraus lernt die Firma, wie sie ihr Geld für die Überredung der Verbraucher am wirksamsten einsetzt, welche Verkaufsbemühungen die besten Ergebnisse erbringen und welche Produkte sich am besten anbieten lassen. Das alles dürfte kaum eine Bestätigung der Verbraucherhoheit sein.

Es muß noch vermerkt werden, daß der Ausdruck Marktforschung häufig nicht zutrifft. Es werden auf eindrucksvollen pseudo-soziometrischen Tabellen subjektive, willkürliche oder auch betrügerische Angaben vorgelegt, um eine exakte Beziehung zwischen den Kosten verschiedener Formen der Werbung und der mit ihrer Hilfe zu erzielenden Umsätze vorzutäuschen. Das sollte niemanden überraschen. Eine Branche, die so sehr mit wohltemperierter Verlogenheit arbeitet, wird sicher nicht pingelig sein, wenn es darum geht, sich in die eigene Tasche zu lügen.

Natürlich ist die Macht, den einzelnen Verbraucher zu beeinflussen, nicht unbegrenzt. Ihr sind kostenmäßige Grenzen gesteckt. Die Gewinnung immer neuer Kundschaft erfordert im allgemeinen steigende Kosten; die Form dieser Kurve (sie zeigt die Kosten pro zusätzlicher Umsatzeinheit) hängt von den Eigenschaften der Ware und der Qualität der Überzeugungskunst ab. Sie ist im Laufe der Zeit einschneidenden Veränderungen unterworfen. Position und Stabilität dieser Funktion sind von früheren Werbeaufwen-

dungen abhängig. Was aufgewendet werden muß, um einer bestimmten Seife einen vorgegebenen Absatz zu sichern, hängt davon ab, wieviel in der Vergangenheit bereits für diese Seife aufgewendet wurde, aber auch davon, was alle Seifenhersteller insgesamt aufgewendet haben, um persönliche Sauberkeit und Geruchlosigkeit zu einer Notwendigkeit zu erheben.
Dabei muß betont werden, daß die Beeinflussungsmöglichkeit dem einzelnen Kunden gegenüber in Grenzen bleibt. Gelehrte, die aus traditionellen oder praktischen Gründen behaupten, die Souveränität des Verbrauchers sei ungebrochen, nennen üblicherweise als Alternative zur völlig freien Wahl des Verbrauchers deren völlige Unterordnung unter den Willen des Herstellers. Wenn der Verbraucher nicht absolut souverän ist, kann er nur eine ganz willenlose Marionette des Herstellers sein. Man braucht diese Dialektik nur aufzuzeigen, um die tendenziöse Absicht zu erkennen.

4

Das Schutzbedürfnis gebietet dem Unternehmen, sich nicht auf die Preise als Mittel der Verbraucherbeeinflussung zu beschränken, sondern darüber hinaus eine Abwanderung von Kunden zu verhindern, weil die Firma ansonsten Verluste erleiden würde. Die Selbstbestätigung verlangt natürlich die Anwerbung neuer Kunden und die Expansion des Umsatzes zur Förderung des Wachstums. Wie schon mehrfach erwähnt, setzt sich die typische Industrie des Planungssystems aus wenigen großen Firmen zusammen. Das bedeutet, daß man eine Umsatzausweitung sowohl durch die Anwerbung neuer Verbraucher als auch durch Abwerbung der Kunden anderer Firmen erzielen kann. Andere Firmen werden das ihrerseits auch versuchen. So wird die Manipulation der Verbraucher zu einem komplizierten Bemühen um die Werbung neuer Kunden, die Abwerbung von Kunden anderer Firmen und die Erhaltung der vorhandenen Kundschaft angesichts gleichartiger Bemühungen der anderen Firmen. Da ein Gewinn von Kunden bei einer Firma einen Verlust bei einer anderen bedeutet, widersprechen sich die überall in der Konsumgüterindustrie verfolgten Ziele des Kundenmanagements, nämlich Schutz der Firma und Selbstbestätigung.

Dies gilt jedoch nur teilweise. Bei Firmen, die aufgrund ihrer Größe und ihrer Mittel voll in die Werbung einsteigen können * – in der amerikanischen Automobilindustrie General Motors, Ford und vielleicht Chrysler, nicht jedoch American Motors oder die schon früher auf der Strecke gebliebenen Firmen Studebaker und Packard; in der Waschmittelindustrie Procter & Gamble, Lever Brothers, Colgate-Palmolive –, erzielen die Bemühungen der beteiligten Firmen (um eine Befriedigung ihres Schutz- und Selbstbestätigungsbedürfnisses) allmählich ein ungefähres Gleichgewicht. Gewinnt eine Firma, bleibt sie bei ihrer bisherigen Form der Beeinflussung; schneidet sie schlechter ab, sucht sie nach wirksameren Werbemitteln für die vorhandenen Produkte oder nach Produkten und Entwürfen, die sich besser verkaufen lassen. Früher oder später gelingt ihr das, dann wird der Schwarze Peter an den bislang erfolgreicheren Konkurrenten zurückgegeben. Das Ergebnis ist eine Kontrolle über die Reaktionen der Verbraucher, zwar unvollkommen und wegen der Rivalität sehr kompliziert, aber immer noch weitaus sicherer als ungelenkte Verbraucherreaktionen ohne Werbung.

Doch das Gesamtergebnis dieser Bemühungen ist für alle Angehörigen des Planungssystems von großem Vorteil. Für alle Firmen der betreffenden Branche werden neue Kunden geworben, bereits vorhandene Kunden werden fester an die Produkte der Branche gebunden, außerdem werden die übergeordneten Ziele und Werte des Planungssystems kräftig gefördert. Das ist so wesentlich, daß eine zusammenfassende Betrachtung angemessen erscheint.

*) Siehe William S. Comanor und Thomas A. Wilson, Advertising and the Advantages of Size, *The American Economic Review*, Band 59, Nr. 2 (Mai 1969), S. 87 ff. Die Autoren gelangen zu dem Schluß, daß der Großbetrieb sich bei der Werbung bedeutender Vorteile erfreut. In einem früheren Artikel (Advertising Market Structure and Performance, *The Review of Economics and Statistics*, Band 419, Nr. 4 [November 1967], S. 423 ff.) stellten dieselben Autoren außerdem einen allgemeinen Zusammenhang zwischen Werbeausgaben und Gewinnen her. Zu etwa demselben Schluß gelangte auch Leonard W. Weiss in seinem Beitrag Advertising, Profits and Corporate Taxes, *The Review of Economics and Statistics*, Band 51, Nr. 4 (November 1969), S. 421 ff. Dafür gibt es verschiedene mögliche Erklärungen, aber höchstwahrscheinlich trägt ein aggressives Verbrauchermanagement viel zur Wahrung und Förderung der Erträge bei. Der hier erwähnte Gedanke vom Branchengleichgewicht wurde schon in *Die moderne Industriegesellschaft*, Seite 229 ff., vorgetragen.

Die Werbung einer bestimmten Autofirma versucht Kunden anderer Firmen abzuwerben. Aber die Werbung aller insgesamt trägt zu der Überzeugung bei, daß der Besitz eines Automobils Glück und Zufriedenheit bringe. Außerdem werden die Leute ganz unabhängig von Marke und Modell davon überzeugt, daß die augenblicklichen Tendenzen in Stil und Verarbeitung wünschenswert und jene der Vergangenheit überholt, ausgefallen oder aus anderen Gründen minderwertig seien. Das führt ganz allgemein zum Ablegen alter Fahrzeuge und zum Kauf neuer. Ähnlich ist es, wenn ein Waschmittelhersteller weiße Bettücher zum Standard für weibliche Tugend erhebt: Diese Tugend lohnt sich für alle Waschmittelhersteller. Oder wenn es zum Beispiel einem Produzenten gelingt, ein kleines Räuschchen als weltmännisch-seriös hinzustellen, dient das allen Alkoholherstellern. Wenn eine Frisur verführerisch macht, gilt das für alle.

Wichtiger dabei ist noch, daß diese ganze Werbung sehr nachdrücklich bekräftigt, daß der Besitz und Gebrauch von Waren Glück bringe, und zwar um so mehr, je mehr Waren produziert und konsumiert werden. So verkündet die Werbung die Werte des Planungssystems ganz allgemein – und insbesondere die Verpflichtung zum Wachstum. Das wiederum unterstützt auch die Ansprüche des Planungssystems an den Staat, seine Interessen zu fördern. Ein Zweig der neoklassischen Wirtschaftslehre hat lange Zeit behauptet, die Werbung und Überzeugung von Kunden in der typisch oligopolistischen Industrie sei reine Verschwendung – »eine Form des nicht auf den Preis ausgerichteten Wettbewerbs ... von gegenseitig neutralisierender Art ohne jeglichen technischen oder gesellschaftlichen Vorteil«*. Das Publikum müsse lediglich höhere Preise zahlen, die Beteiligten verdienten weniger.

Wenn das stimmte, wäre schon längst etwas unternommen worden, um im gegenseitigen Einvernehmen die Werbeausgaben zu drosseln. Kein Gesetz hätte ein solches Bemühen verhindert, weil man sehr ernsthaft über die Kosten der Industrie und die Verschwendung von Geldern gesprochen und die Politiker von den Bedürf-

*) William G. Shepherd, *Market Power and Economic Welfare*, Random House, New York 1970, Seite 53. Ich will damit keineswegs behaupten, daß Professor Shepherd, der mit seinen ausgezeichneten Arbeiten Großes geleistet hat, an Klischees hängenbleibe.

nissen des Planungssystems überzeugt hätte. Aber eine konkurrierende Werbung dient tatsächlich den gemeinsamen Zwecken des Planungssystems. Deshalb hat man sich noch nie ernsthaft bemüht, sie einzuschränken.

5

Die Technostruktur beeinflußt auch weitgehend, gemäß ihren Bedürfnissen, die Ausgaben der öffentlichen Hand. Auf diesem Gebiet ist man sich jedoch weitgehend darüber einig, daß die orthodoxe Wirtschaftslehre wenig Beziehungen zur Wirklichkeit hat, obgleich sie der Jugend noch immer als konventionelles Charakteristikum der Demokratie feierlich präsentiert wird.

Nach der orthodoxen oder traditionellen Lehre drückt sich die Wahl zwischen privaten und öffentlichen Waren und Dienstleistungen und zwischen den verschiedenen öffentlichen Waren und Dienstleistungen indirekt in der Wahl bestimmter Kandidaten und Parteien aus – in der Entscheidung zwischen jenen, die sich für höhere oder niedrigere Steuern und, bei gleichbleibender Höhe der öffentlichen Ausgaben, für eine größere oder geringere Unterstützung von Erziehung, Wohlfahrt, staatlichen Entwicklungen und anderen öffentlichen Gütern und Dienstleistungen aussprechen. Hierzu gehören auch Waffen und die Waffenentwicklung, aber man führt sie nicht gesondert an *. Die nach diesen Gesichtspunkten gewählten Kandidaten übermitteln durch ihre Macht über Gesetzgebung und Bewilligungen den Willen der Öffentlichkeit an die Exekutive. Die Exekutive – die Bürokratie – ist der passive Diener der Legislative und damit letztlich des Bürgers. In den Vereinigten Staaten verstärkt weiterhin die direkte Wahl des Regierungschefs, der seine Ansicht zu diesen Dingen den Wählern offenbart, die Kontrolle durch den Bürger.

*) »Die Einführungskurse in die Volkswirtschaft, wie sie in den wichtigsten Lehrbüchern amerikanischer Universitäten dargestellt wird, übersehen meistens die Existenz des Rüstungsbetriebs oder der Rüstungsindustrie. In diesen Büchern wird überhaupt nichts über die Merkmale der Aufrüstung in den Vereinigten Staaten seit dem Zweiten Weltkrieg erwähnt, oder die Sache wird mit wenigen Sätzen abgetan.« Seymour Melman, The Peaceful World of Economics I, *The Journal of Economic Issues*, Band 6, Nr. 1 (März 1972), S. 1.

Kaum einer, der diese Lehre verbreitet, würde zugeben, daß er selbst daran glaubt; eine bescheidene Skepsis ist man schließlich seinem Beruf schuldig. Was Waffen anbelangt – Raketensysteme und Raketenverteidigung, Trägerflugzeuge für A-Bomben, Kampfflugzeuge und bemannte Bomber –, stellt dieser Prozeß, wie man allgemein zugibt, beinahe exakt die Umkehrung der orthodoxen Formel dar. Die Erstentscheidung wird von der Waffenfirma und der Waffengattung getroffen, für die der Artikel bestimmt ist. Die Maßnahme wird dann vom Präsidenten genehmigt, der zwar nicht ohne Macht, aber weitgehend ein Gefangener des ihm unterstellten bürokratischen Apparates ist. Die mit zuverlässigen Bannerträgern der Rüstungsindustrie und der Waffengattungen besetzten Militärausschüsse des Kongresses akzeptieren fast automatisch die so getroffene Entscheidung. Im übrigen hat der Kongreß nur wenig zu sagen – die Öffentlichkeit überhaupt nichts.

Die hier dargestellte Abweichung von der Lehrmeinung ist nach der hier vorliegenden Analyse durchaus zu erwarten, da wir wissen, wo die Macht liegt und wie sie gebraucht wird. Manche würden das Primat der Rüstungsfirma zuschreiben, und zwar aus einer Anschauung des Kapitalismus heraus, die der kapitalistischen Firma automatisch die Führungsrolle zuweist. Aber beteiligt sind zwei verschiedene Bürokratien, nämlich die Technostruktur der Rüstungsfirma und die des Pentagons. Man darf nicht annehmen, daß die eine Organisation über weniger Macht verfügte als die andere.

Sie verfolgten vielmehr gemeinsame Interessen hinsichtlich des Wachstums und der technischen Innovation – sie stehen zueinander im selben Verhältnis wie die im letzten Kapitel beschriebenen privaten Technostrukturen. Die Angehörigen sowohl öffentlicher als auch privater Bürokratien ziehen Vorteile aus dem Wachstum und den daraus resultierenden Aufstiegsmöglichkeiten, Gehältern, Nebenleistungen, aus einem Zuwachs an Prestige und Macht – was die eine Bürokratie erweitert, das erweitert auch die andere. Wie das nächste Kapitel zeigen wird, ist technische Entwicklung besonders wichtig für die Autonomie und das Wachstum der staatlichen Bürokratie und für die Technostruktur des Lieferanten. Daher stößt man hier auf eine besonders ausgeprägte gegenseitige Unterstützung. Die Waffengattung definiert oft mit Hilfe der Rüstungsfirma den Bedarf an dem Produkt; die Firma führt dann die Entwicklung durch. Beide haben ihren Gewinn.

Eine ähnliche Tendenz zur gegenseitigen Unterstützung wird immer da auftreten, wo eine enge Zusammenarbeit zwischen einer Technostruktur und einer staatlichen Bürokratie entsteht. Eine solche Beziehung existiert zwischen der Atomenergiekommission und ihren Zulieferindustrien. Auf dem Gebiet des Straßenbaus existiert sie zwischen dem Verkehrsministerium und der Automobilindustrie. Selbst da, wo zwischen staatlicher und privater Bürokratie ein Gegensatz anzunehmen wäre, wie zwischen der Federal Communications Commission und den Fernseh- und Rundfunkanstalten, ist eine gegenseitige Unterstützung möglich *. Diese Tendenz staatlicher und privater Organisationen, gemeinsame Ziele zu finden und zu verfolgen, ist von solcher Bedeutung, daß man ihr einen Namen geben sollte. Nennen wir sie »bürokratische Symbiose«.

In den Vereinigten Staaten erreicht die bürokratische Symbiose ihren höchsten Entwicklungsstand in der Beziehung zwischen den Rüstungsfirmen und dem Verteidigungsministerium und den Elementen, aus denen es sich zusammensetzt. Lockheed, Boeing, Grumman oder General Dynamics sind imstande, Militärflugzeuge zu entwickeln und zu bauen. Das entspricht den expansiven Zielen ihrer Technostrukturen. Die staatliche Bürokratie, die mit Forschung und Entwicklung, Vertragsabschluß, Vertragsüberwachung, Taktik und Befehlsgewalt befaßt ist, zieht ähnliche Vorteile aus Entwicklung und Besitz einer neuen Generation von Fluggeräten. Aber die bürokratische Symbiose wirkt sich noch viel elementarer aus. Die Technostruktur der Rüstungsfirma bietet natürlicherweise all jenen Beschäftigung, die ihre Karriere in der staatlichen Bürokratie vollendet haben (oder hier keine weiteren Möglichkeiten mehr sehen). Ähnlich setzt sich die Führungsspitze des Verteidigungsministeriums größtenteils aus Männern zusammen, die vorübergehend aus leitenden Positionen in den Technostrukturen der Rüstungsfirmen übernommen wurden. Dieser Austausch lohnt sich nicht nur für die einzelnen, sondern er festigt selbstverständlich auch die symbiotische Beziehung.

*) Siehe Kapitel XVI.

In der symbiotischen Beziehung zwischen öffentlichen und privaten Bürokratien – das muß noch einmal betont werden – kann oder soll man nicht untersuchen, wo die Initiative liegt. Niemand kann mit Sicherheit behaupten, sie gehe entweder von der öffentlichen Bürokratie oder von der Firma aus. Klar ist nur, daß sie nicht vom Bürger ausgeht. Noch vollkommener als im Fall des Verbrauchers ist die effektive Macht auf die Produzenten übergegangen – entweder auf die Produzenten der Waffen oder auf die Produzenten der militärischen Dienstleistung, die diese Waffen braucht. Wer sich hier etwas vormacht, wird auf die Dauer nicht mehr ernst genommen.

6

Die Macht der verschiedenen Hersteller in Beziehung zum Verbraucher oder Bürger ist natürlich sehr verschieden. Sie ist da am größten, wo die Entwicklung am fortgeschrittensten ist – bei der größten Firma und ihrer höchstentwickelten Technostruktur. Auf dem privaten Sektor der Wirtschaft ist diese Macht in den Branchen Automobil, Waschmittel, Tabak und Nahrungsmittelkonserven größer als beispielsweise im Wohnungsbau, in der Gesundheitsfürsorge oder bei den Künsten. Im Marktsystem ist die Macht des Produzenten minimal oder gar nicht vorhanden. Im öffentlichen Bereich wird die Macht des Produzenten da am größten und die des Bürgers da am geringsten, wo eine bürokratische Symbiose vorliegt – wo eine große Luft- und Raumfahrtfirma symbiotisch mit der Luftwaffe zusammenarbeitet. Am geringsten ist sie da, wo kleine Baufirmen billige Wohnungen für eine lokale Wohnbaugemeinschaft herstellen oder wo einem Schulbezirk Mittel zugewiesen werden.

Damit festigt sich die bereits angedeutete Schlußfolgerung. Die Verteilung wirtschaftlicher Mittel – Kapital, Arbeit und Material – auf die Produktion hängt sowohl im privaten wie im staatlichen Bereich der Wirtschaft weitgehend, wenn auch natürlich nicht ausschließlich, von der Macht des Produzenten ab. Diese Machtabhängigkeit wird mit zunehmender Entwicklung der Wirtschaft größer. Das ist eine Grundtendenz des Wirtschaftssystems.

Im neoklassischen Modell unterliegt die Produktion der Kontrolle durch den Verbraucher und Bürger. Das schließlich erreichte Gleichgewicht entspricht dem Bedarf der Verbraucher, wie sie ihn selbst interpretieren und durch ihr Einkommen effektiv machen. In der modernen Wirklichkeit spiegelt sich in diesem Gleichgewicht die Macht des Produzenten. Diese und nicht der »Bedarf« in irgendeinem ausschließlichen oder dominierenden Sinn kontrolliert das Tun und Lassen der Wirtschaft. Es wird nicht notwendigerweise da viel produziert, wo der Bedarf groß ist, sondern vielleicht auf Gebieten, die einem Management des Verbraucherverhaltens besonders zugänglich sind oder wo man gemeinsam mit staatlichen Bürokratien im Interesse des Wachstums symbiotisch eine Kontrolle über Ausgaben der öffentlichen Hand ausübt. Das steht in krassem Gegensatz zur neoklassischen Machttheorie, die behauptet, Macht beschränke die Produktion im Sinne des klassischen Monopols. Man braucht jedoch nur zu überlegen, auf welchen Gebieten der Wirtschaft Überfluß herrscht – Automobile, Waffen, Seifen, Desodorans und Waschmittel –, dann erkennt man, daß die hier dargebotene Analyse mit allgemeinen Beobachtungen und mit dem gesunden Menschenverstand übereinstimmt.

Eine Diskussion der in Verbindung mit dieser Überproduktion – und der Unterproduktion auf anderen Gebieten – auftretenden praktischen Fragen läßt sich nur vermeiden, wenn man sich darin einig ist, daß der Verbraucher und Bürger der Produzentenmacht Widerstand entgegensetzt, wenn Werbung und Verkaufstechnik Randerscheinungen und nicht die Substanz der Wirtschaft darstellen, wenn sie sich als Ausdruck oligopolistischer Rivalität gegenseitig aufheben und wenn die großen Rüstungsfirmen zwar eingestandenermaßen richtig, aber eben doch nur ein Fehler im System sind, ein Überbleibsel des kalten Krieges. Wenn die Nationalökonomie eine solche Auffassung unterstützt, ist das vom Standpunkt der Machthaber aus wohl zu begrüßen. Weniger zu begrüßen ist, wenn sie darauf besteht, die Machtausübung zu identifizieren, die der Wirklichkeit entspringt. Fragen nach den Auswirkungen sind daher unbequem. Es läßt sich nicht länger leugnen, daß etwas unternommen werden muß, um die Ausübung von Macht mit dem öffentlichen Interesse in Einklang zu bringen. Solche Maßnahmen sind nicht mehr die Ausnahme, sondern bittere Notwendigkeit.

XV

Die revidierte Wirtschaftslehre der technischen Innovation

I

Nun läßt sich die Rolle der technischen Neuerung in der modernen Wirtschaft und im Planungssystem klarer durchschauen. Sie ist ungewöhnlich interessant. Gerade in letzter Zeit hat sich die öffentliche Meinung gegenüber dem technischen Wandel erstaunlich verändert. Bis vor wenigen Jahren galt er als gesellschaftliches Plus. Nur Exzentriker stellten ihn in Frage. Das Wort Erfindung war gleichbedeutend mit Fortschritt. Ingenieure und Wissenschaftler, die Väter der Neuerung, galten als Wohltäter der Gesellschaft. Die Förderung wissenschaftlicher und technischer Neuerung war eine hochangesehene und unangefochtene Aufgabe des Staates.

Heute ist der Zweifel weit verbreitet. Viele Neuerungen punkto Verbrauchsgüter empfindet man als trügerisch. Man wundert sich nicht mehr darüber, daß sich viele hochgepriesene Erfindungen vor allem dadurch auszeichnen, daß sie nicht funktionieren oder sich als bedenklich herausstellen. Diesen besonderen Merkmalen der Innovation verdankt die Verbraucherbewegung mit Rechtsanwalt Ralph Nader an der Spitze zum guten Teil ihre Entstehung. Man steht heute immer mehr auf dem Standpunkt, daß die Neuerung zwar ihre Aufgabe erfülle – daß sie Menschen mit Überschallgeschwindigkeit befördere oder anfliegende Raketen vernichte –, daß sie sich aber ausgesprochen wenig um gesellschaftliche Folgeschäden oder öffentliche Gefahren kümmere. Man ist heute immer mehr der Meinung, daß an einem entsprechenden Tempo des technischen Fortschritts alle Nutznießer sterben werden.

Das neoklassische Modell stellt zwei Arten technischer Neuerung vor. Sie schafft neue oder verbesserte Waren oder Dienstleistungen, die von den Verbrauchern begrüßt und gekauft wurden, weil sie ihren Bedarf besser decken. Oder die Neuerung verbessert den Vorgang der Produktion beziehungsweise der Dienstleistung (technisch ausgedrückt: Innovation bewirkt entweder die Schaffung oder Veränderung von Bedarfsfunktionen oder die Senkung von

Kostenfunktionen). Eine Erfindung oder Verbesserung von Produkten geschah immer aus der *Erkenntnis* von Verbraucherbedürfnissen heraus. Sieht man von Emersons perfekter Mausefalle ab, mußte man den Verbraucher eventuell über die Verbesserung unterrichten; einige Überredungskünste mochten notwendig sein, um seine angeborene konservative Haltung zu überwinden. Aber die Erfindung war gut, weil sie einem Bedürfnis entsprach. Die Überredung deckte die Beziehung zu diesem Bedürfnis auf – sie schuf nicht Bedarf. Die Erfindung neuer oder die Verbesserung vorhandener Prozesse reduzierte Kosten und letztlich auch die Preise. Die Vorteile ließen sich nicht bezweifeln.

Da die Innovation den einzelnen mit besseren oder billigeren Waren versorgte, wurde sie natürlich vom neoklassischen Modell hoch geachtet, und jede Störung wurde strikt zurückgewiesen. Arbeiter mochten sich neuen Verfahren widersetzen, weil sie den Verlust ihrer Arbeitsplätze befürchteten. Produzenten mochten sich bemühen, sowohl die Produkte als auch die Verfahren zu unterdrücken, weil sie um die Überalterung ihrer Investitionen fürchteten. In beiden Fällen war die Öffentlichkeit mit ihrem Interesse an billigeren oder besseren Produkten der Leidtragende. Aus diesem Grund betrachtete man solche Störungen – jeglichen Widerstand gegen »technologischen Fortschritt« – als fehl am Platze. Diese Auffassung wird im allgemeinen heute noch vertreten.

Im Planungssystem ist die Innovation, wie alles andere, gut durchorganisiert. Üblicherweise steht im voraus fest, was erfunden oder verbessert werden soll. Abgesehen von wenigen Ausnahmen, verläuft die Entwicklung nach festgelegten Zeitplänen im Rahmen eines bewilligten Etats. Niemand denkt mehr an die vollkommen spontane Erfindung, zu der ein einzelner durch einen brillanten neuen Gedanken geführt wird. Eine solche Vorstellung ist nur deshalb noch nicht ganz ausgestorben, weil eine derartige Erfindung billig und unabhängig von Organisation ist, so daß sie auch für die kleine Firma und das Marktsystem in Frage kommt. Ohne sie wäre jegliche Innovation theoretisch die ausschließliche Domäne des Planungssystems, das über spezialisiertes Wissen, Organisation und Kapital verfügt.

Die jüngsten Neuerungen bedingen tatsächlich spezialisiertes Wissen, Organisation und finanzielle Mittel. Darin sind sich alle einig – daß die größeren Firmen den Großteil aller Aufwendungen für Forschung und Entwicklung aufbringen. Zu beweisen bleibt noch, daß die organisierte und bewußt gesteuerte Innovation sich ganz in den Dienst der Technostruktur stellt. Und da sie jetzt der Technostruktur und nicht dem Verbraucher dient, ergibt sich als normale Konsequenz der Konflikt mit dem öffentlichen Interesse.

2

Die Innovation als Verbesserung von Produktions- und anderen Verfahren dient zum Unterschied von der Neuerung bei gelieferten Waren oder Dienstleistungen der Technostruktur in doppelter Hinsicht. Sie verringert die Kosten und gestattet daher umsatzfördernde Preise. Auf diese Weise dient sie dem expansiven Interesse der Technostruktur am Wachstum.

Aber die Neuerung bei Verfahren stärkt außerdem Macht und Sicherheit der Technostruktur und entspricht daher ihrem Schutzbedürfnis. Diese Sache ist ein wenig komplexer.

In der modernen Kapitalgesellschaft unterliegt, wie bereits angemerkt, ein Produktionsfaktor nicht völlig der Kontrolle der Technostruktur: die Arbeit. Hier wird die Autorität der Technostruktur möglicherweise angefochten. Diese Herausforderung – in der Regel durch eine Gewerkschaft – wird weitgehend durch die Übereinkunft neutralisiert, nach der eine Einmischung der Gewerkschaft in die sogenannten Vorrechte des Managements tabu ist. Sie wird ferner neutralisiert durch die Kontrolle der Firma über ihre Preise, durch branchenkollektive Lohnverhandlungen und durch die stillschweigende Übereinkunft unter den Firmen, Lohnerhöhungen an das Publikum weiterzugeben. So wird weder die Branche noch eine einzelne Firma durch eine nicht abwälzbare Lohnsteigerung bedroht *.

*) Wir sollten noch festhalten, daß das Planungssystem aufgrund der erzielten Kostenersparnis durch neue Verfahren einen geringeren Teil der Lohnerhöhung auf die Preise abwälzen muß. Das wiederum dient dem Wachstumsstreben. Im Marktsystem fehlen, abgesehen von der Landwirtschaft, im allgemeinen Produktivitätssteigerungen. Daher kommt es auch, daß Lohnsteigerungen in den Dienstleistungsindustrien, die denen im Planungssystem entsprechen, zu weitaus stärkeren Preisanhebungen führen.

Die Innovation bei Produktionsverfahren bedeutet fast unweigerlich die Substitution von Arbeit durch Kapital. Im Planungssystem stammen die Ersparnisse, die die Kapitalquelle darstellen, größtenteils aus den Erträgen der Firma – die Verfügbarkeit von Kapital wird kontrollierbar. Die Preise der benötigten Maschinen und der Ausrüstung sind kalkulierbarer als Lohnkosten, und Maschinen streiken nicht, wenn sie erst einmal installiert sind. Daher verspricht investiertes Kapital sowohl hinsichtlich der Kosten als auch der Leistung viel mehr Sicherheit als Arbeit. Innovation und die gleichlaufende Substitution von Arbeit durch Kapital sichert somit die Ertragslage der Firma und dient dem Schutzbedürfnis der Technostruktur. Das heißt praktisch ausgedrückt, daß es im modernen Großbetrieb bei arbeitssparenden Maschinen nicht ausschließlich um pekuniäre Überlegungen geht. Es ist durchaus denkbar, daß die Substitution von Arbeit durch Kapital mit höheren Kosten verbunden ist. Hier spielt die vernünftige Überlegung eine Rolle, daß die Verwendung von Kapital anstelle von Arbeit der Technostruktur mehr Sicherheit und Macht verleiht. Sie erlaubt im Planungssystem eine vollkommenere Planung.

Aus diesen Eigentümlichkeiten der Innovation bei Verfahren ergeben sich zwei Konsequenzen. Erstens schrumpft im Planungssystem die Zahl der Beschäftigten im Verhältnis zum Ausstoß, wenn man das Marktsystem zum Vergleich heranzieht. Diese Schrumpfung kann stärker sein, als die Wirtschaftlichkeit der Innovation sie bedingt. Das könnte bedeuten, daß es sich bei dem allgemeinen Eintreten für technische Neuerung und bei der Rechtfertigung der damit verbundenen Entlassungen teilweise um Betrug handelt. Man rechtfertigt solche Maßnahmen im allgemeinen mit dem Argument: Entlassungen fänden immer im Interesse einer Kostensenkung statt – die Härten für die entlassenen Arbeiter würden durch den Vorteil billigerer Produkte aufgewogen. Der wahre Grund könnte aber nicht in niedrigeren Kosten, sondern in einer vermehrten Sicherheit und Macht der Technostruktur zu suchen sein. Selbst einer wohlwollenden Gewerkschaftsführung mag es schwerfallen, technische Neuerungen und damit verbundene Entlassungen zu akzeptieren, wenn beides in der Absicht geschieht, menschliche Unberechenbarkeit durch zwar kostspieligere, aber willigere Maschinen zu ersetzen.

Die zweite Konsequenz einer solchen Innovation bei Verfahren liegt in ihrer Wirkung auf die Umgebung. Manche technische Neuerung ist umweltschädlich. Man darf jedoch nicht davon ausgehen, daß neue technische Verfahren grundsätzlich weniger umweltfreundlich seien als alte – daß der Wärmeausstoß eines Atomkraftwerks schlimmer sei als der Qualm eines alten Kokskraftwerks oder daß ein über unsere Köpfe hinwegdonnerndes Düsenflugzeug unangenehmer sei als ein D-Zug, der durch eine oft dicht bewohnte Gegend ratterte. Aber jede neue Art von Umweltschädigung wird gerade deshalb, weil sie neu ist, als ein schlimmeres Ungemach empfunden als eines, an das man sich schon gewöhnt hat. Der Krach einer Düsenmaschine ist neu und auf ein anderes Publikum zugeschnitten als der der Eisenbahn – und er erscheint daher schlimmer. Eine thermische Verunreinigung ist mysteriöser und wird daher negativer empfunden als Schwefel und Ruß.

Die technische Erneuerung von Verfahren dient, wie wir gerade gesehen haben, dem Ziel des Wachstums. Dieses Wachstum steigert die Verschmutzung von Luft und Wasser und vermehrt die Eingriffe in die natürliche Umwelt. Da ein neues Verfahren häufig zum Bau eines neuen Werks oder zur Inbetriebnahme neuer Anlagen führt, macht man es regelmäßig zum Sündenbock für eine Schuld, die man gerechterweise dem Wachstumsstreben der Technostruktur selbst zuschreiben sollte. Das spielt bei den neuesten Überlegungen einer möglichen Abhilfe eine große Rolle. Kernpunkt des Umweltproblems ist die eigenmächtige Verfolgung egoistischer Ziele durch die Technostruktur und die technologische Neuerung per se. Nun wollen wir untersuchen, welche Rolle die Produkterneuerung spielt.

3

Je mehr die Produkterneuerung organisiert und der Technostruktur unterstellt wird, um so mehr wird auch sie zur Dienerin der Technostruktur. Da der oberste Selbstzweck im Wachstum besteht, erhebt sich bei jeder Neuerung zuerst die Frage, ob sie den Umsatz steigern wird. Um diesem Zweck zu dienen, braucht sie nicht mehr wie einst einen erkannten Bedarf des Verbrauchers zu decken; einzige Voraussetzung ist, daß die Innovation einen Beitrag zu dem übergeordneten Prozeß der Verbraucherüberzeugung leistet. Die Nützlichkeit, einst unabdingbare Voraussetzung für den Erfolg einer Neuerung, ist heute nur noch eine von mehreren Voraussetzungen eines solchen Erfolgs.

Ganz abgesehen von jeglicher Funktion, kann allein die Tatsache des Neuseins ein sehr brauchbares Argument bei der Kundenwerbung sein. Das Volk hat lange Zeit eine sehr linear ausgerichtete Auffassung von der Neuerung vertreten – man ist von vornherein davon überzeugt, daß ein neuerfundenes Produkt besser sein müsse als ein vor zwei oder zehn Jahren erfundenes. Das Neueste ist immer das Beste. Diese Überzeugung wiederum entspringt der echten Erfahrung aus der Vergangenheit. Wenn Erfindungen erfolgreich oder erfolglos waren – je nachdem, ob sie einen vom Benutzer erkannten Bedarf befriedigten oder nicht –, waren die letzten Erfindungen immer besser als frühere. Ansonsten gerieten sie in Vergessenheit. Daher kann es nicht überraschen, daß die Volksmeinung Neuheit immer noch mit Verbesserung gleichsetzt. Die Wirtschaftslehre und auch andere Fachgebiete bestärken sie darin. Man stellt Erfindung immer noch als Synonym für Nützlichkeit hin. Außer wegen seiner Experimente mit Drachen und Blitz wird Benjamin Franklin immer noch vor allem als Begründer des Patentamtes gefeiert. Leonardo da Vinci erringt zusätzliches Ansehen dadurch, daß er auch Erfinder war.

Diese Einstellung zur Erfindung verleiht der Neuheit an sich einen umsatzfördernden Wert. Dieser Wert bleibt – wenn auch vielleicht nicht mehr ganz so überzeugend – selbst dann erhalten, wenn Neuheit nichts mit Nützlichkeit zu tun hat. Wer daran zweifelt, sollte nur darauf achten, mit welchem Nachdruck selbst in der Werbung für absolut genormte Produkte Wert auf das Neue gelegt wird. Nur Whisky bildet eine Ausnahme, aber hier stellt die Werbung wenigstens eine neuartig gestaltete Flasche in den Vordergrund.

Zusätzlich spielt die Innovation in Verbindung mit der Werbung eine entscheidende Rolle bei der psychischen Abschreibung von Waren und ihrer Erneuerung. Am erfolgreichsten war dieser Vorgang bisher in der Automobilbranche. Aber er findet auch weite Anwendung bei anderen Verbrauchsgütern und ihrer Verpackung. Er besteht darin, daß man ein optisch neues Produkt schafft und dann durch die Werbung den Verbraucher davon überzeugt, dieses Produkt könne nur so und nicht anders aussehen. Man mag sich zwar auch auf mechanische Verbesserungen, mehr Komfort oder Bequemlichkeit und andere technische Fortschritte berufen, aber diese sind für den Erfolg nicht entscheidend. Wichtig ist nur, daß es der Veränderung gelingt, die frühere Version rein optisch als überholt hinzustellen und damit klarzumachen, daß ihr Besitzer oder Benutzer dadurch in ein schiefes Licht gerät.

Je mehr die Nützlichkeit als Rechtfertigung technischer Neuerung zu einem von mehreren Faktoren abgewertet wird – oder man sich die Nützlichkeit wie bei Intimsprays und künstlichem Gras einbilden muß –, um so mehr werden Herstellung und Verkauf von Produkten mit zweifelhafter oder gar keiner Funktion zu einer normalen Erscheinung im Alltag des Wirtschaftssystems. Die Notwendigkeit, ständig Neues erdenken zu müssen, wird (wie bei den Automobilen) zu einem Krankheitsherd für Pannen. Der Ingenieur kann nichts mehr wirklich erproben. Es ändert sich zu rasch wieder. Und die Neuheit oder scheinbare Neuheit dient den Zwecken der Technostruktur dann, besser als Zuverlässigkeit oder Brauchbarkeit, wenn sie zur effektiveren Überredung der Verbraucher beiträgt.

Leistungsmängel rufen dennoch Proteste hervor. Viele dieser Proteste gehen an der Sache vorbei. Sie stützen sich auf die Annahme, Unbrauchbarkeit und Mängel seien irgendwie Pannen in einem ansonsten perfekten System – auch hierin zeigt sich die Böswilligkeit der Kapitalgesellschaften, die genau wissen, daß sie es anders machen müßten. Es ist sehr nützlich, in einer solchen Analyse einmal aufzuzeigen, daß das Problem von Unbrauchbarkeit und Mängeln keineswegs Zufälle oder Pannen verkörpert, sondern durchaus Bestandteil des Systems ist.

Das gilt auch für ein weiteres Merkmal der Innovation. Da sie ja sowohl Kapital als auch Organisation erfordert, bleibt die technische Innovation größtenteils auf das Planungssystem beschränkt, also dort, wo die Voraussetzungen der Innovation konzentriert gegeben sind. Wichtig ist die Verkäuflichkeit und nicht die Nützlichkeit. Das alles erklärt den scheinbar so eigentümlichen Einsatz von Mitteln für die Innovation. Es wird weitaus mehr für frivole Produkte des Planungssystems ausgegeben – Produkte, die sexuelle Freuden, Schlankheit oder bedeutsame Erleichterungen für die Haushaltssklavin zu versprechen scheinen – als für Neuerungen, die auf rationellere Transportmittel, bequemere, haltbarere oder billigere Wohnhäuser abzielen.

4

Beim Management des Bedarfs an öffentlichen Gütern – den Käufen der öffentlichen Hand – spielt die technische Innovation natürlich eine entscheidende Rolle. Noch dazu eine bemerkenswert unkomplizierte. Die Innovation auf diesem Gebiet ist hochorganisiert und vollkommen willkürlich. Eine gegebene Innovation verfolgt ganz offen den Zweck, das vorangegangene Produkt veralten zu lassen und so einen Bedarf an dem neu entwickelten Produkt zu schaffen. Dann beginnt man sofort an der nächsten Innovation zu arbeiten (häufig laufen die Vorbereitungen schon, und wieder in der Absicht, das neue Produkt veralten zu lassen und so einen Markt für das nächste zu schaffen).

Der hier beschriebene Vorgang gelangt im Falle der Waffen und Waffensysteme zur vollen Perfektion. Dort wurde die Abfolge von Innovation und Überalterung völlig systematisiert. Aufeinanderfolgende Generationen von Flugzeugen, Raketen, U-Booten, Hubschraubern und Panzerwagen werden formell projiziert, und zwar bereits im Hinblick auf ein ungefähres künftiges Datum, an dem der betreffende Artikel durch eine weitere Innovation überholt sein wird und ersetzt werden muß. Alle an diesem Verfahren Beteiligten wissen, worum es geht: Der weitere Erfolg der beteiligten Industrien erfordert eine solche Innovation mit rascher Veralterung.

Die Unterstützung der Innovation – sowohl der erforderlichen Forschung und Entwicklung als auch der späteren Anschaffung – wird ferner garantiert durch das Zusammenspiel mit den Planungssystemen anderer Länder, im Falle der Vereinigten Staaten insbesondere mit dem der Sowjetunion. Man erklärt: Wenn die Entwicklung, die die vorhandenen Waffen zu Schrott werden läßt, in den USA nicht weiterläuft, wird sie einseitig in der Sowjetunion vorangetrieben. Das wiederum würde zu einem unverantwortlichen militärischen Übergewicht jenes Landes führen. Höchstwahrscheinlich wird dasselbe Argument einer einseitigen militärischen Entwicklung in den Vereinigten Staaten auch von der Planungsbürokratie der Sowjetunion vorgetragen. Die Rolle der Innovation bei der Bedarfsschaffung für öffentliche Güter wird so durch einen Vorgang unterstützt, der einer stillschweigenden Zusammenarbeit zwischen den beiden Industriemächten gleichkommt. Als Ergebnis gewinnt die Innovation nicht nur an Macht bei der Aufrechterhaltung des Bedarfs an öffentlichen Gütern, sondern sie ist auch weitgehend immun gegenüber effektiver Kritik. Der Einwand, Neuerungen auf dem Gebiet der Waffentechnik seien für die Technostrukturen der Rüstungsfirmen lediglich ein Mittel zur Schaffung von Bedarf für die eigenen Produkte, kann mit der Antwort entkräftet werden, das möge wohl stimmen – aber da sich die Entwicklung (angeblich) nicht kontrollieren läßt, gebe es keine Alternative, die nicht der anderen Seite einen unvertretbaren Vorsprung einräume. Man müsse daher weitermachen, so kostspielig oder unsinnig die Sache auch sei.

Außerdem werden die Mitteilungen, die Forschung und Entwicklung rechtfertigen, von einer staatlichen Bürokratie geliefert, mit der die Technostrukturen der Rüstungsfirmen in Symbiose leben. Diese Mitteilungen – »was die Sowjets gerade machen« – werden innerhalb gewisser Grenzen dem Bedarf angepaßt. Schließlich kann man öffentliche und gesetzgeberische Einmischungen in die wichtigsten Entscheidungen mit dem Hinweis auf militärische Geheimhaltung ausschließen. Diese Entscheidungen werden dann intern von jenen Organisationen getroffen, die von der Investition in die Neuerung am meisten profitieren. Die Anwendung der technischen Innovation zur Nachfragesteuerung bei wichtigen öffentlichen Gütern ist in jeder Hinsicht die Spitzenleistung der Produzentenherrschaft. Es darf daher nicht überraschen, daß wenigstens auf diesem Gebiet niemand mehr für das traditionelle Modell der Souveränität des Bürgers oder Verbrauchers eintritt.

5

Angesichts der hier beschriebenen Realität hat sich die öffentliche Meinung gegenüber technischen Neuerungen geändert. Die neoklassische Lehre verkündet immer noch lautstark ihre Verdienste. Aber nach Lage der Dinge ist dieses Zweckpredigen nicht mehr voll effektiv. Diese Dinge – nachteilige Erfahrungen mit der Neuerung – sind, wie wir gesehen haben, fest im Wirtschaftssystem verankert. In ihrem Umsatzstreben nutzt die Technostruktur den Glauben der Öffentlichkeit an das Neue auf Kosten des Guten aus. Es werden Dinge erfunden, die einzig und allein dem Zweck dienen, ein vorangegangenes Produkt optisch veraltet erscheinen zu lassen. Auch das ist von Vorteil. Innovation, auch wenn sie zweckmäßig sein mag, wird unvernünftig an das Publikum weitergegeben. Sie konzentriert sich oft auf unwichtige Dinge, die von einer starken Organisation hergestellt werden, und vernachlässigt wichtige Dinge, die von einer schwachen Organisation kommen. Besonders beunruhigend ist die Rolle der Innovation in bezug auf den öffentlichen Bedarf, insbesondere die Waffen. Infolgedessen kann man sowohl auf dem privaten als auch auf dem öffentlichen Sektor die Verdienste der Innovation nicht mehr ohne weiteres voraussetzen. Man muß sie vielmehr kritisch untersuchen. Mit welchen Mitteln man eine solche Einschätzung vornimmt, werden wir noch sehen.

XVI
Zusammenfassung: Ursprünge der Politik

Seit 1969 erstmals in fünfundvierzig Jahren die festgelegten Ausbeutungsquoten reduziert wurden und seit ein zunehmender Druck auf die Erdölindustrie ausgeübt wird, Umweltverschmutzung zu vermeiden, machen sich die führenden Köpfe der Ölgesellschaften Sorgen um das angeschlagene Ansehen der Industrie. Die Gesellschaften planen Millionenausgaben für eine Fernsehwerbung zur Verbesserung ihres Images.

The Washington Post
17. Januar 1971

Ich saß bei Präsident Nixons Amtseinführung neben Helmut Strudel, dem Präsidenten der Strudel-Werke ... Der Präsident sagte:
»Keiner von uns sollte vergessen, daß Amerika nicht von der Regierung, sondern vom Volk aufgebaut wurde – nicht durch die Wohlfahrt, sondern durch Arbeit – nicht dadurch, daß man Verantwortung scheute, sondern daß man sie freudig auf sich nahm.«
Strudel begann zu schwitzen: »Das klingt nicht so, als wollte er meine Firma aus der Pleite retten«, sagte er besorgt.
»Seien Sie doch nicht albern«, sagte ich zu Strudel. »Wenn der Präsident von Wohlfahrtsempfängern spricht, meint er den kleinen Mann, der dem Staat zur Last fällt, aber nicht Firmen, die große staatliche Subventionen bekommen.«

Art Buchwald, 1973

I

Das Planungssystem existiert, wie man sieht, in engster Bindung an den Staat. Im Mittelpunkt dieser Beziehung stehen die hohen Ausgaben der öffentlichen Hand, mit denen die Erzeugnisse jener Kapitalgesellschaften gekauft werden, insbesondere der großen spezialisierten Rüstungsfirmen, die nur vom Geschäft mit dem Staat leben. Die öffentliche Hand bezahlt auch die technische Entwicklung, die den Kreislauf von Innovation und Veralterung aufrechterhält und damit die Kontinuität der Nachfrage. Dieselben Zahlungen tragen aber auch zur Sicherung der Kaufkraft in der Wirtschaft insgesamt bei, und zwar zu Bedingungen, die für das Planungssystem außerordentlich günstig sind.

Damit sind jedoch die Forderungen des Planungssystems an den Staat noch keineswegs erschöpft. Das Planungssystem bezieht vom Staat seinen großen Bedarf an qualifiziertem, gut ausgebildetem Personal. Wie wir gleich sehen werden, ist dies eine Angelegenheit von großem gesellschaftlichem Gewicht. Der Staat bildet nicht nur jene aus, die alle Werte des Planungssystems akzeptieren und verteidigen, sondern auch seine Kritiker – denn es ist kaum möglich, das eine zu tun und das andere zu lassen.

Erinnern wir den Leser an weitere Forderungen des Planungssystems an den Staat, die in früheren Kapiteln erwähnt wurden. Das Planungssystem bedarf zusätzlicher staatlicher Investitionen, um seine Produkte verkaufen zu können – beispielsweise Investitionen beim Straßenbau, wenn Automobile abgesetzt werden sollen. Das Planungssystem braucht außerdem – direkt oder indirekt über den Militärhaushalt – Unterstützung für technische Entwicklungen, die für die Firma selbst größtenteils zu kostspielig wären. Atomenergie, Computer, die moderne Luftfahrt, Nachrichtensatelliten und zahlreiche andere Waren und Dienstleistungen sind aus einer solchen verstaatlichten Technologie hervorgegangen. Der Staat stellt außerdem jenen Industrien, deren Markt er ist, Kapital zur Verfügung; die großen Rüstungsbetriebe benutzen weitgehend staatliche Gebäude und Einrichtungen und bekommen ihr Betriebskapital in Form von Vorauszahlungen. Schließlich ist der Staat die letzte Rettung, wenn gelegentlich das Schutzbedürfnis einer großen Kapitalgesellschaft durch unzureichende Erträge oder Kapitalmangel gefährdet ist. Nutznießer dieser Politik waren die Lockheed Corporation, einige Maklerfirmen und die Eisenbahnen. Das Planungssystem beweist einen starken Drang nach Unabhängigkeit vom Staat, sofern keine öffentlichen Maßnahmen erforderlich sind. Vieles spricht für die immer häufiger geäußerte Beobachtung, die moderne Wirtschaft begünstige im Großbetrieb den Sozialismus, im Kleinbetrieb das freie Unternehmertum.

Mit dem positiven Bedarf des Planungssystems ist diese Liste noch nicht abgeschlossen. Es weist auch zahlreiche passive Bedürfnisse auf. Die Entscheidungsautonomie der Technostruktur muß gewahrt werden. Widerstände gegenüber gewissen Formen des Wachstums oder der technischen Innovation müssen neutralisiert werden. Große Einkommensunterschiede, die in keiner Beziehung zu persönlichen Verdiensten oder gesellschaftlichen Erfordernissen stehen, müssen von der Gesellschaft sanktioniert werden. Es wäre undenkbar, würde der Unternehmer im Marktsystem im gleichen Ausmaß wie ein vergleichbar tüchtiger und fleißiger Direktor im Planungssystem eine Sicherung seines Einkommens genießen oder auch nur erwarten. Ähnliche, wenn auch geringfügigere Einkommensunterschiede müssen bei den Arbeitern in Kauf genommen werden. Der Fortbestand des Planungssystems in etwa seiner heutigen Form hängt von seinem Einfluß auf den Staat und von seiner Kontrolle über staatliche Maßnahmen ab.

2

Der öffentliche Einfluß des Planungssystems setzt vor allen Dingen bei der öffentlichen Meinung den festen Glauben an das voraus, was das System tut. Da es Waren und Dienstleistungen produziert, muß die Öffentlichkeit von der Wichtigkeit der Waren und Dienstleistungen fest überzeugt sein. Inzwischen dürfte klargeworden sein, daß man dies größtenteils bei der Verbrauchersteuerung nebenbei erreicht. Dazu gehört eine ganze Menge Geschicklichkeit – und Geld für Zeitungen, Zeitschriften, Plakate und vor allem für Rundfunk und Fernsehen. Kein anderes Kommunikationsmittel ist auch nur annähernd so weit verbreitet. Alle Formen der Verbraucherwerbung versichern, der Warenkonsum sei die größte Quelle des Glücks, das höchste Maß menschlicher Leistung. Konsum wird zur Grundlage der Glückseligkeit gemacht. In Europa besaß die Kirche bis zum siebzehnten Jahrhundert über ihre kanonischen Sprachrohre bei den Massen nahezu ein Kommunikationsmonopol. Logisches Ergebnis war das einmalige Prestige religiöser Institutionen und ein leidenschaftlicher Einsatz für die Funktionstüchtigkeit religiöser Ämter. Eine allgemeine, wenn auch nicht ganz perfekte Beherrschung der Kommunikationsmittel durch das Planungssystem und der Einsatz für ihre Produkte führen zu einem vergleichsweise modernen Prestige wirtschaftlicher Institutionen und der von ihnen gelieferten Waren und Dienstleistungen.

Da das Planungssystem als Quelle von Waren und Dienstleistungen und damit des öffentlichen Glücks Prestige genießt, wird es auch als Quelle politischer Suggestion einflußreich sein. Da eine starke Gegenstimme fehlt, wird jede Politik klug und bedeutsam sein, die zu einer Ausweitung der Auto- oder Waschmittelproduktion führt. Drei verwandte Faktoren tragen zu diesem Prestige bei und mehren den politischen Einfluß. Mit zunehmendem Wohlstand werden Waren immer entbehrlicher oder gar nichtig. Aber da das neoklassische Modell nicht von seinen Grundbehauptungen abweicht, wird der Akzent nicht verschoben, und Waren werden mit zunehmendem Ausstoß nicht unwichtiger. Gegenteilige Behauptungen hielt man lange Zeit für unwissenschaftlich; die Dringlichkeit der Bedürfnisse des einzelnen oder einer sozialen Gruppe zu einem bestimmten Zeitpunkt kann man nicht mit dem Bedarf derselben oder anderer einzelner oder Gruppen zu einem anderen späteren Zeitpunkt vergleichen. Der Wohlstand mag inzwischen zugenommen haben, aber auch das Verlangen nach Waren, das gestillt werden muß. Daraus folgt, daß das Verlangen einer bestimmten Person nach raffinierten Desodorantien ebenso dringend sein kann wie das Verlangen nach Brot zu einem früheren Zeitpunkt. Diese Lehre schützt die Wichtigkeit der Waren und das Prestige ihrer Hersteller angesichts einer steigenden Produktion. Durch Überredungkunst bringt man es fertig, oberflächlichen Wünschen ernstes Gewicht zu verleihen. Der Geschmack oder die Knusprigkeit eines phantasievollen Frühstücksgerichtes wird auf einmal wichtig – genauso wichtig wie der Farbton eines Bettlakens und damit des neuen Waschmittels, das ihn erzielt. Ähnliche Bedeutung verleiht die Werbung auch anderen bedeutungslosen Produkten. Sie trägt damit zur Verschleierung der Tendenz zu vermehrter Unwichtigkeit bei vermehrter Produktion bei. Fachlich gesprochen, fördert sie zweckmäßigerweise den Eindruck eines konstanten Grenzwerts der Waren bei einer unendlichen Produktionssteigerung.

Die Überredungskunst durch Werbung und Public Relations gestattet auch den direkten Appell an die Öffentlichkeit, wo aktive Unterstützung oder Stillhalten in politischen Fragen angestrebt wird. Der Vorwurf, eine Kapitalgesellschaft verschmutze Wasser oder Luft, vergeude natürliche Rohstoffe oder verstoße mit einem Produkt gegen die Gebote der Sicherheit, ruft fast automatisch einen Werbefeldzug auf den Plan, der versichert, die Firma sei ganz und gar dem Umweltschutz verpflichtet, dem sparsamen Umgang mit Rohstoffen und der öffentlichen Sicherheit. Gewöhnlich ist das ein wirkungsvoller Ersatz für kostspieligere Maßnahmen.

Schließlich ist die Werbung eine wichtige Einnahmequelle für Radio- und Fernsehgesellschaften, für Zeitungen und Zeitschriften. Damit kauft man nicht unmittelbar die Unterstützung der Sender, Zeitungen und Zeitschriften für die Ziele des Planungssystems, denn das wäre gar nicht praktisch. Die Presse muß notwendigerweise Leute beschäftigen, die sich einer Organisationsdisziplin widersetzen – die zu künstlerischer Unabhängigkeit neigen. Die Zahl der Leute mit solchen Neigungen ist immer größer, als man glaubt. Man entdeckt sie bei sich selbst, während man bei anderen Konformismus argwöhnt. Sehr viele Leute möchten gern als Herren ihrer eigenen Gedanken gelten, sie widersetzen sich allen Kontrollbemühungen und kommen sich in ihrer Hartnäckigkeit großartig vor. Für die Massenmedien ist ein gewisses Maß von Nonkonformismus außerdem von wirtschaftlichem Vorteil. Wo das öffentliche Interesse von dem der Technostruktur und des Planungssystems abweicht, wie es immer häufiger geschieht, unterstützt das Volk mit seinem Obolus die Zeitung oder Fernsehstation, die der öffentlichen Meinung Stimme verleiht. Eine ketzerische Wahrheit, selbst eine unbequeme, ist weitaus interessanter als die im voraus bekannte Mitteilung, die den Interessen des Planungssystems dient.

Die Macht des Planungssystems im Verhältnis zu den Massenmedien liegt nicht in einer direkten Kontrolle ihrer Äußerungen, sondern in seiner Fähigkeit, ihre Bedürfnisse mit dem zu identifizieren, was die Politik als richtig und begrüßenswert hinstellt. So findet die interessante Abweichung zwar ohne Schwierigkeiten ein Sprachrohr, aber die Bedürfnisse des Planungssystems sind die Norm, zu der jegliche Diskussion wieder zurückkehrt. »Männer mit Macht verfügen über eine ungewöhnliche Fähigkeit, sich selbst

davon zu überzeugen, daß das, was sie wollen, mit dem übereinstimmt, was die Gesellschaft zu ihrem eigenen Besten braucht.« *
Genau das ist die Norm, zu der Herausgeber, Verleger, Redakteure und Rundfunkleute automatisch ihre Zuflucht nehmen, weil es kein gegenteiliges Denkmodell gibt. Erleichtert wird dieser Vorgang durch die Tatsache, daß die Bedürfnisse der Technostruktur ganz allgemein mit denen der großen Verleger und Rundfunkgesellschaften, die ja selbst Corporationen sind, übereinstimmen.

3

Die zweite objektive Quelle öffentlicher Macht ist die bürokratische Symbiose. Darauf wurde wiederholt hingewiesen. Das Marktsystem wendet sich über die Legislative an die Regierung. Diese höchst durchsichtige Beziehung besteht zu jenem Zweig der Staatsgewalt, der an relativer Bedeutung abgenommen hat. Die Technostruktur und das Planungssystem unterhalten ihre Beziehung zur Staatsbürokratie. Diese Verbindung ist weitaus diskreter, aber sie gilt dem Arm der Staatsgewalt, der mit zunehmender Komplexität der öffentlichen Aufgaben deutlich an Raum gewinnt.

Es ist auch ein Weg, der für die Organisation weit offensteht. Ein einzelner kann eine Organisation nicht wirksam beeinflussen; keine einzelne Person kann das Pentagon durch Überredung oder Bestechung zu einem großen Liefervertrag für Waffen bewegen, denn es sind so viele daran beteiligt, daß die Bestechung von vielen für viele kommen müßte. Dagegen ist die Beziehung von Organisationen zueinander wirksam. Die verschiedenen Spezialisten der Privatbürokratie arbeiten bereitwillig mit ihren Gegenpolen in der staatlichen Bürokratie zusammen, um Informationen für eine gemeinsame Entscheidung zusammenzutragen. Wie schon bemerkt, kommt eine private Technostruktur kaum mit einer staatlichen Bürokratie in Berührung, ohne nicht irgendein Gebiet zu entdecken, auf dem eine Zusammenarbeit zum beiderseitigen Vorteil

*) Raymond Vernon, The Multinational Enterprise: Power Versus Sovereignty, *Foreign Affairs*, Band 49, Nr. 4 (Juli 1971), S. 746.

möglich wäre. Das gilt selbst dann, wenn die Technostruktur und die staatliche Bürokratie nominell Gegenpositionen beziehen.
Man weiß seit langem, daß öffentliche Kontrollorgane gern zu Gefangenen jener Firmen werden, die sie angeblich beaufsichtigen. Bei einer Zusammenarbeit zwischen der Technostruktur und dem Kontrollorgan ist nämlich der Nutzen normalerweise größer als bei einem Konflikt. Ein nachgiebiges Kontrollorgan fügt sich dem Bedarf der Technostruktur; diese unterstützt den Fortbestand und die erforderliche Etatausweitung des Kontrollorgans, oder sie unternimmt zumindest nichts dagegen. Eine aggressive Kontrollbehörde hingegen fordert die Öffentlichkeit zu einer Überprüfung ihrer Daseinsberechtigung heraus. Und da sie im Gegensatz zur Technostruktur steht, wird sie in den Augen vieler im Gegensatz zu einer gesunden Politik stehen. Wenn eine solche Behörde Maßnahmen der Technostruktur anzweifelt – die Sicherheit oder Qualität ihrer Produkte, den Wahrheitsgehalt ihrer Anzeigen –, mischt sie sich in die natürlichen Vorrechte privaten Unternehmertums ein oder hindert das Wachstum solcher Innovationen, die als Ziele der Technostruktur die Grundlagen einer gesunden Politik sind. Eine Bürokratie ist besser beraten, wenn sie sich still verhält, selbst auf die Gefahr hin, als überflüssig kritisiert zu werden.

4

Die Staatsbürokratie hat zwar im Verhältnis zur Legislative an Macht gewonnen, aber diese hat ihren eigenen Niedergang nicht stillschweigend hingenommen. Die voraussehbare Reaktion bestand im Protest und in dem Bemühen um eine Wiedergewinnung verlorener Autorität. Was ist geschehen? Es war nicht unbedingt die denkbar härteste Reaktion. Vielen Gesetzgebern bietet sich als lockernde Alternative das Bündnis mit der staatlichen Bürokratie und eine Beteiligung an deren Macht an. Diesen Weg gingen auf besonders spektakuläre Weise Angehörige des Militärs und der Bewilligungsausschüsse. Sie erlangen Macht im Kongreß, Protektion, staatliche Bau- und Rüstungsaufträge für ihre Kundschaft und Prestige allgemein, indem sie sich ganz mit den Interessen der Militärbürokratie identifizieren, die sie nominell kontrollieren sollen. Auf diese Weise tragen sie dazu bei, die gewünschten Gesetze im Sinne der Symbiose von Planungssystem und Staatsbürokratie durchzusetzen. Da die gesetzgeberische Rückendeckung im Namen der Öffentlichkeit erfolgt, wird auch dem Ahnungslosen die Interessengleichheit von Planungssystem und Öffentlichkeit verdeutlicht.

Eine letzte Quelle politischer Macht für das Planungssystem ist die organisierte Arbeiterschaft. Als es noch Konflikte wegen der Aufteilung von Erträgen gab, waren die Gegensätze zwischen Arbeit und Kapital kraß. Das wiederum spiegelte sich in politischen und legislativen Konflikten wider. Aus Gründen, deren Wurzeln tief in historische Anschauungen reichen, identifizierten viele Leute das öffentliche Interesse mit den Bedürfnissen der Gewerkschaften – mit der schwer arbeitenden Masse und nicht mit der kapitalistischen Klasse. Wie wir gesehen haben, wurde in jüngerer Zeit der Konflikt zwischen Arbeit und Kapital durch die Fähigkeit der Technostruktur, diesen Konflikt durch Konzessionen bei Lohn- und anderen Forderungen der Gewerkschaften und eine Kostenabwälzung auf die Preise zu lösen, weitgehend gemildert. Dadurch wiederum wird eine gewisse psychische Identifizierung des Angestellten mit der Technostruktur möglich. Diese ist nicht mehr der unerbittliche Klassenfeind. Gleichzeitig verfolgte die Technostruktur dieselben Ziele der Selbstbestätigung wie die Gewerkschaft. Eine hohe Wachstumsrate und die damit verbundene Sicherheit des Arbeitsplatzes, freier Zugang zu Überstunden und vielleicht sogar Beförderung belohnen die Arbeiterschaft wie auch die Technostruktur. Dasselbe gilt natürlich für die Nachfrage nach Waren, die ein solches Wachstum nährt. Besonders augenfällig wird das bei Regierungsaufträgen.

In den Vereinigten Staaten haben die Gewerkschaften in den letzten Jahren hohe Verteidigungsetats, eine auf starke Verteidigung abzielende Außenpolitik, Subventionen für die Entwicklung von Technologien, wie zum Beispiel beim Überschallflug, und Hilfen für vorübergehend kränkelnde Technostrukturen, wie die bei der Lockheed Corporation, tatkräftig unterstützt. Man hat dies als Verirrung der Gewerkschaftsführung betrachtet – als ein Versehen von Greisen oder unmodern denkenden Männern.

Das ist unfair. Tatsächlich spiegelt sich hier die richtige Einschätzung der wirtschaftlichen Interessen der unmittelbar betroffenen Arbeiter wider. Daß sich so etwas auch in der Gesetzgebung niederschlägt, stärkt weiterhin den öffentlichen Einfluß der Technostruktur.

5

Bei der Beurteilung des öffentlichen Einflusses des Planungssystems läuft man Gefahr, zu spezifisch zu werden. Die wichtigste Machtquelle ist subjektiver Art. Die Technostruktur setzt sich aus Verwaltungsfachleuten, Rechtsanwälten, Wissenschaftlern, Ingenieuren, Wirtschaftlern, Kontrolleuren, Werbe- und Verkaufsexperten der Kapitalgesellschaft zusammen. Sie verfügt über Verbündete und Satelliten in Anwaltspraxen, Werbeagenturen, Berater- und Buchprüferfirmen, volkswirtschaftlichen Fakultäten, Ingenieurschulen und anderen Bereichen der Universitäten. Insgesamt sind dies die angesehensten Vertreter unserer Gesellschaft. Es sind auch meist die Wohlhabendsten in einer Gesellschaft, die Wert nach Wohlstand mißt. Ihren politischen Ansichten hat man Gehör zu schenken. Bei allen Abstrichen für bereits erwähnte exzentrische und oft recht lohnende Häresien sind das die Ansichten, in denen sich die Bedürfnisse des Planungssystems spiegeln. Niemand wagt zu behaupten, sie stünden im Konflikt mit dem öffentlichen Interesse. Was der Technostruktur dient – die Wahrung ihrer Entscheidungsfreiheit, die Förderung des Wirtschaftswachstums, die Stabilisierung der Gesamtnachfrage, die Anerkennung ihrer berechtigten Einkommensforderungen, die Beschaffung qualifizierter Kräfte, die dafür erforderlichen Dienste und Investitionen des Staates und andere Erfolgsrequisiten –, das *ist* das öffentliche Interesse. Die päpstliche Unfehlbarkeit wurde dadurch untermauert, daß der Heilige Vater selbst es war, der Irrtum definierte. Die Garantie, daß die Politik unfehlbar der Technostruktur und dem Planungssystem dient, wird in ähnlicher Weise durch die Fähigkeit der Technostruktur untermauert, zu definieren, was öffentliches Interesse ist. In letzter Zeit wurde vom Vorhandensein einer akzeptierten und sehr egoistischen Quelle staatlicher Politik allgemein Notiz genommen. Man nennt sie das Establishment. Wie so oft erkennt hier der Volksinstinkt eine Grundwahrheit.

Aber es geht um mehr als die Fähigkeit zu erklären, was eine gesunde Politik sei. Es geht auch um das Verfahren der Auswahl der Verwalter und Vollstrecker dieser Politik. In einer Welt der Organisation spielen die Wertmaßstäbe der Organisation eine wichtige Rolle bei der Auswahl von Männern für Positionen mit öffentlicher Verantwortung. Auch hier kommt derjenige zu Gehör, der eine andere Meinung vertritt – der sich gegen die Meinung des Establishments stellt. Aber für das, was man wahre Verantwortung nennt, taugt er nichts. Sie erfordert einen Menschen, der die Ziele der Organisation mit einem Minimum an Fragen, innerem Konflikt und eigenem Denken akzeptiert. Das Planungssystem definiert die Politik entsprechend seinem eigenen Bedarf. Es spezifiziert auch die Qualifikationen jener, die diese Politik betreiben.

Damit soll nicht gesagt werden, daß die Macht des Planungssystems bei der Definition und Durchführung von Politik vollkommen sei. Je weiter die Entwicklung fortschreitet, um so mehr tendieren die Zwecke von Planungssystem und Öffentlichkeit auseinander. Eine immer wirksamere Überredung wird erforderlich. Auch diese versagt gelegentlich. So akzeptierten in den sechziger Jahren das Planungssystem und die verbündete staatliche Bürokratie den Vietnamkrieg, wie sie schon längst eine Politik der Bekämpfung des Kommunismus mit militärischen und anderen Mitteln in den weniger entwickelten Ländern akzeptiert hatten. Aber trotz größter Bemühungen ließ sich die Öffentlichkeit von dieser Politik nicht überzeugen. In jüngster Zeit sind ähnliche, wenn auch nicht so breite Sprünge zwischen der Öffentlichkeit und dem Planungssystem bei innenpolitischen Fragen entstanden – insbesondere beim Umweltschutz, bei der Steuerpolitik, der staatlichen Unterstützung für technologische Entwicklungen wie SST und sogar beim Schnellstraßenbau. Diese Sprünge werden sich in Zukunft noch verbreitern. Eine Identifizierung mit der Macht macht noch nicht allmächtig.

XVII
Das transnationale System

(ITT) arbeitet rund um die Uhr, in 67 Ländern auf sechs Kontinenten ... buchstäblich vom Boden des Meeres bis hinauf zum Mond ...

Jahresbericht der Firma ITT, 1968

I

Das Planungssystem paßt den Staat seinen Bedürfnissen an. Was den Zwecken des Schutz- und Selbstbestätigungsbedürfnisses des Planungssystems dient, wird zur vernünftigen Politik. Aber das Planungssystem geht über nationalstaatliche Grenzen hinaus und schafft eine internationale Planungsgemeinschaft. Das ist eine logische und in vieler Hinsicht unvermeidliche Ausweitung der Arbeit des Planungssystems, wie sie im Ursprungsland sichtbar wird. Wie das einheimische Planungssystem die Ungewißheiten der einheimischen Marktwirtschaft attackiert, so nimmt sich das internationale System jene Ungewißheiten vor, die typisch für den internationalen Handel sind. Dieses System hat sich insbesondere nach dem Zweiten Weltkrieg entwickelt. Es ist nur als Fortsetzung der bereits beschriebenen Tendenzen zu verstehen.

Das Planungssystem hält sich eine ansehnliche »Priesterkaste«, die gegen bescheidene Entlohnung für Fachtagungen, die Betreuung von Kunden und Geldanlegern, für Verkaufskonventionen, Führungsseminare und andere rituelle Veranstaltungen zur Verfügung steht – eben überall, wo es gilt, ein leicht extravagantes didaktisches Geschick mit dem Anschein tiefschürfender Gedanken zu verbinden. In letzter Zeit haben all diese Leute die tiefere Bedeutung multinationaler Unternehmen zu ihrem Lieblingsthema erkoren.

Sie stellen die multinationale Kapitalgesellschaft – IBM, General Motors, Nestlé – als einen gewaltigen Bruch mit der allgemeinen wirtschaftlichen Entwicklung hin, als etwas ganz anderes, das – je nach Standpunkt des Redners und dem Geschmack seines Publikums – entweder mit einem atemberaubenden Potential zum Guten oder, häufiger noch, zum Bösen ausgestattet wird. Diese Erscheinung reicht über die Landesgrenzen hinaus und stellt einen Angriff auf die politische Souveränität dar. Vielleicht ist durch sie der Nationalstaat überholt. Und da viele der großen Kapitalgesellschaften amerikanischen Ursprungs sind, stellt sie eine unnachahmliche Manifestation amerikanischer Energie, Unternehmungslust und Macht dar. Für die höhere Rhetorik ist dies das heutige Gesicht des kapitalistischen Imperialismus amerikanischer Prägung. Da die meisten dieser Leute reden, ohne zu denken, ist natürlich das meiste von dem, was sie sagen, falsch. Die Wirklichkeit sieht weniger dramatisch aus, obgleich ihre Bedeutung nicht unterschätzt werden darf.

2

Der altmodische Welthandel, wie er vom neoklassischen Modell immer noch liebevoll bis ins letzte Detail beschrieben wird, ist ein System von Tauschgeschäften, das dem Markt eine mächtige Vorrangstellung einräumt. Die am Welthandel beteiligte Firma unterliegt gänzlich einer unpersönlichen Festsetzung von Nachfrage und Preis. Da die Firma keinerlei Kontrolle über ihren Absatzmarkt ausübt, ist der Welthandel mit außerordentlich hohen Ungewißheiten und Risiken belastet.

Im einzelnen geht das so vor sich: Eine Firma in dem einen Land versendet ihre Ware, meist über Mittelsleute, in ein anderes Land, wo sie verkauft werden soll. Bei Verlassen des Ursprungslandes entgleitet die Ware völlig dem Einfluß des Herstellers. Dieser behält keinerlei Macht über den Preis, zu dem die Ware verkauft wird; man läßt ihm keine Möglichkeit, die Präferenzen des ausländischen Verbrauchers beeinflussen zu können. Der Preis der Ware wird von den konkurrierenden und unkontrollierten Konsequenzen aus einheimischer Produktion im Bestimmungsland und konkurrierenden Importen aus anderen ausländischen Quellen bestimmt. Veränderungen der Zolltarife im Bestimmungsland und schwankende Wechselkurse sind weitere Unsicherheitsfaktoren – beide typisch für den Außenhandel. Ist die Firma Käufer und nicht Verkäufer – importiert sie beispielsweise einen wichtigen Rohstoff –, zeichnet die klassische Theorie des Welthandels einen ähnlich ungewissen Zustand. Als weitere Gefahrenpunkte kommen Veränderungen der Lieferkosten, der konkurrierenden Nachfrage aus anderen Ländern, der Wechselkurse und (gelegentlich) der Exportsteuern hinzu. Auch hier ist die Firma beim Einkauf der Alleinherrschaft des Marktes unterworfen.

Wie wir gesehen haben, strebt die Technostruktur als wichtige Befriedigung ihres Schutzbedürfnisses eine Kontrolle über ihre Preise sowie die wichtigsten Kosten und eine Garantie von Angebot und Nachfrage zu eben diesen Preisen und Kosten an. Einige ihrer wichtigsten Bedingungen müssen vom Staat erfüllt werden. All dies zusammen stellt ihre Planung dar. Nach dem traditionellen Modell des internationalen Handels, wie es vom neoklassischen Modell entwickelt wurde, war das Meer die Grenze jeglicher Planung. Mochten die Firmen auch im Inland eine gewisse Macht ausüben – beim Außenhandel standen sie erneut vor all jenen Ungewißheiten, die das Marktsystem mit sich bringt. Hinzu kamen dann noch die tückischen Ungewißheiten des Welthandels.

Aber das war nicht alles. Zusätzlich zu den Unsicherheiten, die das Kaufen und Verkaufen im Ausland mit sich brachte, konnten Importe aus anderen Ländern die Kontrolle auf dem Inlandsmarkt und die daraus entwickelte Planung beeinträchtigen oder zerstören. Diese Kontrolle – bei Automobilen, Elektrogeräten, pharmazeutischen Artikeln und so weiter – besteht in einer Festsetzung der Preise entsprechend dem Schutz- und Selbstbestätigungsbedürfnis aller Beteiligten und dann in einem Verzicht auf den Preiswettkampf, der allen nur schaden kann. Ausländische Erzeugnisse – Autos aus Deutschland oder Japan, Elektrogeräte aus Japan oder Holland, Medikamente aus Deutschland – würden nach der traditionellen Theorie in Amerika zu Preisen verkauft, die unpersönlich vom Markt bestimmt wurden. Der Gewinn im Exportland würde das Angebot bestimmen. Einheimische Produzenten müßten unter dem Druck der Konkurrenz ihre Preise reduzieren. Die Preise dieser Importwaren würden (da sie ja unkontrolliert sind) bisweilen noch weiter reduziert werden, um gelegentliche Überangebote abzustoßen. So würde das für unser inländisches Oligopol typische Preisgleichgewicht außer Kraft gesetzt. Um eine Kontrolle zu behalten, wären die Firmen gezwungen, Schutzzölle und Einfuhrquoten zu fordern und sich gegen den internationalen Wettbewerb abzugrenzen. Andere Länder würden mit ähnlichen Maßnahmen antworten. Die Produktion wäre dann wieder auf die einheimischen Märkte beschränkt. Überall da, wo sich die Vergeltungsmaßnahmen der Firmen auf einen verhältnismäßig kleinen Inlandsmarkt beschränkten, wie zum Beispiel in Belgien, Holland oder auch in Großbritannien und Frankreich, wären dem Wachstum – dem ersten Selbstzweck der Firma – sehr enge Grenzen gezogen.

3

Die Funktion der internationalen Kapitalgesellschaft ist nun klar. Sie besteht ganz einfach in einer Anpassung der Technostruktur an die charakteristischen Ungewißheiten des internationalen Handels. Sie greift international ebenso über den Markt hinaus, wie sie es national tut. Sie erreicht weltweit, über nationale Souveränitäten hinweg, was sie zuerst im Rahmen eines Staates schaffte. Sie baut die Notwendigkeit von Zöllen, Einfuhrquoten und Embargos zur Bekämpfung der Ungewißheit auf den Inlandsmärkten ab. Und selbstverständlich ist sie keine typisch amerikanische Erscheinung. Sie stellt die allgemein übliche Anpassung jeglicher nichtsozialistischen Planung an das besondere Problem des internationalen Handels dar, und zwar unabhängig vom Ursprungsland.

Indem sich die Technostruktur in anderen Ländern neu aufbaut, folgt sie praktisch ihren Erzeugnissen dorthin. Damit geht sie im Ausland mit den anderen am Markt Beteiligten dieselben Preisabstimmungen ein, wie sie es schon auf heimischem Boden tat. Und die gegenläufige Bewegung ausländischer Firmen in Richtung auf ihr eigenes Territorium eliminiert die Gefahren der Preisunterbietung, gestattet dort dieselbe Kontrolle. General Motors wird über Opel in Deutschland Bestandteil der allgemeinen oligopolistischen Übereinkunft, die den Preiswettkampf in Deutschland vorschreibt. Volkswagen und Mercedes Benz verkaufen in den Vereinigten Staaten und haben sich in ähnlicher Weise nach der Übereinkunft zu richten, die einen destruktiven Preiswettkampf in den USA verbietet.

Indem General Motors seinem Produkt nach Deutschland folgt, kann der Konzern nun auch den deutschen Verbraucher umwerben. Und er kann der deutschen Regierung seine Erfordernisse dringend nahelegen. Das ist nicht zu umgehen, wie wir gesehen haben. Ebenso wird das Volkswagenwerk, indem es seinem Produkt nach Amerika folgt, in die Lage versetzt, die Reaktionen der amerikanischen Verbraucher zu beeinflussen. Es kann sich selbst schützen und seine Forderungen in Washington durchsetzen. Das alles wäre unmöglich, wenn die Waren nach den Spielregeln des klassischen Welthandels über Mittelsmänner geliefert würden.

Transnationale Geschäfte garantieren schließlich, daß andere Länder keinen schädlichen Kostenvorteil erringen können. Diese Angelegenheit wird immer wichtiger, insbesondere für die Vereinigten Staaten. In den USA selbst besteht kaum die Gefahr, daß ein Hersteller von Automobilen, Fernsehgeräten, Transistorradios, Tonbandgeräten, Schreibmaschinen oder ähnlichen Produkten gegenüber seinen Rivalen in derselben Branche einen uneinholbaren Kostenvorteil erringt. Gewerkschaften erfassen meist eine ganze Branche; die Produktivität der Arbeiter, der Zugang zu Kapital, Technologie, qualifizierten Kräften und geeignetem Material – das alles mag zwar nicht für alle Firmen gleich sein, aber es bestehen auch keine permanenten und unüberwindlichen Unterschiede. Von einem Land zum anderen kann man das nicht voraussetzen. Im Vergleich mit den Vereinigten Staaten mögen die Lohnkosten in Japan oder Deutschland auf die Dauer niedriger liegen, die Produktivität der Arbeitskraft kann ständig höher sein, die Kapitalkosten können niedriger liegen, und auch bei den Kosten der anderen Produktionsvoraussetzungen mag es bleibende Unterschiede geben. Infolgedessen können die Kosten für deutsche oder japanische Produkte permanent erheblich niedriger sein als die ihrer amerikanischen Konkurrenzprodukte.

Angesichts dieser Unterschiede – und der verminderten Bedeutung von Zolltarifen im internationalen Planungssystem – liegt die Gefahr für das rein inländische Unternehmen schon auf der Hand. Die oligopolistische Übereinkunft der Preisfestsetzung bewährt sich für Firmen mit ungefähr ähnlichen Kostenfunktionen. Aber eine ausländische Firma mit einem deutlichen und permanenten Kostenvorsprung könnte auf Preisen bestehen, die wesentlich unter dem Niveau liegen, das die einheimische Kapitalgesellschaft für vorteilhaft hält. Immer häufiger werdende Bewegungen der Wechselkurse vergrößern das Risiko. Sowohl der eigene Schutz als auch die Selbstbestätigung der Kapitalgesellschaft geraten so in Gefahr.

Diese Gefahr wird durch transnationale Geschäfte umgangen. Die transnationale Kapitalgesellschaft kann da produzieren oder produzieren lassen, wo die Kosten am niedrigsten sind. Dieser Vorteil wurde besonders von Unternehmen mit ihrem Stammsitz in den USA in den vergangenen Jahren zunehmend ausgenutzt. Alle großen amerikanischen Autofirmen lassen Automobile in Deutschland, England, Kanada oder Japan bauen. Teile für die in den USA produzierten Modelle werden routinemäßig auf das kostengünstigste Auslandswerk zugeschnitten. Ein breites Sortiment anderer Produkte, insbesondere elektronische und andere technische Geräte, wird nach amerikanischer Spezifikation und unter amerikanischen Handelsmarken in Japan, Taiwan und Hongkong hergestellt. So begegnet man der Bedrohung durch eine kostengünstige ausländische Produktion sehr wirkungsvoll dadurch, daß man selbst als der kostengünstigste ausländische Produzent auftritt.

Auf diese Weise überschreitet das Planungssystem die nationalen Grenzen und wird transnational. »Multinationale Kapitalgesellschaften sind ein Ersatz für den Markt als Organisationsmethode des internationalen Warenaustausches. (Sie sind) ... ›Inseln bewußter Macht in einem Meer unbewußter Zusammenarbeit‹.« *

Sein gewaltiger Aufschwung in den letzten fünfundzwanzig Jahren ist erstaunlich. Wenn wir die Natur des Planungssystems verstehen, wissen wir auch, wie selbstverständlich es sich dem internationalen Handel anpaßt.

*) Stephen Hymer, The Efficiency (Contradictions) of Multinational Corporations, *The American Economic Review*, Band 60, Nr. 2 (Mai 1970), S. 441. Das eingeschobene Zitat stammt aus einer wesentlich früheren Beobachtung D. H. Robertsons aus den dreißiger Jahren. Man könnte sagen, daß seitdem aus den Inseln Kontinente geworden sind.

4

Die multinationale Kapitalgesellschaft entspricht nicht nur haargenau einem vorhandenen Bedarf, sie stellt auch eine Lösung dar, die die höchst entwickelte Technostruktur sehr begünstigt. Der klassische Außenhandel steht jeder Firma offen, sei sie groß oder klein; sie braucht nur jemanden zu finden, dem sie ihre Ware liefern kann – in der Praxis eine Exportagentur, die das für sie besorgt. Transnationale Geschäfte setzen Organisationen voraus; je größer die Firma, um so leichter lassen sich diese Geschäfte abwickeln. Der Großbetrieb verfügt über die finanziellen Mittel (oder hat Zugang zu ihnen), um in anderen Ländern Geschäfte zu gründen oder Firmen zu erwerben und die Manager, Wissenschaftler, Ingenieure und andere Spezialisten einzustellen, die nötig sind, um diese Firma im Ausland zu etablieren. Je größer die Firma, um so größer dieser Vorteil. IBM hat die finanziellen, personellen und technischen Mittel, um sich selbst in anderen Ländern quasi noch einmal zu schaffen. Kein ausländisches Unternehmen kann in den USA mit IBM entsprechend konkurrieren. Wie wir gesehen haben, begünstigt die Entwicklung im Inland die hoch entwickelte Technostruktur. Das transnationale Wachstum begünstigt sie sogar noch mehr.

Das also ist die Erklärung für die Vorherrschaft amerikanischer Unternehmen auf transnationaler Ebene. Es liegt nicht daran, daß sie aus Amerika kommen. Wo ausländische Firmen große und mächtige Technostrukturen entwickelt haben, wie das bei Philips, Shell, Unilever, Nestlé und Volkswagen der Fall ist, haben sie die transnationalen Möglichkeiten ebenso stark genutzt wie jede amerikanische Firma *. Aber die Vereinigten Staaten verfügen entsprechend ihrem höheren industriellen Entwicklungsstand über das fortgeschrittenste Planungssystem. In Amerika gibt es daher weitaus mehr Kapitalgesellschaften, die auf transnationale Geschäfte

*) Die Japaner haben sich der Logik der multinationalen Kapitalgesellschaft erst nach einigem Zögern angeschlossen. Von ihrem Standpunkt aus war das nicht unklug. Als das neueste und am raschesten expandierende Industrieland der Welt brauchten sie die Freiheit, sich andere Märkte zu erschließen. Und als äußerst tüchtige Produzenten haben sie es weniger nötig als andere, ausländische Firmen in das oligopolistische Gleichgewicht aufzunehmen, das auf dem japanischen Inlandsmarkt den Preiskampf dämpft.

vorbereitet sind, als in jedem anderen Land. Was man die amerikanische Herausforderung genannt hat, ist nicht amerikanisch; es ist die Herausforderung des modernen Planungssystems. Dieses hat wegen der Größe des Landes, wegen des Fehlens einer hinderlichen feudalen Tradition, aufgrund der Gesetze, der Geographie, der Rohstoffe und vieler anderer Dinge in den USA seinen höchsten Entwicklungsstand erreicht.

Aber noch ein anderer und gegenläufiger Einfluß erklärt die Expansion transnationaler Geschäfte amerikanischer Firmen in jüngster Zeit. Wie bemerkt, verläuft die Entwicklung des modernen Wirtschaftssystems sehr ungleichmäßig. Das gilt insbesondere in den Vereinigten Staaten, wo die Rüstungsindustrie von der Entwicklung besonders begünstigt wurde. Diese Entwicklung hat zu einer starken Konzentration von Kapital und technischen Fachkräften in diesen Industrien geführt. Sie hat auch zu einer allgemeinen Anhebung des Lohnniveaus geführt, da hier die Kosten besonders leicht abgewälzt werden können. In der Vergangenheit hatten die Vereinigten Staaten höhere Reallöhne als andere Länder, aber eine bessere Ausstattung mit Technologie und Kapital. In jüngster Zeit gerieten nichtmilitärische Industrien Amerikas, die früher auf in- und ausländischen Märkten dominierten, sowohl in bezug auf die Kapitalbeschaffenheit als auch in bezug auf das Lohnniveau gegenüber Deutschland und Japan ins Hintertreffen, weil dort die Entwicklung auf dem militärischen Sektor weit mehr im Hintergrund gestanden hat. Die amerikanischen Kapitalgesellschaften stellten sich entsprechend unserer Analyse um: Sie sind in großem Umfang zur kostensparenden Produktion im Ausland übergegangen. Dadurch wurden sie in die Lage versetzt, ihre Position nicht nur auf ausländischen Absatzmärkten, sondern auch in den Vereinigten Staaten zu behaupten. Die Vorherrschaft der amerikanischen Kapitalgesellschaften auf der transnationalen Bühne ist ein Beweis sowohl für den hohen Entwicklungsstand der amerikanischen Wirtschaft als auch für die mit der besonderen Form dieser Entwicklung verbundenen Schwächen.

5

Wie schon im dreizehnten Kapitel vermerkt, versucht die Kapitalgesellschaft im Planungssystem zwecks Schutz und Selbstbestätigung der Technostruktur ihre wichtigsten Rohstoffquellen abzusichern. Das führt sie in die unterentwickelten Länder. In begrenztem Umfang findet sie in diesen Ländern auch einen Markt für Produkte wie Treibstoff, Transistorradios und Aspirin. Da von einem niedrigen Ausgangspunkt ausgegangen wird, ist die Wachstumsrate der dortigen Tätigkeit etwas größer als in Nordamerika und Europa. Aber das transnationale System spielt sich in erster Linie zwischen den entwickelten Ländern ab. Hier liegen die wichtigen Absatzmärkte, hier muß infolgedessen das schützende Gleichgewicht des Planungssystems aufgerichtet werden. Also kommt es gerade in den hochentwickelten Ländern – Kanada und Europa – zu drängenden Fragen nach dem kulturellen Einfluß der amerikanischen multinationalen Kapitalgesellschaft und den politischen Konsequenzen für die nationale Souveränität.

Hier wird vieles mißverstanden. Aus Angst vor einem Kulturimperialismus verwechselt man den kulturellen Einfluß der amerikanischen Kapitalgesellschaft mit dem der Kapitalgesellschaft überhaupt. Wir haben bereits gesehen, daß das Planungssystem in Verfolgung seiner Ziele weitgehend Einfluß auf die nationale Gesellschaftsordnung nimmt, in der es arbeitet. Es rührt für seine Produkte die Werbetrommel. Damit formt es die Einstellung zum Besitz im allgemeinen und rückt ihn in den Mittelpunkt des Lebens. Das Planungssystem drückt allen, die mit seinen Organisationen in Verbindung stehen, seinen intellektuellen Stempel auf. Seine Zwecke und Wertvorstellungen sind die Zwecke und Wertvorstellungen der Gemeinschaft und des Staates. Aber dieser kulturelle Effekt ist nicht typisch amerikanisch. Dieser Eindruck entsteht nur, weil so viele der multinationalen Kapitalgesellschaften ihren Ursprung in den Vereinigten Staaten haben. Wer darüber nachdenkt, wird einsehen, daß gleichmächtige, aus anderen Ländern hervorgegangene Technostrukturen dieselben kulturellen Auswirkungen zeitigen. Hätten die meisten der multinationalen Kapitalgesellschaften ihren Sitz in Belgien oder Deutschland, würde man die Werte, die Denkmodelle und die Einflüsse auf den Staat, die man heute mit den amerikanischen Korporationen in Verbindung bringt, belgischen oder deutschen Kapitalgesellschaften zuschreiben. Ernste und angesehene Gelehrte würden vor einem belgischen oder deutschen Kulturimperialismus warnen. Gerade Kanadier und Franzosen haben viel über diese Sache nachgedacht, aber es wurde noch nie bewiesen, daß ein Kanadier, der bei General Motors in Kanada angestellt ist, Einflüssen ausgesetzt wird, die sich kulturell von denen unterscheiden, die einen Amerikaner bei Massey-Ferguson oder International Nickel formen. Ein Franzose, der in Frankreich bei Simca und damit bei Chrysler arbeitet, ist nicht weniger Franzose als ein Renault-Angestellter. Das hervorstechendste Merkmal der modernen Kapitalgesellschaft und damit des Planungssystems ist die Einheitlichkeit des kulturellen Einflusses unabhängig vom Ausgangsland. Ihre Hotels, Automobile, Tankstellen und Luftfahrtlinien sind einander sehr ähnlich, aber nicht weil sie amerikanisch wären, sondern weil sie allesamt das Produkt großer Organisationen sind. Wer gegen die amerikanische multinationale Kapitalgesellschaft Stellung bezieht, der stellt sich tatsächlich gegen die kulturelle Macht des Planungssystems ohne Ansehen der nationalen Identität.

Nun wird auch das Verhältnis des multinationalen Unternehmens zur Souveränität nationaler Regierungen klar. Es kommt zu einer weitgehenden Einschränkung dieser Souveränität. Aber der Grund ist nicht die Supranationalität, sondern die Tatsache, daß Einschränkung von Souveränität – die Anpassung des Staates an die Ziele und Zwecke der korporativen Technostrukturen – das Wesen des Planungssystems und seine Tätigkeit darstellt. Eine ausländische Firma kommt ins Land und beeinträchtigt die staatliche Souveränität. Die einheimischen Firmen von vergleichbarer Größenordnung und Organisation, die hier bereits tätig sind, tun das schon. Aber die ausländische Firma fällt mehr auf. Ihr Angriff auf die Souveränität des Staates ist daher augenfälliger. Kein Franzose unterläßt es, kritische Bemerkungen zu machen, wenn die französische Regierung der Firma Ford hilft, in Frankreich Fuß zu fassen. Aber niemand kümmert sich darum, wenn sie ähnlich auf die Bedürfnisse von Renault oder Citroën reagiert. Was hier vorgeht, müßte jedem klar sein, der mit offenen Augen durch die Welt geht. Die multinationale Firma beeinträchtigt die Souveränität des Staates nicht, weil sie aus dem Ausland kommt, sondern weil dies die Tendenz des Planungssystems ist. Vielleicht sollten wir uns selbst noch daran erinnern, daß der moderne Staat nicht ausführendes Organ der Bourgeoisie, sondern weit eher ausführendes Organ der Technostruktur ist.

Nebenbei sei bemerkt, daß die multinationale Firma staatlichen Stellen gegenüber häufig zurückhaltender sein wird, die Gesetze peinlicher achtet, bei der Überredung der Öffentlichkeit mehr Vorsicht walten lassen wird als ein einheimisches Unternehmen. Presse, Politiker und Volk eines jeden Landes ziehen einen ausländischen Prügelknaben in der Regel einem einheimischen vor. In Erkenntnis dieser Tatsache wird die multinationale Firma ungewöhnlich taktvoll vorgehen, wenn sie bei einer ausländischen Regierung ihren Einfluß geltend machen will. Nennen wir nur ein Beispiel: Wo, wie in Italien, Steuerhinterziehung, Schmiergelder und Beamtenbestechung zur normalen Geschäftsroutine gehören, sucht sich die Firma im Normalfall als Zweigbetrieb ein alteingesessenes Unternehmen. Diese Firma wiederum übernimmt die Verantwortung für die erforderlichen oder üblichen Schiebereien und ist in solchen Dingen auch ungleich versierter. Als politisches Argument wird gegen die multinationale Firma regelmäßig vorgebracht, ihre Lohn- und Preispolitik werde von ihrem Heimatland bestimmt. Arbeiter und Verbraucher seien daher einer ausländischen Autorität unterworfen, zu der sie keinen Zugang haben und die sie nicht beeinflussen können. Auch das geht, wie wir sehen werden, an der Wirklichkeit vorbei. Wenn sich eine multinationale Firma in einem Land niederläßt, wird sie Bestandteil der lohn- und preisbildenden Prozesse dieses Landes – sie hat sich gegen den Lohnvorteil einheimischer Hersteller zu schützen oder muß an dem Preisgleichgewicht teilhaben, das eine Garantie gegen verhängnisvolle Preiskämpfe darstellt. Sie hat dasselbe Bedürfnis nach Schutz und Selbstbestätigung wie die eingesessenen Firmen. Daher übt sie keinen selbstherrlichen Einfluß auf Löhne oder Preise aus. Solche selbstherrlichen Einflüsse, mit ihren schädlichen Auswirkungen für gemeinsame Zwecke, sind es ja gerade, die sie durch ihre Einwanderung vermeiden will.

6

Seit dem Zweiten Weltkrieg ist ein deutliches Abrücken vom einstigen »Wirtschaftsnationalismus« festzustellen. Sichtbar wird diese Tendenz im Allgemeinen Zoll- und Handelsabkommen (GATT), dem Gemeinsamen Markt (EG), der Europäischen Freihandelszone (EFTA) und verschiedenen Bemühungen der Handelsnationen um Zollsenkungen, den Abbau von Einfuhrbeschränkungen und hoffentlich auch die Vermeidung einer handelsschädlichen Währungspolitik. Diese Entwicklungen hat man der zunehmenden wirtschaftlichen Einsicht der etablierten Industrienationen zugeschrieben. In Wirklichkeit – das wird niemanden mehr überraschen – spiegeln sich darin die Bedürfnisse der Planungssysteme der beteiligten Staaten. In früheren Stadien des internationalen Handels schützten Zölle und andere Beschränkungen das Marktsystem eines Landes vor den relativen und absoluten Vorteilen anderer Länder. Es gab keine andere Möglichkeit. Niemand kontrollierte die Lieferungen aus dem Ausland oder den Preis, zu dem sie verkauft wurden; ein angemessener Zolltarif bot die einzige Gewähr dafür, daß verheerende oder auch nur unangenehme Auswirkungen auf die Inlandspreise ausblieben. Mit der Entwicklung des transnationalen Systems unterbietet die einwandernde ausländische Firma keine Preise mehr. Sie würde damit das schützende oligopolistische Gleichgewicht stören, in dessen Genuß sie ja auch kommt. Liegen ihre Kosten merklich niedriger als auf dem neuen Markt, wissen sich die Firmen, die einem solchen Eindringling ausgesetzt sind, zu helfen: Sie können im Heimatland des Eindringlings produzieren oder dort produzieren lassen. Unter diesen Umständen sind Zölle überflüssig geworden. Sie können sich sogar insofern störend auswirken, als sie sich in Vereinbarungen eindrängen, die von den Firmen untereinander besser geregelt werden. Wir dürfen sicher sein, daß sich die wirtschaftliche Vernunft, die zu einer Reduzierung oder Beseitigung von Zöllen führte, nie ausgebreitet hätte, wenn das transnationale System irgendwelcher Zölle bedurft hätte.

Die Wirtschaftspolitik der entwickelten Länder untereinander ist ganz auf die Bedürfnisse des transnationalen Systems abgestimmt. Hieraus erklären sich auch die Ressentiments unterentwickelter

Länder, denn das transnationale System verbreitet international die Tendenz zu ungleicher Entwicklung und ungleichem Einkommen, eine Tendenz, die auf nationaler Ebene zwischen Planungssystem und Marktsystem erkennbar wird.

Mit der Durchsetzung des transnationalen Systems gelangen Kapitaltechnologie und qualifiziertes Personal in die Verfügungsgewalt einer einzigen Organisation. Diese Verfügungsgewalt reicht über nationale Grenzen hinweg. International ist auch die Fähigkeit, überzeugend auf Kunden und Gemeinde zu wirken und die erforderliche Unterstützung des Staates zu erlangen. Dem Marktsystem steht keine solche Marktvollkommenheit zur Verfügung. Die multinationalen Kapitalgesellschaften sind in den entwickelten Ländern angesiedelt, die unterentwickelten Länder entsprechen immer noch dem Marktmodell. So akzentuiert das transnationale System die Unterschiede im Entwicklungsstand der einzelnen Länder.

Die Auswirkung auf das Einkommen ist ganz ähnlich. Wir haben gesehen, daß das Planungssystem die Preise kontrolliert, zu denen es kauft und verkauft. In den entwickelten Ländern wird diese Macht vom transnationalen System internationalisiert. Die kleineren Firmen der unterentwickelten Länder bleiben dem Markt unterworfen – oder der marktbeherrschenden Macht des transnationalen Systems. Beide Faktoren entziehen sich ihrer Kontrolle. Ausbeutung und Selbstausbeutung garantieren in Verbindung mit Beschränkungen der freien Wahl des Arbeitsplatzes über Grenzen hinweg den Fortbestand und die Vergrößerung der hieraus resultierenden Einkommensunterschiede.

So internationalisiert das transnationale System auch die Tendenz zur Ungleichheit zwischen Planungssystem und Marktsystem. Das ist die wahre Gestalt des modernen Imperialismus, wenn man diesen Ausdruck schon verwenden will.

VIERTER TEIL

Die beiden Systeme

XVIII

Die Instabilität und die beiden Systeme

> (Der kalte Krieg) belebt die Nachfrage, trägt zur Aufrechterhaltung eines hohen Beschäftigungsstandes bei, beschleunigt den technologischen Fortschritt und verhilft damit dem Land zur Anhebung seines Lebensstandards ... Wir haben es den Russen zu verdanken, daß der Kapitalismus in den Vereinigten Staaten besser denn je funktioniert.
>
> *Sumner Slichter, 1949*

1

Wir erkennen jetzt die strukturellen und funktionellen Umrisse der beiden Systeme. Das Planungssystem dominiert klar über seine Umgebung; das Marktsystem paßt sich Kräften an, die es nicht kontrollieren kann. Diesem Unterschied entsprechen Entwicklung und Einkommen: In dem einen Fall sind sie groß, in dem anderen Fall wesentlich geringer. Bei der Beurteilung des Entwicklungsabstands wird, als Maßstab wohlgemerkt, das Bedürfnis von Verbraucher und Öffentlichkeit angelegt. Dieses Bedürfnis wird im Planungssystem nicht nur vollauf befriedigt, sondern auch weitgehend gedeckt; im Marktsystem ist die Bedarfsdeckung häufig unzureichend.

Nun kommen wir zum letzten Unterschied zwischen den beiden Systemen. Für sich allein ist das Marktsystem ähnlich der klassischen Kombination von konkurrierenden Firmen und begrenztem Monopol, deren modernes Gegenstück es darstellt, weitgehend stabil. Es kommen wohl Abwärtsbewegungen bei Ausstoß und Beschäftigung oder Aufwärtsbewegungen bei den Preisen vor, aber sie begrenzen sich selbst und korrigieren sich mit der Zeit automatisch. Das Planungssystem ist ohne staatliche Intervention von Natur aus instabil. Es ist Rezessionen oder Depressionen ausgesetzt, die sich nicht selbst abgrenzen, sondern eine kumulative Wirkung entfalten können. Und es ist auch der Inflation ausgesetzt, die ebenfalls fortschreitet und sich nicht automatisch korrigiert. Die Konsequenzen von Rezession und Inflation im Planungssystem greifen sodann mit einschneidenden und schädlichen Auswirkungen auf das Marktsystem über. Das Marktsystem wird von einer Rezession härter betroffen als das Planungssystem, von dem die Instabilität ausgeht. Zuerst untersuchen wir das Problem der abwärts gerichteten Instabilität oder Rezession, dann das der Inflation.

2

Eine abwärts gerichtete Instabilität oder Rezession wird in normalen Friedenszeiten in erster Linie durch einen Mangel an effektiver Nachfrage, das heißt effektiv genutzter Kaufkraft, verursacht. Mit dem vorhandenen Potential an Arbeitskräften und Anlagen werden mehr Waren und Dienstleistungen produziert – oder könnten produziert werden –, als verlangt werden. Das Planungssystem neigt zu einer solchen Diskrepanz.

Man wird sich rasch darüber klar, daß Produktion das Einkommen schafft, mit dem die erzeugten Waren und Dienstleistungen gekauft werden. Bei jedem Umsatz bekommt jemand das Geld in die Hand, das, wenn es ausgegeben würde, neue Mittel für die Tätigung eines äquivalenten Kaufs darstellte. Was den Teil der Einnahmen betrifft, der tatsächlich ausgegeben wird – der dem Verbrauch oder neuen Produktionsmitteln des Empfängers zugeführt wird –, erhebt sich kein Problem. Mit den Ersparnissen entsteht die Gefahr einer Diskrepanz. Ersparnisse müssen investiert und somit ausgegeben (oder durch die Aufwendung eines anderen ausgeglichen) werden, weil es sonst zu einem Mangel an Kaufkraft kommt. Dann bleiben die Waren auf den Regalen liegen, Bestellungen gehen zurück, die Produktion sinkt, die Arbeitslosigkeit steigt *. So kommt es zur Rezession.

Für das Marktsystem ist die Gefahr von seiten eines solchen Nachfragemangels gering. Die Firmen des Marktsystems sind zahlreich und klein, das Einkommen in verhältnismäßig kleinen Beträgen weit gestreut. Die Neigung, etwas von diesem Einkommen abzugeben, ist groß, da dieses Einkommen einem starken Bedarfsdruck

*) Das ist ein stark vereinfachtes Modell ohne Spitzfindigkeiten und Einschränkungen. Es liegt jedoch jeder modernen Diskussion einer Stabilitätspolitik zugrunde.

für Verbrauch und Produktionsmittel für den Einkommensempfänger ausgesetzt ist. Eventuelle Ersparnisse werden bei einer Bank deponiert und stehen als Kreditmittel zur Verfügung. Wenn diese Mittel ausreichend sind, dann höchstwahrscheinlich zu Zinssätzen und Kreditbedingungen, die andere Firmen des stets kapitalbedürftigen Marktsystems ermutigen werden, diese Mittel zu verwenden.

Sollten Bestrebungen zur Massierung der Ersparnisse, die durch erhöhte Ausgaben oder Investitionen ausgeglichen würden, die Gesamtnachfrage verringern, verfügt das Marktsystem darüber hinaus über bestimmte Reservemechanismen, die den Schaden in Grenzen halten. Die Preise sinken, aber der selbständige Unternehmer wird trotz Einkommenseinbußen nicht arbeitslos. Auch nicht seine Familienangehörigen. In den meisten Fällen nicht einmal seine Arbeiter, die jedoch Lohnkürzungen hinnehmen müssen. Der Einkommensrückgang wirkt sich unmittelbar negativ auf die Spartätigkeit des Unternehmers aus und garantiert auf diese Weise, daß ein größerer Teil seiner Einkünfte wieder ausgegeben wird. Und die niedrigeren Preise für Waren und Dienstleistungen locken Kundschaft an und regen die Kauftätigkeit jener an, die von festen Einkünften leben oder auf Reserven zurückgreifen können. Auf diese Weise pendelt sich bei niedrigeren Preisen wahrscheinlich wieder ein Gleichgewicht zwischen Angebot und Nachfrage ein. Der Ausstoß geht nicht zurück, die Arbeitslosigkeit nimmt nicht zu.

In der Praxis geht das alles natürlich nicht so glatt. Preise und Löhne im Marktsystem sind stets starrer, als sie hier dargestellt wurden. Es kann zu Produktionsrückgängen und einer Zunahme der Arbeitslosigkeit kommen. Aber dennoch setzen sich im Marktsystem die Ersparnisse größtenteils aus kleinen Beträgen zusammen, und sie werden in der Regel auch genutzt. Der kleine Unternehmer reduziert tatsächlich sein eigenes Einkommen und bleibt im Geschäft. Dann sinken seine Ersparnisse tatsächlich. Insgesamt ergibt sich hieraus im Marktsystem eine Tendenz zu Stabilität.

3

Im Planungssystem liegen die Verhältnisse ganz anders: Die Faktoren, die es unsicher erscheinen lassen, ob Ersparnisse wieder ausgegeben werden, sind weitaus wirksamer, gegenläufige Reservemechanismen existieren nicht.

Wie wir gesehen haben, stammen mit dem Aufschwung der großen Kapitalgesellschaften Ersparnisse zunehmend aus Geschäftserträgen. 1972 betrugen diese Rücklagen in den Vereinigten Staaten 124 Milliarden Dollar, verglichen mit 55 Milliarden Dollar Spareinlagen von Einzelpersonen *. Den weitaus größten Anteil an diesen 124 Milliarden stellten die großen Kapitalgesellschaften, die das Planungssystem bilden. Diese Ersparnisse sind den Versuchungen des Konsums weit entrückt. Sozialistische und nichtsozialistische Planungssysteme sind sich darin einig, daß die Wahl zwischen Sparen für Investition und Ausgeben für Konsum nicht einzelnen überlassen werden darf, weil dann zuviel Geld ausgegeben wird und zuwenig für Investitionen zur Verfügung steht.

Ebenso wie die Sparentscheidungen im Planungssystem von einer verhältnismäßig kleinen Anzahl großer Kapitalgesellschaften getroffen werden, entscheiden diese auch über Investitionen. Dabei geht es um riesige Größenordnungen. Und es gibt keinen Mechanismus, der diese beiden Arten von Planungsentscheidungen – hier über Ersparnisse und dort über Investitionen – aufeinander abstimmen würde. Nicht einmal die eifrigsten Verfechter des neoklassischen Systems gestehen hier dem Markt eine Funktion zu und behaupten etwa, Zinssätze würden sinken, wenn es nötig sei, überhöhten Ersparnissen entgegenzuwirken und unzureichende Investitionen zu fördern, um beide Faktoren auszugleichen. So kann die Neigung zum Sparen leicht ausgeprägter sein als die Neigung zur Investition. Die Folge ist ein Mangel an Nachfrage. Da dieser Mangel den Warenausstoß absinken läßt und die Kapazitätsausnutzung verschlechtert, drückt er zusätzlich auf die Investitionsneigung und schwächt die Nachfrage noch mehr. Dieser Vorgang setzt sich fort, bis die Gewinneinbußen die Ersparnisse mehr als wettmachen.

*) Wirtschaftsbericht des Präsidenten 1973 (die Zahlen können sich noch geringfügig ändern).

Hinzu kommt, daß das Planungssystem im Gegensatz zum Marktsystem das erzielte Einkommen in größeren Brocken an einzelne verteilt. Diese Spitzeneinkommen sind gegenüber dem Konsumdruck besser abgeschirmt als die bescheidenen Beträge, die das Marktsystem verteilt. Sie erhöhen das Gesamtvolumen des Einkommens, wo eine Alternative zwischen Sparen und Ausgeben existiert, also zwischen Anlage oder Nichtanlage.

Aufgaben für die Produkte des Planungssystems sind weitgehend das Ergebnis von Werbung. Dieses Management kann jedoch noch so effektiv sein, das daraus resultierende Konsumvolumen ist weniger verläßlich als jenes, das sich aus der individuellen Deckung dringender Bedürfnisse in bezug auf Nahrung, Unterkunft, Gesundheit oder Kleidung ergibt. Wenn im Planungssystem die Einkommen sinken, können die Betroffenen ihren Konsum wesentlich leichter einschränken als im Marktsystem.

Schließlich sind im Planungssystem die Reservemechanismen, die das Marktsystem stabilisieren – und ein Akkumulieren rückläufiger Nachfragetrends verhindern –, unwirksam. Die Preise sinken nicht, weil sie der Kontrolle der Firma unterliegen. Löhne fallen in die Zuständigkeit der Gewerkschaften und können nicht beschnitten werden. Bei rückläufiger Nachfrage entsteht infolgedessen kein ausgleichender Effekt von Mehrumsatz durch niedrigere Preise. Man kann auch nicht damit rechnen, daß sich der Effekt niedrigerer Löhne durch eine erhöhte Beschäftigung ausgleichen wird. Den Ausstoß und die Beschäftigung trifft die volle Wucht eines Nachfragerückgangs.

Die Instabilität, der das Planungssystem ausgeliefert ist, wirkt sich sowohl auf das Schutzbedürfnis als auch auf den Drang nach Selbstbestätigung der Technostruktur nachteilig aus. Aber diese Instabilität versetzt auch dem Marktsystem einen schweren Schlag. Wenn die Nachfrage im Planungssystem sinkt, dann sinkt auch die Nachfrage nach den Waren und Dienstleistungen des Marktsystems. Da es hier keine abschirmende Kontrolle gibt, sinken Preise, Unternehmereinkommen und einige Löhne. Es entstehen Härten für den kleinen Geschäftsmann oder Landwirt. Während das Marktsystem Nachfrageschwankungen, die von innen heraus entstehen, auffangen kann, ist es den vom Planungssystem ausgehenden Mißgeschicken schutzlos ausgeliefert.

4

In den dreißiger Jahren dämmerte die Erkenntnis, daß die moderne Wirtschaft einer schweren abwärts tendierenden Instabilität ausgesetzt war, die aus sich heraus weder eine Grenze noch ein Korrektiv besaß. Das war die Keynessche Revolution. Eine kurze Zusammenfassung mag hier genügen. Man stellte sich ursprünglich vor, die Regierung würde intervenieren und den Mangel an Gesamtnachfrage durch vermehrte Zivilausgaben von generell sozialem Wert wettmachen. Diese Ausgaben waren nicht durch Steuern gedeckt. Aber nach dem Zweiten Weltkrieg wurde die Keynessche Revolution praktisch vom Planungssystem aufgesogen. Von da an richtete sich die staatliche Politik streng nach den Bedürfnissen des Planungssystems. Die Staatsausgaben wurden permanent sehr hoch angesetzt und konzentrierten sich weitgehend auf Militär- und andere Technik oder auf Militär- und Industrieentwicklung. Solche Ausgaben unterstützten unmittelbar das Planungssystem und waren gegenüber Attacken im Kongreß und anderswo immun, da sie dem höheren Zweck der nationalen Sicherheit oder anderen nationalen Interessen dienten. Eine spezifische Stabilisierung wurde dann durch eine Steueranpassung erzielt – über die Einkommensteuern für Einzelpersonen und Körperschaften, die mit dem Einkommen überproportional stiegen oder sanken und damit den Bedarf regulierten. Notfalls konnte man spezifische Änderungen vornehmen.

Wie gut das alles ins Konzept des Planungssystems paßt, liegt auf der Hand. Instabilität geht vom Planungssystem aus. Aber sie wirkte sich schmerzlich auf Preise und Einkommen im Marktsystem und insbesondere bei den Arbeitern aus. Sie, die Opfer dieser Entwicklung, verlangten auf breiter politischer Basis Abhilfe. Die Gegenmaßnahmen entsprachen genau dem Bedürfnis der Technostruktur nach Schutz und Selbstbestätigung, die ja durch die Abwärtsbewegung der Rezession gefährdet waren. Außerdem bestand die Abhilfe in einer Konjunkturspritze, also in Mitteln, mit denen Waren gekauft und die technischen Bedürfnisse des Planungssystems unterstützt oder gefördert wurden (wie beim Straßenbau). Diese Staatsausgaben, besonders auf dem Rüstungssektor, wurden sodann abgesichert, indem man nicht mit Wirtschaftspolitik, sondern mit dem geheiligten Zweck der nationalen Sicherheit operierte. Die gerade beschriebene Veränderung fand nur zum geringsten Teil Eingang in die neoklassische oder neo-Keynessche Analyse und Lehre. Die abwärts tendierende Instabilität der Wirtschaft wurde kaum mit dem Abstieg der großen Kapitalgesellschaften in Verbindung gebracht. Die Keynessche Wirtschaftslehre betrachtete man als eine Entdeckung und nicht als eine Anpassung an den Wandel. Und die Rolle des Planungssystems bei der Anpassung der Keynesschen Politik an die eigenen Bedürfnisse wurde fast völlig unter den Tisch gekehrt. Drei Grundregeln der neo-Keynesschen und neoklassischen Nationalökonomie dienten zur Verschleierung der Wirklichkeit. Greifen wir noch einmal zurück.

Erstens betrachtete man es als selbstverständlich, daß die Vermeidung von Arbeitslosigkeit – zusammen mit einem befriedigenden Wirtschaftswachstum – wichtiger war als alle Fragen nach Methode oder Nutzen. Stieg die Arbeitslosigkeit über einen gewissen Stand, hatte die Wirtschaftspolitik versagt. War die Arbeitslosigkeit auf ein vertretbares Minimum abgesunken, fragte man nicht nach den Mitteln, mit denen das erreicht wurde. Bei Arbeitslosigkeit, ähnlich wie bei einer Koronarthrombose, interessierte nur die Wirksamkeit der Kur.

Zweitens – und hier zeigte sich die gesellschaftliche Beeinflussung der Wirtschaftslehre am unmittelbarsten – hielt man es für ungehörig, vielleicht sogar für böswillig und ganz sicher für unwissenschaftlich, Militärausgaben funktionell in die Wirtschaft zu integrieren. So etwas sagten nur Radikale. Andere leisteten sich vielleicht den Luxus eines blinden Glaubens. Aber der verantwortungsbewußte Gelehrte leugnete ex cathedra diese Möglichkeit. »An (Staats)ausgaben für Düsenbomber, interkontinentale und Mondraketen ist nichts, was die Wirtschaft stärker fördern würde als andere Formen von Staatsausgaben (wie zum Beispiel Ausgaben für Umweltschutz, Armut, Bekämpfung und Stadtsanierung) ... Amerikas potentielle und tatsächliche Wachstumsrate ist ganz und gar nicht von Rüstungsvorbereitungen abhängig, sie würde durch eine Beendigung des kalten Krieges sogar merklich zunehmen.«*

*) Paul A. Samuelson, *Economics*, 8. Auflage, McGraw-Hill, New York 1970, S. 804, Hervorhebung im Original.

Drittens bestand noch die Regel der Trennung von Mikroökonomie und Makroökonomie. Die Mikroökonomie machte die Firma völlig vom Markt abhängig. Abgesehen von Randerscheinungen gab es hier keine Macht mehr, die den Staat beeinflussen oder lenken konnte. Ganz andere Gelehrte beschäftigten sich in ganz anderen Seminaren mit der Wirkung staatlicher Ausgaben- und Steuerpolitik (und Währungspolitik) auf die Wirtschaft insgesamt. Es interessierte sie nicht, in welcher Weise die Kapitalgesellschaft öffentliche Ausgaben beeinflußte. So blieb die Anpassung der makroökonomischen Politik an die Bedürfnisse des Planungssystems (nach wie vor) sehr wirksam von einer wirtschaftswissenschaftlichen Durchleuchtung verschont *.

Seit dem Aufstieg des Planungssystems wurde die Wirtschaft systematisch der abwärts tendierenden Instabilität – den Rezessionen – ausgesetzt. Dieselbe Entwicklung führte ebenso systematisch die Inflation herbei. Die Erkenntnis der Inflationstendenz setzte sich noch zögernder durch als die der Rezession. Das lag zum Teil daran, daß sich sowohl die Tendenz als auch die Gegenmittel weitaus schwieriger mit der orthodoxen neoklassischen Lehre vereinbaren ließen. Dieser Sache wollen wir uns nun zuwenden.

*) Aber nicht ganz. In seinem Buch *The Three Worlds of Economics*, Yale University Press, New Haven 1971, trägt Professor Lloyd G. Reynolds vor, die Trennung zwischen mikro- und makroökonomischen Problemen werde praktisch zur Kaschierung der Wirklichkeit benutzt.

»Die meisten politischen Fragen, die in der letzten Generation aufgetaucht sind – Armut und Einkommensverteilung, Verschlechterung städtischer Wohngebiete, Chancengleichheit bei Erziehung und Berufswahl, Übervölkerung, Umweltschutz, Befreiung der Marktwirtschaft von ihren Schönheitsfehlern –, sind Mikroprobleme. Die Analyse kollektiver Entscheidungsprozesse bedarf ebenfalls der Mikrobeweisführung, sei sie nun normativ (Kosten – Nutzen – Analyse) oder explanatorisch (Modelle der Bürger und Gesetzgeber). Wer immer noch behauptet, man solle der Makroökonomie vom Einführungskurs bis zum Staatsexamen mehr Raum geben, beweist damit eine konventionelle Einstellung, die ebenso überholt ist wie die Argumentation unserer Vorväter in den zwanziger Jahren ...« (S. 310).

XIX
Inflation und die beiden Systeme

I

Das Marktsystem kann unter einer Inflation leiden – unter einem anhaltenden Preisanstieg. Aber eine solche Inflation liegt nicht im Marktsystem begründet und läßt sich ziemlich leicht beheben.

Der einzelne Hersteller im Marktsystem bezieht seine Instruktionen von Preisen, die er nicht kontrolliert. Herrscht eine ausreichend starke Nachfrage, ziehen seine Preise an. Aber in der Praxis stammt eine solche Nachfrage entweder aus Krediten von Banken (oder anderen Geldquellen), die über das Sparvolumen, oder aus Staatsausgaben, die über das Steueraufkommen hinausgehen. Beides läßt sich beheben: Kredite kann man über die Zentralbank verknappen, die Regierung kann Steuern senken oder weniger ausgeben oder auch beides. Wird die Bremse energisch genug angesetzt, dämpft die verringerte Nachfrage den Preisauftrieb. Der Hersteller kann keinen Widerstand leisten. Die Preise werden stabil – oder sie sinken.

Gewerkschaften können die Sache komplizieren. Aber in weiten Bereichen des Marktsystems existieren sie nicht. Die Arbeit wird von selbständigen Unternehmern oder wenigen nichtorganisierten Angestellten verrichtet. Wo es Gewerkschaften gibt, kontrollieren die Produzenten nicht ihre Preise. Wird die Nachfrage eingeschränkt und sinken die Preise infolgedessen, erzielt auch gewerkschaftlicher Druck keine höheren Löhne.

In manchen Industrien des Marktsystems, insbesondere auf dem Bekleidungs- und Bausektor, haben es zahlreiche kleine Geschäftsleute mit nur einer oder wenigen starken Gewerkschaften zu tun. Hier treiben Lohnforderungen tatsächlich die Preise hoch; eine Lohnanhebung in einer ganzen Branche oder in einem ganzen Bereich zwingt die Arbeitgeber, in Preiserhöhungen einzuwilligen. So bekommt die Gewerkschaft eine preisgestaltende Macht, die den Arbeitgebern fehlt. Aber selbst hier hängt viel davon ab, ob die fraglichen Gewerkschaften durch steigende Lebenshaltungskosten oder das Beispiel der Löhne in anderen Branchen unter Druck gesetzt werden. Wenn Preise und Löhne generell stabil sind, sehen sich die Gewerkschaften in diesem Sektor der Marktwirtschaft nicht gezwungen, höhere Löhne anzustreben. Wegen der unmittelbaren Auswirkungen auf die Preise müssen sie berücksichtigen, wie sich ihre Forderung auf die Absatzchancen ihres Produkts und damit auf die Beschäftigung ihrer Mitglieder auswirken wird.

Im Planungssystem herrschen ganz andere Verhältnisse. Hier hat die Firma Macht über ihre Preise. Eine wichtige Komponente dieser Macht ist, wie wir gesehen haben, die Möglichkeit, Lohnkosten auf die Öffentlichkeit abzuwälzen. Damit ist dem Schutzbedürfnis der Technostruktur gedient – es wird garantiert, daß Lohnerhöhungen zu keiner schädlichen Ertragsminderung führen. Noch weitere Faktoren lassen den Widerstand gegen Lohnforderungen unwahrscheinlich werden.

Bei Höchstgewinnen, die der Unternehmer selbst einstreicht, werden die Erträge durch Lohnerhöhungen reduziert. Betroffen wird derjenige, der darüber entscheidet, ob der Forderung nachgegeben werden soll oder nicht. Man fügt sich weniger gern einer Lohnerhöhung, wenn man sie aus eigener Tasche bezahlen muß. Also ist mit Widerstand zu rechnen. Wenn die Macht in den Händen der Technostruktur liegt, wird die Entscheidung von Leuten gefällt, die nicht selbst die Kosten zu tragen haben. Und da es nicht um Höchstgewinne geht – da hier praktisch eine ungenutzte Chance des Monopolgewinns vorliegt –, wird es häufig geschehen, daß die Gewinne durch eine Anhebung der Preise auf ihrem früheren Stand gehalten werden können.

Höhere Preise sind dem Wachstum natürlich abträglich. Aber kurzfristig ist dem Wachstum mit einer ununterbrochenen Produktion oft besser gedient als mit einem lästigen Streik. Langfristig gesehen ist die staatliche Förderung der Gesamtnachfrage, wie wir jetzt wissen, ein verlängerter Arm des Planungssystems. Daher darf man zu Recht davon ausgehen, daß der Staat früher oder später eingreifen wird, sollte die Nachfrage nicht ausreichen, um den Markt bei gestiegenen Preisen zu räumen.

Das alles bedeutet, daß man im Planungssystem normalerweise zur

Nachgiebigkeit gegenüber gewerkschaftlichen Lohnforderungen tendiert. Die harten Worte bei Lohnverhandlungen verschleiern dies zwar ein wenig, ändern aber nichts an der Sache. Da das Planungssystem die Gesamtnachfrage, also die Konjunkturlage, kontrolliert, wird es einen ständigen Aufwärtstrend von Löhnen und Preisen aufweisen, wenn man es sich selbst überläßt.

Diese aufwärtstendierende Instabilität wird noch durch die Existenz verschieden mächtiger rivalisierender Gewerkschaften verstärkt *, **. Jede Gewerkschaft bemüht sich natürlich, die von der anderen Gewerkschaft durchgesetzten Vereinbarungen weiter zu verbessern. Daher ist die Gewerkschaft mit der größten Entschlossenheit und Macht Schrittmacher für die anderen. Bei steigenden Preisen und Lebenshaltungskosten müssen die Gewerkschaften bei der Einigung auch Vorsorge für absehbare Verteuerung der Lebenshaltung treffen – oder zum Ausgleich solcher Kostensteigerungen Gleitklauseln aushandeln. Das bedeutet ein stärkeres Ansteigen der Preise und führt in der nächsten Runde zu einem noch stärkeren Ansteigen der Löhne. So liegt im Planungssystem die Tendenz zu einer ewigen und immer steiler werdenden Lohn-Preis-Spirale.

In den letzten fünfundzwanzig Jahren haben alle Industrieländer die abwärts tendierende Instabilität des Planungssystems unter Kontrolle gebracht. Das Schreckgespenst der kumulativen Abwärts-Spirale bei Löhnen, Preisen und Produktion verblaßt. Statt dessen haben sich alle Industrieländer mit der Aufwärts-Instabilität – mit der Inflation – herumzuschlagen. Genau wie die kumulative Rezession hat auch diese Inflation vom Planungssystem her

*) Meine Kollegin Gail Pierson hat die Lohnveränderungen während der fünfziger und frühen sechziger Jahre in stark und schwach organisierten Branchen bei unterschiedlichem Beschäftigungsstand miteinander verglichen. Sie gelangt zu dem Schluß: »Die Stärke der Gewerkschaft spielt tatsächlich eine Rolle; sie verschlechtert merklich die Bedingungen des Tauziehens zwischen Arbeitslosigkeit und Inflation.« In: The Effect of Union Strength on the U. S. »Phillips Curve«, *The American Economic Review*, Band 58, Nr. 3 (Juni 1968), S. 456 ff.

**) Ein noch jüngerer und direkterer Beweis für die Beziehung zwischen korporativer Marktbeherrschung und Löhnen findet sich in Market Power and Wage Inflation, von Daniel S. Hamermesh, *The Southern Economic Journal*, Band 39, Nr. 2 (Oktober 1972), S. 204 ff.

übergegriffen und die Lohn- und anderen Kostenstrukturen im Marktsystem und im öffentlichen Sektor der Wirtschaft in Bewegung gebracht *.

2

Die Anfälligkeit der Wirtschaft gegenüber Rezession und Inflation geht, wie man sieht, auf dieselben Ursachen zurück – den Aufstieg des Planungssystems und der damit verbundenen Bildung der modernen Gewerkschaft. Die historische Haltung gegenüber diesen beiden Erscheinungen war jedoch sehr unterschiedlich. Der Gedanke einer abwärts tendierenden Instabilität (in der Wirtschaft als Ganzem) wurde recht bereitwillig akzeptiert; nicht jedoch der Gedanke an eine systembedingte Inflation. 1936 erläuterte Keynes in seiner *Allgemeinen Theorie* ** sehr überzeugend die inhärente abwärts tendierende Instabilität. Innerhalb eines Jahrzehnts wurde die Überzeugung, die moderne Wirtschaft leide unter einem Mangel an Nachfrage – der durch staatliche Maßnahmen ausgeglichen werden müsse –, fast zu einem neuen Lehrsatz gemacht. Er wurde 1946 in den USA durch den Employment Act gesetzt. Inzwischen war eine Fachorganisation, das Komitee für wirtschaftliche Entwicklung, entstanden, dessen Aufgabe es unter anderem war, den neuen Glauben zu verkünden. In erster Linie ist es dem unermüdlichen Einsatz von Professor Paul Samuelson zu verdanken, daß dieser Glaubenssatz bald fester Bestandteil der volkswirtschaftlichen Lehre wurde. Nicht so leicht fand man sich mit der Vorstellung ab, daß die Wirtschaft auch nach oben hin instabil sein könnte. Hieran hat sich nicht viel geändert.

Der Hauptgrund dieser unterschiedlichen Behandlung ist darin zu

*) Das sind Teile der Wirtschaft, wo Lohnerhöhungen typischerweise nicht durch Produktivitätsverbesserungen ausgeglichen werden. Infolgedessen wirken sich solche Kostensteigerungen auf öffentliche Etats oder Preise (soweit sie abgewälzt werden können) häufig schwerer aus als im Planungssystem. Gelehrte, die nur die Oberfläche der Dinge sehen, fühlten sich deshalb bemüßigt zu behaupten, Ausgangspunkt der Inflation sei der Markt oder der öffentliche Sektor der Wirtschaft.

**) John Maynard Keynes, *Die Allgemeine Theorie der Beschäftigung, des Zinses und des Geldes*, Berlin 1936 und 1955.

sehen, daß sich Schritte zur Korrektur einer abwärts gerichteten Spirale viel leichter mit den Grundprinzipien des neoklassischen Systems vereinbaren ließen. Hier ging es um einen Mangel an Nachfrage; der Staat glich diesen Mangel aus. Das entsprach durchaus dem System. Nach dem Eingriff funktionierte alles wieder fast wie zuvor, nur eben auf einem höheren Niveau von Produktion, Einkommen und Beschäftigung. Am Markt änderte sich, wenigstens nach den Lehrbüchern, nichts. Die Firma blieb dem Markt und damit dem einzelnen untergeordnet. Die neoklassischen Ideen litten keinen erheblichen Schaden. So gesehen war die Keynessche Revolution nur ein Revolutiönchen. Nationalökonomen gehören eben zu den Leuten, die kleine Revolutionen den großen vorziehen.

Das Problem der Inflation betrachtete man lange Zeit als eine Nebenerscheinung der Rezessionsbekämpfung. Bei Konjunkturspritzen für die Wirtschaft bestand immer die Gefahr der Überdosierung – daß Mehrbedarf geschaffen oder die Ausgabebereitschaft stärker stimuliert wurde, als das Wirtschaftssystem zu den jeweiligen Preisen befriedigen konnte. Dann stiegen eben die Preise und die Lohnkosten in Mangelberufen. Die Wirtschaft wurde »überhitzt«, wie Kenner es so heimelig ausdrückten. Da der Markt jedoch, wie man annahm, unbeeinträchtigt blieb, ließ sich die Gesamtnachfrage durch eine Kürzung der öffentlichen Ausgaben bei gleichbleibenden Steuern oder durch Steuererhöhungen bei gleichbleibenden Staatsausgaben oder durch eine Beschneidung der privaten Verwendung von Fremdmitteln leicht stabilisieren oder reduzieren. Dieses Signal gab der intakte Markt an die Firma weiter. Die Preise würden nicht mehr klettern. Bei stabilen oder niedrigeren Preisen (oder geringerer Produktion) hörte auch die Werbung um Angehörige von Mangelberufen auf, Lohnerhöhungen wurden abgelehnt und Lohnforderungen weniger hart verfochten – da ja die Lebenshaltungskosten stabil waren. Was einen Mangel an Bedarf kurieren konnte, das konnte mit umgekehrten Vorzeichen auch eine Inflation kurieren. Der Übergang von der Konjunkturspritze zur Konjunkturdämpfung konnte verhältnismäßig schmerzlos sein. Ein optimistischer, aber sehr angesehener Vertreter dieser Auffassung erklärte: »Bei einer allmählichen Wiederherstellung einer vernünftigen Preisstabilität kann sich die Zu-

nahme der Arbeitslosigkeit in engen Grenzen halten, und das Rezept braucht sicherlich keine Rezession zu enthalten *, **.«
Zu diesen Schlußfolgerungen sah man sich, das sei hier gesagt, zum guten Teil deshalb gezwungen, weil man ja seinen Glauben nicht preisgeben durfte. Hier lag wie im Falle der Gewinnsteigerung oder der Nachfragesteuerung durch Produzenten einer der kritischen Punkte, die man nicht konzedieren durfte, ohne der neoklassischen Lehre irreparablen Schaden zuzufügen. Wenn nämlich Hersteller die Macht haben, im Zuge von Lohnforderungen die Preise anzuheben, und wenn die Steigerung von der Höhe der Forderung abhängt, ist die Firma nicht länger dem Markt unterworfen. Das neoklassische Modell wird zu einem Trugbild, man muß zugestehen, daß die Preise weitgehend von den Herstellern – von der Planung – kontrolliert werden. Das Spiel ist ganz aus, wenn diese Planung einer Intervention des Staates zur Festsetzung von Löhnen und Preisen bedarf. Man kann nicht ein Marktsystem dulden, in dem massiv Lohn- und Preisfestsetzung betrieben wird. Aus einer kleinen Revolution würde dann eine unangenehm große. Daher die verständliche Ablehnung.

3

Noch zwei weitere Faktoren verzögerten die Anerkennung einer systembedingten Inflation aufgrund der Wechselwirkung von Löhnen und Preisen im Planungssystem. Auch hier spielte die Arbeitsteilung unter den Wirtschaftswissenschaftlern eine traurige Rolle. In den fünfunddreißig Jahren nach der Veröffentlichung von Keynes' *Allgemeiner Theorie* wurde das ständige Anwachsen

*) Arthur M. Okun, *The Political Economy of Prosperity*, The Brookings Institution, Washington 1970, S. 101.
**) Auch hier erhoben sich laute Gegenstimmen. »Der fatale Fehler in der Praxis der Neuen (d. h. Keynesschen) Nationalökonomie leitet sich von der ... Grundvorstellung her ..., daß es ein ideales Ziel gebe – Vollbeschäftigung ohne Inflation –, das ganz einfach durch eine richtige Steuerung der gesamten staatlichen Ausgaben und Steuern zu erreichen sei ..., eine Annahme, die von der Erfahrung nicht bestätigt wird. Niemals in der ganzen Geschichte wurde dieses Ziel auch nur vorübergehend in einem Land erreicht, das die Neue Nationalökonomie praktizierte.« Melville J. Ulmer, *The Welfare State: USA*, Houghton Mifflin, Boston 1969, S. 33.

der großen Kapitalgesellschaften von den Nationalökonomen pflichtgemäß zur Kenntnis genommen, auch ihre Macht über ihre Preise. Einige wenige akzeptierten, daß Wachstum oberstes Ziel der Kapitalgesellschaft sei. Man äußerte sich über die nicht mehr so militante Form der Beziehungen zwischen den Tarifpartnern – auch über die Neigung, Streitigkeiten durch eine Abwälzung der Kosten auf höhere Preise beizulegen. Aber diese Dinge gehörten in das Gebiet der Mikroökonomie oder auf den Tisch der Spezialisten für industrielles Organisationswesen der Arbeitgeber-Arbeitnehmer-Beziehungen. Die Makroökonomie als Wissenschaft der Steuerung der Gesamtnachfrage blieb nach wie vor ein ganz anderes Gebiet, die Domäne anderer Gelehrter. Sie kümmerten sich nicht um die Macht von Kapitalgesellschaft und Gewerkschaft. Die Arbeitsteilung unter der stillschweigenden Voraussetzung, man könne die beiden Teile der Wirtschaft getrennt studieren, wurde genau an dem Punkt vorgenommen, wo sich die Auswirkung der Macht von Kapitalgesellschaft und Gewerkschaft am besten verschleiern ließ. Wenn man bedenkt, daß diese Macht auf die gängige und sehr praktische Lehre einen verheerenden Effekt gehabt hätte, war das natürlich sehr angenehm.

Schließlich wurde es dem Planungssystem ermöglicht, sich sowohl mit der Inflation als auch mit den orthodoxen Bemühungen um ihre Beherrschung, die von einer fortgesetzten Oberhoheit des Marktes ausgingen, einigermaßen zu arrangieren. Diese Vorherrschaft des Marktes konnte schmerzhaft sein, aber hauptsächlich für das Marktsystem. Im Planungssystem ließ es sich ertragen.

Durch stabile Preise und internationale Zusammenarbeit wird die Planung zweifellos erleichtert. Aber die Inflation legt der Firma keine Veränderungen auf, die sich ganz und gar ihrem Zugriff entziehen würden. Die Inflation ist vielmehr ein Prozeß, in dem sich wenigstens teilweise die Macht der Firma widerspiegelt. Die Aufwärtsbewegung der Preise beweist diese Macht und auch die Fähigkeit zum Ausgleich von Steigerungen bei Löhnen und anderen Kosten, die sich nicht voll kontrollieren lassen. In letzter Zeit ist eine beträchtliche Anzahl von Nationalökonomen dazu übergegangen, die fortschreitende Inflation als akzeptabel hinzustellen – wie bisher in dem zweifellos unabsichtlichen Bemühen, eine gesunde Wirtschaftspolitik mit den Bedürfnissen und Präferenzen des Planungssystems zu identifizieren. Die Frage ist nur, wie hoch die Inflationsrate sein darf. Diese Einstellung bringt den weiteren großen Vorteil mit sich, daß man einer staatlichen Lohn-Preis-Festsetzung aus dem Wege geht und somit diesen Frontalangriff auf das neoklassische Ideengebäude unterläuft. Man kann dem Markt noch zutrauen, daß er eine Inflation überlebt, nicht jedoch eine Preisfestsetzung.

Das Planungssystem leidet auch kaum unter den orthodoxen Maßnahmen der Inflationsbekämpfung – die ja durchwegs von einer fortgesetzten Vorrangstellung des Marktes ausgehen. Es gibt, wie schon gesagt, drei Möglichkeiten der Nachfragedrosselung: die Reduzierung öffentlicher Ausgaben, die Reduzierung privater Ausgaben mit geliehenen Geldern und schließlich Steuererhöhungen. Sie belasten das Planungssystem kaum. Jene öffentlichen Ausgaben, mit denen Produkte des Planungssystems finanziert werden beziehungsweise der Bedarf des Planungssystems unmittelbar gedeckt wird, lassen sich kaum reduzieren. Sie sind, wie schon bemerkt, durch den übergeordneten nationalen Zweck geheiligt – »man darf die Sicherheit der Nation nicht aufs Spiel setzen«. Infolgedessen greifen Streichungen, Aufschiebungen oder Kürzungen öffentlicher Ausgaben, soweit sie zur Inflationsbekämpfung notwendig sind, in erster Linie die Aufwendungen für Sozialwesen, Wohnungsbau, Städtesanierung, Erziehung und dergleichen an. Einen Sparetat bekommen daher die Sozialleistungen der öffentlichen Hand oder zivile Bereiche des Marktsystems zu spüren, nicht jedoch das Planungssystem. Es ist nicht leicht, öffentliche Mittel zu kürzen. Aber wenn die Inflation, wie in den vergangenen fünfundzwanzig Jahren, seuchenartig auftritt, macht sich das Resultat doch bemerkbar. Die Forderungen nach einer Kürzung staatlicher Leistungen auf dem zivilen Sektor und der Widerstand gegen Verbesserungen dieser Leistungen werden anhalten. Bei Ausgaben für die Produkte des Planungssystems und zur Befriedigung seiner Bedürfnisse wird kein ähnlicher Druck wirksam werden.

Die zweite Methode der Nachfragedrosselung besteht in einer Anhebung der Zinssätze und in einer anderweitigen Verknappung der Kredite und damit der Mittel für Investitionen. Auf diesem Gebiet tritt die verschiedenartige Auswirkung auf die beiden Systeme klar zutage. Die Technostruktur schützt sich im wesentlichen dadurch – sich und ihre Autonomie –, daß sie sich möglichst unabhängig von Fremdmitteln macht. Daher auch die überragende Bedeutung von Rücklagen als moderne Kapitalquelle. Das Marktsystem hingegen ist weitgehend von Fremdgeldern abhängig. Landwirte, kleine Einzelhändler und andere Kaufleute borgen ständig. (Das gilt auch für Länder, Gemeinden und selbständige Schulen.) Beim Wohnungsbau und in der übrigen Bauwirtschaft ist diese Abhängigkeit fast hundertprozentig. Außerdem ist die große Kapitalgesellschaft des Planungssystems, wenn sie schon Kredite aufnehmen muß, eine bevorzugte Kundin von Banken, Versicherungsgesellschaften und Investmentbanken. Als Teil eines Konzerns ist ihr vielleicht sogar ein Finanzinstitut angegliedert. Ähnliche Vorzüge genießt der kreditsuchende Einzelhändler im Marktsystem nicht.

Daraus ergibt sich, daß Schritte zur Anhebung der Bankzinsen, der Kreditbeschränkung und damit der Reduzierung von Ausgaben aus Fremdmitteln in ihren Auswirkungen auf Planungssystem und Marktsystem radikal verschieden sind. Im Planungssystem werden die Firmen vergleichsweise wenig betroffen. Im Marktsystem bekommen sie die volle Wucht der Maßnahmen zu fühlen. Wiederholte währungspolitische Eingriffe bedeuten wiederholte Behinderungen der Entwicklung des Marktsystems im Vergleich zum Planungssystem. Ein ähnlich hemmender Effekt wird auf die Kreditaufnahmen für öffentliche Zwecke, insbesondere der Länder und Gemeinden, ausgeübt. Man beobachtet seit langem, daß in Perioden einer restriktiven Währungspolitik – bei Geldverknappung – die lautesten Klagen von Landwirten, örtlichen Baufirmen, Einzelhändlern und anderen kleinen Gewerbetreibenden kommen. Großbetriebe wehren sich kaum. Dieses Verhalten schrieb man allgemein der schlechteren Moral von Bauern und Kleinunternehmern zu – ihrer geringeren Bereitschaft, den heilsamen Schmerz in Kauf zu nehmen, der untrennbar mit dem freien Unternehmertum verbunden ist. Jetzt erkennen wir die tiefere Ursache ihrer Klagen. Wir erkennen auch, daß eine solche Politik die Entwicklung noch mehr zugunsten des Planungssystems verschiebt.

Die dritte Methode der Nachfragedrosselung ist die Steuererhöhung. Auch sie wirkt sich in den beiden Systemen unterschiedlich aus. Das Planungssystem kann im Gegensatz zum Marktsystem seine Preise kontrollieren. Es ist daher imstande, eine höhere Besteuerung von Waren und Dienstleistungen und vielleicht sogar höhere Einkommensteuern auf die Öffentlichkeit abzuwälzen. Das Marktsystem kann es nicht. Sollten die Gewinne besteuert werden, sind es nicht die Angehörigen der Technostruktur, sondern die Eigentümer, die zur Kasse gebeten werden. Im Marktsystem muß, von seltenen Ausnahmen abgesehen, der Geschäftsinhaber selbst die Zeche bezahlen.

4

Während die orthodoxen, antiinflationären Maßnahmen dem Planungssystem weitaus gelegener kommen als dem Marktsystem, haben sie leider noch den zusätzlichen Nachteil, daß sie unwirksam sind. Bei der heutigen Struktur und Zweckausrichtung im Planungssystem und seinen Beziehungen zu den Gewerkschaften besteht auch gar keine Aussicht, daß sie jemals funktionieren werden. Jahrzehnte oder gar Jahrhunderte einer traditionell konservativen Wirtschaftslehre haben stabile Preise – den stabilen Wert der baren Münze – zu einer guten Sache erhoben. Preiserhöhungen bleiben unpopulär und ein Symbol für die Inkompetenz oder das Versagen der Regierung. Der Verbraucher fühlt sich, obwohl sein eigenes Einkommen ebenfalls steigt, irgendwie ausgeplündert, wenn er feststellt, daß alles wieder teurer geworden ist. Außerdem werden kollektive Lohnverhandlungen durch die Inflation komplizierter. Man erringt Lohnvorteile, die sofort wieder durch Preissteigerungen ausgehöhlt werden; die ganze Sache erscheint dem Arbeiter als betrügerisch. Er bekommt etwas, das ihm sogleich wieder abgenommen wird. Natürlich fragt er sich unter anderem, wozu eine Gewerkschaft da noch gut sei.
Am wichtigsten ist jedoch, daß antiinflationäre Maßnahmen dem Planungssystem wenig zu schaffen machen, das Marktsystem jedoch schwer belasten. Das Marktsystem setzt sich aus Wählern zusammen. Und da die Maßnahmen auch noch unwirksam sind, entstehen Härten, und zwar ohne den Ausgleich in den Vorteil der Preisstabilität. Effektive Beschränkungen der Gesamtnachfrage

treffen zwar in erster Linie das Marktsystem, aber sie wirken sich auch nachteilig für das Wirtschaftswachstum aus. Sie geraten so mit dem Selbstbestätigungsbedürfnis des Planungssystems in Konflikt. Infolgedessen wird eine offene staatliche Einflußnahme auf Löhne und Preise unvermeidlich, und sei sie noch so unvereinbar mit der neoklassischen Idee. Die Umstände sind hier, wie so oft, stärker als die liebste Theorie.

5

Wenn man von der Planung in Kriegszeiten einmal absieht, entstanden 1961 im Planungssystem die ersten Bestrebungen für eine Lohn- und Preiskontrolle. Diese Festsetzung von Leitlinien zur Begrenzung der Lohnerhöhungen auf den durchschnittlichen Produktivitätszuwachs bei gleichzeitiger Preisstabilität hielt die Preise für einige Jahre im großen und ganzen trotz einer stetigen Expansion von Output und Beschäftigung allgemein stabil. Diese Politik entsprach jedoch nicht ganz der Überzeugung jener Leute, die sie durchführten. Indem man sie auf eine freiwillige Basis stellte, bildete man sich, wenn auch entgegen jeglicher Logik, ein, die Grundstruktur des freien Marktes intakt zu erhalten. Ende der sechziger Jahre nahm der durch Lohnforderungen ausgeübte Druck ebenso zu wie der durch den Vietnamkonflikt hervorgerufene Sog auf die Nachfrage, und man wollte die Widerstände gegen einen unnötigen Krieg nicht noch zusätzlich durch Steuererhöhungen verschärfen. Paradoxerweise ließ man die Leitlinien fallen, als eine Kontrolle immer notwendiger wurde. Die für die Errichtung jener Richtwerte zuständigen Männer kehrten an die Universitäten zurück und dozierten ihren Studenten die früheren orthodoxen Ideen. Die Inflation wurde ernster und griff spürbar auf das Marktsystem und auf die Lohn- und Gehaltskosten der öffentlichen Hand über.

Als 1969 die neue republikanische Regierung ans Ruder kam, packte man das Problem der Inflation erneut an. In Washington erschienen Wirtschaftsexperten, die den neoklassischen Glaubenssätzen fromm und treu ergeben waren. Sie distanzierten sich entschieden von den inzwischen wirkungslos gewordenen Bemühungen ihrer Vorgänger um Lohn- und Preisbeschränkungen. Die fortschreitende Inflation diagnostizierten sie scharfsinnig als Folge einer unzulänglichen Anwendung der orthodoxen Gegenmittel. Sie bekannten sich besonders lautstark zu einer viel strengeren Währungspolitik, also einer weitgehenden Einschränkung von Ausgaben aus Fremdgeldern. Dann warteten sie mit dem guten Gewissen von Leuten, die nur immer streng ihren lobenswerten Prinzipien folgten, auf Resultate. Zweieinhalb Jahre lang prophezeiten sie Monat für Monat mit einer Ernsthaftigkeit, die lediglich durch die Hoffnung gedämpft wurde, ihr Optimismus könnte ansteckend wirken, ein Abflachen der Preisbewegung bei – schlimmstenfalls – einem geringfügigen Anstieg der Arbeitslosigkeit. Zweieinhalb Jahre lang kletterten die Preise ohne sichtbare Unterbrechung weiter. Auch die Arbeitslosigkeit nahm zu. Im Marktsystem erlitt der Wohnungsbau angesichts einer vorhandenen Wohnungsnot starke Einbußen. Die Preise für landwirtschaftliche Produkte blieben einigermaßen stabil. Die allgemein im Planungssystem verankerten Kosten der Landwirtschaft kletterten im Verhältnis zu diesen Preisen erbarmungslos weiter. Die Auswirkungen dieser Politik beschränkten sich nicht nur auf das Marktsystem. Geldverknappung und eine generelle Nachfragedrosselung brachten eine Anzahl anfälliger Firmen selbst des Planungssystems in Schwierigkeiten. Mischkonzerne betreiben, wie schon erwähnt, eine äußerst riskante Wachstumsstrategie beim Kauf anderer Firmen mit Hilfe fremder Gelder. Sie wurden empfindlich getroffen. Die Penn Central, die sich neben einer solchen Fusionspolitik auch noch ein ungewöhnlich inkompetentes Management leistete, kam an den Bettelstab. In einer ungewöhnlich plastischen Demonstration bürokratischer Symbiose rettete sich die Lockheed Corporation vor einem ähnlichen Schicksal, indem sie sich für ihre Schulden staatliche Ausfallbürgschaften besorgte. »Wir werden auch weiterhin die Inflationsrate unter Beibehaltung einer geordneten Expansion bremsen«, versprach Präsident Nixon Anfang 1971 und fügte hinzu: »... wir werden dies tun, indem wir uns auf die freien Märkte stützen und sie stärken, anstatt sie zu unterdrücken.« * Im Sommer 1971 konnte sich jedoch ein Präsident, dem

*) Wirtschaftsbericht des Präsidenten 1971.

in gut einem Jahr eine Wahl bevorstand, die Bewunderung für die neoklassischen Ideen seiner Wirtschaftsfachleute nicht länger leisten. Die orthodoxen Grundsätze wurden über Bord geworfen. Wer sich mit meiner Analyse näher beschäftigte, hätte das voraussagen können. Die Politik der Geldverknappung wurde aufgegeben. Bei Ausgaben der öffentlichen Hand wurde die Bremse gelockert, und ein defizitärer Etat wurde als Grundlage der Wirtschaftspolitik gefeiert. Praktisch alle Löhne und Preise wurden eingefroren, dann folgte die Entwicklung eines Systems von Lohn- und Preiskontrollen, die speziell auf das Planungssystem zugeschnitten waren.

Noch fühlt man sich einer staatlichen Reglementierung von Löhnen und Preisen nicht endgültig verpflichtet *. Da eine solche Politik bei angesehenen Wirtschaftswissenschaftlern als anrüchig gilt, wurde auf die Verwaltungsprobleme praktisch kein Gedanke verschwendet. (Eine minutiöse Darstellung der Zentralbankfunktion gehört bei allen größeren Universitäten zum üblichen Ritual der volkswirtschaftlichen Lehre. Aber kaum jemand lehrt, wie man Preise oder Löhne kontrollieren könnte.) Aus diesem Grund wird die ohnehin schon sehr komplexe Verwaltung der Preis- und Lohnkontrolle noch für lange Zeit chaotisch bleiben. Männer der alten Richtung verteidigen diese Kontrollen auch immer noch als vorübergehende Notmaßnahme und nicht als einen festen Bestandteil des Wirtschaftssystems. Das veranlaßt sie, beim Vorhandensein von Kontrollen die Rückkehr zur freien Marktwirtschaft zu fordern, wie dieses Ding selbstgerecht bezeichnet wird. Sollte ihr Rat Gehör finden, wird eine erneute Inflation erneute Kontrollen erfordern.

Gerechterweise muß man jedoch Präsident Nixons Beitrag zum

*) Seit diese Zeilen geschrieben (und zuletzt überarbeitet) wurden, haben die Wirtschaftsberater des Präsidenten festgestellt, daß die Politik der Kontrollen die Inflationsrate gebremst hat; sie warfen daher die meisten Kontrollen über Bord (neu in der Politik ist die Vorstellung, daß man einen Grundsatz aufgeben muß, sobald er funktioniert). Darauf folgte Anfang 1973 ein erneuter, noch ernsterer Inflationsschub, zusätzlich angeheizt durch ein vermindertes Vertrauen in die künftige Kaufkraft des Geldes, verbunden mit einer allgemeinen Kaufhysterie und einem kräftigen Preisanstieg, insbesondere im Marktsektor. Kurz vor Drucklegung dieses Buches sind bereits wieder neue Kontrollen angekündigt.

besseren Verständnis der Wirtschaft ein Kompliment machen. Die Grundkonzeption des neoklassischen Systems läßt sich mit allgemeinen Lohn- und Preiskontrollen nicht vereinbaren. Die Struktur des Planungssystems jedoch setzt sie voraus. Daher hat der Präsident einen großen Beitrag zur Bestätigung der Existenz des Planungssystems geleistet. Viel mehr kann man von diesem Buch auch nicht erwarten.

XX
Spielregeln der Angst – ein Test

Noch nie zuvor in der Weltgeschichte war eine Nation mit so viel Reichtum und Macht ausgestattet, noch nie zuvor so sehr von Zweifeln geplagt, wie dieser Reichtum und diese Macht richtig zu nutzen seien.

Walter P. Reuther
Goals for America.

Die »Einkommensrevolution«, die in den fünfziger Jahren als elegante Überwindung aller Ungleichheiten durch Wirtschaftswachstum so gepriesen wurde, hat nicht stattgefunden.

S. M. Miller und Pamela A. Roby
The Future of Inequality.

1

Letzter Prüfstein eines jeden ökonomischen Ideengebäudes – eines Systems, wenn der Ausdruck gestattet ist – ist die Frage, ob es die Zeitängste erhält. Erklärt es die Probleme, die das Volk bedrängen? Haben die Ideen bei der heutigen Kritik an der Wirtschaft Geltung? Mehr noch: Sind sie von Belang für politische Streitfragen? Denn diese entzünden sich nicht spontan und werden auch nicht von Agitatoren böswillig dem braven Bürger ins Gesicht geschleudert, auch wenn viele das gern glauben möchten. Es ist daher an der Zeit, die wichtigsten Ängste der Gegenwart zu durchleuchten und zu sehen, ob die hier angebotenen Ideen etwas zu ihrer Aufdeckung beitragen.

Kaum jemand wird bezweifeln, daß der modernen Wirtschaft irrationales Handeln vorgeworfen wird. Diese Klage ist nicht mehr neu. Manche Produkte des privaten Wirtschaftssektors – Autos und Treibstoffe, Medikamente, Kosmetika, Rauschmittel, Packungen, ausgefallene Delikatessen – gibt es im Überfluß. Andere, offenbar sehr wichtige Dinge – Wohnungen, ärztliche Fürsorge, Massentransportmittel – leiden unter chronischer Knappheit.

Das neoklassische System kennt solche Bereiche mangelhaften Angebots. Es sind die durch Monopol und Oligopol charakterisierten Industriezweige. Wie überholt diese Erklärung ist, wird deutlich, wenn man beobachtet, daß gerade die Industriezweige mit einer unvernünftigen Überproduktion – Autos, Medikamente, Kosmetika, Rauschmittel, Behälter und Fertignahrung – die klassischen Beispiele des Oligopols sind. Was den Rest betrifft, behauptet das neoklassische System, der Verbraucher verteile seine Kaufentscheidungen nach freiem Willen auf eine Weise, daß ihm seine Aufwendungen für verschiedene Waren und Dienstleistungen dieselbe Grenzbefriedigung bringen. So werde im privaten Bereich der Wirtschaft entschieden, was zu produzieren sei. Wenn wichtige Dinge nicht erzeugt werden, liegt es daran, daß es den Verbrauchern am Verständnis für ihre eigenen Bedürfnisse mangele. Ist die Verteilung der Produktionsmittel unvernünftig, liegt es an der Unvernunft der Verbraucher. Das Wirtschaftssystem unterscheidet nicht zwischen sinnvoll und sinnlos, seriös und abwegig.
Das Ergebnis unserer hier vorliegenden Analyse läßt sich mit der Vernunft und dem Glauben an den gesunden Menschenverstand leichter auf einen Nenner bringen. Die Leistung der Wirtschaft ist, gemessen am Bedarf, tatsächlich ungleichmäßig. Das liegt daran, daß die Macht, Mittel zu organisieren und Verbraucher und Staat von einer Notwendigkeit zu überzeugen, zwischen Marktsystem und Planungssystem ungleichmäßig verteilt ist. Einem unvoreingenommenen Menschen oder einem, bei dem die Hypnose allmählich nachläßt, erscheint das Ergebnis als irrational. Noch irrationaler wird die Angelegenheit durch die überlegene Fähigkeit des Planungssystems, Gemeinde und Staat für Dinge zu gewinnen, die (wie zum Beispiel Straßen für Automobile) ihre Produktion fördern und – wie in den beiden letzten Kapiteln aufgezeigt – eine Stabilisierung der Wirtschaft mit Hilfe öffentlicher Mittel erreichen, und zwar zugunsten des Planungssystems und zuungunsten des Marktsystems, das bei Krediten und Investitionen diskriminiert wird. Betrachtet man die Dinge so, dann muß man die Produktion allerdings als irrational betrachten.

2

In letzter Zeit wird insbesondere über vernunftwidrige Aufwendungen der Regierung geklagt. Waffen, bis zur Unbrauchbarkeit überzüchtete Flugzeuge, Mondexpeditionen, Raumfähren, Atomversuche, industrielle Forschung und Entwicklung und Straßenbau bekommen reichlich öffentliche Mittel zugewiesen. Chronisch knapp dagegen ist das Geld für äußerst wichtige öffentliche Bedürfnisse von größtem sozialem Nutzen: Erziehung, Polizei, Gerichte, Stadtsanierung, kommunale Dienstleistungen aller Art. Manche dieser Dienste werden so sehr vernachlässigt, daß das Leben heute in Städten wie New York, Los Angeles, Rom und Tokio unangenehm geworden ist, die Lebenserwartung kurz. Man hört immer wieder das Schlagwort, daß wir in den Vereinigten Staaten »bei den öffentlichen Ausgaben unsere Prioritäten falsch festgesetzt« hätten.

Auch hier hilft uns das neoklassische System nicht weiter. Die Verteilung öffentlicher Gelder entspricht nach wie vor dem Willen der Bürger. Entweder hat sich der Bürger in seine eigene Unbequemlichkeit und vielleicht sogar in die Selbstausrottung verrannt, oder unsere Regierung weist als Apparat derzeit irgendeinen Fehler auf, der für die falsche Verwendung öffentlicher Mittel verantwortlich ist. Das Ergebnis läßt sich schon absehen. Es gibt Teile des Marktsystems, insbesondere landwirtschaftliche Großbetriebe, die über die Legislative Druck auf die Regierung ausüben können. Ansonsten spiegelt die Verteilung öffentlicher Mittel getreulich die Macht des Planungssystems über den Staat wider. Wo diese Macht groß ist, wird viel oder zuviel getan. Wo sie fehlt, verkümmern die staatlichen Leistungen. Und am reichlichsten versorgt werden jene Dienste des Staates, deren Bürokratien symbiotisch mit den höchst entwickelten Technostrukturen des Planungssystems verknüpft sind. Wer dieses Buch studiert, wird sich daher nicht über die heutige Verteilung der öffentlichen Mittel wundern.

3

Immer lauter werden auch die Klagen über die Einkommensverteilung in der modernen Wirtschaft. Bei Drucklegung dieses Buches (1973) stand dieses Thema gerade im Mittelpunkt eines Wahlkampfes. Viele wohlhabende Idealisten sahen sich gezwungen, ihren Idealismus daraufhin zu überprüfen, ob er nicht zu kostspielig sei.
Das neoklassische System gibt zu, daß Unterschiede in Fähigkeit, Energie und Fleiß unterschiedlich belohnt werden. Aus Einkommen bildet sich Eigentum, und man behauptet nicht, daß Eigentum gleichmäßig unter der Bevölkerung verteilt sei. In manchen Teilen der Wirtschaft existieren Monopole, ausgestattet mit der besonderen Fähigkeit, die Empfänger von Monopolgewinnen zu bereichern. Aber das neoklassische System geht davon aus, daß die Verteilung der Mittel im allgemeinen zu einer Nivellierung der Ungleichheit tendiert. Anhaltende Einkommensunterschiede unter Arbeitnehmern verschiedener Wirtschaftszweige werden nicht geduldet. Einer der angesehensten Verfechter neoklassischer und noch älterer Ideen drückt es so aus:

> Der Wettbewerb bewirkt eine Angleichung der Lohnsätze für vergleichbare Arbeiten in verschiedenen Berufen und geographischen Bereichen, da der Arbeiter aus schlechter bezahlten Arbeitsverhältnissen in besser bezahlte abwandern wird. Diese Abwanderung hebt die Löhne in dem Markt an, der von den Arbeitern verlassen wird, und fängt sie in dem Markt, dem sie zuströmen.
> Ein Gleichgewicht in der berufsmäßigen und geographischen Lohnstruktur wird dann erreicht sein, wenn sich die Nettovorteile aller beruflichen Möglichkeiten des Arbeiters ausgeglichen haben. Unter »Nettovorteilen« versteht man die Gesamtheit aller Faktoren, die einen Arbeiter anziehen oder abstoßen, und die Theorie der konkurrierenden Lohnstruktur besteht hauptsächlich aus der Analyse dieser Faktoren *.

Das gegenwärtige System läßt jedoch erwarten, daß die Einkommensunterschiede zwischen Arbeitnehmern aus verschiedenen Bereichen der Wirtschaft bestehenbleiben werden. Darauf deuten fünf Faktoren hin, die von dem System nicht zu trennen sind.

*) George J. Stigler, *The Theory of Price*, Macmillan, New York 1966, S. 257–58.

1) Das Planungssystem legt seinen Konflikt mit den Gewerkschaften dadurch bei, daß es großzügig Lohnforderungen nachkommt und auch eine Beteiligung am Produktionszuwachs gewährt. Dazu fehlt dem Marktsystem, im Gegensatz zum Planungssystem, sowohl die Macht als auch, von wenigen Ausnahmen abgesehen, der Produktivitätszuwachs.

2) Die Kontrolle des Planungssystems über seine Preise und Kosten beinhaltet auch die Kontrolle über Preise, die an das Marktsystem berechnet und gezahlt werden. Dadurch gewinnt das Planungssystem weitgehenden Einfluß auf die Geschäftsbedingungen im Verkehr mit dem Marktsystem. Es faßt daher seine Geschäftsbedingungen (Preise, die dem Marktsystem gezahlt oder berechnet werden) natürlich immer zum eigenen Vorteil ab.

3) Dieser Vorteil wird ferner durch die Tatsache unterstützt, daß der kleine Unternehmer im Marktsystem seine Existenz teilweise seiner Fähigkeit verdankt, seine eigene Entlohnung zu kürzen und gelegentlich auch die Löhne seiner Arbeiter (da Gewerkschaften hier schwächer vertreten sind und weniger energisch verhandeln). Diese Ausbeutung erfolgt mit staatlicher Billigung, und die Selbstausbeutung des Unternehmers gilt sogar als Gemeinschaftsbezogene Tugend.

4) Maßnahmen zur Inflationsbekämpfung, wie sie in der Vergangenheit angewandt wurden, beschneiden Nachfrage, Preise und Einkommen im Marktsystem. Im Planungssystem sind die Preise unter Kontrolle, und die Löhne unterliegen der Autorität starker Gewerkschaften. In diesem Teil der Wirtschaft wirkt sich eine Beschränkung der Nachfrage daher auf Ausstoß und Beschäftigung aus. Die beschäftigten Arbeitnehmer erleiden, abgesehen vom Wegfall bezahlter Überstunden, keine Einbuße. Außerdem verringert die Arbeitslosigkeit eventuelle Chancen der im Marktsystem tätigen Arbeitnehmer, in besser bezahlte Stellungen im Planungssystem abzuwandern.

5) Das Planungssystem braucht, insbesondere für seine Technostruktur, Personal von einem verhältnismäßig hohen Ausbildungsstand – Ingenieure, andere Techniker, Buchhalter, Rechtsanwälte, Statistiker, Computer, Programmierer usw. Die bildungsmäßigen Anforderungen an Angestellte im Marktsystem – insbesondere in der Landwirtschaft – liegen traditionsgemäß weitaus niedriger.

Diesem Gefälle paßt sich das Erziehungssystem qualitativ an. Außerdem hat das Marktsystem (in den USA) in der Vergangenheit weitgehend auf Farbige und mexikanische Arbeitskräfte zurückgegriffen, wobei wiederum die Landwirtschaft führend war. Mangelhafte Schulbildung, Rassendiskriminierung und der Zwang zur Abwanderung aus traditionell bäuerlichen Gebieten in die Industriegegenden haben das Lohngefälle zwischen Marktsystem und Planungssystem noch verschärft.

4

Diese Analyse läßt deutlich erkennen, daß auch weiterhin eine Ungleichheit zwischen Marktsystem und Planungssystem (wie auch innerhalb des Planungssystems) bestehen wird. Das bedeutet, daß man die von der neoklassischen Nationalökonomie verfochtene Theorie einer Nivellierung auf breiter Basis zurückweisen muß; ohne eine durchgreifende Reform wird vielmehr in der Wirtschaft die Tendenz zu einer verhältnismäßig wohlhabenden und einer verhältnismäßig armen Arbeiterschaft bestehenbleiben. Die Verhältnisse in vielen städtischen Ghettos, Notquartieren und ländlichen Slums beweisen diese These.

Dem intelligenten Leser mag es sogar seltsam vorkommen, daß die Tendenz zu einer ungleichen Entlohnung in unterschiedlichen Teilen des Wirtschaftssystems erst noch bewiesen werden muß. Es wird immer wieder auf schlecht bezahlte Branchen hingewiesen. Berüchtigt ist die unverminderte Armut in zahlreichen ländlichen Gegenden, aber auch die Armut jener Leute, die diese Gegenden verlassen haben, aber noch immer keine Beschäftigung im Planungssystem fanden und in den städtischen Ghettos zusammengepfercht leben. Sowohl die Unterschiede als auch die Arbeitslosigkeit sind statistisch nachgewiesen. Aber dem muß man entgegenhalten, daß die Augenwischerei des neoklassischen Systems immer noch sehr wirkungsvoll betrieben wird. Man lehrt und glaubt nach wie vor, daß die Ungleichheit im Zuge von Wirtschaftswachstum und Fortschritt abnehmen wird. Daher kommt die moralische Kraft des Glaubens bei Reformen nur sehr beschränkt zum Zuge. Manche dringliche Reform – die den Arbeitern und Unternehmern im Marktsystem gegenüber dem Planungssystem eine stärkere Position verleihen würde – wird als überflüssig oder unklug hingestellt. Man kann sich wohl kaum eine größere Diskrepanz vorstellen als die zwischen einer Wirtschaft, in der Ungleichheit unabdingbar und ständig im Zunehmen begriffen ist, und einer Wirtschaft, in der die Ungleichheit eine Ausnahmeerscheinung ist und ständig abnimmt. Und nichts ist wichtiger in der Wirtschaftslehre, als die Dinge beim Namen zu nennen.

5

Es fällt auf – mehr noch in Europa als in den Vereinigten Staaten –, daß die Leute mit den angenehmsten Positionen, die sich am überzeugtesten zu ihrem Beruf bekennen, das meiste Geld bekommen und daß die mit den unangenehmsten Arbeiten am wenigsten erhalten. Der Mann am Fließband oder in der Werkstatt, der bedenkenlos gehen würde, wenn seine Lohntüte ausbliebe, verdient weitaus weniger als der Direktor, der sich laut zur Freude am Beruf und zu unbegrenzter Arbeitszeit bekennt, was natürlich nicht nachprüfbar ist. Je höher jemand in der Hierarchie aufsteigt, um so größer wird im allgemeinen die angebliche Freude an der Arbeit, um so höher die Bezahlung. Der absolute Unterschied in der Entlohnung bei denen, die Freude an ihrer Arbeit haben, und jenen, die sie ungern tun, ist sehr groß. Ein solcher Zustand würde uns sehr merkwürdig vorkommen, wenn wir uns nicht längst daran gewöhnt hätten.

Aber auch hierfür bietet meine Analyse eine Erklärung. Das Planungssystem ist gründlich durchorganisiert; keine Übereinkunft ist fester verankert als die Überzeugung, daß jemand, der in einer Organisation einen höheren Rang einnimmt, mehr verdienen muß als die unter ihm. Jeder einzelne nutzt natürlich seine bürokratische Macht zur Vertiefung dieses Unterschiedes, und je höher jemand in der Hierarchie der Kapitalgesellschaft emporgeklettert ist, um so größer wird in dieser Hinsicht seine Macht. Das Ergebnis ist eine sehr spitz zulaufende Preispyramide mit ungewöhnlichen Spitzengehältern. Man erklärte diesen Umstand natürlich nicht als Konsequenz der Macht, sondern als Kompensation des

Marktes für seltene und produktive Begabungen*. Das ist eine sehr praktische Formulierung.

Die Macht des Planungssystems im Staate sorgt ferner dafür, daß dieses hierarchisch verteilte Einkommen vor nachteiligen Steuermaßnahmen bewahrt bleibt – und sogar noch begünstigt wird. Praktisch alle steuerlichen Veränderungen in letzter Zeit hatten diese Wirkung; das ging so weit, daß ausgefallene Genüsse wie auch erotische und alkoholische Unterhaltung als geschäftsnotwendig und daher steuerabzugsfähig anerkannt wurden. Der spektakulärste Erfolg des Planungssystems bestand jedoch in der Durchsetzung eines Höchstsatzes von 50 Prozent bei der Einkommensteuer mit der Rechtfertigung, daß jedes Einkommen, und sei es noch so hoch, rechtmäßig verdient sei. Zwei der führenden amerikanischen Steuerfachleute drückten das, vielleicht übertrieben vorsichtig, so aus: »Der steuerliche Höchstsatz von 50 Prozent für Spitzeneinkommen ..., der im Steuerreformgesetz von 1969 festgesetzt wurde ..., verfolgt den Zweck, Spitzenkräfte der Wirtschaft und andere Einkommensempfänger zu entlasten, die ansonsten nach der Steuerprogression bis zu 70 Prozent bezahlen müßten. Diese Vorkehrung – wie viele andere – gewährt bestimmten Arten von Einkommen eine Sonderbehandlung und übersieht die Tatsache, daß eine Verbreiterung der steuerlichen Basis wesentliche steuerliche Erleichterungen für alle mit sich bringen würde.«** Dem Leser wird das als ganz normal erscheinen.

*) Sehr treffend dargestellt von Daniel Bell, The Corporation and Society in the 1970's, *The Public Interest*, Nr. 24 (1971), S. 25:
»Innerhalb des Unternehmens selbst liegt das Verhältnis zwischen dem am schlechtesten bezahlten Arbeiter (tariflicher Mindestlohn) und dem Durchschnitt der Führungsspitze oft bei 25 : 1 oder mehr. Womit wird dieser Abstand gerechtfertigt? Ursprünglich war der Markt die Begründung. Aber der Markt verliert immer mehr seine Bedeutung als bestimmender Faktor der relativen Unterschiede zwischen ›Gradeinteilungen‹ bestimmter Arbeiten oder Personen ... Da der Mensch eine klare Begründung für die unterschiedliche Entlohnung wünscht und braucht, wird man irgendein Prinzip sozialer Gerechtigkeit für soziale Unterschiede artikulieren müssen.«

**) Joseph A. Pechman und Benjamin A. Okner, Individual Income Tax Erosion by Income Classes, *The Economics of Federal Subsidy Programs*, eine Unterlagensammlung, die dem zweiundneunzigsten Kongreß im Jahre 1972 vom Vereinigten Wirtschaftsausschuß vorgelegt wurde; *General Study Papers*, Seite 21.

6

Die nächste Beschwerde zielt darauf ab, daß zahlreiche Erzeugnisse der modernen Industrie keine seriöse Funktion haben oder ihre angebliche Funktion nicht sicher oder nicht befriedigend erfüllen. Das Mißtrauen gegenüber technologischer Leistung im allgemeinen nimmt zu. Im neoklassischen System ist kein Hinweis darauf zu finden. Die fehlgeschlagene Erfindung ist nichts Ungewöhnliches. Ein Bedürfnis wird falsch verstanden, oder es läßt sich nicht realisieren wie beim Perpetuum mobile. Man findet jedoch keinen Hinweis darauf, daß dem Volk dauernd Erzeugnisse angedreht werden, die keine Leistung bringen oder die gar nicht funktionieren.

Wie wir gesehen haben, wird Innovation im Planungssystem nicht nach dem Bedarf beurteilt, sondern danach, was sich verkaufen läßt – oder was dem Management des individuellen oder öffentlichen Bedarfs dient. Im Falle von Verbrauchsgütern kann eine Veränderung, die gar nichts bewirkt, dem Verkauf des Produkts ebenso dienlich sein wie eine wirksame Veränderung; sie kann ein ebenso gutes oder noch weiteres Werbeargument zugunsten sexueller Erfüllung, sexueller oder gesellschaftlicher Vorrangstellung, persönlicher Schönheit, Schlankheit, des Prestiges eines einzelnen oder der Familie, der Bewahrung der Jugend oder einer besseren Verdauung sein. Da es sich um etwas Neues handelt, kann das Produkt schon dadurch verkäuflicher sein, daß man Neuheit schlichtweg mit Verbesserung identifiziert. Für den Hersteller ist das normalerweise vorteilhafter als die größere Zuverlässigkeit, die einem älteren bewährten Erzeugnis zugeschrieben wird. Eine unnütze Neuerung wird außerdem häufig das optische Veraltern der vorhandenen Produkte fördern. Bei der heutigen Einstellung zur Wirtschaft muß man mit solchen Klagen rechnen und auch mit technischen Pannen, die immer dann auftreten, wenn Wandel als Selbstzweck betrieben wird.

Im Falle öffentlicher Güter schließlich – insbesondere der Waffen – dient die technologische Innovation (mit freundlicher Unterstützung rivalisierender Wirtschaftssysteme) der Ausmusterung einer vorangegangenen Waffengeneration und ihrer nachfolgenden Ersetzung durch neue Waffen. Es darf nicht überraschen, daß ein solches Vorgehen in Verbindung mit den hohen Kosten und dem tödlichen Charakter der Produkte ein schlechtes Licht auf den Ruf der heutigen technologischen Innovation wirft.

7

Die nächste Sorge, die sich aus der modernen Wirtschaft erhebt, betrifft ihre Auswirkungen auf die Umwelt. Wie groß diese Sorge ist, braucht kaum betont zu werden.
Auch das neoklassische System sieht hier einen Schönheitsfehler. Der Preis einer Ware oder Dienstleistung schließt eventuell nicht alle Produktionskosten ein. Rauch, Gas oder Gerüche werden an die Luft abgegeben; Abfälle werden in Flüsse, Seen oder das Meer gekippt; industrielle oder kommerzielle Anlagen mögen das Auge beleidigen, obgleich dieser Punkt kaum erwähnt wurde. Dafür bezahlen mußte die Allgemeinheit und nicht der Käuferkreis dieses Produkts. In manchen Fällen, wie bei steigenden Ausgaben für Seife oder Krankenhäuser, wurden bestimmte Kosten auf andere Leute umgelegt. Manchmal ergab sich hieraus eine allgemeine Verminderung der Lebensfreude. Dies waren die externen Nachteile der Produktion – extern deshalb, weil sie sich dem Zugriff der Herstellerfirma entzogen und ihr nicht angelastet werden konnten, Nachteile deshalb, weil niemand daran dachte, sie schlichtweg als »Kosten« zu bezeichnen. Prinzipiell kann auch Konsum von externen Nachteilen begleitet sein – den Schäden, die der einzelne durch den Konsum eines bestimmten Produkts anderen anlastet, zum Beispiel durch Abgase seines Autos, den Rauch seiner Zigarette, seine aggressive Haltung nach Alkoholgenuß oder den Abfall seiner vorverpackten Nahrungsmittel. Aber man sprach kaum über die externen Nachteile des Konsums. Konsum war und ist in der neoklassischen Vorstellung eine fast ungetrübte Quelle sozialer Befriedigung. Auch in der Praxis nahm man die externen Nachteile der Produktion nicht ernst. Sie galten als interessante, theoretische Unvollkommenheiten des Marktsystems und nicht zentraler Aspekt seiner Funktion. »... eines der Haupthindernisse eines leichteren Theoretisierens ... und nicht ... eine existierende Bedrohung der Gesellschaft.« *

Selbst in bezug auf das Marktsystem untertrieb die neoklassische Nationalökonomie die externen Nachteile. Diese konnten erheblich sein, wie zum Beispiel bei der Verschmutzung von Rinderweiden oder dem Gebrauch von DDT und anderen Giften auf den Feldern. Nichts schadet der Umwelt mehr als Wälder von Reklametafeln an den Straßenrändern und ein unkontrolliertes Wuchern von Wohngebieten im Marktsystem **.

Wenn man die Dinge jedoch so betrachtet wie wir, wird die Umweltangst verständlich. Das Planungssystem strebt nach Selbstbestätigung durch Wachstum. Wachstum wird zum Zweck des Wirtschaftssystems und der Gesellschaft. Je mehr Wachstum, um so größer natürlich die Auswirkungen auf die Umwelt – um so gewaltiger die Masse von Abfällen, die an Luft oder Wasser abgegeben werden, um so mehr Landflächen gehen an die Industrie verloren, um so größer auch der Effekt des daraus resultierenden Konsums auf die Allgemeinheit. Da nichts so wichtig genommen wird wie die Produktionssteigerung, haben natürlich Autostraßen, Stromleitungen, Elektrizitätswerke, Tagebau und Verstädterung eine natürliche Daseinsberechtigung. Landschaft und Umwelt rangieren von Natur aus hinter der Wirtschaftsexpansion. Wer für sie eintritt, dem fällt die Beweislast zu.

Aus dieser Analyse ersieht man auch die tiefgreifenden Folgen eines ungleichen Wachstums für die Umwelt. Wirtschaftswachstum bevorzugt die Produkte des Planungssystems; die zivilen Dienste des Staates werden systematisch diskriminiert. Gefördert werden infolgedessen zahlreiche Formen privaten Konsums, die mit großen externen Nachteilen behaftet sind – zunehmender Autoverkehr und die damit verbundenen Abgase sowie eine Verstreuung verlassener und abgewrackter Autos über die Landschaft; zunehmende Verwendung vorverpackter Waren und das damit verbundene Gerümpel von Flaschen, Dosen, Kartons und nicht verwitterndem

*) Ezra J. Mishan, *The Costs of Economic Growth*, Praeger, New York 1967, Seite 56.

**) Die moderne Landwirtschaft bringt ebenso schwere externe Nachteile mit sich wie die Produktion und der Verbrauch von Industriegütern. Von besonderer Bedeutung ist hier das Weiden von Rindern (die mehr organische Abfälle produzieren, als in die Kanalsysteme sämtlicher Städte und Gemeinden der USA fließen), Nitrogen-Kunstdünger und Schädlingsbekämpfungsmittel. Siehe auch Barry Commoner, *The Closing Circel*, Knopf, New York 1971, S. 140 ff.

Plastik; zunehmender individueller Wohlstand und sein erhöhter Anreiz für Diebe und Gewalttäter, verbunden damit eine immer unsicherere und unfreundlichere Wohnlandschaft. Die öffentlichen Dienste, die diesen gesteigerten Konsum sozial erträglich machen könnten, werden nicht in ähnlicher Weise betont, zum Beispiel Verkehrsregelung, andere Verkehrssysteme, die Abfallbeseitigung und ein entschiedeneres Einschreiten von Polizei und Gerichten gegen die Versuchung, sich illegal an dem verlockenden Wohlstand zu beteiligen.

Wir haben auch gesehen, daß dem Planungssystem eine starke technische Dynamik innewohnt. Das bedeutet, daß das Planungssystem regelmäßig Formen der Umweltverschmutzung, an die sich die Öffentlichkeit gewöhnt hat, durch neuen Dreck ersetzt. An die Stelle der Angst vor den bekannten Gefahren der Schwefeldämpfe verbrennender Kohle tritt das undurchsichtige Schreckgespenst – die Strahlen eines Atomkraftwerks *.

Wenn schließlich die Umweltschädigung einen bedenklichen Umfang annimmt, verfügt das Planungssystem (im Gegensatz zum Marktsystem) über eine Alternative zu Abhilfemaßnahmen: die Überredung der Öffentlichkeit. Was die Produkte des Planungssystems betrifft, wird die Wirklichkeit durch eine Illusion der Wirklichkeit ersetzt. So geht es auch mit der Umweltverschmutzung. Anstatt Abhilfe zu schaffen, macht man der Öffentlichkeit vor, die Umweltverschmutzung sei nur eingebildet oder harmlos oder sie würde durch imaginäre Maßnahmen beseitigt. In den ersten sechs Monaten des Jahres 1970 haben Firmen des Planungssystems in den USA schätzungsweise eine Milliarde Dollar dafür aufgewandt, um ihre Besorgnis hinsichtlich der Umweltprobleme kundzutun **. Eine Werbeagentur versprach einer unter Beschuß geratenen Gesellschaft, eine entsprechende Schönheitsoperation des schwer angeschlagenen Image für lediglich vierhunderttausend Dollar – so viel sollten jeweils vier Zwei-Minuten-Sendungen im

*) Ezra J. Mishan gibt jenen Formen industriellen Wachstums, die vom Planungssystem besonders in den Vordergrund gestellt werden, eine besondere Schuld an der Umweltschädigung, »insbesondere der Zunahme chemischer Produkte, Plastikwaren, Automobile und des Luftverkehrs«. – Aus: On Making the Future Safe for Mankind, *The Public Interest*, Nummer 24 (Sommer 1971), Seite 46.

**) *Economic Priorities Report*, Band 2, Nr. 3 (September/Oktober 1971), S. 19.

Werbefernsehen, über sechsundzwanzig Wochen hinweg ausgestrahlt, kosten. Durch die Wahrheit ließ man sich dabei nicht beeindrucken:

... das »Chevron-Forschungszentrum« ..., das eindrucksvolle Gebäude, in dem Chevron ... den Kampf gegen Autosmog aufgenommen hatte, war nichts anderes als das Bezirksgericht von Palm Springs, das mit einem neuen Schild versehen war ... Die Firma Potlatch Forests behauptete: »Wir haben eine Menge Geld dafür ausgegeben, daß der Clearwater River immer noch sauber ist.« Als Antwort auf kritische Einwände, die Firma habe ihr Großreinemachen falsch dargestellt ..., sagte Expräsident Benton Cancell: »Wir haben uns nach besten Kräften bemüht. Heutzutage kann man es einfach keinem mehr recht machen – also zum Teufel damit.« *

Wenn man so etwas liest, erscheint die Besorgnis um unsere Umwelt berechtigt.

8

Man hat sich besorgt darüber geäußert, daß der moderne Großkonzern so wenig auf den Willen der Öffentlichkeit eingehe und im modernen Staat über zu viel Macht verfüge. Jetzt wird man erkennen, warum das so ist.

Die Technostruktur der Firma im Planungssystem verfolgt die Ziele, die für ihre eigenen Zwecke wichtig sind – die den Interessen der Technostruktur dienen. Innerhalb eines beträchtlichen Handlungsspielraums legt sie fest, was produziert werden soll, sie gestaltet die Preise und überzeugt den Verbraucher. In einer symbiotischen Beziehung zur staatlichen Bürokratie legt sie in ähnlicher Weise fest, was entwickelt oder produziert werden soll, und sorgt für die Zustimmung des Gesetzgebers. Daß ein solches Vorgehen einem einzelnen, der gelernt hat, daß er auf dem Markt und in der Wahlkabine der Chef sei,. unpersönlich, willkürlich und bürokratisch vorkommt, kann niemand erstaunen.

Dieser Konflikt wird teilweise durch Überredungskünste unterdrückt. Die übergeordnete Strategie der Werbung zielt praktisch darauf ab, den einzelnen davon zu überzeugen, daß die Ziele der Technostruktur einschließlich aller mit dem Kauf, Gebrauch oder

*) Ebenda, Seite 21.

Besitz ihrer Waren verbundenen Freuden im Grunde genommen seine eigenen Ziele sind. Aber jede Überredungskunst hat ihre Mängel. Wer nur unvollkommen oder gar nicht überzeugt wird, erkennt oder spürt, wie willkürlich dieses System ist. Es wäre durchaus möglich, daß auch viele der Überzeugten ein Gefühl behalten, wie sehr sie an das Rad der Wirtschaft geschmiedet sind. Was die öffentlichen Güter, insbesondere die Rüstung, anbetrifft, wird die Überredung ungeschickt oder primitiv betrieben. Man hält sie oft für überflüssig. So traut man dem Militär und der Zulieferindustrie ganz einfach eine genauere Kenntnis der Notwendigkeiten zu, als der Normalbürger sie besitzen kann. Verständlicherweise spürt man hier am deutlichsten das Unpersönliche und Willkürliche.

9

Das unterschiedlich starke Wachstum verschiedener Industrien führt dazu, daß einige nicht mehr das liefern, was andere brauchen. Im Falle von Treibstoffen und Heizöl wird sogar von einer Krise gesprochen. Aber davon weiß das neoklassische Modell nichts. Dieses Modell setzt einen Markt voraus, auf dem so etwas einfach nicht geschehen kann. Pannen können nur da auftreten, wo geplant wird, weil es kein verläßliches Mittel gibt, die Planungen verschiedener Industrien auf einen Nenner zu bringen.

10

Schließlich wurde schon im letzten Kapitel davon gesprochen, daß die moderne Wirtschaft eine ständige und beunruhigende Tendenz zur Inflation aufweist. Es macht sich eine zunehmende Unzufriedenheit hinsichtlich der Gegenmaßnahmen bemerkbar, die dem Volk lange Zeit als gut und richtig hingestellt wurden. Wenn man jedoch die Wirtschaft richtig sieht, wundert man sich nicht mehr über die Inflation und auch nicht darüber, daß sie allen orthodoxen Gegenmaßnahmen trotzt.

11

Vielleicht sollte man noch sagen, woher die dringendsten Klagen zu hören sind. Damit meinen wir nicht die Arbeiterschaft – die Gewerkschaften. Hier sind Beschwerden zu erwarten. Die Technostruktur hat sich mit ihrer Arbeiterschaft geeinigt. Konflikte werden dadurch vermieden, daß die Kosten der Einigung auf andere Bereiche der Wirtschaft abgewälzt werden. Das ist keine vollkommene Lösung. Aber wer im modernen Planungssystem nach einem Klassenkampf sucht, wird eine Enttäuschung erleben.

Beschwerden, unartikuliert, aber immer lauter und manchmal sogar gewaltsam vorgetragen, kommen aus den städtischen Ghettos, von unterbezahlten landwirtschaftlichen Arbeitskräften, von jungen Leuten, die im Planungssystem keinen Platz finden. Auch damit war zu rechnen. Das sind nämlich die Ausgebeuteten. Wer unsere Analyse richtig liest, muß erkennen, daß vieles dieser Ausbeutung zuzuschreiben ist, was man in den Vereinigten Staaten heute dem Rassenkampf anlastet.

Auch die Universitäten melden sich lautstark zu Wort. Kein Wunder, daß sie es tun. Das Planungssystem braucht im großen Umfang qualifiziertes Personal – eine seiner größten Leistungen besteht darin, daß es das ungebildete Proletariat weitgehend durch ein gebildetes ersetzt hat. Für das frühere Proletariat standen Klassendisziplin und Klassensolidarität im Vordergrund. Das neuere, gebildetere Proletariat macht sich Gedanken über die Werte des Bildungssystems, dem es sein Entstehen verdankt. Hier wird die individuelle Persönlichkeit betont, die Wichtigkeit des selbständigen Denkens. Deshalb stößt die Technostruktur bei ihrem ständigen Bemühen, andere zu überzeugen, in zunehmendem Maße auf Leute, die genau dafür erzogen wurden und gelernt haben, solchen Überredungskünsten mit Mißtrauen zu begegnen. Die Technostruktur kultiviert damit praktisch selbst die Kritik an ihrem eigenen Bestreben, die Persönlichkeit auszuschalten – an ihrem Bemühen, jeden vor ihren eigenen Karren zu spannen. Diese Tatsache ist von größter Wichtigkeit, eine Plattform, auf der künftige Reformen aufbauen müssen.

12

Nun wird man vielleicht nicht glauben, daß dem Wirtschaftssystem eine Tendenz innewohnt, sich selbst zu perfektionieren. Ungleiche Entwicklung, Ungleichheiten, eine frivole und unberechenbare Innovation, Umweltschädigungen, Gleichgültigkeit gegenüber der Persönlichkeit, Macht über den Staat, Inflation, das Versagen auf dem Gebiet der Koordination zwischen den Industrien sind ebenso Bestandteile des Systems, wie sie zur Wirklichkeit gehören. Es handelt sich auch nicht um kleinere Mängel, wie etwa ein fehlerhaftes Rädchen im Getriebe, die man feststellen und korrigieren könnte. Diese Mängel sind tief im System verankert. Sie sind Bestandteil eines Systems, in dem von Produzenten einseitig Macht ausgeübt wird – sie ergeben sich aus dieser Machtausübung. Und diese Macht erstreckt sich organisch auch auf den Staat, stützt sich ferner auf die Beeinflussung unserer gesamten Haltung. Für das, was der Mensch glaubt, ist von ungeheurer Bedeutung, was er gelernt hat – daher ist die Anschauung des Wirtschaftslebens, wie sie weithin noch gelehrt wird, wesentlich für die Macht des Systems. Wer in diesem Zusammenhang leichtfertig von Reform spricht, weiß wirklich nicht, was er sagt.

Dennoch sind die Mängel des Systems wirklich, schmerzlich oder gar bedrückend. Fast überall kommt man mit Illusionen weiter, nur nicht beim Egoismus und bei der hartnäckigen Weigerung einer erstaunlichen Anzahl von Menschen, sich zum Narren halten zu lassen. Reformen beginnen nicht mit Gesetzen oder Regierungsverordnungen. Sie beginnen bei unserer eigenen Einstellung zum Wirtschaftssystem.

Was bisher gesagt wurde, ist von entscheidender Bedeutung für die nun folgenden Seiten, die sich mit einer allgemeinen Theorie der Reform beschäftigen. Noch wichtiger ist jedoch die Darstellung der Tatsachen – daß gewisse Dinge nicht funktionieren.

Noch eine einleitende Bemerkung: Wer von Reform spricht, zieht sich unweigerlich den Unwillen jener zu, die fest davon überzeugt sind, daß die Lage des Menschen hoffnungslos sei. Die nun folgenden Seiten werden den vielleicht berechtigten Widerspruch jener Pessimisten erregen. Aber diese Pessimisten behalten erst dann recht, wenn wir nicht einmal zu einem Versuch bereit sind.

FÜNFTER TEIL

Allgemeine Theorie der Reform

XXI
Die negative Strategie der Wirtschaftsreform

I

In einer modernen Wirtschaftsgesellschaft geht die Reform unmittelbar von der Diagnose aus. Es wäre kaum nötig, eine solche Binsenwahrheit hervorzuheben, wenn es nicht darum ginge, daß die Diagnose zu Rezepten führt, die den liberalen oder sozialen und demokratischen Maßnahmen gelegentlich diametral gegenüberstehen. Aber bei genauer Überlegung leuchtet das ein. Wären die Standardmittel wirksam, gäbe es die gerade besprochenen Besorgnisse nicht.

Die übliche liberale oder sozialdemokratische Antwort auf Wirtschaftsmacht ist Ablehnung. Man muß sie zerstreuen, reglementieren, zähmen oder verstaatlichen. In den Vereinigten Staaten reagieren liberale Kräfte auf industrielle Macht automatisch mit der Forderung nach strenger Anwendung der Antitrust-Gesetze. Oder es werden die Kontrollorgane zur Pflicht gerufen: die Bundeshandelskommission, die Bundesnachrichtenkommission, das Bureau of Standards, das Verkehrsministerium oder das Büro für Verbraucherangelegenheiten usw. Man hält es für notwendig, die Kapitalgesellschaft bei ihrer Preisgestaltung, beim Einkauf, Service und bei der Produktgestaltung zur Beachtung der öffentlichen Interessen anzuhalten. Oder man setzt, wie es neuerdings erst gemacht wird, in die Aufsichtsräte der Sünder Leute, die als Sprachrohr der Öffentlichkeit auftreten. Handelt es sich schließlich beim Beschwerdeführer um einen Radikalen, ist der Verstoß sehr extrem, die Macht des beklagten Unternehmens groß und die Hoffnung auf Abhilfe minimal, dann ertönt vielleicht sogar der Ruf nach Verstaatlichung. Das private Unternehmertum hat hier versagt.

2

Wie gelegen manchen Leuten die Wirkungslosigkeit der Antitrust-Gesetze kommt, wurde bereits erwähnt. Man kann die praktische Erfahrung nicht leicht übergehen. Der Sherman Act von 1890, das grundlegende der Antitrust-Gesetze, ist erst ein knappes Jahrhundert alt. Die Bundeshandelskommission, als wichtigstes Organ einer generellen Steuerung der Industrie, feiert bald ihr diamantenes Jubiläum. Wenn tatsächlich etwas geschehen könnte, wäre es inzwischen längst geschehen. Aber wir müssen erkennen, daß nicht nur die lange Erfahrung Zweifel wachruft. Das in den Antitrust-Gesetzen enthaltene Rezept – die Auflösung großer Kapitalkonzerne und damit ihrer Macht – mutet dramatisch oder gar drakonisch an. So tröstet sich jede neue Generation mit der Ausrede, die Vorfahren seien übertrieben ängstlich gewesen, darüber hinweg, daß bisher nichts erreicht wurde. Aber für die Zukunft wird alles mögliche versprochen *. Für Rechtsanwälte sind sowohl Anklage als auch Verteidigung aufgrund der Antitrust-Gesetze eine ebenso lohnende Pfründe wie die traditionellen Autoversicherungen. Aber vom Standpunkt der Technostruktur und des Planungssystems aus gesehen, wirken die Antitrust-Gesetze erfreulich harmlos. Wenn es nur eine Handvoll großer Kapitalgesellschaften gäbe, die Macht über Preise, Kosten, den Verbraucher und die öffentliche Meinung ausüben, wäre ihre Aufgliederung in kleinere Einheiten und damit die Auflösung ihrer Macht eventuell möglich. Aber keine Regierung kann die Hälfte der gesamten Wirtschaft als illegal anklagen; sie wird es gewiß dann nicht tun, wenn ganz allgemein eine vernünftige Politik daran gemessen wird, was den Zielen dieses Bereichs der Wirtschaft dient. Das Planungssystem hat von den Antitrust-Gesetzen daher nur geringfügige Belästigungen zu fürch-

*) Das geschieht jedoch nicht immer sehr überzeugt. Siehe Donald F. Turners interessanten Aufsatz: The Scope of Antitrust and Other Economic Regulatory Policies, in dem Buch *Industrial Organization and Economic Development*, herausgegeben von Jesse W. Markham und Gustav F. Papanek, Houghton Mifflin, Boston 1970. Professor Turner, ein strenger Verfechter der Antitrust-Gesetze und als früherer Stellvertretender Justizminister zuständig für ihre Anwendung, konzediert »vergangene Unzulänglichkeiten und gelegentliche Lähmung der Antitrust-Maßnahmen auf Monopol- und Oligopol-Gebieten«. Aber er begnügt sich mit dem Vorschlag: »Die Politik sollte sich zumindest um eine bescheidene Intensivierung (bei der Anwendung) bemühen.« S. 76.

ten. Daraus ergibt sich als Konsequenz, daß man der Öffentlichkeit irgendwelche Maßnahmen vortäuschen muß.

Aber inzwischen ist auch klargeworden, daß die Antitrust-Gesetze die Probleme nur verschlimmern würden, wenn sie so funktionieren, wie ihre Verfechter es hoffen. Sie verfolgen den Zweck, den Wettbewerb anzuregen, Preise zu senken, die Ausschöpfung ungenutzter Mittel zu stimulieren und die betreffende Branche zu einer kräftigeren Expansion zu veranlassen. Aber das Problem der modernen Wirtschaft liegt ja nicht in der unzulänglichen Leistung des Planungssystems – des monopolistischen oder oligopolistischen Sektors, um auf die traditionelle Terminologie zurückzugreifen. Problematisch ist vielmehr, daß sich dieser Sektor stärker entwikkelt als das Marktsystem. Und je größer die Macht, um so kräftiger die Entwicklung. Diese Entwicklung bleibt da am bescheidensten, wo die Macht am geringsten ist – wo die wirtschaftliche Organisationsform am ehesten mit den vom Antitrust-Gesetz gesteckten Zielen konform geht. Wenn die Antitrust-Gesetze die Hoffnungen ihrer Vorkämpfer und derjenigen, für die sie geschaffen wurden, erfüllen sollen, würden sie die Entwicklung noch ungleicher machen, indem sie die Entwicklung genau jener Bereiche der Wirtschaft förderten, wo sie ohnehin schon am größten ist. Das wäre sehr peinlich. Würden sich die Erwartungen dieser Analyse verwirklichen – würde der Markt echt wiederhergestellt –, dann müßte der Wettbewerb auf das Niveau des Marktsystems absinken. Eine Politik, die jeden Bezug zur Wirklichkeit verliert, endet im Absurden.

Früher einmal wurde das Argument ins Feld geführt, daß die Antitrust-Gesetze bei strenger Durchführung die Möglichkeit des Monopolisten verringern, seine Arbeiter auszubeuten. Ungleichheiten würden dadurch gemildert. So etwas behaupten heute nicht einmal mehr die gläubigsten Anhänger der Antitrust-Gesetze, und zwar aus Gründen, die wir schon besprochen haben. Das Planungssystem beutet seine Arbeiter nicht in der klassischen Manier aus; im Vergleich zu den Kollegen im Marktsystem sind diese Arbeiter eine privilegierte Gruppe. Das ist einer der Gründe, warum die Gewerkschaften, die diese Arbeiter vertreten, keineswegs so leidenschaftlich wie manche Liberale für eine strengere Anwendung der Antitrust-Gesetze eintreten.

Daraus erkennt man, daß die Antitrust-Gesetze auf dem Weg zur Reform eine Sackgasse darstellen, in der sich jede Reformbestrebung totlaufen kann.

3

Aus den vorangegangenen Kapiteln wird auch das Problem einer Reglementierung deutlich. Jede Reglementierung, jedes Kontrollorgan wird es schwer haben, wenn die Überzeugung vorherrscht, daß die Zwecke der Firma mit denen der Öffentlichkeit übereinstimmen. Solange man nicht das Gegenteil beweisen kann, wird man jeder staatlichen Intervention unterstellen, daß sie dem öffentlichen Interesse zuwiderlaufe. Man wird sich im Namen des Volkes mit gerechter Empörung dagegen wehren. Das ist ein ernstes Handikap. Außerdem darf man annehmen, daß das Planungssystem jegliches Kontrollorgan, zumindest teilweise, unterwandern wird. Es wurde schon oft beklagt, daß Kontrollorgane dahin tendieren, zu Instrumenten oder gar Marionetten jener Industriezweige zu werden, die sie angeblich reglementieren sollen. Das ist ganz normal, wie wir gesehen haben.

Bevor der Staat in das Planungssystem eingreifen kann, muß klar erkannt werden, daß sich die Absichten von Planungssystem und Öffentlichkeit normalerweise nicht decken und daß ein regulierender Eingriff nicht die Ausnahme ist, sondern naturnotwendig. Und der Staat muß aus der Gewalt des Planungssystems befreit werden. Darauf kommen wir gleich noch zurück.

Aus unserer Analyse geht außerdem noch hervor, daß man Kapitalgesellschaften auf dem Umweg über ihre Aktionäre oder Aufsichtsräte nicht beeinflussen kann, wenn man von einer Kränkung der Selbstherrlichkeit einmal absieht. Eine politische Initiative würde nur von jenen ergriffen, denen dafür das richtige Maß fehlt. Die Stimmrechte in der Kapitalgesellschaft verteilen sich entsprechend den Eigneranteilen. Das Eigentum ist wiederum so aufgeteilt, daß die wenigen sehr Reichen unweigerlich die Mehrzahl der anderen überstimmen können. Das, was man hier als Demokratie in der Wirtschaft bezeichnet, ließe sich ungefähr mit einer New Yorker Kommunalwahl vergleichen, bei der die New

Yorker Bankiers und die Angehörigen der Familie Rockefeller gemeinsam über ebenso viele Stimmen verfügten wie alle übrigen Bürger zusammengerechnet. Die Bürger würden dann nicht mehr viele Vertreter ins Parlament wählen *.

Im Falle der Kapitalgesellschaft kommt noch hinzu, daß ein Öffentlichkeitsvertreter, sollte er tatsächlich gewählt werden, keinerlei Macht hat. Wie wir gesehen haben, leitet sich die Macht der Technostruktur von ihren Kenntnissen und ihrer Beteiligung an den aktiven Entscheidungen her. Dem hat kein Aufsichtsrat, der monatlich oder vierteljährlich für einige Stunden tagt, viel entgegenzusetzen. Wenn schon die Majorität eines Aufsichtsrates machtlos ist, dürfte sich die Minorität wohl kaum allmächtig fühlen. In dieser Lage befindet sich der Mann, der die öffentlichen Interessen vertritt.

Die Technostruktur mag in anderer Hinsicht noch so neuerungsfreudig sein, in politischen Fragen läßt sie sich kaum auf Abenteuer ein. Sonst müßten doch im Aufsichtsrat einer jeden großen Kapitalgesellschaft eine Frau, ein Farbiger, ein Umweltschützer, ein Verbrauchervertreter und der gestrengste aller Sicherheitsingenieure sitzen. Alle bekannten Agitatoren würden auf diese Weise untergebracht. Sie würden sich monatlich oder auch vierteljährlich mit den anderen Aufsichtsräten treffen, penetrante Fragen stellen, ob des Wertes ihrer Bemerkungen belobigt und mit dem Versprechen entlassen werden, man werde alles gewissenhaft prüfen. Aber es würde nichts geschehen. Das Planungssystem bliebe zumindest so lange ungestört, wie niemand die Harmlosigkeit dieses Gehabes durchschaute.

*) In jüngster Zeit erbrachten Bemühungen über die Aktionäre, der Firma General Motors bescheidene Sozialreformen aufzuzwingen, trotz beträchtlicher Anstrengungen und guter Organisation nur lächerlich geringe Ergebnisse – bei keinem einzigen Punkt mehr als drei Prozent aller abgegebenen Stimmen. Siehe Donald E. Schwartz, Toward New Corporate Goals: Co-existence with Society, *The Georgetown Law Journal*, Band 60, Nr. 1 (Oktober 1971), S. 57 ff. General Motors machte insofern eine Konzession, als ein angesehener Farbiger in den Aufsichtsrat gewählt wurde. Hauptsächlich hieraus schließt Professor Schwartz: »Unabhängig vom Abstimmungsergebnis waren die Resultate sehr eindrucksvoll.« Anscheinend läßt er sich zu leicht beeindrucken.

4

Die vorangehenden Kapitel haben auch gezeigt, inwiefern der Sozialismus Abhilfe schaffen könnte. Den Sozialisten locken ebenso wie den amerikanischen Liberalen die Machtpositionen. Der privaten Machtausübung stellt er als Gegengift die Verstaatlichung entgegen. Hier gilt, was schon zur Durchsetzung der Antitrust-Gesetze gesagt wurde: Verstaatlichung hilft nichts gegen Unterentwicklung oder Ausbeutung der Arbeiter im Ausübungsbereich der Macht, denn hier treten diese Übel am wenigsten in Erscheinung. Eine Verstaatlichung ist außerdem dann keine gangbare Lösung für private Machtausübung, wenn der Staat selbst zum Machtinstrument wird. Wie bei einer wirksamen Reglementierung müßte sich der Staat zuvor von der Beherrschung durch das Planungssystem befreien. Hinzu kommt noch, daß nicht die private Organisation das Problem der Macht aufwirft, sondern Organisation überhaupt. Jegliche Organisation schirmt sich gegen Einmischungen von außen oder oben ab; sie verfolgt die Ziele, die ihren Angehörigen dienen. So verhält sich die Organisation, bevor sie vom Staat übernommen wird; genauso wird sie sich auch nachher verhalten. Das gilt besonders dann, wenn die Organisation auf technischem Gebiet tätig wird und sich ihre Macht auf den mehr oder minder exklusiven Besitz von Informationen stützen kann.
Die Ziele mögen variieren. Eine staatliche Organisation bedarf zur Absicherung ihrer Autonomie nicht des Nachweises von Mindesterträgen. Technische Virtuosität um ihrer selbst willen könnte eine wichtigere Rolle spielen als Wachstum. Aber die staatliche Organisation wird sich nicht weniger für die Interessen ihrer Mitglieder einsetzen als eine private Organisation. Es wird auch keineswegs eine größere Gewißheit erreicht, daß diese Ziele mit den Interessen der Öffentlichkeit übereinstimmen. In letzter Zeit wurde mindestens ebensooft über die Gleichgültigkeit der Atomenergiekommission gegenüber dem Interesse der Allgemeinheit geklagt wie über die entsprechende Haltung von General Motors. Oberflächlich betrachtet zeugte die Testexplosion bei Amchitka, obgleich sie sich letztlich als harmlos erwies, von genausoviel unpersönlicher Gleichgültigkeit gegenüber den Belangen der Öffentlichkeit wie die Einstellung von General Motors zu Fragen der Sicherheit oder

schädlicher Abgase. Kaum jemand nimmt noch an, daß das US-Verteidigungsministerium für öffentliche Kritik oder Besorgnis empfänglicher wäre als die American Telephone and Telegraph Company. Anders war es auch nicht zu erwarten.

Dennoch fällt der Verstaatlichung dann eine gewichtige Aufgabe bei der Verwaltung von Macht zu, wenn diese Macht richtig erkannt wird. Wo öffentliche und private Organisationen symbiotisch miteinander existieren, da entsteht aus der Symbiose Macht – durch die Arbeitsteilung, die wiederum Lobbyismus, Aufwendung öffentlicher Mittel, Auslösung politischer Aktionen der Gewerkschaften oder lokaler Behörden und die Beschaffung vertraulicher Informationen durch die am besten dafür ausgerüstete Organisation, sei sie nun öffentlich oder privat, ermöglicht. Wie wir später noch sehen werden, spricht hier vieles für eine Verstaatlichung. Mehr noch spricht dafür, wenn sich der Staat aus der Umklammerung durch das Planungssystem befreien kann. Wir werden weiterhin sehen, daß eine Verstaatlichung in wesentlichen Teilen des Marktsystems unentbehrlich oder gar unvermeidlich ist, wo das Problem im Unvermögen, Macht auszuüben und Mittel zu beschaffen, besteht.

5

Allen Beobachtern der sowjetischen und chinesischen Volkswirtschaft fällt auf, welch starkes Gewicht man dort auf Schulung legt – auf massive Bemühungen unter Berufung auf marxistisch-leninistische Prinzipien und in China auf die Gedanken des Vorsitzenden Mao, um so für die Interessen des Staates zu werben und die Bürger zur Treue zu verpflichten; gemeint sind damit die Zwecke der Planung. Wir wissen inzwischen, daß diese Tendenz nichts Außergewöhnliches darstellt. Alle Planungssysteme sind darauf angewiesen, für die Ziele der Planer zu werben. Die von den Planungssystemen nichtsozialistischer Staaten angewandten Techniken – die neoklassischen Ideen, die Identifizierung mit der Gesellschaftsbezogenen Tugend, Werbung und direkte Propaganda, die Durchsetzung eines bestimmten »seriösen« Denkschemas durch das Establishment – sind ungleich vielschichtiger und subtiler als jene der kommunistischen Länder. Sinn und Zweck haben letzten Endes viel gemeinsam. Planung ist eben Planung, und man muß erreichen, daß die Ziele der Planer von der Öffentlichkeit akzeptiert werden. Daher muß der erste Schritt einer Reform in der Emanzipation von vorhandenen Überzeugungen bestehen. Solange das nicht geschehen ist, besteht keine Aussicht auf eine Mobilisierung der Öffentlichkeit zur Verfolgung eigener Zwecke, die jenen der Technostruktur und des Planungssystems entgegenstehen. Das Planungssystem wird weiterhin seine eigenen Ziele verfolgen, geschützt durch die Überzeugung, diese Ziele dienten der Öffentlichkeit am allerbesten. Die ungleiche Entwicklung, ungleiche Einkommen, eine ungleiche und unsinnige Verteilung öffentlicher Mittel, Umweltschädigungen, diskriminierende und unwirksame Stabilitätsmaßnahmen werden weitergehen, denn man wird sich immer noch einbilden, sie seien nichts anderes als Zufälle oder Fehler des Systems. Da niemand glaubt, daß ein systembedingter Konflikt zwischen den Absichten der Öffentlichkeit und denen des Planungssystems vorliege, wird sich auch niemand für die Öffentlichkeit einsetzen.

Wichtiger ist jedoch, daß der Staat auch weiter nach der Pfeife des Planungssystems tanzen wird. Nur mit einem Volksstaat (nicht mit einem Staat, der Privatbesitz des Planungssystems ist) lassen sich die vorgenannten Reformen und andere durchführen.

Die Emanzipation des Staates beginnt bei der Gesetzgebung, wie einem schon der untrügliche Instinkt für das Heilsame sagt. Die Legislative und nicht die Exekutive ist die natürliche Stimme der Öffentlichkeit gegen die Technokratie.

Sobald der Staat für die Zwecke der Öffentlichkeit wiedergewonnen ist, kann man an Reformen denken, die staatliche Maßnahmen erfordern. Diese zerfallen ganz logisch in drei Teile. Erstens müssen Macht und Kompetenz des Marktsystems wesentlich vermehrt werden – um die Entwicklung des Marktsystems im Verhältnis zum Planungssystem zu fördern und damit von dieser Seite her die systemimmanenten Ungleichheiten in der Entwicklung zu verringern. Hier sind unter anderem Schritte zur Beseitigung der ungleichen Ertragslage in den beiden Systemen erforderlich – die Verhandlungsposition des Marktsystems muß gestärkt und seine Ausbeutung durch das Planungssystem eingedämmt werden. In

Amerika nennt man das den neuen Sozialismus. Er ist notwendigerweise schon weiter gediehen, als die meisten ahnen.

Dann folgt eine neue Politik gegenüber dem Planungssystem. Sie besteht in einer Kontrolle seiner Absichten, damit diese dem öffentlichen Interesse dienen und nicht von sich aus festsetzen können, was öffentliches Interesse ist. Das bedeutet eine Beschränkung der Mittel in überentwickelten Bereichen und eine Umverteilung staatlicher Mittel dergestalt, daß sie nicht dem Planungssystem, sondern der Öffentlichkeit dienen. Die übergeordneten Interessen des Umweltschutzes müssen gewahrt werden, die Technologie hat dem Volk und nicht technokratischen Interessen zu dienen. Diesen gelten die nächsten Schritte der Reformstrategie.

Schließlich muß die Wirtschaft gesteuert werden. Das Problem besteht darin, daß es nicht eine Volkswirtschaft für Steuern gibt, sondern deren zwei: Die eine ist dem Markt unterworfen, die andere wird von den beteiligten Firmen geplant. Dieses Management der Wirtschaft ist der letzte Schritt in der allgemeinen Strategie einer Reform.

Man darf nur nicht glauben, auf all diesen Gebieten sei noch nichts unternommen worden. Die zu lösenden Probleme sind sehr real. Ebenso real sind die auftretenden Nachteile, wenn man sie ungelöst läßt. So hat die bittere Notwendigkeit praktisch in jedem Fall bereits bestimmte Maßnahmen erzwungen, die im Einklang mit unserer Analyse stehen. Meine Vorschläge sind zumeist nur insofern neu, als sie einen Gegensatz zu den Modalitäten der anerkannten neoklassischen Denkweise bilden und die theoretische Rechtfertigung dessen darstellen, was durch die Umstände und durch gesunden Menschenverstand bereits eingeleitet wurde.

XXII
Die Emanzipation der Überzeugung

I

Die Emanzipation der Überzeugung ist die schwierigste aller Reformaufgaben; alles andere hängt von ihr ab. Sie ist deshalb so schwierig, weil Macht, die sich auf Glauben stützt, ungewöhnlich autoritär auftritt. Kommt sie voll zur Geltung, verhindert sie von Natur aus jeden Gedanken, der ihren Zugriff schwächen könnte. Dieser Zustand kann sogar so angenehm sein wie das Geborgensein im Mutterleib, in dem der einzelne, ohne die Mühe geistiger Tätigkeit, ohne etwas entscheiden zu müssen, bequem ruht. Man könnte auch die Metapher von Tolstois glücklichem Soldaten verwenden, der alle persönliche Verantwortung dem Regiment übertragen hat. Und alle marschieren zum Trommelschlag der anderen. Unsere Aufgabe besteht heute darin, uns von den Lehren frei zu machen, die dann, wenn man sie akzeptiert, das Volk in den Dienst des Planungssystems stellen und nicht in den eigenen. Die Umstände sind günstig, denn, die vorangegangenen Kapitel haben es gezeigt, die praktischen Konsequenzen dieser Unterordnung – des Abfindens mit ungleicher Entwicklung, ungleichem Einkommen, der Verbreitung gefährlicher Waffen, der Schädigung von Umwelt und Persönlichkeit – sind immer schmerzhafter. Schmerz oder auch nur Unbequemlichkeit wirken jedoch überzeugender als das abstrakte Wort.

Es muß gegen die Überzeugung vorgegangen werden, daß die Zwecke des Planungssystems mit denen des Individuums übereinstimmen. Die Macht des Planungssystems beruht auf der Verbreitung der Überzeugung, daß jede staatliche oder private Maßnahme, die ihren Zwecken dient, auch den Zwecken der Öffentlichkeit dienlich ist. Das wiederum hängt mit dem Umstand zusammen, daß nach allgemeiner Überzeugung die Produktion und der Verbrauch von Waren, insbesondere jenen des Planungssystems, Glück bringen und Tugend bedeuten. Alles andere ordnet sich mehr oder minder diesem Ziel unter.

Die hier angesprochene Tugend ist das, was den Zielen des Planungssystems entgegenkommt. Das tugendsame Familienoberhaupt arbeitet hart für ein Gehalt, das für den Bedarf der Familie jedoch nie ganz ausreicht. In der Praxis steigt dieser Bedarf immer etwas rascher als das Einkommen. Der Arbeiter in der Fabrik ist daher zuverlässig und für Überstunden stets dankbar. Er legt die Arbeit nie mit der Entschuldigung nieder, im Augenblick habe er genug verdient und würde lieber faulenzen. In den vergangenen Jahren sind die Arbeiter an den Fließbändern der Autowerke dazu übergegangen, ihre Wochenenden zu verlängern, um mehr Freude am Jagen, Fischen, Faulenzen und Trinken zu haben. Keine dieser Freuden wird an sich schon als böse betrachtet. Man verurteilt sie jedoch entschieden, wenn sie an die Stelle einer Erwerbstätigkeit treten. Handelt es sich bei dem einzelnen um einen Angehörigen der freien Berufe oder einen leitenden Angestellten, wirken die genannten Zwänge noch stärker. Zu allem Überfluß muß er auch noch ein gutes Beispiel geben. Er strengt sich daher ganz besonders an. Gerade er darf in seinem Streben nach dem sogenannten höheren Lebensstandard, den man gelegentlich auch als ein typisch amerikanisches Attribut bezeichnet hat, niemals müde werden. Der echt gemächliche Direktor (im Gegensatz zum Antreiber) ist eine Seltenheit. Ein leitender Angestellter mit dem Lebensziel eines Bohemiens, der schlicht wohnt, sich schäbig kleidet, der einfaches Essen und billige Unterhaltung schätzt, wäre undenkbar.

Dieser Tugend hat auch die Familie zu gehorchen. Eine Frau ist dann eine gute Hausfrau, wenn sie ihre Zeit mit der Beschaffung und Verarbeitung der Waren und der Pflege jener Gegenstände verbringt, die den höchsten denkbaren Lebensstandard verkörpern. Ein Sohn ist dann ein guter Sohn, wenn er trotz aller jugendlicher Eskapaden im entsprechenden Alter vernünftig wird und Ingenieurwesen, Naturwissenschaften, Verwaltungstechnik oder eine andere dieser nützlichen Künste studiert und mit Hilfe einer geistesverwandten Frau Höheres anstrebt – ein Synonym für hohes Einkommen und entsprechend hohen Konsum. Ähnliches gilt für die Tochter, die sich nach einigen jugendlichen Experimenten mit Kunst, Hippiekleidung oder Promiskuität zur mütterlichen Lebensweise bequemt. Man sollte noch hinzufügen, daß diese Tugend besonders dann in Erscheinung tritt, wenn die Familie

Maßnahmen unterstützt – Besteuerung, Städteplanung, eine vernünftige Haltung gegenüber Luft- und Wasserverschmutzung –, die das garantieren, was man ein gutes Industrieklima nennt, wenn sie einen Instinkt für Politik und Politiker mitbringt, die für eine ständige Expansion der Volkswirtschaft eintreten, und wenn sie in patriotischer Pflichterfüllung die Notwendigkeit einer starken Verteidigung befürwortet.

Eine in dieser Weise tugendsame Familie dient in jeder Hinsicht den Zwecken des Planungssystems. Hier funktioniert dann auch der Prozeß, durch den diese Tugend jeweils den wandelnden Bedürfnissen der herrschenden Wirtschaftsmacht angepaßt wird. Früher, als der Kapitalist jegliches verfügbare Einkommen brauchte, waren es der sparsame Arbeiter und der arme, aber pflichtgetreue Buchhalter, die Lob verdienten und die bekanntlich ein schlichtes, aber erfülltes Leben führten. Heute, wo Wachstum oberstes Ziel des Planungssystems ist, gilt das Lob jenen, die möglichst viel ausgeben und konsumieren und sich sogar in Schulden stürzen, um einen angemessenen Lebensstandard aufrechtzuerhalten.

Man könnte sich eine Familie vorstellen, die sich in bezug auf das Einkommen ein bestimmtes Ziel steckt; in der Mann und Frau gemeinsam dieses Minimum beschaffen; die überlegt und bewußt zwischen Freizeit und Konsum wählen; die insbesondere jenen Konsum ablehnen, der durch seine Aufwendigkeit die Frau in die Rolle einer heimlichen Sklavin drängt; die ihre Kinder zur Selbsterfüllung und nicht zu einer nützlichen Ausbildung ermutigen; die sich für die Gemeinschaft und nicht für den einzelnen einsetzen und sich daher den Lebensraum nicht durch Industrie oder Handel beengen lassen; die in ihrer politischen Haltung wenig von einer Produktionssteigerung bei Gütern halten, die ohnehin schon reichlich angeboten werden – und die unempfänglich sind gegenüber Argumenten zugunsten von Ausgaben für nationales Prestige und militärische Macht, aus denen sie selbst keinen ersichtlichen Gewinn ziehen. Eine solche Familie wird nicht formell als böse angeprangert. Sie wird nicht aus der Gemeinschaft ausgestoßen, aber was sie an Achtung genießt, ist mehr die herablassende Duldung einer exzentrischen Einstellung.

2

Man muß ganz einfach erkennen, daß unsere Überzeugungen und die Gemeinschaftsbezogene Tugend nicht aus uns selbst stammen, sondern vom Planungssystem. Wird das erst einmal eingesehen, dann erkennen wir auch, daß Erfolg im Leben sehr unterschiedliche Formen annehmen kann und daß eine Volkswirtschaft durchaus auch dann erfolgreich sein kann, wenn sie die Möglichkeiten einer solchen freien Auswahl fördert. Das Streben nach möglichst hohen Einkommen und Konsum ist nur eine von vielen Möglichkeiten. Ebenso das Streben nach möglichst viel Freizeit – solange dadurch nicht anderen Kosten aufgebürdet werden. Denkbar wäre auch die Festlegung eines Zieles bei Einkommen und Konsum und die Zuwendung zu anderen, nicht auf den Erwerb ausgerichteten Tätigkeiten, sobald dieses Ziel erreicht ist. Bei der Überlegung, womit man seine Zeit verbringen will, sind die Möglichkeiten natürlich unbegrenzt. Man wird sich je nach Situation und Alter einen angemessenen Lebensrhythmus wählen *.

Es braucht nicht betont zu werden, daß jeder Angriff auf die herrschende Überzeugung und die damit verbundene Tugend jenen unangenehm sein wird, die in der Denkweise des Planungssystems befangen sind. Auch andere, die durch die vorherrschende Meinung an die Zwecke des Planungssystems gekettet sind, werden nicht gerade begeistert reagieren. Wir alle leben in der eitlen Vorstellung, Herr über unseren eigenen Willen zu sein. Die Notwendigkeit, gründlich über das Leben nachzudenken und in wirtschaftlicher Hinsicht eine Wahl zwischen verschiedenen möglichen Lebensstilen treffen zu müssen, wird manchen sehr schwerfallen. Es ist besser, sich in ein akzeptiertes Schema einzufügen, als so viel an Gedanken und Entscheidungen aufzuwenden.

Man wird außerdem behaupten, daß es für viele oder gar die meisten Familien gar keine Alternative zum heutigen Lebensschema gäbe. Der Zwang physikalischer und anderer unabdingbarer

*) Lange Zeit wurde angenommen, daß junge Leute nur insofern Einkommen anstreben, als es für bestimmte Konsumarten, wie ein Fahrrad oder ein Automobil oder eine Reise, erforderlich ist. Dann erfreut man sich des verdienten Konsums. Erst ab einem bestimmten Alter verlangen es Sitte und Moral, daß der einzelne seßhaft wird, das heißt, daß er entsprechend den Wünschen des Planungssystems ein Höchstmaß von Konsum und Einkommen anstrebt.

Bedürfnisse – ein Minimum an Ernährung, Kleidung, Unterkunft, Gesundheitsfürsorge und Erziehung – erschöpft jegliche Energie. Im Marktsystem mag es für viele stimmen. Aber es ist auch wahr, daß mit steigendem Einkommen die Bedürfnisse immer noch alle Energie ausschöpfen und jene Wahlfreiheit eliminieren. Darin besteht die Kunst des Planungssystems. Man muß sich gegen die Überzeugung wehren, das alles sei notwendig. Die erste Aufgabe der Verbesserung des Einkommens und insbesondere einer besseren Einkommensverteilung sollte darin bestehen, mehr Menschen aus den Zwängen physischer und anderer Bedürfnisse zu befreien und ihnen die Fähigkeit zu verleihen, sich entsprechend ihrem eigenen ökonomischen Lebensstil frei zu entscheiden.

3

Greift man die vorherrschende Überzeugung an, muß man zunächst aufzeigen, woher der heutige Mythos stammt. Danach gilt es, das zur stetigen Verbreitung dieses Mythos angewandte Instrumentarium zu identifizieren und unwirksam zu machen. Folgende vier Instrumente werden hier wirksam:

1. Die heutige Wirtschaftslehre. Über sie wurde schon genug gesagt. Was die Nationalökonomie heute lehrt, dient nicht dem Verständnis, sondern den Zwecken des Planungssystems. Die Wirtschaftslehre verfolgt, wenn auch unbeabsichtigt, dem einzelnen gegenüber den Zweck, zu verheimlichen, wie er regiert wird, und seine Ansichten denen des Planungssystems anzugleichen. Den Bann der heute geltenden Überzeugung kann man nur brechen, wenn man die Auswirkungen des Lehrgebäudes durchschaut, das diese Überzeugungen weiterverbreitet. Jeder Student der Volkswirtschaft sollte sich das vor Augen halten.

2. Die heutige Ausrichtung des Bildungssystems. Der offen ausgesprochenen Lehre der neoklassischen Nationalökonomie ist der unausgesprochene Sinn und Zweck des modernen Erziehungssystems gleichgeschaltet. Ganz allgemein gesagt, Einkommen und Konsum werden mit Leistung gleichgesetzt. Als nützlich gilt daher die Ausbildung auf den Gebieten Naturwissenschaft, Ingenieurwesen, Handel und Recht; einer Unterweisung in kreativem künst-

lerischem Schaffen wird nur eine dekorative oder erholsame Rolle zugewiesen. Der richtige Weg ist der, der dem Planungssystem dient. Alles andere wird von den Akademikern negativ gerechtfertigt, indem man sagt: Als zivilisierter Mensch vernachlässigt man so etwas nicht. Den Erziehern fällt die besondere Verantwortung zu, dafür zu sorgen, daß Erziehung nicht zu gesellschaftlichem Drill ausartet. Das bedeutet die Aufhebung jeglicher Unterscheidung zwischen nützlichen und unnützen Lerngebieten, die Abschaffung eines wirtschaftlichen Maßstabes für soziale Leistung.

3. Die heutige Reaktion auf klar sichtbare Überzeugungsbestrebungen. Im allgemeinen findet man sich heute mit der Werbung und mit anderen Formen der Meinungsbildung durch die Produzenten resigniert ab. Übertreibungen gehören einfach dazu, Verlogenheit wird als normal unterstellt. Aber man hält es nicht für schädlich, sich dem allen zu beugen. Die Emanzipation der Überzeugung fordert die Unabhängigkeit von allen Überredungsversuchen des Planungssystems. Damit sollen dem Individuum die Ziele der Technostruktur eingeimpft werden. Ein Mensch, der frei sein will, darf daher nicht nachgeben. Er muß Widerstand leisten. Wer gedankenlos jeder Überredung in bezug auf Kaufentscheidungen, Verhaltensweise oder Überzeugung nachgibt, der opfert den Zwecken des Planungssystems ein Stück von sich selbst. Ein hartnäckiger Widerstand auf diesem Gebiet bewirkt außerdem noch die Befreiung der Massenmedien von ihrer Abhängigkeit, von den Einkünften aus solchen Überredungskünsten. Auf dieses Thema komme ich gleich noch zurück.

4. Die Gestaltung der Politik. Abgesehen von den Volksvertretern gibt es in den Vereinigten Staaten hauptsächlich drei Gruppen von Stimmen, die sich mit einiger Autorität zu politischen Fragen – weise Reglementierung, Steuern, Ausgaben der öffentlichen Hand, Verteidigungs- und Außenpolitik – äußern können: a) die Bürokratie der Bundesregierung, b) die gebildeten Helfershelfer der Kapitalgesellschaften, insbesondere die Rechtsanwälte, und c) die Universitäten. Auf alle drei Gruppen, insbesondere jedoch die ersten beiden, übt das Planungssystem einen strategischen Einfluß aus. Mit der Exekutive der Regierung ist es symbiotisch verbunden. Die gebildeten Gehilfen sind wenigstens zum Teil dafür da, daß sie die Bedürfnisse des Planungssystems artikulieren und sich

dabei einen Anstrich von Unparteilichkeit geben, den Angehörige der Technostruktur nicht besitzen. Die täglichen Hinweise auf das sogenannte Establishment sind Verneigungen vor ihrer Macht. Von den Universitäten gehen, wie jeder weiß, sowohl Ablehnung als auch Zustimmung aus. Die ständige Betonung der Persönlichkeit läßt die Akademiker mißtrauisch oder skeptisch gegenüber den Absichten des Planungssystems werden. Aber die formelle Lehre, insbesondere in den volkswirtschaftlichen und politischen Fakultäten, ist eine starke Stütze für die Technostruktur.

Will man sich von bestehenden Überzeugungen befreien, muß man davon ausgehen, daß jede von der Exekutive und den Gehilfen der Kapitalgesellschaften ausgehende politische Meinung auch auf die Bedürfnisse des Planungssystems ausgerichtet ist, solange nicht das Gegenteil bewiesen wird. Niemand sollte glauben, daß hier verschwörerisch, böse oder auch nur absichtlich gehandelt würde. Viele dieser Aussprüche stammen von Männern mit hohem Ansehen und engem Horizont, die sich niemals in ihrem Leben vorstellen könnten, daß eine Divergenz zwischen den Absichten des Planungssystems und denen der Öffentlichkeit besteht.

Es geht um mehr als nur um Politik. Hier ist es wichtig zu erkennen, daß dem Planungssystem nicht nur die Beherrschung der öffentlichen Politik, sondern auch die Beherrschung der öffentlichen Moral dienlich ist. Was über das private Verhalten von Personen der Öffentlichkeit gesagt wird – ihre Arbeitsgewohnheiten, ihren Fleiß, ihre Disziplin, ihr Verbrauchergebaren, die in letzter Zeit besonders gepriesene Arbeitsethik –, ist normalerweise die Stimme des Planungssystems. Die Emanzipation der Überzeugung setzt auch diese Kenntnis voraus.

Es ist eine politische Notwendigkeit, zu erkennen, daß die Zwecke des Planungssystems von denen der Öffentlichkeit abweichen; diese Erkenntnis nenne ich öffentliche Selbstbesinnung.

4

Die Macht des Planungssystems beruht auf seiner Überzeugungsfähigkeit. Man wird die Frage stellen, ob es einer Emanzipation der Überzeugung nicht weitaus förderlicher wäre, jene Instrumente direkter anzugreifen, die ebendiese Überzeugungen beeinflussen oder kontrollieren. Warum entlarvt man nicht die neoklassische Nationalökonomie, warum verbietet man nicht die Werbung, bricht die Macht des Planungssystems über die Fernsehanstalten und andere Massenmedien, warum greift man nicht zu einschneidenden Maßnahmen, um Bildungsgelder von den Naturwissenschaften und der Technik auf die Künste umzuverteilen?

Nichts spricht für ein schrittweises Vorgehen, wenn härtere Maßnahmen mehr Erfolg versprechen. Aber wenn die Überzeugung die Quelle der Macht ist, muß man diese Überzeugung attackieren. Verständnis läßt sich nicht durch Gesetz befehlen. Das Problem liegt hier tiefer. Jede Planung strebt eine Kontrolle der Meinung an – das Volk soll so denken und handeln, wie es den Planern genehm ist. In den Volkswirtschaften sowjetischer Prägung erreicht man das durch formelle Schulung – durch die Errichtung einer korrekten und unverrückbaren *Linie*, die sich allerdings von Zeit zu Zeit entsprechend den Bedürfnissen der Planer verändert. In Volkswirtschaften westlicher Prägung erwirkt man die dem Planungssystem genehme Meinung im Namen des Liberalismus. Überzeugung besteht aus ganz bestimmten Schlußfolgerungen, zu denen jeder vernünftig denkende Mensch von allein gelangt, wenn er wissenschaftlich fundiert unterrichtet wird. Ansichten, die dem Planungssystem unbequem sind, werden nicht unterdrückt; man ignoriert sie oder brandmarkt sie als exzentrisch, unwissenschaftlich, ungenau, ungehörig oder stellt sie auf andere Weise als belanglos hin.

Aber Liberalismus wird nicht dadurch falsch, daß er diesen genehmen Überzeugungen als Tarnung dient. Das Gegenmittel ist nicht eine unliberale Unterdrückung der Techniken einer unwiderstehlichen Meinungsmache, sondern ein echt liberaler Widerstand gegen solche Überzeugungen. Man unterdrückt die neoklassische Nationalökonomie nicht; man zeigt ihre tendenziöse Funktion auf und sucht nach einem geeigneten Ersatz. Man erläßt keine Gesetze gegen Wissenschaft oder Technik; man muß nur erkennen, daß das Planungssystem hinter der Hervorhebung dieser Sparten gegenüber den Geisteswissenschaften steckt.

Das ist nicht nur eine liberale Medizin, es ist höchstwahrscheinlich sogar die einzig mögliche. Wenn Unterdrückung ein praktikables oder legitimes Instrument der Politik wäre, würde sie nicht gegen das Planungssystem, sondern zu seinen Gunsten eingesetzt werden. Außerdem ist eine Emanzipation der Überzeugung keineswegs so abwegig und theoretisch, wie sie klingen mag. Wenn die Leute erkennen, daß Werbung und andere Methoden kommerzieller Überredungskünste dem Zweck dienen, sie dem Planungssystem unterzuordnen – sie vor einen Wagen zu spannen, der nicht der ihre ist –, besteht eine gute Chance, daß diese Mittel ihre Wirkung verlieren. Was unwirksam geworden ist, wird man nicht mehr anwenden. Die Verbraucher werden dann ihre Zeitschriften und Zeitungen, ihr Radio und Fernsehen selbst bezahlen müssen. Und die Massenmedien ihrerseits werden nicht mehr im Dienst der Ziele und Wertvorstellungen des Planungssystems stehen. Es könnte durchaus sein, daß diese Entwicklung schon weit fortgeschritten ist. Zeitschriften, die von Werbung abhängig sind, mußten verschwinden. Übriggeblieben sind solche, die der Leser selbst bezahlt *. Nichtkommerzielle, auf Abonnements beruhende und über Drahtfunk verbreitete Fernsehprogramme haben gegenüber dem von der Werbung getragenen Fernsehen an Bedeutung zugenommen. Man ahnt zumindest instinktiv, daß die bisherige Überbetonung von Wissenschaft und Technik einen tendenziösen Beigeschmack hatte und der Industrie diente. In den letzten Jahren wird zunehmend gegen die von der neoklassischen Nationalökonomie verbreiteten Glaubenssätze rebelliert. Schließlich ist es ermutigend zu sehen, wie der Weisheit des Establishments zunehmend mit Kritik begegnet wird. Eine 1966 von Louis Harris durchgeführte Befragung ergab, daß 55 Prozent der Bevölkerung »großes Vertrauen« in die Industriekapitäne zum Ausdruck brachten. 1971 waren es nur noch 27 Prozent. Das Vertrauen in die Bankiers sank von 67 auf 36 Prozent, das in die führenden Bildungspolitiker von 61 auf 37 Prozent, das in die führenden Wissenschaftler von 56 auf 32 Prozent, das in die Werbeexperten von 21 auf 13 Prozent **. Ein wichtiger Faktor dabei war zweifellos die

*) Andere Erscheinungsformen des Zweifels sind das verstärkte Bemühen um Wahrheit in der Werbung und immer stärkere Forderungen an die Federal Trade Commission, die Food and Drug Administration und andere Kontrollgremien, die ein Minimum an Sicherheit und Wahrhaftigkeit garantieren sollen.

**) Laut Bericht in *The Progressive*, Dezember 1971, Seite 13.

Desillusionierung durch den Vietnamkrieg; das Vertrauen in die militärische Führung sank von 62 auf 27 Prozent *). All diese Entwicklungen lassen jedenfalls einen gesunden Trend erkennen.

Im letzten Jahrzehnt hat sich ferner gerade unter den jungen Leuten eine weitverbreitete Ablehnung der konventionellen Konsumnormen bemerkbar gemacht. Davon wurden Kleidung, Äußeres, Erholung, Lebensgewohnheiten und Hygiene betroffen. Diese Ablehnung wird begleitet von einem wesentlich schwächer ausgeprägten Karrieredenken. Man spürt, daß hinter dieser Haltung die instinktive Erkenntnis steht, daß die Gefangenen einer solchen Karriere für Zwecke ausgenutzt werden, die nicht ihre eigenen sind. Diese veränderte Haltung macht sich hauptsächlich unter den jungen Leuten der mittleren und oberen Einkommensschichten bemerkbar; es ist die Bevölkerungsschicht, in der die Sterilität eines nur auf Konsumstreben ausgerichteten Lebens am augenfälligsten wird. Da Waren hier den geringsten Grenznutzen aufweisen, wird das Streben danach durch Haltungen erzwungen, die besonders leicht als gekünstelt durchschaubar sind **).

Bezeichnenderweise entfaltete sich die Rebellion Ende der sechziger Jahre in einer Periode verhältnismäßig hoher Beschäftigung und ziemlich rasch steigender Durchschnittseinkommen. Der ver-

*) Ebenda.

**) Mit dieser Revolte befaßt sich Charles Reichs sehr populäres Buch *The Greening of America*, deutsch: *Die Welt wird jung*, Wien 1971. Professor Reichs Buch enthält einige Fehler, darunter eine weitgehende Unklarheit, was die Art und Motivation des von ihm prophezeiten Wirtschaftssystems betrifft. Aber ganz richtig empfindet er die Unzufriedenheit der jüngeren Menschen mit einer Gesellschaft, in der alles Streben auf eingeimpften und konkurrierenden Konsum ausgerichtet ist. Sowohl die hohe Auflage, die das Buch erzielte, als auch die ungewöhnliche Verbitterung, mit der es angegriffen wurde, beweisen, daß hier ein äußerst empfindlicher Nerv getroffen wurde. Reich stellte eindeutig den Kontrollmechanismus der herrschenden Ordnung in Frage. In diesem Zusammenhang sei bemerkt, daß die Verfechter der heute gültigen Überzeugung in der Regel als (sehr wirksame) Waffe das Argument verwenden, jeder Angriff auf die herrschende Ordnung sei unwissenschaftlich und daher intellektuell indiskutabel. Diese Waffe wurde auch sehr heftig, wenngleich wenig wirksam, gegen meine erste Auseinandersetzung mit den vorliegenden Gedanken in dem Buch *Gesellschaft im Überfluß* (Droemer Knaur) angewandt. Man bedient sich ihrer nicht immer bewußt. Am streitbarsten sind häufig die mittelmäßigen Gelehrten. Das liegt daran, daß sie am stärksten im Bann der gültigen Ordnung stehen und sich daher eventuelle Alternativen am wenigsten vorstellen können.

hältnismäßig leichte Zugang zu Beschäftigung und Einkommen gestattete wiederum Teilzeitbeschäftigung und führte zu einem allgemeinen Nachlassen der Disziplin in der Wirtschaft. Man konnte sich an der Revolte beteiligen, ohne eine Sanktion in Form eines totalen Einkommensverlustes befürchten zu müssen – die klassische Bestrafung jener, die sich mit den Zielen des Systems nicht identifizieren *.

Es steht demnach fest, daß die Emanzipation der Überzeugung bereits begonnen hat, aber es standen ihr bisher noch ernste Hindernisse entgegen. Die meinungsbildenden Kräfte sind noch nicht hinreichend identifiziert. Man weiß auch zuwenig über die Absichten der Kontrolle, fast nichts über die Technik einer solchen Kontrolle, und schließlich wurde noch nicht erkannt, daß die Flucht aus der Disziplin des Planungssystems nicht eine Flucht in Disziplinlosigkeit bedeutet, sondern nur einen Übergang zu der schwierigeren Selbstdisziplin. Doch je klarer sich die Form der Revolte herauskristallisiert, desto unzweifelhafter wird ihre Ausdehnung. Es gibt einen Präzedenzfall. In den letzten Jahrzehnten des vergangenen Jahrhunderts und zu Beginn unseres Jahrhunderts ahnte das Volk instinktiv, daß man allem mit Mißtrauen begegnen müsse, was die etablierten Kräfte des Landes forderten: die Bankiers, die seriösen Zeitungen, die hochverehrten US-Senatoren. Hinter allem steckte kapitalistisches Zweckdenken. Man konnte sich ausrechnen, daß die Reichen dadurch nur noch reicher würden. Anhänger der Volkspartei in den Vereinigten Staaten, Sozialisten und Sozialdemokraten in Europa waren zutiefst davon überzeugt. Um die Mitte der dreißiger Jahre wandten sich die angesehenen Kräfte fast einmütig gegen Roosevelt und seine Politik des

*) Ein anderer Faktor, der die Macht des Planungssystems aushöhlte, war der Vietnamkrieg. Davor wurde der Bedarf an Rüstungserzeugnissen mit der Notwendigkeit begründet, das militärische Gleichgewicht gegenüber der Sowjetunion aufrechterhalten zu müssen, oder auch mit den abstrakteren Argumenten von Nationalprestige und militärischer Sicherheit. Diese Gründe wurden zwar nicht allgemein akzeptiert, aber auch nicht offen angegriffen. Wer an die Notwendigkeit solcher Ausgaben glaubte, sah außerdem seine Intelligenz nicht öffentlich in Frage gestellt. Der Vietnamkrieg erregte ganz unmittelbar die Antipathie jener, die damit rechnen mußten, für diesen Krieg eingezogen zu werden. Und die Begründung, die man für den Krieg gab, war denkbar unglaubwürdig.

New Deal. Damit war für den Volksinstinkt bewiesen, daß Roosevelt recht hatte. In den vergangenen dreißig Jahren hat die Technostruktur die wahrhaft heroische Leistung vollbracht, die öffentliche Meinung abermals für sich zu gewinnen – ihren instinktiven Argwohn gegen Zucht und Ordnung einzudämmen. Aber es wäre zu pessimistisch anzunehmen, daß die einstige Befähigung zu Skepsis ein für allemal verlorengegangen sei.

Außerdem ist dem menschlichen Geist ein heilsamer Widerstand gegen jegliche Autorität eingepflanzt. Wenn der Mensch die Vorgänge durchschaut, durch die und für die er manipuliert wird, darf man ziemlich sicher mit einer ablehnenden Haltung rechnen.

XXIII

Der gerechte Haushalt und seine Konsequenzen

> Um die vollkommene Emanzipation der Frau zu erreichen und die Frau dem Manne gleich zu machen, ist es notwendig, die Hausarbeit zu sozialisieren und die Frauen an allgemein produktiver Arbeit zu beteiligen. Dann werden Frauen dieselbe Position einnehmen, der sich die Männer erfreuen.
>
> *Lenin*,
> Die Emanzipation der Frauen.

I

Wie wir gesehen haben *, bedarf die moderne Wirtschaft zu ihrem Erfolg einer Klasse heimlicher Diener. Diese Klasse ermöglicht die mehr oder minder unbegrenzte Expansion des Konsums, und zwar trotz erheblicher damit verbundener Verwaltungsaufgaben. Es war eine der spektakulärsten Leistungen des Planungssystems, die Frauen zur Übernahme einer solchen Rolle heimlicher Sklaven zu bewegen – diese Bereitschaft sogar zu einem wesentlichen Merkmal der Gemeinschaftsbezogenen Tugend zu erheben. Die neoklassische Lehre hat dadurch, daß sie diese Tätigkeit aus der wirtschaftlichen Kalkulation ausklammerte und die Persönlichkeit der Frau im Konzept des Haushalts untergehen ließ, wo niemand mehr ihren Verzicht auf die freie Wahlmöglichkeit bemerkt, einen wichtigen Beitrag zur Verschleierung dieses Vorgangs gegenüber den betroffenen Frauen selbst geleistet. Heute ist es möglich, daß Frauen Volkswirtschaft studieren, ohne zu entdecken, auf welche Weise sie der Wirtschaft dienen – wie sie von ihr ausgenutzt werden.

Aber die Frauen haben sich noch nicht völlig mit ihrer wichtigen Rolle in der Wirtschaft abgefunden. In den letzten Jahren machte sich unter den Frauen aller Industrieländer ein gewisses Maß von Unruhe oder gar Rebellion bemerkbar. Auch hier haben wir es mit einer Reaktion zu tun, die beweist, wie real die hier besprochenen

*) Siehe Kapitel IV.

Probleme sind. Wie fast immer fehlt ein klarer Einblick in die zugrunde liegenden wirtschaftlichen Zusammenhänge. Dann sollte sich von allein als logische Konsequenz die Emanzipation der Überzeugung einstellen. Wenn die Frauen nämlich erst einmal ihre Rolle als Instrumente der Konsumausweitung zugunsten des Planungssystems erkennen, werden sie sich mit dieser Rolle sicher nicht mehr so stillschweigend abfinden. Man sollte es zumindest hoffen.

2

Das Ziel eines jeden Wirtschaftssystems muß vernünftigerweise so beschaffen sein, daß es allen Individuen ohne Ansehen des Geschlechts gestattet, gesellschaftlich vertretbare, persönliche Ziele anzustreben. Es dürfte nicht sein, daß ein Geschlecht dem anderen durch Zwang oder Konditionierung untergeordnet wird. Angesichts der Techniken, mit deren Hilfe den Frauen heute solche Rechte vorenthalten werden, ist hierfür ein wesentlicher Wandel der Art und Weise notwendig, wie im Haushalt Konsumentscheidungen gefällt werden. Die Mindestvoraussetzung wäre ein Abwägen des administrativen Aufwands der Beteiligten. Das bedeutet, daß die Frau als Verwalterin des Konsums entscheidend über den Lebensstil mitbestimmen müßte, da sie die Hauptlast zu tragen hat. Wird die Entscheidung gemeinsam getroffen, müßten auch die Aufgaben der Konsumverwaltung – Säuberungspflege und Reparatur der Wohnung, der Gegenstände und Fahrzeuge sowie die Planung und Vorbereitung des gesellschaftlichen Lebens – gleichmäßig verteilt werden. Sowohl das eine wie auch das andere würde eine drastische Veränderung der heutigen Konsumgewohnheiten bedeuten.

Eine plausiblere Lösung wäre jedoch ein Vorgehen gegen eine fundamentalere Ursache. Gemeint ist ganz grundsätzlich das Konzept der Familie, in der ein Partner für das Einkommen sorgt und der andere die Einzelheiten seiner Verwendung überwacht. Die Familie ergibt sich zu einem wesentlichen, aber nicht genau festlegbaren Teil aus einer wirtschaftlichen Notwendigkeit. Für Landwirtschaft und Handwerk bildete sie eine äußerst geeignete Einheit mit genau festgelegter Verantwortlichkeit für Entscheidungen über Produktion und Konsum und einer nutzbringenden Arbeitsteilung hinsichtlich der verschiedenen Aufgaben, die für die Herstellung und den Gebrauch von Gütern anfielen. Der Mann verrichtete die schwere Feldarbeit oder die heroischer gefärbten Aufgaben von Jagd und Raub; die Frau kümmerte sich um das Geflügel und nähte die Kleider. Durch Industrialisierung und Verstädterung sind die Aufgaben der Produktion jedoch nicht mehr nach Körperkraft und Fähigkeit zwischen Mann und Frau verteilt. Der Mann verschwindet in der Fabrik oder im Büro, die Frau beschäftigt sich ausschließlich mit dem Management des Verbrauchs. Das ist eine praktische Übereinkunft, nicht aber eine sinnvolle und notwendige Arbeitsteilung; auf einer unteren Konsumebene kann eine Person durchaus beide Aufgaben übernehmen. Die Arbeitsteilung ist auch ökonomisch nicht mehr erforderlich – ohne damit leugnen zu wollen, daß die Familie auch noch anderen Zwecken dient wie der Liebe, dem Sex und der Kindererziehung. Mit steigendem Lebensstandard wird sie jedoch immer mehr zu einem Instrument, das steigenden Konsum ermöglicht. Eine Bestätigung dafür ist die Tatsache, daß die Familienbande mit der Industrialisierung und mit steigendem Lebensstandard immer schwächer werden.

Daraus folgt, daß man die Frauen im Zuge der wirtschaftlichen Entwicklung veranlassen sollte, in der Ehe nicht eine Notwendigkeit zu sehen, sondern eine Unterordnung ihrer Persönlichkeit aus Tradition, und zwar eine Unterordnung, die in den Gewohnheiten und den Bedürfnissen des Planungssystems gegründet ist. Viele sollten sich frei entscheiden können, die konventionelle Familie zugunsten anderer Formen des Zusammenlebens abzulehnen, die ihrer individuellen Persönlichkeit eher entsprechen.

Das bedeutet in der Praxis auch, daß Frauen, um wahrhaft unabhängig zu werden, Zugang zu eigenem Einkommen haben müssen. Für das Leben außerhalb der traditionellen Familie ist das ohnehin notwendig. Auch im Rahmen der Familie würde auf diese Weise – für kürzere oder längere Zeitspannen – eine unabhängige Existenz ermöglicht.

Ein solches persönliches Einkommen verleiht der Frau eine stärkere Entscheidungsgewalt im Haushalt. Sie verrichtet eine Arbeit, die ihren individuellen Vorstellungen von der Lebensgestaltung zumindest einigermaßen entspricht. Selbst wenn diese Arbeit nicht zufriedenstellend sein sollte – das ist die Arbeit für viele Menschen nicht –, so handelt es sich doch nicht um eine Vorbestimmung wie etwa bei der Domestizierung durch die Ehe (damit ist die Konsumverwaltung gemeint). Die Ehe sollte aufhören, eine riesige Falle zu sein. Eine tolerante Gesellschaft sollte nicht schlecht von einer Frau denken, die ihre Befriedigung im Geschlechtsverkehr, Kindergebären, Kindererziehen, schönen Kleidern und Konsumverwaltung findet. Auf jeden Fall aber ist eine Gesellschaft zu verurteilen, die keine Alternative anbietet – und die das auch noch als eine Tugend hinstellt, was in Wirklichkeit nur den Produzenten von Waren nützlich ist.

Chancengleichheit für die Frau bei der Wahl des Arbeitsplatzes erfordert die Unterstützung durch das Gesetz. Sie erfordert auch eine Serie flankierender Reformen. Sie sind in ihrer Art nicht gerade neu, denn der Instinkt des Menschen zur Lösung von Problemen hat die Diagnose des Übels gewöhnlich schon vorweggenommen. Viererlei ist besonders wichtig:

1) Vorsorge für eine kompetente Betreuung der Kinder. Die Wichtigkeit dieses Punktes ist unbestritten. Es ist dies auch, gemessen an äußerst orthodoxen Leistungsmaßstäben, von außerordentlichem wirtschaftlichem Vorteil. In einer Kinderkrippe sorgt eine Person kompetent für zahlreiche Kinder; in der Familie sorgt eine Person ohne entsprechende Berufsausbildung nur für ein Kind oder für einige wenige. Es wird daher kaum eine andere Institution geben, die so unmittelbar einer Steigerung der Produktivität dient. Eine professionelle Betreuung der Kinder bietet noch weitere Vorteile. Die Gemeinschaftsbezogene Tugend unterstellt dem heute gültigen System die ganz besonderen Vorzüge elterlicher Liebe. Sie spricht so gut wie nie über jene Fälle, in denen die elterliche Zuneigung durch Langeweile, Gleichgültigkeit, persönliche Abneigung, Alkoholismus und andere psychologische oder physiologische Störungen, auch durch eine ernste Verständnislosigkeit gegenüber dem Kind, versagt.

2) Eine größere individuelle Bewegungsfreiheit in bezug auf die Arbeitszeit. Daß Frauen im Gegensatz zu den Männern ein Mutterschutzgesetz mit garantiertem Sonderurlaub brauchen, wird allgemein akzeptiert. Auch ihre Eingliederung in den Arbeitsprozeß

erfordert einige Flexibilität. Was sich schrittweise verwirklichen ließe, ist dann ausgeschlossen, wenn man glaubt, eine abrupte Neuordnung der Haushaltspraxis verlangen zu müssen. Eine Arbeitswoche von drei bis vier Tagen oder fünfzehn bis zwanzig Stunden kann vielen Frauen den Übergang ermöglichen, für die unsere heutige Arbeitszeitregelung ein unüberwindliches Hindernis darstellt.

Noch etwas anderes spricht viel allgemeiner und zugunsten beider Geschlechter für eine solche Flexibilität. Nur dann, wenn der einzelne die Länge seiner Arbeitszeit pro Woche oder auch pro Jahr frei wählen und für längere Zeit unbezahlten Urlaub nehmen kann, verfügt er tatsächlich über die freie Entscheidung zwischen Einkommen und Freizeit. Das Fehlen dieser Flexibilität – die Verpflichtung zu einer genormten Arbeitszeit – geht von der Annahme aus, daß alle Beschäftigten ungefähr dieselben Präferenzen hinsichtlich ihrer Wahl zwischen den Vorzügen des Einkommens und denen der Freizeit haben. Also müssen sich alle derselben Anzahl von Arbeitsstunden in der Woche, derselben Wochenleistung pro Jahr beugen. Das ist eine barbarische Prämisse, außerdem eine Verleugnung der Individualität, die unsere konventionelle Wirtschaftslehre zu verteidigen vorgibt. Der Wunsch nach Flexibilität zeigt sich in den großen Unterschieden, die dann auftreten, wenn ein Arbeiter zwischen Überstunden und Blaumachen zu entscheiden hat. Die Tatsache, daß die Industrie immer noch uniforme Arbeitszeiten vorschreibt, ist lediglich eine Konzession an die administrative Bequemlichkeit und keinesfalls von Bedeutung für die Arbeitsleistung *.

3) Eine Beendigung des derzeitigen Monopols der Männer auf die besseren Arbeitsplätze in der Technostruktur. Auf diesem Gebiet herrscht derzeit praktisch ein totales Monopol. 1969 waren über 95 Prozent aller Posten in der Industrie mit einem Jahresgehalt von mehr als fünfzehntausend Dollar mit Männern besetzt. In dieser Tatsache spiegelt sich in gewisser Weise ein gesunder Instinkt der Technostruktur. Wenn diese erfolgreich das egoistische Ziel des Wachstums anstreben soll, müssen genug Frauen vor-

*) Mit dieser Frage habe ich mich in *Die moderne Industriegesellschaft* auseinandergesetzt, Droemer Knaur, München 1968, Seite 404 ff.

handen sein, um den vermehrten Privatverbrauch zu verwalten. Da die Technostruktur dies spürt, geht sie mit gutem Beispiel voran und sperrt sich gegen Frauen, die dann, wie gewünscht, den Pflichten im Haushalt nachgehen können. Ganz auf dieser Linie liegt, wie bereits bemerkt, daß die Direktorenfrau in der Regel musterhaft und voller Stolz die Rolle der tüchtigen Hausfrau auf höherer Ebene übernimmt. Aber man sollte sich vor komplizierten Erklärungen hüten, wenn eine ganz einfache zur Hand ist. Das Monopol der Männer im Geschäftsleben stellt für seinen Nutznießer eine angenehme Tradition dar; die Frauen haben auf eine Herausforderung verzichtet, weil sie in der Gemeinschaftsbezogenen Tugend erzogen wurden – in der Vorstellung, ihre eigentliche Pflicht liege in der Familie und in der Verwaltung des Konsums.

Freiwillig werden sich die Männer das Monopol nicht entreißen lassen. Dafür wird gesetzlicher Druck erforderlich sein, und da sich die Kapitalgesellschaft nicht mehr auf die Immunität, mit einer angeblichen Unterordnung unter den Markt, berufen kann – da man sie als öffentliche Körperschaft betrachten muß –, sind der Anwendung eines solchen Drucks keine Grenzen gesetzt. Eine geeignete Maßnahme würde darin bestehen, alle Firmen des Planungssystems ab einer bestimmten Größe zu verpflichten, in den verschiedenen Gehaltsklassen anteilig so viele Frauen zu beschäftigen, wie es ihrem Anteil an der Arbeiterschaft insgesamt entspräche. Dafür sollte man eine großzügige Übergangszeit gewähren; ich habe bereits an anderer Stelle im Kollegenkreis gefordert, daß die großen Kapitalgesellschaften einen Zehnjahresplan für eine stufenweise Anpassung vorlegen müßten *. Die Behauptung, es würde dadurch irreparabler geschäftlicher Schaden entstehen, muß zurückgewiesen werden. Man wird im Gegenteil zugeben müssen, daß Frauen genauso dumm sind wie Männer und daß der Technostruktur ohnehin immer nur ein begrenztes Maß an Intel-

*) Eine Gemeinschaftsarbeit mit den Professoren Edwin Kuh und Lester C. Thurow vom Massachusetts Institute of Technology unter dem Titel The Minority Advancement Plan, in *The New York Times Magazine* vom 22. August 1971. Dieser Plan sieht ähnliche Vorkehrungen für Farbige und spanisch sprechende Mitbürger vor, die aus anderen, noch weitaus weniger entschuldbaren Gründen ebenfalls de facto von der Technostruktur ausgeschlossen sind.

ligenz zur Verfügung steht. Eine solche Reform würde das Reservoir an verfügbarer Intelligenz wesentlich vergrößern – praktisch verdoppeln.

4) Schaffung der erforderlichen Ausbildungsmöglichkeiten für Frauen. Diese Notwendigkeit liegt auf der Hand. Weniger selbstverständlich ist die Tatsache, daß Bildungsinstitutionen, insbesondere die Universitäten und Fachschulen, nach der bisherigen Diskriminierung für eine bestimmte Zeit eine positive Diskriminierung zugunsten der Frauen üben müssen. Alles andere wäre nur eine Fortsetzung der bisherigen Diskriminierung. Aus demselben Grund müssen die oberen Bereiche der Technostruktur durch Gesetz gezwungen werden, Frauen einzustellen und zu fördern; das wiederum zwingt Berufsfachschulen und andere Bildungsstätten, geeignete Kräfte zur Verfügung zu stellen. Sobald die Auswirkungen der früheren Diskriminierung beseitigt sind (dasselbe gilt in noch höherem Maße für ethnologische Minoritäten), kann die Auswahl wieder blind erfolgen – aber erst dann.

3

Die Konsequenz der Frauenemanzipation – und der Rationalisierung des Haushalts – wird eine wesentliche Veränderung des Lebensstils sein. Wie immer wieder bestätigt wird, stellt das Leben in den Vororten der Großstädte hohe Anforderungen an die Verwaltung des damit verbundenen Konsums. Fahrzeuge müssen gepflegt, Wohnungen in Ordnung gehalten, Kinder befördert, Unkraut gejätet, Haustiere behandelt werden. Zudem stellt der gesellschaftliche Verkehr und der damit verbundene Wettbewerb der Hausfrauen untereinander erhöhte Anforderungen. Müßte der Mann sich an all diesen Aufgaben beteiligen, würde er wahrscheinlich anders über die Vorzüge des Vorstadtlebens denken. Städtische Wohneinheiten sind in ihrer Verwaltung viel weniger aufwendig. Es überrascht daher nicht, daß man hier im allgemeinen Frauen findet, die im Leben ihren eigenen Weg gehen.

Es wird auch noch zu anderen Veränderungen kommen. Speisen werden in größerem Umfang von Berufsköchen vorbereitet, und man wird weniger zu Hause kochen, obgleich die oft recht zweifelhafte Qualität der Hausmannskost ein so hochgepriesener Bestandteil der Gemeinschaftsbezogenen Tugend ist. Man wird sich mehr externer Dienstleistungen bedienen und weniger hauseigener Geräte: Wäschereien, Reinigungsfirmen, öffentliche Transportmittel werden an die Stelle der von der Hausfrau bedienten Waschautomaten, Staubsauger und Privatautos treten. Berufsunterhalter jeder Art werden das gesellige Leben ersetzen, bei dem es in erster Linie um die Zurschaustellung weiblicher Talente als Köchin, Hausfrau, Gärtnerin und Bardame geht. Verständlicherweise werden die schönen Künste einen Auftrieb erleben. Kunst läßt sich, im Gegensatz etwa zu handwerklichen Fähigkeiten, verhältnismäßig einfach verwalten, und diese Aufgabe ist an sich schon interessant und ausfüllend.

4

Hier ist noch eine letzte Bemerkung angebracht. Die wirtschaftliche Produktion teilt sich in Dienstleistungen und Waren oder Sachen. Abgesehen von *vielen* Ausnahmen werden die Dienstleistungen vom Marktsystem gestellt; die Sachen stammen im großen und ganzen vom Planungssystem. Dienstleistungen sind geographisch weit gestreut und von der Persönlichkeit dessen abhängig, der sie anbietet; beide Faktoren sind schlechte Voraussetzungen für die Organisation und damit für das Planungssystem. Die Herstellung von Waren ist vorwiegend eine Funktion des Planungssystems – die große Mehrzahl der Konzerngiganten sind Herstellungsbetriebe. Der Konsum von Waren erfordert in den meisten Fällen Verwaltung – Zubereitung, Säuberung, Pflege, Reparatur, Beseitigung. Der Konsum von Dienstleistungen verlangt normalerweise keine Verwaltung; sie werden praktisch mit der Leistung aufgebraucht. Eine sehr große Anzahl von Dienstleistungen, zum Beispiel der Wäschereien, Garagen und Reparaturwerkstätten, der Installateure und Schneeräumer, verfolgen den Zweck, die mit dem Gebrauch oder Verbrauch von Waren einschließlich des Grundbesitzes verbundenen Verwaltungsaufgaben zu erleichtern.

Daraus ergibt sich, daß in der Wirtschaft eine substantielle Verlagerung von Waren auf Dienstleistungen stattfinden wird, wenn die Frauen nicht länger als Verwalter des Konsums zur Verfügung stehen und die administrativen Aufgaben somit eingeschränkt werden müssen. Das bedeutet aber auch eine Verlagerung des Schwergewichts vom Planungssystem auf das Marktsystem. Sie müßte zumindest subjektiv fühlbar werden. Das könnte ein weiterer Grund dafür sein, daß die Hersteller von Waren die derzeitige Rolle der Frau so überzeugt zur Tugend erheben.

Kaum über ein anderes Gebiet kann man sich so gründlich auslassen wie über die Veränderungen, die mit einer Emanzipation der Frauen von ihrem gegenwärtigen Dienst an der Konsumgesellschaft und dem Planungssystem verbunden wären. Aber uns geht es im Augenblick um die Emanzipation selbst. Sollen sich jetzt andere ihre Gedanken über die Auswirkungen machen – wie sie wirklich aussehen werden, muß die Zukunft zeigen.

XXIV
Die Emanzipation des Staates

I

Das Planungssystem verfolgt seine eigenen Zwecke und paßt die Öffentlichkeit diesen Zwecken an. Die Regierung spielt durch ihr Beschaffungsprogramm sowie die Schaffung verschiedener Voraussetzungen für das Planungssystem eine lebenswichtige Rolle bei der Förderung der Zwecke dieses Systems. Im Mittelpunkt dieser Funktion steht die Überzeugung, daß alles, was den Zwecken und Bedürfnissen des Planungssystems dient, auch im Interesse der Öffentlichkeit liegt. Was dem Planungssystem nützt, wird zur vernünftigen Politik.

Wir sehen die Wirklichkeit jetzt klarer. Im Planungssystem herrschen die Absichten der Produzenten vor. Die Unterordnung des Staates unter eine individuelle Zweckbestimmung, die das Interesse von Produzenten und Öffentlichkeit gleichschaltet, ist nur Tarnung oder Mythos. Wer nicht in einer Welt von Illusionen lebt, muß davon ausgehen, daß die Absichten von Planung und Öffentlichkeit auseinanderstreben. Konflikt ist die Regel und nicht der Sonderfall. Es wird sich als günstig erweisen, für die politische Erkenntnis dieses inhärenten Konfliktes eine Bezeichnung zu finden. Man könnte, wie ich bereits vorgeschlagen habe, von öffentlicher Selbstbesinnung sprechen. Die öffentliche Selbstbesinnung akzeptiert die grundlegende Divergenz zwischen den vom Planungssystem angestrebten Zielen und dem, was der Öffentlichkeit und ihren Interessen oder Bedürfnissen nützt.

Eine Öffentlichkeit, die sich auf sich selbst besonnen hat, erwartet nichts anderes, als daß die Regierung in Abwesenheit geeigneter Gegenbemühungen jenen Bereich der Wirtschaft unterstützt, der am höchsten entwickelt ist. Auf diese Weise fördert die Regierung die ungleiche Entwicklung. Dadurch und auch durch weitere Maßnahmen zugunsten der Erfordernisse des Planungssystems trägt sie zur ungleichen Einkommensverteilung bei. Eine Unterstützung technischer Entwicklungen entspricht den Zwecken des Planungssystems und ist, wie im Falle der Rüstung, auch noch mit einer lebensbedrohenden Gefahr verbunden. Staatlicher Umweltschutz wird durch übergeordnete Zwecke des Planungssystems, insbesondere Wachstum und technische Weiterentwicklung, unterminiert. Die Vereinigung und die Symbiose zwischen Planungssystem und Staat werden auch bei den Diensten des Staates selbst zu einer höchst ungleichen Entwicklung führen. Jene Dienste, die den Erfordernissen des Planungssystems entsprechen, für den Absatz seiner Produkte sorgen oder sich aus der symbiotischen Verbindung von Technostruktur und Staatsbürokratie ergeben, werden großzügig gefördert. Andere Dienste leiden Not.

Bei einer Reform hätte die Regierung eine zweifache Rolle zu spielen. Einerseits stellt die Regierung einen wesentlichen Bestandteil des Problems dar. Andererseits kann man nicht auf sie verzichten, wenn es darum geht, Abhilfe zu schaffen. Sie ist an dem Problem ungleicher Entwicklung, ungleicher Einkommensverteilung, schlechter Verteilung der öffentlichen Mittel, der Umweltschädigung und unwirksamer Kontrollen wesentlich beteiligt. Und dennoch gründet sich jede Hoffnung auf eine Lösung des Problems auf diese Regierung.

Beide Rollen der Regierung verlangen nach demselben Rezept: Ihre Befreiung aus dem Zugriff des Planungssystems. Ehe sich die Regierung nicht auf solche Weise emanzipiert, müssen stark vereinfachende Ratschläge für staatliche Maßnahmen nutzlos bleiben. Entweder wird nichts geschehen, oder diese Maßnahmen werden sich, wie schon so viele zuvor, zugunsten des Planungssystems auswirken. Niemand kann Vertrauen in die lebenserhaltende Therapie seines Hausarztes haben, wenn dieser gleichzeitig und mit noch mehr Hingabe dem Beruf eines Bestattungsunternehmers nachgeht.

2

Gerade in den Vereinigten Staaten muß die Emanzipation jetzt als Hauptproblem – überhaupt als *das* Problem – bei jedem Wahlverlauf erkannt werden. Die Betonung liegt auf dem Wort »erkannt« werden. Denn schon ohne diese Identifizierung ist die

Emanzipation bereits von größter Wichtigkeit. Bei der Politik des Präsidenten der USA hat man die Republikanische Partei als das Machtinstrument des Planungssystems akzeptiert. Daß sie von den großen Kapitalgesellschaften unterstützt wird und sich mit ihnen identifiziert, kann nicht einmal mehr von Politikern bestritten werden, und man hat das auch nicht mehr nötig. In der Demokratischen Partei ist die Situation nicht so klar. Im Idealfall müßte das Planungssystem bei beiden Parteien die Politik des Präsidenten kontrollieren können. Das vermindert das Risiko eines Machtverlustes bei irgendeiner Präsidentenwahl. Ein Flügel der Demokratischen Partei akzeptiert bereits, ohne seine Bereitschaft in dieser Richtung ganz einzugestehen, im wesentlichen das Prinzip des Dienstes am Planungssystem und der damit verbundenen Vorteile. Unterstützung für Waffenkäufe, Straßenbau, technische Hilfe zugunsten des Planungssystems bei Projekten wie dem Bau von Überschallverkehrsflugzeugen, finanzielle Garantien wie im Fall der Lockheed Corporation, ein stillschweigendes Abfinden mit den Steuerprivilegien des Planungssystems und seiner Angehörigen – in all dem zeigt sich diese Identifizierung. Sie wird einem natürlich auch klar, wenn man erkennt, wie sicher sich Präsidentschaftskandidaten auf die finanzielle Hilfe des Planungssystems und seiner Angehörigen verlassen können. (Hierzu ist nicht einmal der Nachweis eines entschiedenen Eintretens für Planungsziele erforderlich. Individuelle Abweichungen duldet das Planungssystem.) Vielleicht spürt dieser Flügel der Demokratischen Partei sehr feinfühlig, daß ein Wahlsieg nur möglich ist, wenn die Grundziele des Planungssystems akzeptiert werden.

Doch in den letzten Jahren hat sich ein anderer Flügel dieser Partei – allerdings wiederum ohne deutliche Selbstdarstellung – auf die Seite der Öffentlichkeit und gegen die Planungsziele gestellt. Grundlegende Erfordernisse des Planungssystems wurden attakkiert. Die Wahlen von 1972 mit ihren Forderungen nach einer Verminderung der Verteidigungsausgaben, der Schließung von Schlupflöchern bei der Steuergesetzgebung, einer Sozialreform, besserer Einkommensverteilung und entschiedeneren Maßnahmen zum Schutz von Umwelt und Verbraucher stellten einen noch nie dagewesenen Angriff auf die Zwecke des Planungssystems dar. Das Ergebnis war eine noch nie dagewesene Niederlage. Möglicherweise muß man dieser Niederlage jedoch zugute halten, wie neu ein solches Programm war. Noch nie war ein Kandidat, der sich so offen auf die Seite der Bevölkerung stellte und der das Planungssystem so hart kritisierte, auch nur in die Nähe einer Nominierung gelangt. Vielleicht lag es an der zunehmenden öffentlichen Selbstbesinnung, daß so etwas möglich wurde.

Wenn die Emanzipation des Staates überhaupt eine Chance haben soll, muß es zweifellos eine politische Gruppierung geben, die diese öffentliche Selbstbesinnung akzeptiert und sich ausdrücklich der Öffentlichkeit verpflichtet fühlt. Auch in anderen Industriestaaten ist eine ähnliche politische Richtung zu erwarten. Sie verdient Ermutigung und Unterstützung. Sowohl in den USA als auch in anderen Industrieländern muß damit gerechnet werden, daß sich viele aus Tradition liberale, sozialistische oder sozialdemokratische Politiker – die Bezeichnungen variieren –, die gewohnheitsmäßig treu und fest zu den Zielen des Planungssystems stehen, schützend vor dieses System stellen werden.

Bei der politischen Diskussion in den Vereinigten Staaten und anderen Industrieländern geht es derzeit um unterschiedliche Interpretation des öffentlichen Interesses. Angeblich wird es durch die Ziele des Planungssystems verkörpert. Es ist eine höchst irreführende Formulierung, von Vorteil nur für das Planungssystem. Je mehr sich die öffentliche Selbstbesinnung durchsetzt, um so deutlicher wird man in der Diskussion das öffentliche Interesse dem des Planungssystems gegenüberstellen. Das ist der wahre Kernpunkt der Diskussion.

3

Die Nagelprobe für den Präsidentschaftskandidaten oder das entsprechende Äquivalent in anderen Ländern sind öffentliche Selbstbesinnung und das Eintreten für die öffentlichen Interessen, nicht für die des Planungssystems. Diesen Test haben auch die Kandidaten der Legislative zu bestehen, denn bei der Strategie für die Emanzipation des Staates muß die Legislative eine tragende Rolle spielen.

Hierin könnte man teilweise einen Widerspruch sehen. Die Staatsbürokratie ist der natürliche Verbündete der Technostruktur; im hochentwickelten Stadium treten die beiden Organisationen symbiotisch auf. Daß ein Präsident danach beurteilt wird, wie klar er die Divergenz zwischen öffentlichen und Planungsinteressen erkennt, ist selbstverständlich und wichtig. Aber der Präsident ist durch sein Amt teilweise ein Gefangener der Bürokratie. Als Regierungschef kann er sich nicht dauernd im Widerspruch zu der Organisation befinden, die er leitet. Diese Rolle des Gegenspielers und Aufsehers fällt daher dem Kongreß zu.

Wie schon wiederholt bemerkt, wirft jede soziale Reform ihre Schatten voraus. In diesem Fall trifft dies ganz besonders zu. In den letzten Jahren bildete der Kongreß bei Bewilligungen für Anti-Raketen-Raketen, Überschallverkehrsflugzeuge, Raumforschung, einen bemannten Bomber, die C-5A, die Raumfähre, andere militärische Geräte und die finanzielle Unterstützung der Lockheed Corporation eine Plattform der Opposition gegen die Staatsbürokratie, wo diese eine symbiotische Verbindung mit einer privatwirtschaftlichen Technostruktur eingegangen war. Es handelte sich durchweg um Fälle, wo öffentliches Interesse und das des Planungssystems deutlich auseinanderstrebten – wo dem Planungssystem auf Kosten der Öffentlichkeit ein Gefallen erwiesen wurde. Die Reaktion der Volksvertreter vollzog sich nicht in einem Vakuum. Sie spiegelte ganz sicher die wachsende öffentliche Selbstbesinnung wider. Es fehlte lediglich der Scharfblick für die Kräfte, die diese Reaktion trugen.

4

Im vergangenen Jahrzehnt betrachtete man den Kongreß der Vereinigten Staaten ausdrücklich als ein Instrument wirtschaftlicher Sonderinteressen. Im Gegensatz dazu hielten Liberale die Exekutive schlechthin für den Wächter der übergeordneten nationalen Interessen. Der Rollentausch ist kein Zufall. Hierin spiegelt sich, wie es auch sonst im Leben vorkommt, eine Anpassung an Veränderungen in den tragenden Institutionen wider.

Im Frühstadium des sich organisierenden Kapitalismus waren Abgeordnete und Senatoren die natürlichen Diener der Geschäftsleute auf dem Parkett der Regierung. Der Unternehmer konnte eigene oder ihm zur Verfügung stehende Mittel einsetzen. Diese Mittel – Geld und Wählerstimmen seiner Angestellten sowie eine aus wirtschaftlicher Abhängigkeit und Furcht vor Vergeltung entsprungene Hochachtung – bildeten politische Waffen in seiner Hand. Die Gewählten benahmen sich so, wie es sich für Untergebene gehört.

Im Falle der US-Bundesregierung kam noch hinzu, daß die Abgeordneten sowie die meisten Senatoren von überschaubaren Wahlbezirken gewählt wurden, in denen man das Geld und den Einfluß der führenden Unternehmer wirkungsvoll zum Tragen bringen konnte. Kein Abgeordneter wurde im Zweifel darüber gelassen, woher seine Unterstützung stammte, was man als Gegenleistung erwartete oder welche Konsequenzen er zu befürchten habe, falls er von einer bestimmten Linie abwich. Trotz aller moralischen Rechtschaffenheit paßte er seine Überzeugung, und damit auch sein Gewissen, den politischen Gegebenheiten an. Der Präsident hingegen wurde von einer weitaus größeren Wählergemeinde bestimmt. Keine einzelne Firma oder Industrie durfte sich bei seiner Wahl besondere Verdienste zuschreiben. Außerdem war der Vorgang seiner Wahl sehr viel offenkundiger, was zur Folge hatte, daß Konzessionen an wirtschaftliche Interessen viel diskreter bleiben mußten.

Unter den Liberalen verstärkte sich der Eindruck, die Regierung sei über wirtschaftliche Sonderinteressen erhaben, besonders 1933 und danach, als Roosevelt die Opposition gegen Banken, Business und die Reichen zur rhetorischen (und prestigemäßig, wenn schon nicht wirtschaftlich wahren) Grundlage seiner Amtsführung erhob. Den Konservativen, die sich überwiegend aus großen und kleinen Geschäftsleuten rekrutieren, blieb keine andere Wahl, als ihre Zuflucht beim Kongreß zu suchen. Die in diesen Jahren entstandene Beamtenbürokratie war zuständig für Hilfsmaßnahmen, Sozialfürsorge, Mindestlöhne, Gewerkschaftsförderung, Landwirtschaftshilfe, die Elektrifizierung weiter Landgebiete, die Entwicklung des Tennessee-Tales und die Unterstützung des öffentlichen und privaten Wohnungsbaus. All das diente nicht unmittelbar den Zwecken des aufstrebenden Planungssystems. Keine dieser Bürokratien stand in symbiotischer Beziehung zu den großen

Kapitalgesellschaften. Die neuen Beamtenbürokratien (und Bürokratien insgesamt) wurden daher zum natürlichen Prügelknaben der im Kongreß vertretenen konservativen und wirtschaftlichen Sonderinteressen. Daraus ergab sich eine zusätzliche Bestärkung in dem Glauben, die Exekutive sei der Wächter der Öffentlichkeit gegenüber den Wirtschaftsinteressen.

Seit dem Zweiten Weltkrieg hat sich vieles verändert. Der Dienst am Planungssystem ist wichtiger geworden. Die daraus entstandenen Bürokratien – Verteidigung, Atomenergiekommission, NASA, CIA – sind symbiotisch an das Planungssystem gebunden. Infolgedessen verkörpert die Exekutive zunehmend deren Interessen, also diejenigen des Planungssystems. Gleichzeitig hat sich der Einfluß des Planungssystems auf die Legislative anders entwickelt und vielleicht sogar vermindert, obgleich er immer noch sehr stark ist. Die moderne Kapitalgesellschaft kann nicht im selben Maße wie einst die kapitalistische Firma Abgeordnete kaufen und am Gängelband führen. Den Angehörigen der Technostruktur gehören die von ihnen kontrollierten Firmengelder nicht. Sie können deshalb nicht so unbekümmert wie der einstige Kapitalist mit diesen Geldern Macht kaufen. Außerdem war der Altkapitalist eine lokale oder regionale Vaterfigur; er konnte sich auf die lokalen oder regionalen Volksvertreter konzentrieren, die er als Wortführer seiner Interessen brauchte. Die typische Kapitalgesellschaft im Planungssystem ist überregional. Es kann Widerstände geben, wenn sich eine überregional operierende Firma mit ihrer Zentrale in New York oder Chicago finanziell oder auf andere Weise bei einer lokalen oder regionalen Wahl engagiert. Da ist es günstiger, die verfügbaren Mittel und Anstrengungen auf die Präsidentschaftswahlen zu konzentrieren.

Schließlich bezieht das Planungssystem seinen Einfluß über die Öffentlichkeit aus dem Machtmittel Meinungsbildung – aus seiner Fähigkeit, Gesetzgeber wie auch Öffentlichkeit davon zu überzeugen, daß ihre Bedürfnisse mit einer guten, vernünftigen Politik identisch sind. Aber die Abgeordneten sind auch gegenüber anderen Argumenten aufgeschlossen, und ihre Wähler unterliegen dem Zwang der Umstände, die für die Propaganda des Planungssystems ungünstig sind. Sie werden nämlich beeinträchtigt durch ungleiche Entwicklung, ungleiches Einkommen, Umweltverschmutzung oder Produktionsmängel, die von der Annahme ausgehen, Planungsinteresse und öffentliches Interesse seien dasselbe. So ist der Abgeordnete in den Augen des Planungssystems nicht zuverlässig. Es besteht immer die Gefahr, daß er ins öffentliche Interesse zurückverfällt. Der frühere Kapitalist war besser dran. Nichts macht einen Mann als Politiker auch nur annähernd so verläßlich wie Geld oder die Angst vor einer sicheren Niederlage, falls die finanzielle Unterstützung ausbleibt.

5

Nach dem neoklassischen System und dem immer noch grassierenden Volksmythos befiehlt der Wähler dem Volksvertreter, und der gibt die Befehle an die staatliche Bürokratie weiter. Der Kapitalist versuchte nicht ganz erfolglos, hier eine Änderung herbeizuführen, indem er die Volksvertreter kontrollierte. Auch das Planungssystem übt durch seine meinungsbildende Macht einen beträchtlichen Einfluß auf die Legislative aus. Aber es kann die Legislative viel unmittelbarer und direkter über die Staatsbürokratie kontrollieren.

Das liegt teils an den Belohnungen, die gefügige Abgeordnete von Firmen des Planungssystems und den symbiotischen Bürokratien zu erwarten haben. Diese Form der Kontrolle wird noch verstärkt durch die Struktur der Kongreßausschüsse und das damit verbundene System von Dienstrang und Amtsdauer. Beginnen wir mit der Amtsdauer: Es herrscht die Überzeugung vor, daß ein Mitglied des Kongresses, das einmal gewählt wurde, wiedergewählt werden solle, falls dem nicht ungewöhnliche persönliche oder andere Gründe entgegenstehen. Durch diese laufenden Wiederwahlen arbeitet sich der Abgeordnete allein schon durch sein Dienstalter schrittweise in den Ausschußstrukturen des Kongresses empor, ohne etwas Besonderes leisten zu müssen. Der doppelte Effekt dieses Vorgangs besteht darin, daß er dem Druck der Öffentlichkeit, der die öffentliche Selbstbesinnung verkörpert, immer mehr entzogen wird und gleichzeitig ein immer vertrauteres Verhältnis zur Staatsbürokratie knüpft, mit der seine Ausschüsse zusammenarbeiten. Die mächtigsten Ausschüsse – Bewilligung, Militär, Infrastruktur und Finanzen – sind den größten und mächtigsten Staatsbürokratien angegliedert. Das sind die begehrtesten Posten. Um in diese Ausschüsse gewählt zu werden, ist das höchste Dienstalter und die deutlichste Trennung von der öffentlichen Selbstbesinnung erforderlich. Hinzu kommt noch, daß Abgeordnete, die Sympathien gegenüber einer bestimmten Bürokratie hegen, sich am liebsten in jene Ausschüsse wählen lassen, in denen Gesetze oder Bewilligungen für die betreffende Bürokratie behandelt werden.

Schließlich gibt es auch noch direkte Belohnungen an gefügige Ausschußmitglieder oder Vorsitzende. Wo die kapitalistische Firma ihren Dienern unter den Volksvertretern einst verhältnismäßig bescheidene private und Wahlmittel zur Verfügung stellte, bekommen sie heute von Armee, Marine und Luftwaffe kostspielige militärische Einrichtungen, Industrieanlagen und Kontrakte. Der Wahlbezirk des verstorbenen Mendel Rivers, des Vorsitzenden des Militärausschusses, war mit solchen Anlagen derart gepflastert, daß schon – zweifellos übertriebene – Befürchtungen laut wurden, die geologische Struktur würde dem Druck nicht standhalten. In ähnlicher Weise wurde der Staat Georgia während der Amtszeit des verstorbenen Richard Russell im Senatsausschuß für Militärangelegenheiten belohnt. Den früheren Formen politischer Bestechung durch den Kapitalisten haftete immer etwas Anrüchiges an. Bei den modernen Arrangements ist das nicht mehr der Fall. Als der C-5A-Transporter in Marietta in Georgia erstmals der Öffentlichkeit vorgestellt wurde, sprach der Präsident der Vereinigten Staaten Senator Russell ein hohes Lob für die Geschicklichkeit aus, mit der er der Staatsbürokratie die erforderlichen Mittel entlockt hatte.

Die Frage der Seniorität im Kongreß und der Ausschußstruktur bleibt nicht unkritisiert. Man wirft ihr regelmäßig vor, sie sei unrationell, inkompetent, schwerfällig in ihrer Reaktion auf öffentliche Erfordernisse und nur ein Mittel der Legalisierung einer Herrschaft seniler Greise. Diese Kritik geht zum Teil an der Sache vorbei. Die Ausschußstruktur verfolgt als wesentlichsten Zweck eine verstärkte Kontrolle des Kongresses durch die Staatsbürokratie und damit letztlich durch das Planungssystem.

6

Die erforderlichen Reformen ergeben sich wie üblich aus dem Problem selbst. Bei allen Kongreßwahlen – überhaupt bei allen Wahlen für eine Legislative – sollte der Trend nicht zugunsten einer Wiederwahl laufen, sondern entgegen. Das ist von größter Bedeutung. Ausnahmen von dieser Regel dürften nur dann vorkommen, wenn der Betreffende ein ungewöhnliches Maß an öffentlicher Selbstbesinnung an den Tag legt. Ein solcher Trend gegen eine Wiederwahl wird die Wahrscheinlichkeit vergrößern, daß sich die Volksvertreter in größerem Ausmaß Gedanken über die jeweilige Wählermeinung machen. Von ganz allein werden jene ersetzt, die unter dem derzeitigen Arrangement absichtlich oder unbemerkt vom Planungssystem vereinnahmt wurden. Die heutige allmähliche Unterordnung des Gesetzgebers unter die Staatsbürokratie würde verhindert. Man wird dafür viel an Erfahrung opfern müssen, aber der sogenannte erfahrene Staatsmann ist in den allermeisten Fällen jener, der die Bedürfnisse der Staatsbürokratie am besten kennt, insbesondere der Branchen, die symbiotisch mit dem Planungssystem verknüpft sind.

Ohne Kongreßausschüsse geht es nicht. Aber eine Abneigung gegen Wiederwahlen würde auch einen rascheren Personalwechsel in den Ausschüssen bedeuten. Das wäre eine Garantie gegen ein bequemes und fortdauerndes Buckeln des betreffenden Ausschusses vor der Bürokratie. Eine Bestechung durch politische Begünstigung in einem Wahlbezirk würde sich nicht mehr lohnen, weil die so Ausgezeichneten bald wieder von der Bildfläche verschwinden.

Den Trend gegen eine Wiederwahl müßten Maßnahmen zur Beendigung des Senioritätssystems begleiten. Eine lange Amtsdauer ist zwar gefährlicher als die Frage des Dienstalters, aber beide gehören zusammen; das Dienstalter und der damit verbundene Einfluß – dazu gehören auch die Begünstigungen von seiten der Bürokratie – werden ja üblicherweise als Argumente für eine Wiederwahl ins Feld geführt. Der »mächtige Vorsitzende« ist, von seltenen Ausnahmen einmal abgesehen, ein Mann, der im Kongreß zugunsten einer der mächtigen Staatsbürokratien, insbesondere des Militärs, Macht ausübt. Seine Wahl durch die anderen Ausschußmitglieder seiner Partei anstelle des automatischen Vorrückens kraft Dienstalter würde bedeuten, daß sich der Vorsitzende gegenüber seinen Kollegen zu verantworten hat. Er könnte dann nicht mehr so zielstrebig wie heute die Bürokratie und das Planungssystem begünstigen.

Ein tüchtiger Präsident führt die Bürokratie mit starker Hand zu den öffentlichen Zielen, die sich deutlich von denen des Planungssystems unterscheiden. Ein schwacher Präsident fügt sich den symbiotischen Zielen des Planungssystems und der Staatsbürokratie. Doch der Kongreß ist von strategischer Bedeutung für die Emanzipation des Staates. Er ist nicht Teil der Staatsbürokratie; er hat die Aufgabe, dem Volkswillen zu gehorchen. Herrscht diese Motivation im Kongreß vor, dann bietet sich dem Präsidenten eine Chance, das öffentliche Interesse zielstrebig zu fördern. Selbst ein schwacher Präsident wird dann diese Richtung einschlagen. Ohne Druck und Unterstützung von seiten des Kongresses wird fast jeder Präsident zum hilflosen Opfer der Staatsbürokratie und des Planungssystems.

7

Nach der Verwirklichung von öffentlicher Selbstbesinnung und Emanzipation des Staates (einer gewagten, aber unabdingbaren Voraussetzung) können und müssen auf sieben verschiedenen Gebieten Maßnahmen ergriffen werden. In allen Fällen ist es hier unter dem Druck öffentlicher Bedürfnisse schon zu Maßnahmen gekommen, die mit der Überzeugung des Planungssystems nicht im Einklang stehen. Es handelt sich um folgende Gebiete:

1. Maßnahmen zum Ausgleich der Macht innerhalb des Wirtschaftssystems. Abhilfe ist nur möglich, wenn die Macht des Marktsystems gestärkt oder die Macht des Planungssystems vermindert beziehungsweise beides gleichzeitig bewirkt wird. Ein Ausgleich der Leistung und ein Ausgleich des Einkommens setzen einen Ausgleich der Macht voraus.

2. Unmittelbare Maßnahmen zum Ausgleich der Kompetenzen innerhalb des Wirtschaftssystems. Von besonderer Bedeutung sind hier Funktionen – Wohnraumbeschaffung, Verkehrswesen, Gesundheitsfürsorge, künstlerische und kulturelle Belange –, die sich

einer Organisation durch das Planungssystem entziehen und die das Marktsystem nicht befriedigend erfüllen kann. Hier liegt ein Hauptgebiet sozialen Handelns oder des Sozialismus.

3. Unmittelbare Maßnahmen zu einer gerechteren Verteilung der Erträge auf Markt- und Planungssystem und auch innerhalb des Planungssystems selbst, um die ihm innewohnende Tendenz zur Ungleichheit wettzumachen und möglicherweise zu überwinden.

4. Maßnahmen zur Abstimmung der Zwecke des Planungssystems mit denen der Öffentlichkeit, soweit die Umwelt davon berührt wird. Hierzu gehören auch Bestimmungen oder Verbote in bezug auf Auswirkungen von Produktion und Konsum – Verschmutzung von Luft und Wasser, Zerstörung der Landschaft –, die zwar den Zwecken des Planungssystems dienen, aber dem öffentlichen Interesse zuwiderlaufen.

5. Maßnahmen zur Kontrolle der öffentlichen Hand, um sicherzustellen, daß öffentliche Gelder nicht für Belange des Planungssystems zweckentfremdet werden.

6. Maßnahmen zur Beseitigung der systembedingten deflationären und inflationären Tendenzen des Planungssystems. Diese dürfen nicht wie in der Vergangenheit einen zusätzlichen Machtfaktor für das Planungssystem darstellen. Sie dürfen sich nicht diskriminierend zugunsten des Marktsystems auswirken. Und sie müssen auf eine gerechtere Einkommensverteilung zwischen den beiden Systemen hinwirken.

7. Maßnahmen zur Sicherstellung der Koordinierung zwischen den Industrien, zu der das Planungssystem unfähig ist.

Mit diesen Kategorien befassen sich die übrigen Abschnitte dieses Buches.

XXV
Marktgerechte Politik

I

Die ungleiche Entwicklung in der Wirtschaft ist das Ergebnis unterschiedlicher Machtausübung innerhalb des Planungs- und Marktsystems. Die Ungleichheit der Einkommen in den beiden Systemen ist auf eine ähnliche Ursache zurückzuführen. Das Planungssystem hat im allgemeinen Macht über die Preise, zu denen es an das Marktsystem verkauft, und auch über die Preise, zu denen es vom Marktsystem einkauft. Infolgedessen begünstigen die Geschäftsbedingungen meist das Planungssystem. In letzter Zeit wurde viel darüber geredet, daß die mächtigen Industrien der hochentwickelten Länder durch ihre Kontrolle über die Geschäftsbedingungen zu einer Ausbeutung der schwächeren Volkswirtschaften der dritten Welt neigten. Man hätte lieber mehr darüber sprechen sollen, daß die moderne Großindustrie imstande ist, im eigenen Land kleine Unternehmen auszubeuten, weil hier die Geschäftsbeziehungen weitaus enger sind und die Möglichkeiten einer Ausbeutung entsprechend größer. Daß dabei der Kleinunternehmer sich selbst und seine Familie oder einige Angestellte, die nicht unter dem Schutz des Gesetzes und der Gewerkschaften stehen, ausbeutet, ändert nichts an der Tatsache. Der selbständige Unternehmer steht dafür zwar im Ruf Gemeinschaftsbezogener Tugend, aber dieses Lob ist im allgemeinen keine angemessene Alternative zum Einkommen.

Es wird jedem einleuchten, daß eine grundlegende Korrektur der Beziehung zwischen Planungssystem und Marktsystem mit einem Ausgleich der Machtverhältnisse zwischen den beiden Teilen der Wirtschaft beginnen muß. Dies ist keine Angelegenheit für Akademiker. Es geht vielmehr um ganz praktische Dinge, wie die Festsetzung von Preisen, Löhnen und Einkommen in den beiden Systemen – also durchweg um Belange, wo die Notwendigkeit bereits zu bestimmten Maßnahmen geführt hat, die nicht nur im Widerspruch zur gängigen Nationalökonomie, sondern auch zu deren

Lehren stehen. In unseren Augen sind solche Maßnahmen – Preisfestsetzungen der Landwirtschaft, Beihilfen für kleine Unternehmen, Unterstützung der Tarifverhandlungen, gesetzliche Mindestlöhne, die vorgesehene Garantie eines Mindesteinkommens, internationale Warenabkommen, eventuell sogar einige Schutzzölle – eine ausgesprochen logische Antwort auf die schwache Verhandlungsposition des Marktsystems. Solche Gesetze wurden nicht überhastet und unvorsichtig verabschiedet, wie konservative Wirtschaftler gern behaupten. Es handelt sich dabei auch nicht um die Anerkennung besonderer Umstände oder die Beseitigung spezieller Härten, selbst wenn die übliche Rechtfertigung so lautet. Bei der Struktur unserer modernen Wirtschaft – ihrer Aufgliederung in zwei Systeme – sind solche Maßnahmen logisch und notwendig. Wir leiden heute vielmehr darunter, daß wir zu langsam und zu vorsichtig, vielleicht auch zu schuldbeladen da vorgegangen sind, wo die Macht der beiden Systeme einander angeglichen werden sollte.

Es gehört tatsächlich zu den erstaunlichsten Fähigkeiten der neoklassischen Nationalökonomie, wie sie die Benachteiligung der Schwachen wegdiskutieren und bemänteln kann. Eine einzige Theorie der Firma gilt für alle. Entsprechend wird auch bestritten, daß eine Gruppe von Firmen gegenüber einer anderen Vor- oder Nachteile aufzuweisen hätte. Manche Firmen üben tatsächlich eine Kontrolle über ihre Preise aus. Aber hierin liegt kein Unterschied zwischen großen und kleinen Firmen; es gibt kleine Monopole ebenso wie große. Monopolmacht wird grundsätzlich zum Zweck der Gewinnsteigerung ausgeübt. Sie bringt keine Erleichterung in bezug auf Technologie *, Kapital oder den Staat mit sich. Außer-

*) In der Standardlehre wird gelegentlich das Argument aufgegriffen, das Monopol könnte aufgrund seiner größeren Mittel und seiner Fähigkeit, andere auszubeuten und die eigenen Innovationsgewinne zu stützen, progressiver sein als die dem Wettbewerb unterliegende Firma. Es wird auch allgemein behauptet, die Technologie habe »eine wirtschaftliche Massenfertigung entstehen lassen, die nur der große Produzent verwirklichen kann«. Man will dabei natürlich nicht wahrhaben, daß die moderne Kapitalgesellschaft und die von ihr ausgehende Macht Teile eines übergeordneten Anpassungsprozesses (unter anderem) an die Erfordernisse der modernen Technologie darstellen. Eine immerhin verhältnismäßig fortschrittliche Darstellung der orthodoxen Lehre auf diesem Gebiet gibt Campbell R. McConnell in: *Economics*, 5. Auflage, McGraw-Hill, New York 1972. Aus diesem Buch (S. 405 bis 406) stammt das obige Zitat.

dem spricht man, was das neoklassische Monopol anbelangt, ohne ersichtlichen theoretischen Grund fast ausschließlich über seine Auswirkungen auf den Verbraucher. Der Tatsache, daß es die Kosten der schwächeren Firmen kontrolliert, von denen es kauft, und daß es die Preise kontrolliert, zu denen das Monopol an schwächere Firmen verkauft, wird so gut wie keine Aufmerksamkeit gewidmet. Deshalb hat man das Problem der Geschäftsbedingungen innerhalb der Wirtschaft, die zugunsten einiger Firmen und zuungunsten anderer gestaltet sind, fast völlig aus den Augen verloren.

Daraus ergibt sich, daß Bemühungen kleiner Firmen um eine gemeinsame Stabilisierung oder Verbesserung ihrer Preise nicht als Reaktion auf ihre eigene Schwäche angesichts der Marktüberlegenheit anderer betrachtet werden, sondern als eine Störung des Marktes, ein Schritt in Richtung auf das Monopol. Dasselbe gilt natürlich auch für jede staatliche Maßnahme mit diesem Ziel. Jede solche Aktion wird abgelehnt. Die Mißbilligung dauert an, obgleich größere Firmen aufgrund ihrer Kapazität und ihrer größeren Marktbedeutung eine solche Macht ganz selbstverständlich besitzen. Man erklärt jeden Zusammenschluß oder jede konzertierte Aktion für ungesetzlich, obgleich sie den Zweck verfolgt, den kleineren Firmen gegenüber ihren größeren Kunden in der Industrie einen längeren Hebel in die Hand zu geben, damit sie die Geschäftsbedingungen zu ihren Gunsten beeinflussen können. Man sieht sogar etwas leicht Gekünsteltes in staatlichen Bemühungen, kleinen Firmen Kapital oder technische Unterstützung zuteil werden zu lassen – während Kapital und technische Kompetenz den Großbetrieben als natürliche Begleiterscheinung von Größe und Macht zufallen. Die kleine, dem Markt untergeordnete Firma ist die Idealvorstellung der neoklassischen Lehre. Was der Nationalökonom liebt, das schlägt er.

2

Aber wir stellten bereits fest, daß in der Praxis existiert, was die Theorie ignoriert. Auch hier zwingen die Umstände zu Maßnahmen, die von der Theorie beklagt werden. Seit fast einem halben Jahrhundert haben die Großfarmer in den Vereinigten Staaten mit Erfolg Mindestpreisgarantien für ihre wichtigsten Produkte angestrebt *. Ähnlich war es in allen anderen wichtigen Industrieländern. Bei den vorbereitenden Verhandlungen für die Europäische Wirtschaftsgemeinschaft war das mit Abstand schwierigste Problem die Angleichung der unterschiedlichsten Preisniveaus, die in den Mitgliederländern durch staatliche Interventionen entstanden waren. In den Vereinigten Staaten gewährte das Capper-Volstead-Gesetz schon zu Beginn dieses Jahrhunderts den landwirtschaftlichen Genossenschaften gewisse Ausnahmen vom Antitrust-Gesetz, damit sie ihre Märkte und Preise stabilisieren konnten. Einkaufsgenossenschaften bemühen sich seit langem um die Beeinflussung und Kontrolle der Kosten für elektrischen Strom, Bewässerung, Kunstdünger, Petroleum und andere wichtige Produktionsmittel der Landwirtschaft, um die Versorgung zu festen Preisen sicherzustellen.

In ähnlicher Weise wurde der Einzelhandel vom Staat durch Gesetze unterstützt, die auf eine Begrenzung unkontrollierbar gewordener Preisunterbietungen und Discounts abzielten. Das Robinson-Patman-Gesetz schützt die kleinen Einzelhändler vor Preisunterbietungen durch ihre großen und mächtigen Konkurrenten. Zahllose andere kleine Gewerbetreibende – Taxifahrer, Schnapshändler, Tankstellenbesitzer, Parkwärter – haben unter diesem oder jenem Vorwand staatliche Unterstützung zum Zwecke einer besseren Kontrolle über ihre Preise erlangt.

Eine klassische Schwäche des Marktes ist der Preis, zu dem der einzelne seine Arbeitskraft verkauft. Hier nehmen die Gewerkschaften in etwa eine Sonderstellung ein, indem sie als Anwalt der sozial schwachen Arbeiterschaft zu Ansehen gelangten und von der Regierung in ihrem Bemühen noch unterstützt wurden. Wo sich die Gewerkschaften nicht durchsetzen konnten, wurde die schwache Verhandlungsposition des einzelnen auf dem Arbeitsmarkt durch gesetzliche Mindestlöhne gestärkt. Organisation und gesetzliche Mindestlöhne fehlen nur noch da, wo die

*) Ähnliche Erscheinungen gab es vereinzelt schon früher. Der erste Stützpreis für Tabak wurde in der James River Colony eingeführt, etwa ein Jahrzehnt nach der Ankunft der ersten Europäer.

Position des Arbeiters besonders schwach ist oder wo die Ausbeutung von der Gemeinschaftsbezogenen Tugend sanktioniert wird. Maßnahmen, die zu den gängigen Vorstellungen in Widerspruch stehen, weisen jedoch gewisse Nachteile auf. Wer in der Wirtschaft die schwächste Verhandlungsposition innehat, ist meist auch politisch am schwächsten. Das trifft bei landwirtschaftlichen Arbeitern, Künstlern, zahllosen kleinen Gewerbetreibenden und den Besitzern von Dienstleistungsunternehmen zu. Da unsere heutige Wirtschaftslehre den Bemühungen um eine Stärkung ihrer Ausgangsposition den Segen verweigert, kann man die Erfordernisse dieser Leute zu Recht ignorieren. Es ist weitaus schwieriger, mit Reformen gegen den Strom der gerade vorherrschenden Ideen zu schwimmen als mit ihm.

3

Wir haben jetzt Art und Umfang jener Bemühungen definiert, die zur Beseitigung der Schwächen des Marktsystems erforderlich sind. Die Bemühungen des Marktsystems um mehr Handelsmacht bedürfen nicht einer zögernden oder rein passiven, sondern einer kräftigen und aktiven Unterstützung. In einer vernünftigen und fairen Volkswirtschaft würde man vernachlässigte und schwache Gruppen aussondern und sie bei der Erlangung einer solchen Macht unterstützen. Man würde sich allgemein nicht gegen kollektives Handeln jener stellen, die zahlreich, klein und schwach sind, sondern man würde ihnen helfen. Damit soll dem einzelnen folgendes gesagt werden:

1. *Allgemeine Ausklammerung kleiner Gewerbetreibender bei allen Verboten der Antitrust-Gesetze gegen Zusammenschlüsse zur Stabilisierung von Preisen und Absatz.* Eventuellen Mißbrauch sollte man durch Verordnungen beseitigen und nicht durch eine Wiederherstellung des Wettbewerbs. Ferner müßte der Staat überall da, wo Preise und Einkommen auffallend niedrig oder unregelmäßig sind, die Organisation zur Stabilisierung von Preisen und Produktion aktiv unterstützen und Geschäftseröffnungen reglementieren. Solche Vereinbarungen müßten volle Rechtskraft erlangen. Insbesondere wäre ein gemeinsames Vorgehen zur Begren-

zung der Selbstausbeutung zu unterstützen: eine Regelung der Arbeitszeit und der Arbeitsbedingungen für selbständige Unternehmer, insbesondere im Dienstleistungsgewerbe, Einzelhandel und beim kleinen Hersteller. Diese Maßnahmen, notfalls durch Gesetze unterstützt, sollten sich auch auf Familienunternehmen erstrecken. Die Gemeinschaftsbezogene Tugend verteidigt zwar das Recht des einzelnen, sich selbst und seine Familie bis zum letzten auszunutzen, aber das dürfte häufiger eine Folge der Wettbewerbslage sein als der freie Wille des Familienvaters.

Das Ziel darf nicht zweifelhaft erscheinen, man sollte sich auch nicht um wortreiche Beschönigungen bemühen, das Ziel heißt: Stabilisierung des Einkommens und Stärkung der Ausgangsposition des Marktsystems durch staatlich geförderte Zusammenfassung der Kräfte gegenüber jenen, die hauptsächlich über das Einkommen entscheiden. Eine solche Reform – fast schon ein Gilden-Sozialismus – wird wahrscheinlich einen Aufschrei der Empörung hervorrufen. Der Grund dafür ist nicht in den zu erwartenden nachteiligen Folgen aus der Reform zu suchen, sondern in der Macht der neoklassischen Einstellung, die auch gebildete Menschen noch beherrscht. Was hier vorgeschlagen wird, hat nämlich nur zur Folge, daß der kleine Geschäftsmann (mitsamt seinen Angestellten) etwas von der Preis- und Einkommenssicherheit erlangt und somit auch sicherer investieren und planen kann, was die Großbetriebe (und ihre Arbeiter) längst als selbstverständlich genießen. Eine derartige Reform verleiht dem Tankstellenbesitzer, dem Autohändler oder dem Schuhhersteller einen bescheidenen Bruchteil jener Handelsmacht, die für General Motors, Ford oder Exxon selbstverständlich ist. Sie gibt der kleinen Textil- oder Kleiderfabrik gegenüber Konzernen wie Sears, Roebuck und Montgomery Ward etwas von jener Macht, die diese Konzerne ihnen gegenüber ausüben. Man muß deutlich sagen, worüber man sich empört: daß die kleine Firma dieselbe Macht bekommen soll wie die große, unter anderem auch die Macht, mit dem großen Partner wirkungsvoll verhandeln zu können.

2. *Unmittelbare staatliche Steuerung an Preisen und Produktion im Marktsystem.* Genau wie in der Landwirtschaft ist auch im übrigen Marktsystem die Selbstorganisation zur Unterstützung der Preise und damit einer Verbesserung der Verhandlungsposition

sowie der Anhebung und Stabilisierung von Erträgen häufig unpraktikabel. Jeder einzelne Produzent kann die Vorteile der durch gemeinsames Handeln verbesserten Preise ausschöpfen, ohne die Absatzbeschränkungen auf sich zu nehmen, die eine solche Maßnahme normalerweise erfordert. Wenn genügend Beteiligte diese Möglichkeit entdecken, bricht die Gemeinschaftsaktion zusammen. Unter solchen Umständen ist eine staatliche Regulierung von Preisen und Produktion als ganz normaler Vorgang zu betrachten. Da die Technologie und die mit ihr verbundene Kapitalinvestition stabile Preise erfordern, wird eine solche Stabilisierung häufig eine höhere und rationellere Produktion zur Folge haben, als es der Fall wäre, wenn man die Firmen den unvorhersehbaren Wechselfällen des Marktes überließe. Das steht zwar im Gegensatz zu den Erwartungen der gültigen Wirtschaftslehre, war aber so gut wie überall die Folge von Stützungsmaßnahmen bei landwirtschaftlichen Preisen.

3. *Eine starke und wirksame Förderung gewerkschaftlicher Organisation im Marktsystem.* Eines steht im Wirtschaftsleben fest: Die Entwicklung der Volkswirtschaft bringt es mit sich, daß niemand so dringend der Unterstützung durch eine Gewerkschaft bedarf wie der Angestellte einer kleinen Firma. Er ist es, dessen Verhandlungsposition am schwächsten ist; nur aufgrund dieser Tatsache kann sein Arbeitgeber weiterexistieren. Wer einen kurzen Blick auf die Lage der landwirtschaftlichen Arbeiter, der Gelegenheitsarbeiter, der Angestellten im kleinen Dienstleistungsbetrieb oder der Hausangestellten wirft und einen Vergleich mit Gewerkschaftsangehörigen im Planungssystem anstellt, findet diese Aussage bestätigt. Trotzdem wird gerade solchen Arbeitern in den Vereinigten Staaten die gesetzliche Unterstützung durch den National Labor Relations Act ausdrücklich versagt. Eine unlogischere oder gar barbarischere Form der Diskriminierung ist kaum vorstellbar *.

*) Hier macht sich jetzt allerdings eine Reaktion bemerkbar. In der Landwirtschaft befindet sich die Organisation trotz der Bemühungen von Cesar Chavez in den letzten Jahren immer noch in einem primitiven Stadium. An anderen Stellen des Marktsystems sowie bei Landes- und Kommunalbehörden, wo in etwa ähnliche Faktoren vorliegen, verzeichnet die Gewerkschaftsbewegung den mit Abstand größten Zuwachs. Zwischen 1960 und 1971 verzeichnet die Gewerkschaft des Dienstleistungsgewerbes, die eindeutig zum Marktsystem

4. *Eine Ausweitung und deutliche Anhebung der Mindestlöhne.* Das heutige Marktsystem ist so gestaltet, daß der kleine Unternehmer überleben kann, indem er sein Einkommen reduziert. Die erste Gegenmaßnahme muß sicherstellen, daß dies nicht unfreiwillig geschieht – sie muß ein gemeinsames Vorgehen zum Selbstschutz der Produzenten gegen diese Tendenz gestatten. Der zweite Schritt ist eine Förderung gewerkschaftlicher Organisationen mit dem Ziel, diese Arbeitgeber daran zu hindern, willkürlich die Löhne ihrer Mitarbeiter zu senken. Diese Angestellten sind aus guten Gründen traditionell gewerkschaftsfeindlich eingestellt. Außerdem handelt es sich um Branchen, die klein und geographisch weit gestreut sind, so daß sie sich ohnehin oft nur mit Mühe organisieren lassen. Daher wären die Mindestlöhne die nächste Verteidigungslinie.

Mindestlöhne müssen wesentlich energischer durchgesetzt werden, als dies in der Vergangenheit der Fall war. Das angemessene Niveau – ein sehr wesentlicher Punkt – wird nicht dadurch bestimmt, daß die kleine Firma im Marktsystem gerade noch überleben kann. Die Existenz des Marktsystems beruht ja teilweise überhaupt auf seiner größeren Wendigkeit bei Lohnkürzungen. Gesetzliche Mindestlöhne, die dem Firmeninhaber noch die Existenzgrundlage garantierten, würden daher nichts an der Ungleichheit ändern. Oberstes Ziel gesetzlicher Mindestlöhne ist die Beseitigung des Lohngefälles zwischen Marktsystem und Planungssystem. Das bedeutet praktisch, daß die Kunden des Marktsystems gezwungen werden, den vollen Preis für das Produkt zu bezahlen – einen Preis, der dasselbe Lohnniveau im Planungssystem garantiert – oder darauf zu verzichten. Sie dürfen nicht länger die Nutznießer einer schwachen Verhandlungsposition der Arbeiter im Marktsystem sein. Dies ist eine Grundvoraussetzung dieser Re-

gehört, einen Mitgliederanstieg um sechsundsiebzig Prozent. Bei der Gewerkschaft Einzelhandel (die überwiegend, aber nicht ausschließlich im Marktsystem tätig ist) nahm die Mitgliederzahl um neunzig Prozent zu. Im selben Zeitraum hatte die Gewerkschaft der Angestellten von Ländern, Bezirken und Gemeinden einen Anstieg von einhundertfünfzig Prozent zu verzeichnen. Bei den Gewerkschaften im Planungssystem war die Zuwachsrate erheblich niedriger: neunzehn Prozent bei den Automobilarbeitern, vier Prozent bei den Stahlarbeitern und 0,2 Prozent in der Maschinenindustrie. Aus: *U.S. News & World Report,* 21. Februar 1972. Die Zahlen für 1960 stammen vom US-Arbeitsministerium, die Zahlen für 1971 von den Gewerkschaften.

form: Keine Firma darf so klein, keine Branche so schwach sein, daß sie aus der Lohngesetzgebung ausgeklammert würde (wobei immer entsprechende Übergangszeiten für die Anpassung eingeräumt werden).

5. *Eine neue Politik hinsichtlich des internationalen Warenverkehrs und eine vorsichtige Revision der Schutzzollpolitik im Marktsystem.* Die große Kapitalgesellschaft treibt Handel über die Grenzen hinweg. Sie ist damit gegen die speziellen Unsicherheiten des internationalen Handels wirksam abgesichert. In anderen Ländern wird sie an der oligopolistischen Übereinkunft beteiligt, die einen Preiskampf ausschließt; unter ähnlichen Einschränkungen arbeiten ausländische Firmen auf dem Inlandsmarkt. Ist der Kostennachteil zu groß, kann die Kapitalgesellschaft unter ihrer eigenen Firmenmarke in einem Land mit Niedrigkosten produzieren lassen. Sie bedarf daher nicht mehr des zusätzlichen Schutzes durch besondere Zölle. Die Kapitalgesellschaft hat es leicht, gegenüber dem freien Handel einen großzügigen Standpunkt zu vertreten.

Nicht so jedoch die Firma im Marktsystem. Sie kann nur dann in den Genuß desselben Schutzes für Preise und Einkommen, der für die transnationale Firma selbstverständlich ist, gelangen, wenn aufgrund einer internationalen Vereinbarung Preise und Produktion durch staatliche Verordnung oder einen Schutzzoll stabilisiert werden. Internationale Vereinbarungen wurden in der Vergangenheit mit unterschiedlichem Erfolg für Weizen, Kaffee, Kautschuk und Zucker ausgehandelt und angewandt. Vieles spricht für sie. Ähnlich lassen sich auch formelle Vereinbarungen zur Stabilisierung der Preise oder zu Errichtung von Lieferquoten zwischen den Marktsystemen verschiedener Länder rechtfertigen. So erreichen die Produzenten dieser Industrien nur das, was die transnationalen Kapitalgesellschaften viel wirksamer für ihre Planungssysteme durchsetzen. Der Unterschied besteht nur darin, daß eben die der Marktwirtschaften, weil alles vor den Augen der Öffentlichkeit geschieht, Empörung hervorruft.

Weniger ist zugunsten der Einführung von Schutzzöllen mit dem Ziel der Stärkung eines nationalen Marktsystems anzuführen. Oft liegt ein Vorteil darin, Inlandsprodukte durch ausländische zu ersetzen. Im Gegensatz zu einer internationalen Vereinbarung muß bei einem Zoll mit nachteiligen Gegenmaßnahmen anderer Länder gerechnet werden. Aber wo ein Schutzzoll erforderlich ist, um die Position eines einheimischen Industriezweigs zu stärken – wie es ja normalerweise der Fall ist –, darf man ihn nicht aus grundsätzlichen Erwägungen ablehnen. Man würde damit dem Marktsystem einen Schutz verweigern, den das Planungssystem sich aufgrund seiner Struktur wirkungsvoll errichten kann.

6. Die Befürwortung einer staatlichen Förderung des Ausbildungs-, Kapital- und Technologiebedarfs des Marktsystems. Wie wir gesehen haben, kann man das Planungssystem als Adaption an den Bedarf der modernen Technologie betrachten. Es besitzt die Fähigkeit, sich selbst mit dem erforderlichen Kapital auszustatten. Denn es ist insbesondere fähig, seine Anforderung an die Öffentlichkeit wie die Deckung des Bedarfs an qualifizierten Kräften zu einem Politikum zu machen. Diese Macht fehlt dem Marktsystem. Staatliche Maßnahmen zur Versorgung der kleinen Firma mit geeigneten Mitteln für Forschung und Technik, mit Kapital und qualifizierten Kräften stellen keine Sonderbehandlung dar, sondern einen Ausgleich. Sie sind wesentlicher Bestandteil einer jeden Politik, die auf eine Nivellierung der von vornherein ungleichen Entwicklung in den beiden Systemen abzielt. Wir müssen uns an dieser Stelle noch einmal daran erinnern, daß konventionelle Einstellungen nicht von objektiven Gegebenheiten ausgehen, sondern von der Meinungsmache durch das Planungssystem. Eine staatliche Unterstützung der Forschung und Ausbildung auf den Gebieten von Technik und Physik erscheint uns absolut plausibel. Der Bedarf an derartiger Forschung und an solchem Personal geht vom Planungssystem aus. Künste und Geisteswissenschaften sind, wie wir gesehen haben, im Marktsystem angesiedelt. Selbst eine ungleich bescheidenere Unterstützung von Malerei, Bildhauerei, Theater oder Fernsehen wird voller Mißtrauen angesehen. Die erste Maßnahme ist durch den Bedarf des Planungssystems sanktioniert und durch die gängige Überzeugung gedeckt. Die zweite Maßnahme spiegelt nur den Bedarf des geringer eingeschätzten Marktsystems wider.

4

Wirtschaftliche Entwicklung hängt, wie wir hinreichend bewiesen haben, von der Verfügung über Technologie und Mittel ab – der Macht, Innovation einzuleiten oder zu übernehmen und sie mit dem entsprechenden Kapital, Personal sowie der staatlichen Förderung auszustatten. Maßnahmen zur Stabilisierung der Preise und Ermöglichung der Planung werden die Entwicklung gelegentlich fördern, wie wir es in der Landwirtschaft erleben. Ihr langfristiger Effekt wird dementsprechend in einer erhöhten Produktivität und Produktion sowie niedrigeren Preisen bestehen.
Aber darauf darf man sich nicht verlassen. Die hier erwähnten Maßnahmen verfolgen in erster Linie die Absicht, die Verhandlungsposition der am Marktsystem Beteiligten zu stärken und dadurch ihr Einkommen zu verbessern. Diese Maßnahmen verleihen keine umfassende Planungsgewalt. Aber das generellste und dringendste Problem der modernen Wirtschaft ist nicht die Herstellung von Waren, sondern die Einkommensverteilung. Hier muß demnach auch zuerst der Hebel angesetzt werden. Was man gegen die schlechtere Leistung wichtiger Industriezweige im Marktsystem unternehmen könnte, werden wir später noch überlegen.
Jede Maßnahme zur Anhebung und Stabilisierung der Erträge für Arbeiter und Unternehmer dürfte sich im allgemeinen so auswirken, daß die Preise im Marktsystem höher liegen werden als im Planungssystem. Nur auf diese Weise läßt sich die ungleiche Ertragslage korrigieren.
Höhere Preise bewirken (sofern nichts anderes unternommen wird) einen Absatzrückgang, eine geringere Produktion und Beschäftigung im Marktsystem gegenüber der unbeeinflußten Entwicklung *. Das muß man in Kauf nehmen. Das Marktsystem dient heute als eine Art Lückenbüßer. Wer unter den weitaus günstigeren Bedingungen des Planungssystems keine Arbeit finden kann,

*) Vielleicht kommt es absolut zu keiner Reduzierung; das allgemeine Wirtschaftswachstum dürfte sie verhindern. Auch andere Dinge verändern sich. Man spricht ganz allgemein in der Wirtschaft von einem Trend, von der Produktion zur Dienstleistung. Da Dienstleistungen häufiger vom Marktsystem geliefert werden, könnte ein größeres Wachstum in diesem Teil der Wirtschaft einige oder alle Effekte der relativ höheren Preise wettmachen.

senkt seine Lohnforderungen und kommt in diesem Wirtschaftssektor unter, oder er wird hier selbständig. Diese Möglichkeit wird durch die hier empfohlenen Reformen gemindert oder eliminiert. Getreue Verfechter der geltenden Meinung behaupten seit langer Zeit, daß Maßnahmen zur Förderung und Stabilisierung der Einkommen für Unternehmer oder Arbeiter jene begünstigen, die bereits im Geschäft sind oder einen festen Arbeitsplatz haben – und zwar auf Kosten der anderen, die noch ausgeschlossen bleiben, weil man ihnen nicht mehr erlaubt, ihre Arbeitskraft billig anzubieten. Dieses Argument hat einiges für sich *. Es wird dann noch überzeugender, wenn die Betroffenen aufgrund unzureichender Ausbildung, falscher Standortwahl oder wegen ihrer Hautfarbe im Planungssystem nicht ohne weiteres Beschäftigung finden.

Es wäre jedoch keine gängige Lösung für alle am Planungssystem Beteiligten, permanent niedrigere Einkünfte zu erzwingen. Es geht vielmehr darum, die Erträge im Marktsystem mehr oder minder jenen im Planungssystem anzugleichen und denen, die unter solchen Umständen hier keine Beschäftigung mehr finden können, eine Alternative zu zeigen. Nur so läßt sich verhindern, daß das Marktsystem bei Löhnen weit unter dem Niveau des Planungssystems als Arbeitgeber ein Lückenbüßer bleibt. Nur durch solche Maßnahmen kann man sich einem Ausgleich zwischen beiden Systemen nähern, ohne daß diejenigen, die nun ganz ohne Einkommen dastehen, die volle Last der Reform – eines jeden Schritts in Richtung auf die Gleichheit – zu tragen hätten. Damit kommen wir zum letzten und dringendsten Punkt in dieser Serie von Reformen: *Ein garantiertes oder alternatives Einkommen per Gesetz für alle, die keine Beschäftigung finden können.*

Die Umstände haben, wie auch auf anderen Gebieten, zumindest eine Debatte erzwungen, wenn schon keine Taten. Der Zugang zu verhältnismäßig gut bezahlter Beschäftigung im Planungssystem bleibt heute einem großen Teil der Arbeiterschaft verwehrt. Das

*) Aber so wie dieses Argument in der Vergangenheit vorgetragen wurde, spricht nichts dafür. Man behauptete, höhere Mindestlöhne würden bei einer qualitativ mehr oder minder uniformen Arbeiterschaft zu einem Ersatz von Arbeit durch Kapital führen. Das Ergebnis wäre Arbeitslosigkeit. Man übersah dabei stets, daß unter solchen Umständen das Wirtschaftswachstum höchstwahrscheinlich einen mindestens ebenso hohen Bedarf an zusätzlichen Arbeitskräften schaffen würde.

Planungssystem ist ein exklusiver Club, dem nur eine Minderheit der Arbeiter angehört. Und nicht alle, die hoffnungsvoll in die Industriegebiete strömten, konnten (oder wollten in manchen Fällen) Beschäftigung im Marktsektor finden. Infolgedessen findet man sich, wenn auch bedauernd, mit dem Umstand ab, daß auch bei günstiger Konjunkturlage eine große Anzahl von Menschen vom Staat unterhalten werden muß – daß sie von der Wohlfahrt lebt. Während diese Zeilen geschrieben werden, wird in den Vereinigten Staaten gerade darüber diskutiert, wie man diese Form des Einkommens regeln und zu einem normalen Bestandteil des Wirtschaftssystems machen kann. Die konservative Verwaltung hat einen sehr bescheidenen Vorschlag vorgelegt. Liberaler denkende Bewerber für Staatsämter vertreten eine großzügigere Haltung, oder sie greifen eine solche Regelung als Förderung der Massenfaulheit, moralischer Erniedrigung und des öffentlichen Bankrotts an. Wer meiner Analyse bis hierher gefolgt ist, wird sich durch die Irrelevanz und Banalität der Diskussion nicht abschrekken lassen. Sie spiegelt nämlich eine Situation wider, die sehr real ist.

Die Richtlinie für ein Alternativeinkommen ergibt sich aus der vorangegangenen Analyse. Es sollte knapp unterhalb des im Planungssystem erzielbaren Lohnniveaus liegen. Damit werden gleichzeitig für das Marktsystem die erforderlichen Entlohnungsnormen gesetzt. Selbständige brauchen ihr Einkommen nun nicht mehr unter dieses Niveau absinken zu lassen, um noch im Geschäft zu bleiben. So setzt das Alternativeinkommen der unfreiwilligen Selbstausbeutung feste Grenzen. Es fixiert aber auch ein Niveau, unter das die Löhne im Marktsystem nicht absinken dürfen. Eine fünfköpfige Landarbeiterfamilie ist dann nicht mehr für dreitausend Dollar im Jahr zu haben, wenn fünftausend Dollar als sicheres Familieneinkommen garantiert sind.

Man sollte der Idee des Alternativeinkommens nicht zur Last legen, daß unter den Empfängern einige arbeitsscheue Elemente sein werden. Alle derzeitigen Vorschläge gehen von dem durchaus richtigen Gedanken aus, daß jemand, der arbeitet, mehr verdienen sollte, als jemand, der nicht arbeitet. Nimmt er eine Beschäftigung an, sollte er sein Alternativeinkommen teilweise, aber nicht ganz einbüßen, damit Arbeit ihm immer noch mehr einbringt als

Faulenzen. Arbeit ist und bleibt eine unabdingbare Voraussetzung unserer Wirtschaft. Aber das Alternativeinkommen verfolgt die Absicht, den einzelnen nicht zur Reduzierung seines Einkommens unter eine bestimmte Mindestgrenze zu zwingen, um überhaupt Arbeit zu bekommen.

Man darf dem Gedanken des Alternativeinkommens auch nicht entgegenhalten, daß einige wirtschaftliche Tätigkeiten aussterben werden. Zahlreiche schlechtbezahlte Dienste niederer Art – das Schuhputzen im Hotel oder das Handtuchreichen auf der Toilette – werden heute von Leuten geleistet, die über kein anderes Einkommen verfügen oder sich zumindest durch Argumente der Gemeinschaftsbezogenen Tugend überreden lassen, es gehöre sich eben, nutzlose oder entwürdigende Arbeit zu verrichten. Manche dieser Leute würden nicht mehr arbeiten, wenn sie über ein anderweitiges Einkommen verfügten. Ihre »Berufe« würden verschwinden. Für die Zivilisation insgesamt wäre das kein Verlust, sondern sogar ein kleiner Fortschritt. Dienstleistungen, die von unserer Gesellschaft nicht angemessen entlohnt werden, sind nicht wichtig genug, um ihr Aussterben beklagen zu müssen.

Soviel zu den Reformen, die eine Stärkung der Verhandlungsposition des Marktsystems, seiner Einkommensansprüche und eine vernünftige Angleichung an das Planungssystem bezwecken. Die tragenden Säulen dieser Reform sind: Die Organisation der kleinen Geschäftsleute und Selbständigen, um gegenüber dem Planungssystem eine halbwegs gleichberechtigte Verhandlungsplattform zu erreichen; eine viel entschiedenere Durchsetzung von Mindestlöhnen; die kräftige Unterstützung gewerkschaftlicher Organisationen auf Gebieten, wo diese in der Vergangenheit am meisten vernachlässigt wurde und wo sie am dringendsten gebraucht wird. Aber neben der so geschaffenen besseren Ausgangsposition ist die Einführung großzügig bemessener Alternativeinkommen sehr wichtig. Hierauf konzentrieren sich alle tatsächlichen Hoffnungen, die systembedingte Ungleichheit zwischen Planungs- und Marktsystem zu überwinden.

XXVI
Gleichheit innerhalb des Planungssystems

I

Gemäß dem neoklassischen Modell ist der Markt das Instrument der Aufteilung wirtschaftlicher Produktionsmittel – Arbeit und Kapital – auf unterschiedliche Verwendungszwecke; letztlich geschieht das nach Anweisung des Verbrauchers. Er ist auch das Instrument der Bewertung und Kompensation dieser Produktionsmittel entsprechend dem Wert ihres Beitrags (oder Grenznutzens) zur betreffenden produktiven Aufgabe.

Was die Arbeit betrifft, werden gewisse seltene und sehr nützliche Talente hoch bezahlt. Darüber darf man sich jedoch weder empören noch beklagen. Wer ein solches Talent besitzt, bekommt mehr, weil er einen größeren Beitrag zur Wirtschaft leistet. Andere, weniger Begabte, verdienen deshalb mehr, weil sie das Glück haben, von den Leuten geleitet zu werden oder mit ihnen zusammenzuarbeiten, die aufgrund ihres Talents mehr verdienen. Kann es eine für den Spitzenverdiener angenehmere Doktrin geben? Es geht ihm gut, weil er viel leistet; weil er so viel leistet, geht es anderen besser, als sie eigentlich verdienen.

Aber wir haben gesehen, daß die Realität des Planungssystems weiter verbreitet ist. Belohnung wird nicht vom Markt festgesetzt, sondern von Menschen. So steht es im Planungssystem. In der ausgereiften Kapitalgesellschaft spielt die Tradition bei diesem Prozeß eine Rolle – kaum etwas wird als selbstverständlicher betrachtet, als daß der Chef erheblich mehr verdienen muß als sein Untergebener, und mag der auch wesentlich intelligenter, fleißiger und tüchtiger sein. Ist eine Hierarchie besonders tief gestaffelt, wie das bei einer ausgereiften Kapitalgesellschaft der Fall ist, muß der Unterschied in der Entlohnung zwischen denen ganz oben und denen ganz unten infolgedessen besonders groß sein.

Auch Macht spielt eine wichtige Rolle bei der Festlegung der Kompensation. Steigt ein Mann in der Hierarchie auf, so erhält er mehr Macht. Zu dieser Macht zählt immer die Möglichkeit, auf sein eigenes Gehalt oder das der Führungsspitze, der er angehört, Einfluß zu nehmen. Das ist eine schlichte, kaum umstrittene und äußerst wichtige Tatsache.

Schließlich und endlich wird die Entlohnung der verschiedenen Stufen einer Kapitalgesellschaft auch zum Standard für andere. Führungs- und Spezialkräfte sind weitgehend austauschbar. Liegen die Gehaltssätze für einen bestimmten Posten in einer anderen Gesellschaft höher, wird sich der leitende Angestellte lieber dort befördern lassen als bei seiner bisherigen Firma. Sein Weggang rechtfertigt eine Gehaltserhöhung bei der ersten Firma. Das alles ist nicht unbedingt mit der Knappheit an Fachpersonal zu erklären; dieses Personal wäre bei einem niedrigeren Gehaltsniveau genauso reichlich vorhanden. Der Posten eines Direktors wäre auch dann noch erstrebenswerter als der eines Arbeiters am Fließband. Aber dieses Arrangement fördert die Fiktion, Gehälter würden unpersönlich durch externe Kräfte festgesetzt.

Die Einbildung einer unpersönlich fixierten Gehaltsskala ist für die Nutznießer von größter Bedeutung. Der Chef von General Motors oder ITT bekommt etwa fünfzigmal soviel Geld wie der einfache Mann am Fließband – ein sehr beträchtliches Gefälle. Dem so Begünstigten dürfte es schwerfallen, von sich selbst zu behaupten, er sei fünfzigmal soviel wert wie der kleine Arbeiter. Müßte man annehmen, ein solches Gehalt entspringe seiner eigenen Großzügigkeit sich selbst gegenüber, würden wahrscheinlich Klagen laut. Aber das Diktat des Wettbewerbs nimmt man ebenso gleichmütig hin wie die Abfolge der Jahreszeiten, die Gebote Gottes und das Älterwerden.

Fast alle finden sich mit diesem Umstand ab. Selbst der Radikale schreibt das Gehalt des Chefs von General Motors, General Electric und General Dynamics nicht der Macht, der List oder der Habgier der Beteiligten zu. So ergeht es nur dem Kapitalisten und dem Markt. Im Planungssystem sind die Betroffenen nur die unschuldigen Opfer ihres eigenen Glücks. Auch der Gewerkschaftsführer protestiert nicht. Wenn ein Direktor ein hohes Gehalt bekommt, nimmt er es auch. Aufgabe des ehrbaren Gewerkschaftsführers ist es, mehr für seine Leute herauszuholen, und nicht, sich darüber Gedanken zu machen, was andere verdienen.

Hat man das Planungssystem erst einmal gezwungen, sein Deckmäntelchen der Marktwirtschaft abzulegen, wird die Gehaltsfrage plötzlich sehr interessant und zu einem Politikum. Das Gefälle zwischen den höchsten und niedrigsten Vergütungen verlangt nach einer Rechtfertigung. Man kann sich kaum dem Eindruck entziehen, daß dieses Gefälle Ausdruck einer blühenden Ungerechtigkeit ist. Nichts berechtigt nämlich zu der Annahme, das derzeitige Angebot an leitenden Angestellten erfordere die Stimulation durch die derzeitigen Preise, die gezahlt werden. Es sind immer genügend fähige und willige Kandidaten verfügbar. Wer das höchste Gehalt bezieht, hat auch den angenehmsten Posten. Es sind gleichzeitig die Leute, deren Arbeit am wenigsten von der Bezahlung abhängig ist – die sich selbst rühmen, mit Leib und Seele an ihrem Beruf zu hängen. Im Gegensatz dazu werden jene Leute, die die unangenehmsten Arbeiten verrichten, am schlechtesten bezahlt. Für sie ist Geld ein sehr wichtiger Anreiz. Ein Besucher von einem anderen Planeten oder gar aus dem Himmel wäre erstaunt über dieses Arrangement und noch mehr darüber, daß es akzeptiert wird.

Prinzipiell kann man dagegen viererlei tun. Nicht nur die Grundlöhne, sondern auch das Lohngefälle sollte in die Tarifverhandlungen miteinbezogen werden. Ein Mehr an Gleichheit im Planungssystem sollte zum Ziel der Steuerpolitik gemacht werden. Hierin sollte auch ein Hauptziel der Lohn- und Preispolitik liegen. Und schließlich müßte die Struktur der Firma so beschaffen sein, daß dieses Gefälle wesentlich verringert wird.

2

Bei den klassischen Tarifauseinandersetzungen stand dem Interesse des Eigentümers oder Kapitalisten jenes der Arbeiter gegenüber. Beide Parteien hatten sich wegen der Aufteilung der Erträge auseinanderzusetzen. Was der Eigentümer seinem Manager oder Bevollmächtigten bezahlte – dem Instrument seines Willens –, ging die Gewerkschaften nichts an.

Seit dem Aufstieg der Technostruktur ist eine solche Einstellung betrüblicherweise überholt. Jetzt ist die Technostruktur nämlich die ursprüngliche Machtquelle. Was sie verdient, hängt von dieser Macht ab und nicht von einer Vereinbarung mit dem Kapitalisten.

Bei dem so verteilten Betrag geht es nicht mehr um ein Detail. Die Kosten der Technostruktur machen einen erheblichen Teil der gesamten Einnahmen aus. Ihr Anteil im Verhältnis zu den Gesamtlöhnen kann nicht mehr als geringfügig bezeichnet werden. Eine Gewerkschaft, die für ihre Mitglieder nicht einen angemessenen Prozentsatz der gesamten Löhne und Gehälter anstrebt, versäumt ihre Pflicht.

Ein aktiver Einsatz für das Einkommensgefälle, darunter auch die nichtpekuniären Vorrechte einer bestimmten Position, ist für die Angestellten von besonderer Bedeutung. Hier wird einer minderen Kaste, die weitgehend, aber nicht ausschließlich aus Frauen besteht, eine betont untergeordnete Rolle zugeschoben. Man ist sich nicht nur darin einig, daß Bezahlung für Sekretärinnen, Archivare, Telephonistinnen, Computerbuchhalterinnen und so weiter weit unter der für leitende Angestellte zu liegen habe, sondern man betrachtet es darüber hinaus als selbstverständlich, daß den Angehörigen dieser untergeordneten Kaste für immer der Zugang zu den Reihen der Privilegierten versperrt bleibt. Das ist wichtig für die Aufrechterhaltung der Klassenunterschiede. Sekretärinnen und andere Mitarbeiter würden sich nicht in ihrer abhängigen Rolle wohlfühlen, wenn sie annehmen dürften, daß sie eventuell auch Anspruch auf den Job ihres Arbeitgebers hätten. Und der Direktor würde sich in seiner Überlegenheit weitaus weniger sicher fühlen, wenn dem so wäre. Deshalb werden leitende Positionen getrennt ausgeschrieben und mit solchen Leuten besetzt, denen man ein besonderes Talent oder eine spezielle Ausbildung nachsagt; diese Trennung wird noch zusätzlich durch die fast allgemein akzeptierte Übereinkunft vertieft, daß die führenden Köpfe einer großen Kapitalgesellschaft (in den USA) sich so gut wie ausschließlich aus männlichen, weißen Bürgern zu rekrutieren haben.

Wie schon bemerkt, bringt ein hoher Rang nicht nur pekuniäre, sondern auch noch andere Vorteile mit sich. Wichtig ist oft weniger das tatsächliche Gehalt als vielmehr die Art und Weise, wie dadurch der übergeordnete (oder untergeordnete) Status verdeutlicht wird. Den höheren Kasten werden geräumige, gut möblierte und beleuchtete Büros zugewiesen, besondere Speiseräume und Toiletten, sie können ihre Arbeitszeit nach Belieben einteilen, und man erwartet von ihnen ein entsprechend feierliches oder befehlsgewohntes Gehabe. Die niederen Kasten müssen sich mit engen Arbeitsverhältnissen und Gemeinschaftstoiletten begnügen, sie bekommen einfacheres Essen, haben hygienisch sauber, zurückhaltend in der Kleidung, pünktlich in der Arbeitszeit und in ihrem allgemeinen Benehmen ehrfürchtig zu sein.

In letzter Zeit deutet manches darauf hin, daß auch die Lohngefälle und die damit verbundenen Statussymbole Themen für Tarifverhandlungen und andere Gruppenaktionen werden könnten. In Skandinavien, Deutschland und England haben die Gewerkschaften sehr bescheiden auf die besondere Benachteiligung jener hingewiesen, die die unangenehmste Arbeit verrichten müssen. In den Vereinigten Staaten lassen die Frauen erkennen, daß sie sich nicht mehr so bereitwillig wie früher mit ihrer permanent untergeordneten Rolle abfinden wollen. Wo Angestellte in sehr großer Zahl zusammenkommen, wie in den Zentralbüros der Versicherungsgesellschaften oder größerer Industriekonzerne, wurde gelegentlich etwas unternommen, um auffällige Statussymbole wie schlechteres Essen, Bekleidungsvorschriften und eine servile Haltung in Gegenwart Ranghöherer abzuschaffen.

Aber die Chancen für energische gewerkschaftliche Maßnahmen zur Verringerung pekuniärer und anderer Unterschiede bleiben doch bestenfalls sehr fraglich. Wo es um Arbeiter geht, verbietet die Tradition eine Einmischung in solche Angelegenheiten. Ebenso empfindlich ist die Technostruktur gegenüber allem, was ihre Autonomie und ihr Recht auf Selbstbehauptung einzuschränken droht. In den Gewerkschaften macht sich ganz allgemein die Tendenz bemerkbar, die Technostruktur nicht zu bekämpfen, sondern sich mit ihr zu verbünden.

Noch ausgeprägter ist wahrscheinlich die Neigung der Angestellten, sich mit der Technostruktur zu identifizieren. Die meisten Angestellten lassen sich davon überzeugen, daß ihr persönliches Wohlergehen weniger durch Organisation und Einigkeit als dadurch gefördert wird, daß sie sich mit der übergeordneten Kaste gut stellen. Sie akzeptieren infolgedessen ihre untergeordnete Rolle und identifizieren sich stark mit den Zielen der Organisation, der sie angehören. Eine solche Einschmeichelung, verbunden mit einer Selbstverleugnung und absoluten Unterordnung der eigenen Persönlichkeit unter die Organisation, nennt man Firmentreue. Die

Treue wiederum rangiert weit oben in der Stufenleiter der Gemeinschaftsbezogenen Tugend des Planungssystems – einer Tugend, der alle Betroffenen anhängen. Die praktische Konsequenz besteht darin, daß die unteren Klassen der Büroangestellten einer gewerkschaftlichen Organisation zumeist Widerstand entgegensetzen.

Nichts würde die Gleichheit innerhalb der Technostruktur mehr fördern als eine Stärkung der Angestelltengewerkschaft, immer vorausgesetzt, daß sie ihre Aufgabe darin sieht, ihren Mitgliedern etwas von der Kompensation und den Vergünstigungen zugänglich zu machen, mit der die Mächtigen sich selbst belohnen. Sehr groß ist die Hoffnung jedoch nicht.

3

Zur Förderung der Gleichheit trägt eine halbwegs gleichmäßige Einkommensverteilung weitaus mehr bei als eine ungleiche Verteilung, gegen die dann mit steuerlichen Maßnahmen vorgegangen wird. Wenn jemand erst einmal Geld in der Hand hat, wehrt er sich verständlicherweise selbst gegen scheinbar gerechte Versuche, es ihm wieder abzunehmen. Bei der Verteidigung von Besitz wird eine geniale Geschicklichkeit entwickelt. Dennoch ist eine progressive Besteuerung im Rahmen des berechtigten Bemühens um ein höheres Maß von Gleichheit im Planungssystem unentbehrlich.

Wer die Natur des Planungssystems durchschaut, wird eine solche Besteuerung tatkräftig unterstützen. Solange man glaubt, die Einkommen in der Technostruktur würden vom Markt bestimmt, sieht man sie unter einem funktionellen Aspekt. Sie sind der Preis, der für eine erforderliche Leistung von bestimmter Qualität und Quantität gezahlt werden muß und der garantiert, daß es nie an Nachwuchs fehlen wird. Aber diesen geforderten Preis zu bezahlen und dann einen beträchtlichen Teil davon als Steuern wieder abzuschöpfen, widerspricht dem Zweck der Zahlung. Man könnte auch gewisse moralische Einwände erheben. Die Belohnung des einzelnen richtet sich nach seinem Fleiß und nach seiner Intelligenz sowie dem Beitrag, den er durch diese beiden Qualitäten am Sozialprodukt leistet. Der Staat muß sich in acht nehmen, wenn er das

abschöpfen will, was einem Menschen aufgrund seiner Arbeit und Fähigkeit rechtmäßig zusteht.
Es liegt durchaus auf der Linie dieser Doktrin und der Tendenz von seiten der Regierung, die Willensäußerungen des Planungssystems als wirtschaftlich vernünftig zu akzeptieren, daß die Steuergesetze mit Spitzengehältern sehr glimpflich verfahren. Ein beträchtlicher Teil entfällt auf steuerfreien Konsum. Dieser Konsum – Bewirtung von Geschäftsfreunden, Erholung, Reisen und Geschenke – wird als wesentlich für die Berufsausübung angesehen, obgleich alle doch insgeheim wissen, daß es sich hier um privilegiertes Vergnügen handelt. Ein weiterer wesentlicher Teil des Spitzengehalts setzt sich normalerweise aus Kapitalzuwachs mit einer Höchstbesteuerung von 35 Prozent zusammen. Wie bereits früher bemerkt, wurde den Spitzengehältern erst kürzlich durch die Festlegung des Höchstsatzes mit 50 Prozent eine große Konzession gemacht.
Diese Konzessionen lassen sich nicht mehr rechtfertigen, wenn man im Direktorengehalt eine Funktion nicht des Marktwertes, sondern der Tradition, der hierarchischen Position und der bürokratischen Machtausübung sieht. Da dies und nicht Fleiß oder Intelligenz bestimmende Faktoren der Belohnung sind, besteht nicht die Gefahr, daß eine höhere Besteuerung den Aufwand an Energie oder Intelligenz beeinträchtigen könnte. Es wird auch bei niedrigeren Steuern nicht mehr geleistet. Es geht einzig und allein darum, ob die Ungleichheit fortgesetzt oder noch betont werden soll. Der Markt ist als Faktor ausgeschaltet. Aber sein Mythos lebt weiter als Ausrede jener, die am ehesten Steuern zahlen könnten, die sich aber am erfolgreichsten davor drücken.
Demnach geht aus unserer Analyse hervor, daß eine möglichst strenge Anwendung der progressiven Einkommensteuer als Instrument zur Förderung der Gleichheit angebracht wäre. Nichts spricht für die Sonderbehandlung dessen, was man mit einer Verneigung vor den Empfängern von Spitzengehältern als Arbeitsentlohnung bezeichnet. Ebenso wenig spricht für die Notwendigkeit besonderer pekuniärer Anreize zur Leistungssteigerung bei leitenden Angestellten.

4

Das dritte Instrument zum Ausgleich der Einkommen im Planungssystem sind staatliche Eingriffe. Mit der Lohn- und Preiskontrolle werden sie ermöglicht und in gewissem Umfang unvermeidbar. Die Entwicklung des Planungssystems läßt staatliche Maßnahmen zur Stabilisierung von Löhnen und Preisen unumgänglich werden. Damit wird die Vorstellung, der Markt entscheide letztlich über das Einkommen, endgültig zerstört. Praktisch anerkennt man damit offiziell die Tatsache der Planung. Wenn die Löhne erst einmal zum Gegenstand der Politik geworden sind, kann man sich kaum noch auf die Immunität von Spitzengehältern berufen – obgleich man das natürlich versuchen wird, da alles als vernünftige Politik gilt, was den Interessen der Technostruktur dient. Sobald Löhne und Gehälter zum Gegenstand staatlicher Eingriffe gemacht sind, verhindert nichts mehr den nächsten Schritt, der darin besteht, durch staatliche Eingriffe das Gefälle zwischen denen zu verringern, die Schmutzarbeit verrichten, und den anderen, die ihren Beruf lieben. Wenn eine gerechtere Einkommensverteilung Ziel der Politik sein soll, muß man sie durch eine objektive Lohn- und Gehaltskontrolle anstreben. Diese Kontrolle muß bewirken, daß die Unterschiede verringert werden, die nicht aus der Funktion entstehen, sondern aus Hierarchie, Tradition und Macht. Dadurch könnte wiederum ein ähnlicher Abbau des Gefälles bei der Regierung selbst erforderlich werden, bei den Universitäten und den freien Berufen. Der persönliche Einsatz vieler für eine größere Gleichheit würde auf eine schwere Probe gestellt.

Der direkteste und wirksamste Weg einer Förderung der Gleichheit innerhalb der Firma würde in der Festlegung eines maximalen Unterschiedes zwischen Durchschnitts- und Spitzengehältern bestehen. Wenn schon die Löhne vom Staat geregelt werden müssen, sind staatliche Maßnahmen zur Festsetzung eines tragbaren Gefälles zwischen den Einkünften der Arbeiter und der Spitzenverdiener genauso legitim. Hier sollte die Politik in einer fortschreitenden Lohn- und Preiskontrolle ihr Ziel sehen. Auch eine gemäßigte Politik wäre schon besser als gar nichts. Übergeordnetes Ziel der Lohn- und Preiskontrolle im Planungssystem sollte es sein, das allgemeine Preisniveau konstant zu halten, Löhne und Gehälter jedoch entsprechend dem Produktivitätszuwachs ansteigen zu lassen. In Verbindung mit dem Ziel einer größeren Gleichheit bedeutet dies eine mehr oder weniger ausschließliche Verteilung des Zuwachses auf die geringer bezahlten Arbeiter und einfachen Angestellten. Diese würden dann über einige Jahre hinweg einen stetigen Zuwachs des Realeinkommens erleben, während die Spitzengehälter schlimmstenfalls konstant gehalten werden könnten.

Es ist fast immer so, daß wir da, wo unsere Analyse auf gewisse Maßnahmen hindeutet, zumindest schon einen Ansatz vorfinden. Es gibt keine Theorie, die staatliche Eingriffe bei Direktorengehältern rechtfertigt. Wie schon bemerkt, streitet kaum noch jemand ab, daß sich die Republikanische Partei in den Vereinigten Staaten mit den Interessen des Planungssystems identifiziert. Doch als sich Nixon 1971 gezwungen sah, Löhne und Preise festzusetzen, weitete er diese Maßnahme zumindest im Prinzip auch auf die Gehälter leitender Angestellter aus. Niemand behauptete, von diesen Gehältern gehe ein besonderer inflationärer Druck aus, aber selbst ein Präsident mit so offenkundigen Bindungen an die großen Kapitalgesellschaften konnte nicht gut behaupten, an die Stelle des Marktes sei nunmehr die Planung getreten, was die Festsetzung der Arbeiterlöhne angehe – das gelte jedoch nicht für hohe Gehälter. Wenn sich die Regierung für die Kompensation der einen interessierte, hatte sie sich auch für die Kompensation der anderen zu interessieren.

5

In ihrer ausgereiften Form ist die Kapitalgesellschaft in erster Linie ein Instrument zur Fortführung der Ungleichheit. Die Aktionäre haben, wie wir wissen, keine Funktion. Sie leisten keinen Beitrag zu Kapital und Management; sie sind nur die passiven Empfänger der Dividenden und Kapitalgewinne. Da diese von Jahr zu Jahr zunehmen, vermehren die Aktionäre ebenso mühelos ihr Einkommen und ihren Wohlstand. Die Tradition des Privatbesitzes gewährt der Technostruktur Autonomie in der eigenen Festsetzung der Entlohnung und damit nicht nur die Fortsetzung, sondern die Vergrößerung des Einkommensgefälles.

Eine Lösung wäre die Überführung der voll ausgereiften Kapitalgesellschaften – jener Betriebe, in der die Aktionärsmacht schon der Euthanasie zum Opfer gefallen ist – in Gemeineigentum. Da kaum jemand die Enteignung wünscht, würde dies bedeuten, daß der Staat das Aktienkapital mit sicheren Zinsgarantien kaufen müßte. Dadurch würde die Ungerechtigkeit fortgeführt, aber sie würde sich wenigstens nicht mehr durch weitere Steigerung, Dividenden und Kapitalgewinne vergrößern. Im Laufe der Zeit würden Erbschaft, Erbschaftssteuer, Philanthropie, Verschwendung, Alimente und Inflation den Wohlstand zerstreuen. Inzwischen hätte der Staat nach Richtlinien der Notwendigkeit und Gerechtigkeit ein vertretbares Einkommensgefälle etabliert.

Im Prinzip hätte eine solche Veränderung keine Auswirkungen auf das Management. Der Aktionär tritt ab, aber er hatte ja auch bisher keine Macht. Talentierte Leute würden selbst bei geringer Entlohnung das Direktionsbüro der Werkshalle vorziehen. Es gibt ja auch schon zahlreiche staatliche Betriebe – Renault, Volkswagen in seiner besten Zeit, die Tennessee-Tal-Verwaltung, viele staatliche und kommunale Versorgungsbetriebe –, die sich in ihrem Betrieb nicht von sogenannten privaten Unternehmen unterscheiden. Hier haben wir es in jedem Fall mit dem Teil der Wirtschaft zu tun, der durch relative Überentwicklung gekennzeichnet ist. Infolgedessen steht die gesellschaftliche Forderung der Leistung hinter der nach Gleichheit zurück.

Unsere Diskussion hat uns inzwischen auf ein Terrain geführt, das für die moderne Soziologie und Ökonomie jungfräuliches Neuland ist und selbst von kühnen Geistern nicht betreten wird. Man stellte nicht einmal Spekulationen darüber an, daß es jenseits von General Motors und General Electric noch eine andere Organisationsform gibt. In der Öffentlichkeit bekennen wir immer wieder, wie sehr wir zu den Grundsätzen eines freien Denkens stehen; dann sollten wir uns auch mit den Möglichkeiten betrieblicher Weiterentwicklung beschäftigen, zumal diese ja die Chance zur größeren Gleichheit bringen. Daß dann gehandelt wird, steht kaum zu befürchten.

Es gibt jedoch andere Schritte in Richtung auf den Sozialismus, die unmittelbarer und dringender sind – auf Gebieten, wo alle Industrieländer unter dem Druck der Notwendigkeit bei unterschiedlicher Tarnung schon ein gutes Stück Weg zurückgelegt haben. Mit diesem Sozialismus wollen wir uns nun beschäftigen.

XXVII
Der Sozialistische Imperativ

I

Wie bereits bemerkt, gibt es in den Vereinigten Staaten auf dem Gebiet der Sozialreform nichts, über das man so wenig spricht wie über den Sozialismus. Seine Ablehnung durch die politischen Parteien wird vorausgesetzt. Selbst der radikalste Bewerber um ein öffentliches Amt bekennt allen Ernstes: »Ich bin gewiß kein Befürworter des Sozialismus.« Zumeist erläutert er dann, daß die von ihm empfohlenen Maßnahmen gerade durch ihren Radikalismus das Land vor dem Sozialismus retten sollen. Es gilt, das freie Unternehmen vor den bösen Folgen der eigenen Mängel, Übertreibungen oder Abweichungen von der Linie zu retten.
Hier geht es um mehr als nur um Nationalökonomie. Es besteht eine Verbindung zwischen freier Wirtschaft und persönlicher Freiheit. Wer den Sozialismus ablehnt, kämpft für mehr als nur für seine eigene Macht, sein Eigentum und sein Geld. Es ist wie mit den Fürsten von Runnymede: Ein höherer moralischer Zweck heiligt die persönlichen Interessen. Diese moralische Haltung ist so hehr, daß Eiferer nicht zögern, ein Verbot der Befürwortung oder gar Diskussion des Sozialismus zu erlassen, um die Freiheit zu bewahren.
Die Lage in anderen hochentwickelten Ländern unterscheidet sich zwar der Form nach, aber kaum in der Konsequenz *. In Westeuropa und Japan ist Sozialismus ein beschwörendes – nicht ein böses Wort. Die Amerikaner haben erreicht, daß dieses Wort von seiner eigentlichen Bedeutung und mehr noch von der Wirtschaftspraxis losgelöst wurde. Ein Engländer, Franzose oder Deutscher kann ein überzeugter Sozialist sein, aber trotzdem denkt er praktisch. Er wird deshalb nie im Ernst eine Verstaatlichung von Banken, Versicherungsgesellschaften, Autofabriken, Chemiewerken oder (von Ausnahmen abgesehen) Stahlwerken empfehlen. Als Po-

*) Auf eine nicht unwichtige Ausnahme kommen wir gleich noch zu sprechen.

litiker wird er niemals auf den Erlaß entsprechender Gesetze drängen. Sosehr er im Prinzip eine Verstaatlichung begrüßt, so wenig tut er in der Praxis dafür.

Inzwischen dürfte auch verständlich geworden sein, warum der Sozialismus mit einem so strengen Bann belegt wird. Für die Technostruktur ist der Sozialismus nichts Erstrebenswertes. Sie hat gerade erst ihre Autonomie gegenüber den Eigentümern errungen und möchte sich nicht dem Staat unterordnen. Das erfordert schon ihr Bedürfnis nach Selbstbestätigung. Als autonomes Gebilde genießt die Technostruktur Freiheit in der Bildung einer Organisation, in Entwurf, Preisgestaltung und Verkauf von Produkten, bei der Anwendung von Überzeugungskunst, und damit übt sie Macht gegenüber der Öffentlichkeit und dem Staat aus sowie in der Entschädigung und Förderung der eigenen Mitglieder. Instinktiv fürchtet man eine Bedrohung dieser Autonomie. Würde die Technostruktur zu einem verlängerten Arm des Staates, dann wären Entscheidungen über den Aufbau eines neuen Werks, die Gehälter der Spitzenkräfte oder die Vorschriften für Beförderungen politische Angelegenheiten. Als solche gerieten sie ins Licht der Öffentlichkeit und vielleicht sogar ins Schußfeld öffentlicher Aktionen. Daher rührt das Bestreben, die derzeitige Fiktion aufrechtzuerhalten, daß nämlich diese Dinge die Öffentlichkeit nichts angingen; sie sind das, wozu der Markt sie gemacht hat: reine Privatangelegenheit.

2

Aber es wäre unrichtig, das abnehmende Interesse am Sozialismus ausschließlich den Bedürfnissen der Technostruktur und einer entsprechend manipulierten öffentlichen Meinung zuzuschreiben – so wichtig dieser Einfluß auch sein mag. Was die Erkenntnis und Identifizierung des zentralen Fehlers in der Wirtschaft anbetraf, befand sich der demokratische (und übrigens auch der revolutionäre) Sozialismus seit langem in Übereinstimmung mit der klassischen und neoklassischen Nationalökonomie. Die Macht der Monopole war an allem schuld. Wo ein Monopol vorherrscht, wird die Öffentlichkeit durch einen geringeren Ausstoß, als möglich wäre, und durch höhere Preise, als nötig wären, ausgebeutet. Die

Macht der Arbeitgeber auf dem Arbeitsmarkt befähigt sie, den Arbeitenden weniger zu bezahlen, als tragbar wäre und ihnen gebührte. So werden auch die Werktätigen ausgebeutet. Wie in der neoklassischen Wirtschaftslehre das größte Schimpfwort Monopol ist, heißt es im Sozialismus »Monopolkapitalismus«.

Der Leser wird nun begreifen, warum die alte Leidenschaft für den Sozialismus dahingeschwunden ist – oder nur noch in Festreden und in der Nostalgie weiterlebt. Die ursprüngliche Daseinsberechtigung des Sozialismus, nämlich das Monopolverhalten, gibt es gar nicht, auch wenn eine alte Tradition in der sozialistischen Kritik verlangt, eine solche Unterstellung als kapitalistische Ausrede strikt zurückzuweisen. Das zentrale Problem der modernen Wirtschaft ist die ungleiche Entwicklung. Am weitesten ist die Entwicklung da zurückgeblieben, wo am wenigsten Monopol und Handelsmacht herrscht; sie ist da am weitesten fortgeschritten, wo Monopol und Macht am größten sind. Je höher eine Firma und ihre Technostruktur entwickelt sind, um so stärker fühlt sie sich im allgemeinen dem Wachstum verpflichtet. Eine Firma, die ihre Kunden umwirbt, um den Umsatz auszuweiten, kann seinen Kundenstamm nicht gleichzeitig nach Art eines klassischen Monopols ausbeuten. Das weiß die Öffentlichkeit, oder sie spürt es zumindest. Nur der Hochgebildete vermag die Augen vor der Wirklichkeit zu verschließen und nach einer Doktrin zu leben. Diese Doktrin lenkt die Aufmerksamkeit des überzeugten Sozialisten und paradoxerweise auch des neoklassischen Nationalökonomen zum falschen Teil unserer Wirtschaft.

Die Arbeiter sind aus denselben Gründen wie die Verbraucher vom Sozialismus abgerückt. Arbeiter werden, wie wir gesehen haben, ausgebeutet – oder sie beuten sich selbst aus. Aber diese Ausbeutung findet im Marktsystem statt. Im Planungssystem werden die Arbeitnehmer durch Gewerkschaften und Staat geschützt und durch die Handelsmacht des Arbeitgebers begünstigt, die es gestattet, steigende Lohnkosten auf die Öffentlichkeit abzuwälzen. In diesem Teil der Wirtschaft stellen die Arbeiter, verglichen mit denen im Marktsystem, eine privilegierte Klasse dar. Der Sozialist macht auf die Arbeiter in wirtschaftlich mächtigen Industriezweigen aufmerksam. Aber gerade in diesen Industrien – Stahl, Automobile, Chemikalien, Erdöl – wird die Macht praktisch zugunsten der Hauptforderungen der Arbeiter eingesetzt. Arbeiter gehen ebensowenig auf die Straße wie die übrige Öffentlichkeit. Der amerikanische Gewerkschaftler distanziert sich vom Sozialismus. Sein europäischer Kollege befürwortet sozialistische Reformen im Prinzip, lehnt sie aber in der Praxis ab.

Schließlich zeigt unsere Analyse noch einen Faktor auf, der den traditionellen Ruf des Sozialismus geschmälert hat. Wie wir gesehen haben, ist der moderne Großbetrieb durchorganisiert und sehr bürokratisch. Das wird oder würde auch für einen staatlichen Betrieb gelten. Als man noch zwischen privatem Monopol und staatlicher Bürokratie wählen konnte, sprach vieles für die letzte. Eine Staatsbürokratie mag schwerfällig sein, aber sie ist nicht ausbeuterisch und damit auch nicht böse. Weitaus weniger eindeutig fällt die Wahl zwischen privater und öffentlicher Bürokratie aus. Ein recht bedeutsamer substantieller Unterschied wurde zumindest scheinbar auf einen wesentlich kleineren formellen Unterschied reduziert. Dazu kommt noch die Entdeckung, daß die großen und hochtechnisierten Staatsbürokratien – Luftwaffe, Marine, Atomenergiekommission – eigene Zwecke verfolgen, und zwar ebenso hartnäckig wie General Motors oder Exxon. Private Bürokratien herrschen im eigenen Interesse. Aber das tun auch öffentliche Bürokratien. Warum soll man dann die eine gegen die andere vertauschen? Daraus erklärt sich auch, warum die Sowjetunion auf den modernen Radikalen eine immer geringere Anziehungskraft ausübt. Weshalb sollte man eine bürokratische Gesellschaftsform gegen eine andere vertauschen? Die Modelle China und Kuba erscheinen wesentlich attraktiver. Aber zum Teil geht diese stärkere Anziehungskraft leider auf den niedrigeren Entwicklungsstand zurück und damit auf eine weniger vollkommene Organisation – ein Mißstand, um dessen Beseitigung sich beide Staaten eifrig bemühen.

3

Aber wer eine Lanze für unliebsame Ideen brechen will, hat es im Leben niemals leicht. Dieselben Umstände, die den Sozialismus in Machtpositionen weniger attraktiv werden ließen, haben dazu geführt, daß ein neuer Sozialismus in anderen Bereichen der Wirtschaft dringend oder gar unentbehrlich geworden ist. Das Wort »unentbehrlich« sollte man unterstreichen. Der alte Kapitalismus hatte Raum für Ideologie. Es gab den Kapitalismus mit seinen Vor- und Nachteilen; es gab die Verstaatlichung der Produktionsmittel mit ihren Möglichkeiten und Fehlern. Zwischen beiden konnte man wählen. Die Wahl hing von der Überzeugung ab – von Ideen. Sie war daher ideologisch bestimmt. Der neue Sozialismus läßt keine akzeptablen Alternativen zu; wer ihm ausweicht, bezahlt dafür den Preis großer Unannehmlichkeiten, sozialer Unordnung und gelegentlich schwerer Schädigungen von Leben und Gesundheit. Der neue Sozialismus ist keine Ideologie, er wird durch die Umstände erzwungen.

Bei diesen Umständen handelt es sich, wie der aufmerksame Leser sicher schon erraten hat, um die verschleppte Entwicklung im Marktsystem. Dort gibt es Branchen, die technische Vollkommenheit mit einer entsprechenden Organisation sowie Handelsmacht mit einer entsprechenden Verfügungsgewalt über die Produktionsmittel brauchen, wenn sie einigermaßen funktionieren sollen. Beides haben sie als Bestandteile des Marktsystems nicht. Sie verharren im Zustand der Unterentwicklung oder bleiben auf einem primitiven Entwicklungsstand; je rascher die Entwicklung an anderer Stelle fortschreitet, um so dramatischer tritt ihre relative Rückständigkeit in Erscheinung.

Erschwerend kommt noch hinzu (äußerst peinlich für alle, die nichts vom Sozialismus wissen wollen), daß einige dieser zurückgebliebenen Branchen von besonderer Bedeutung nicht nur für Bequemlichkeit, Wohlergehen, Erholung und Glück sind, sondern sogar für unsere weitere Existenz. Sie sind zuständig für Unterkunft, Gesundheitsfürsorge und Nahverkehr. In einem kühlen Klima ein Dach über dem Kopf zu haben, bei Krankheit ärztliche Versorgung gesichert zu sehen und für den Weg zum Arbeitsplatz öffentliche Verkehrsmittel benutzen zu können, das alles sind Grundbedürfnisse. In der Auswahl der zurückgebliebenen Branchen könnte man leicht das Wirken einer pervertierten Vorsehung erkennen, die es nur auf den wahrhaft freien Unternehmer abgesehen hat.

Diesen Industrien ist aus mehreren Gründen der Übergang ins Planungssystem nicht geglückt. Wohnungsbau und medizinische

Vorsorge sind geographisch weit gestreut. Wie bei allen Dienstleistungen wird dadurch eine umfassende Organisation und die Konzentration an einem bestimmten Punkt verhindert. Eine eventuell noch mögliche Arbeitsteilung setzt sich nicht durch. Die Arbeitszeit von Schreinern, Installateuren und Elektrikern, aber auch die eines spezialisierten Chirurgen, Arztes oder Technikers, läßt sich nicht so einteilen, daß längere Pausen oder unrationelle Intervalle vermieden werden.

Auch die Gewerkschaften haben an der Verzögerung mitgewirkt. Sie sind in diesen Branchen nicht sonderlich stark vertreten. Aber die Arbeitgeber erwiesen sich als besonders schwach wie im Fall der Bauwirtschaft, als besonders nachgiebig wie im Fall des Verkehrswesens, oder sie waren selbst Gewerkschaftsangehörige wie im Fall des amerikanischen Ärzteverbandes. Damit hatten die Gewerkschaften freie Hand bei Reglementierung oder Verbot technischer Neuerungen oder (wie es bei der AMA, der Ärzteorganisation, lange Zeit der Fall war) der Durchsetzung einer Organisationsform, die eine größere Wirtschaftlichkeit ermöglicht hätte. Im Bau- und Verkehrswesen haben staatlich verfügte Beschränkungen, häufig inspiriert durch Arbeitnehmer oder Gewerkschaften, die Verhinderung technischer Neuerungen und der damit verbundenen Organisation bewirkt.

4

Es gibt nur eine einzige Lösung. Diese Branchen können innerhalb des Marktsystems nicht funktionsfähig sein. Im Planungssystem entwickeln sie sich nicht. Sie sind unentbehrlich, da die Allgemeinheit von einem Ort zum anderen gelangen und vor Krankheit und Witterung geschützt werden muß. Mit zunehmender wirtschaftlicher Entwicklung wird der Kontrast zwischen Massenwohnungen, Krankenhäusern und ärztlicher Versorgung und überfüllten Verkehrsmitteln einerseits sowie den weniger lebensnotwendigen Attributen ihres Lebensstandards – Automobil, Fernsehen, Kosmetik, Genußmittel – andererseits zuerst auffallend, dann sogar unerträglich.

Besonders bizarr machen sich die Auswirkungen der ungleichen

Entwicklung auf dem Gebiet des Gesundheitswesens bemerkbar. Die vermehrte Gefahr durch Leben und Gesundheit ist praktisch *ausschließlich* eine Folge des gestiegenen Konsums. Fettsucht und die damit verbundenen Störungen sind die Folge des erhöhten Nahrungsmittelverbrauchs; Zirrhose und Autounfälle sind auf den vermehrten Alkoholkonsum zurückzuführen; Lungenkrebs, Herzkrankheit und Emphyseme und zahlreiche andere Leiden sind das Ergebnis des vermehrten Tabakkonsums; Unfälle, eine höhere Sterblichkeit und Krankheitsanfälligkeit werden durch die stärkere Benutzung des Autos verursacht; Hepatitis und zahlreiche Gewalttätigkeiten gehen vom Drogenkonsum aus; nervöse Störungen und Geisteskrankheiten sind die Begleiterscheinung des Strebens nach höheren Einkommen, des Bewußtseins, daß andere dabei erfolgreicher sind, der Angst vor Verlust des Einkommens oder auch der Angst vor den verschiedenen bereits genannten gesundheitlichen Folgen eines hohen Konsums. Gleichzeitig nehmen Gesundheitswesen und Krankenhäuser an der Entwicklung, die zu solchen Störungen führt, nicht teil. Sie hinken grundsätzlich hinterher und stehen einem großen Teil der Bevölkerung, selbst verhältnismäßig wohlhabenden Schichten, nicht in ausreichendem Maße und zu einem erschreckend hohen oder gar ruinösen Preis zur Verfügung. Wiederum das Wirken einer pervertierten Vorsehung.

Die einzige Möglichkeit für diese Branchen ist eine umfassende Organisation und Verstaatlichung. Das ist der neue Sozialismus, der in der Wirtschaft nicht die Positionen der Macht, sondern die der Ohnmacht sucht. Auch hier möchten wir bemerken, daß die Umstände das Tempo bestimmen – eine verläßliche Tendenz und der beste Beweis dafür, daß eine gesellschaftspolitische Diagnose stimmt. In allen hochentwickelten Ländern sahen sich die Regierungen gezwungen, sich ausführlich mit Wohnraum, Gesundheit und Verkehr zu befassen. Diese Gebiete sind an vielen Stellen bereits weitgehend sozialisiert – in den Vereinigten Staaten und auch anderswo. Der Nahverkehr wird überwiegend in öffentlicher Regie betrieben. Das gilt zum Teil auch für den Intercity-Schienenverkehr. In den Vereinigten Staaten genießen die Alten, bei denen sich ein ungewöhnlicher Bedarf mit einer ungewöhnlichen Zahlungsunfähigkeit verbindet – mit anderen Worten: bei denen der Markt besonders spektakulär versagt hat –, freie ärztliche Versorgung durch Arzt und Krankenhaus. Es gibt eine unüberschaubare Vielzahl staatlicher Hilfen bei der medizinischen Versorgung. Auf dem Gebiet des Wohnungsbaus ist das System öffentlich geförderter, öffentlich unterstützter, öffentlich finanzierter Bauten sowie öffentlicher Mietzuschüsse und Mietkontrollen noch komplexer. Diese Funktionen wiederum sind so auf Behörden des Bundes, der Länder und Gemeinden verteilt, daß kaum ein einzelner Beamter in einer größeren amerikanischen Stadt alle in seinem Bereich wirksamen Quellen öffentlicher Unterstützung auf dem Wohnungssektor kennt.

Das ist jedoch eine sehr unbefriedigende Form des Sozialismus. Der Begriff selbst wird peinlichst vermieden *. Notwendige Maßnahmen werden nicht selbstbewußt und stolz mit den erforderlichen Mitteln durchgeführt, mit der denkbar besten Organisation und im Hinblick auf eine volle Bewältigung der betreffenden Aufgabe. Man betrachtet solche Vorgänge vielmehr als Ausnahme von der Regel. Man muß sich dafür entschuldigen. Wünschenswert ist niemals die Organisation, die die beste ist, sondern diejenige, die scheinbar mit den geringsten Einschränkungen der privaten Wirtschaft auskommt; entscheidend für das Ergebnis ist nicht die Erfüllung der Aufgabe, sondern das Mindestmaß, mit dem man gerade noch zurechtkommt.

Diese Situation wird sich nur verändern, wenn man den Sozialismus als ein völlig normales und *notwendiges* Charakteristikum des Systems erkennt. Dann wird in der Öffentlichkeit der Ruf nach einem hohen Leistungsstandard laut werden, und man wird stolz auf Erreichtes sein. Das ist kein leerer, unbegründeter Optimismus. Die Beweise findet man in Europa und Japan. Dort gilt, wie bereits bemerkt, der Begriff Sozialismus als Herausforderung und nicht als Beschimpfung. Während die Sozialisten anderer hochentwickelter Länder sich rein theoretisch zur Macht hingezogen füh-

*) Der Begriff »verstaatlichte Medizin« wurde bis vor kurzem sehr geringschätzig gebraucht. Das scheint heute nicht mehr so zu sein. Die nichtsozialisierte Medizin ist für so viele Menschen so unbefriedigend und teuer geworden, daß man Alternativen nicht länger allein wegen eines Begriffs ablehnen kann. Der Sozialismus wäre besser – zu diesem Schluß gelangen immer mehr Menschen.

len, scheuen sie in anderen Bereichen der Wirtschaft nicht vor notwendigen öffentlichen Maßnahmen zurück. Das bedeutet, daß sie ohne Hemmungen im Marktsystem eingreifen können. Auf schwachen Gebieten mit zwangsweise eingeführtem Sozialismus sind hervorragende Erfolge zu verzeichnen. Die Unterschiede von Land zu Land mögen noch sehr groß sein, aber städtisches Bauland ist weitgehend in öffentlichen Besitz übergegangen; einen großen Teil des städtischen Wohnbaus verdanken wir der öffentlichen Hand, die ihn auch verwaltet. Ähnlich befinden sich Krankenhäuser voll im öffentlichen Besitz; Ärzte und medizinisches Personal sind gut bezahlte Angestellte des Staates. Daß Eisenbahnen und Nahverkehrsmittel öffentlich-rechtliche Körperschaften sind, wird als selbstverständlich vorausgesetzt. In Großbritannien, Skandinavien, der Bundesrepublik Deutschland und Holland ist die Gesamtleistung dieser Branchen den Verhältnissen in den Vereinigten Staaten haushoch überlegen. In anderen Ländern wie Frankreich, Italien, Japan und der Schweiz funktionieren restlos verstaatlichte Betriebe, insbesondere des Schienen- und Nahverkehrs, weitaus besser. Nur die noch verbliebenen Privatunternehmen hinken hinterher. Der Unterschied zwischen Amerikanern und Europäern besteht nicht darin, daß die Amerikaner im Umgang mit staatlichen Unternehmen besonders ungeschickt sind. Der Unterschied ist vielmehr, daß sich die Amerikaner von einer Doktrin leiten ließen, die solche Bemühungen in eine zweitrangige, sehr klägliche Rolle abdrängt.

5

In der Vergangenheit gestand man die Notwendigkeit einer Verstaatlichung immer dann zu, wo man eine Funktion nicht dem Markt überlassen konnte, weil die Aufgabe zu wichtig war wie beim Bildungswesen oder der nationalen Verteidigung, wo die Kostenumlage auf einzelne Benutzer zu schwierig war wie bei Straßenbau und Straßenreinigung, oder man drängte auf Verstaatlichung, wo – wie bei kommunalen Versorgungsbetrieben – die Gefahr der Ausbeutung durch das unumgängliche Monopol zu groß erschien. Durch die parallele Entwicklung von Markt- und Planungssystem und die daraus resultierenden Ungleichheiten erhalten die Argumente zugunsten einer Verstaatlichung eine breitere Grundlage. Es stimmt nicht, daß der Markt im allgemeinen zwar zufriedenstellend funktioniert, in besonderen Fällen jedoch versagt. Es ist vielmehr so, daß das Marktsystem im Verhältnis zum Planungssystem generell Mängel aufweist. Daher ist überall im Marktsystem Veranlassung zu staatlicher Intervention gegeben.

Das gilt insbesondere für die Kunst. Anders als auf dem Gebiet des Wohnungswesens, der Gesundheit und des Verkehrs führt eine schlechte Entwicklung bei den Künsten nicht zu spürbaren Unannehmlichkeiten. Aber diese Freuden und Vergnügungen sind im Marktsystem angesiedelt. Ohne besondere öffentliche Förderung und Unterstützung muß eine Unterentwicklung eintreten. Dem Volk werden Freude und Genuß vorenthalten, die ihnen bei einer besseren Entwicklung von Musik, Theater und Malerei zukommen würden. Geht man von der Macht und dem Einfluß des Planungssystems aus, so wird eine Gesellschaft, die ihre Künste und Geisteswissenschaften nicht öffentlich fördert, sehr unausgeglichen sein. Auf der einen Seite herrscht großer Wohlstand. Auf der anderen Seite werden die künstlerischen Leistungen weit hinter denen früherer Perioden zurückbleiben, in denen es noch ein großzügiges Mäzenatentum gab.

Seit ungefähr zehn Jahren wird zunehmend die Notwendigkeit anerkannt, daß die Künste und Geisteswissenschaften in der modernen Industriegesellschaft einer besonderen Förderung bedürfen. Es wurden eng begrenzte oder gar primitiv anmutende Schritte eingeleitet, hier neue Möglichkeiten zu schaffen. Auch hier hat der Instinkt schneller als die Theorie begriffen, was im öffentlichen Interesse notwendig ist. Aus unserer Analyse geht hervor, daß eine umfassende und immer großzügigere Unterstützung der Künste und Geisteswissenschaften nicht nur eine normale, sondern sogar eine sehr wesentliche Funktion des modernen Staates ist.

Ebenso wesentlich für eine ausgeglichene Entwicklung sind staatliche Interventionen zugunsten der Landwirtschaft – Sozialisierung der landwirtschaftlichen Technologie, Stützung der Agrarpreise als Anreiz und Schutz für Investitionen, Gemeinschaftseinkauf von Kunstdünger, Dieselöl und Geräten, eine kooperative oder öffentliche Stromversorgung, Subventionen für neue Techniken. Ohne diese gesellschaftlichen Maßnahmen wäre die Versorgung mit Nahrungsmitteln unzulänglich und nicht gesichert, die Kosten würden sehr hoch liegen (wie bei Wohnungen und im Gesundheitswesen). Hier zeigt sich jedoch besonders deutlich der gesunde Instinkt, der zur Aktion drängt, wo ein Konflikt zwischen eingefahrenen Prinzipien und den Realitäten des Wirtschaftslebens auftritt. Im Gegensatz zu den Nationalökonomen war die Zustimmung der Landwirte so einmütig, daß man diese Maßnahme nicht mit einer versteckten Entschuldigung, sondern ganz offen und voller Stolz durchführen konnte. Es ist größtenteils diesem staatlichen Eingreifen zu verdanken, daß sich die Landwirtschaft in den Industrieländern, zumindest bis jetzt, relativ zufriedenstellend entwickelt hat. Wären diese staatlichen Interventionen jedoch ausgeblieben – hätte sich das orthodoxe Prinzip durchgesetzt –, wäre die Leistung der Landwirtschaft zweifellos so unzulänglich geblieben, daß heute wahrscheinlich schon eine gefährliche Situation entstanden wäre. In der Landwirtschaft würden sich dann heute die Anfangsstadien jener Schwächen bemerkbar machen, die überall im Marktsystem auftreten.

6

Man sieht also, daß die Umstände nicht besonders freundlich mit jenen umspringen, die sich als Wächter der freien Marktwirtschaft und Gegner des Sozialismus betrachten. Daran läßt sich wenig ändern, weil das Tempo von den Verhältnissen und nicht von ideologischen Präferenzen bestimmt wird. Man kann einem Mann, der lediglich das ausspricht, was getan werden muß, nicht einmal mit Erfolg den vernichtenden Vorwurf »Sozialist« ins Gesicht schleudern. Das gilt jedenfalls für den hier beschriebenen Sozialismus.

Aber das ist noch nicht alles. In den schwächsten Bereichen der Wirtschaft ist der Sozialismus eine unumgängliche Notwendigkeit. Paradoxerweise ist er ebenso notwendig da, wo die Wirtschaft ungewöhnlich stark ist. Er könnte hier zumindest eine Teilantwort auf die Fragen geben, die durch die Macht des Planungssystems aufgrund der bürokratischen Symbiose aufgeworfen werden.

Wir haben gesehen, daß überall da, wo die Technostruktur der Kapitalgesellschaft in eine besonders enge Beziehung zur staatlichen Bürokratie tritt, jede Seite Macht aus der Unterstützung der anderen Seite bezieht. Die großen Rüstungskonzerne – Lockheed, General Dynamics, Grumman, die Raumfahrtfirmen von Textron und Ling-Temco-Vought – schlagen dem Pentagon die Waffensysteme vor, deren Entwicklung und Bau für sie vorteilhaft wären. Das Verteidigungsministerium schlägt den Firmen jene Systeme vor, die die einzelnen Waffengattungen gern hätten. Die aus den beiderseitigen Empfehlungen abgeleiteten Entscheidungen werden dann entweder durch die Notwendigkeit gerechtfertigt, mit den Sowjets Schritt halten zu müssen, oder mit dem Wunsch, gegenüber den Sowjets einen Vorsprung zu behalten *. Eine der beiden Rechtfertigungen setzt sich immer durch. Wir haben schon darauf hingewiesen, daß nicht einmal der hartnäckigste Verteidiger orthodoxer Denkmodelle seinen Ruf als einigermaßen einsichtiger Mann riskieren wird, indem er bestreitet, daß die Produktion solcher Waffen dem Willen der Öffentlichkeit, wie er durch den Kongreß kundgetan wird, entspricht.

Zwei Bürokratien – eine öffentlich, die andere dem Namen nach privat – sind immer stärker als eine. Wenn die öffentliche Bürokratie den Bedarf an neuen Waffen verficht, kann sie sich so gebärden, als täte sie es aus unparteiischer Sorge um die öffentliche Sicherheit. Da sie über Nachrichtendienste verfügt, kann sie sich notfalls die im Volk und im Kongreß vorherrschende Furcht vor tatsächlichen oder angenommenen Maßnahmen der Sowjets zunutze machen. Es gehört zum üblichen Verfahren, vor der Empfehlung einer neuen Waffe eine wahre Flut alarmierender Meldungen darüber vom Stapel zu lassen, was die Sowjets im Schilde führen. Im Gegensatz zur öffentlichen Bürokratie verfügt die private Bürokratie über genügend Bewegungsfreiheit und finanzielle Mittel, um an den strategisch richtigen Stellen einen politischen Beitrag zu leisten, für sich die Gewerkschaften und das Volk zu mobilisieren, Lobbyisten einzusetzen, Werbung zu treiben und über die Massenmedien die Öffentlichkeit zu bearbeiten.

*) Ende der sechziger Jahre wurden hier auch die Chinesen für einige Zeit bemüht. Von dieser Argumentation ist man offenbar abgegangen, da sie allzu unplausibel wirkte.

Die vereinte Macht der beiden Bürokratien ließe sich wirkungsvoll eindämmen, indem man die großen Rüstungsbetriebe entsprechend den im letzten Kapitel erwähnten Richtlinien voll verstaatlichte. Der Staat würde dann ihr Aktienkapital zum jeweiligen Börsenkurs übernehmen. Danach würden Aufsichtsrat und Direktorium von der Bundesregierung ernannt. Gehälter und andere Zuwendungen würden von der Regierung entsprechend den vergleichbaren Beamtengehältern festgesetzt; Gewinne fielen der Staatskasse zu, die, genau wie jetzt, auch die Verluste zu tragen hätte. Die politische Aktivität, der Lobbyismus und die Meinungsbildung wären künftig den Beschränkungen unterworfen, die für jede öffentliche Bürokratie gelten.

Es geht hier um eine Änderung der Form und nicht der Substanz. Bei den großen, spezialisierten Waffenherstellern ist das Mäntelchen des Privatunternehmens ohnehin schon bedenklich dünn. General Dynamics und Lockheed, die beiden größten Konzerne auf diesem Gebiet, wickeln praktisch ihr gesamtes Geschäftsvolumen mit der Regierung ab. Das Betriebskapital wird ihnen in Form von Vorauszahlungen auf die Kontrakte von der Staatskasse zur Verfügung gestellt. Ein nicht unbeträchtlicher Teil ihrer Werksanlagen und Einrichtungen *) ist Eigentum des Staates. Verluste werden vom Staat übernommen, und im Notfall tritt der Staat als finanzieller Retter auf. Die Technostrukturen dieser Firmen sind die obere Etage der Hierarchie der staatlichen Bürokratie: Generäle, Admirale, andere Offiziere und Beamte werden nach Beendigung ihrer Karriere im öffentlichen Dienst automatisch mit höherem Gehalt in die Bürokratie der Kapitalgesellschaft übernommen. Diese wiederum leiht ihr Personal für Spitzenfunktionen im Verteidigungsministerium aus. Nur dem Namen nach sind die großen Rüstungsbetriebe noch nicht verstaatlicht; mein Vorschlag zielt deshalb nur auf eine Legalisierung des ohnehin schon bestehenden Zustandes ab.

Als Faustregel sollte gelten, daß eine Kapitalgesellschaft (oder

*) Über dieses staatliche Eigentum wurden Informationen in einem Hearing vor dem Unterausschuß für Geschäfte der öffentlichen Hand des Vereinigten Wirtschaftsausschusses erteilt, siehe neunzigster Kongreß, zweite Sitzungsperiode, 12. November 1968, Punkt 1, Seite 134. Einige der betroffenen Firmen gaben (auf mein Drängen) nur sehr widerwillig Auskunft.

Konzerntochter), die mehr als die Hälfte ihrer Geschäfte mit der Regierung abwickelt, entsprechend meinem Vorschlag voll verstaatlicht werden sollte *.

Das Wort Sozialismus läßt sich nicht länger unterdrücken, wenn es um zu schwache und um zu starke Industrien geht – als Spritze in einem Bereich krasser Unterentwicklung und als bremsende Kontrolle bei krasser Überentwicklung. Der Sozialismus existiert bereits. Was seine Leistung und was die Aufrichtigkeit anbelangt, wäre es nur gut, wenn man diese Tatsache und auch ihre Notwendigkeit eingestehen würde. Damit würden wir außerdem beweisen, daß es dem Planungssystem nicht immer gelingt, das verächtlich zu machen, was es ablehnt.

*) Diese Vorschläge behandelte ich ausführlicher in meinem Beitrag: The Big Defense Firms are Really Public Firms and Should Be Nationalized, *The New York Times Magazine*, 16. November 1969.

XXVIII
Die Umwelt

> Wenn wir unsere Erde bewohnbar erhalten wollen, müssen wir bereit sein, mit weniger Nahrungsmitteln und Dienstleistungen auszukommen, auch mit weniger Elektrizität.
>
> *Charles F. Luce*
> Aufsichtsratsvorsitzender der Consolidated Edison Company

I

Obgleich sich ein Wirtschaftsprofessor mit einer solchen Aussage selbst schadet, behaupte ich, daß nicht alle wirtschaftlichen Beziehungen komplex sind. Ein Beispiel dafür ist die Beziehung zwischen wirtschaftlicher Entwicklung und Umwelt. Wirtschaftliches Wachstum ist ein Hauptziel der Firma; dadurch wird es zu einem Hauptziel der Gesellschaft. Wenn Wachstum in unserer Gesellschaft eine so große Rolle spielt, ist es nur natürlich, daß ihm nichts im Wege stehen darf. Das gilt auch für die oft nachteiligen Auswirkungen auf die Umwelt.

Die Umwelt wird sowohl durch die Produktion als auch durch den Verbrauch von Waren geschädigt – ein Kraftwerk verpestet die Luft, sein Strom schadet über Neonröhren den Augen, ein Stahlwerk verseucht den benachbarten See, das daraus resultierende Automobil verräuchert die Lungen. Schaden kann aus einer einzelnen oder einer kollektiven Quelle hervorgehen. Der Schuldige mag ein einzelnes Papierwerk sein, das die Nasen beleidigt, oder auch eine Gruppe von hundert Rauchern oder hundert Autobesitzern, die dasselbe tun. Diese Unterscheidung ist von großer praktischer Bedeutung: Das Papierwerk kann seine Verantwortlichkeit nicht abstreiten; der Autobesitzer kann zwar die allgemeinen Folgen des Autoverkehrs bedauern, aber er fühlt sich individuell nicht verantwortlich, denn sein Beitrag zum Gesamtschaden ist minimal.

Die Umweltschädigung ist keine Besonderheit des Planungssystems. Viehweiden, der Gebrauch von Kunstdünger, Silos, Tankstellen, Motels, Reparaturwerkstätten und Tierheime säumen die Zufahrtsstraßen zu jeder modernen Ansiedlung und bezeugen, daß auch das Marktsystem physikalisch und optisch die Umwelt schädigen kann. Außerdem verschanzen sich die Sünder hinter dem Schutz der Überzeugung, nichts dürfe wirtschaftliches Wachstum beeinträchtigen.

2

Umweltschäden kann man großenteils ganz einfach durch die Bereitschaft beseitigen, öffentliche Gelder zur Säuberung auszugeben. Saubere Straßen hat man nur dann, wenn man für ihre Reinigung genügend Leute einstellt und die entsprechenden Geräte dafür kauft. Soll eine Stadt mit sauberem Trinkwasser versorgt werden, ist ein angemessenes Kanalsystem mit einer ausreichenden Abwasseraufbereitung erforderlich. Das Umweltproblem ist zum guten Teil darauf zurückzuführen, daß zu wenig für elementare Dienste und Anlagen zur Reinerhaltung oder Reinigung aufgewendet wird. Wir werden im folgenden Kapitel sehen, daß die moderne Wirtschaft solche Aufwendungen systematisch diskriminiert.

Abgesehen von der Bereitstellung öffentlicher Gelder für diese Zwecke sind drei Strategien zum Schutz der Umwelt möglich, von denen zwei belanglos oder unpraktisch sind. Der erste Lösungsvorschlag kommt von der neoklassischen Nationalökonomie, die in Umweltschäden einen Defekt des Marktsystems sieht. Abfallstoffe werden ungereinigt an Luft und Wasser abgegeben. Für die nunmehr erforderliche Reinigung bezahlt die Allgemeinheit und nicht der Verbraucher des betreffenden Produkts oder der Dienstleistung. Der Defekt im Markt läßt sich beheben und das Problem somit lösen, wenn man diese externen Kostenfaktoren intern regelt, indem man den Produzenten und damit seinen Kunden zwingt, die Kosten der Verhinderung einer solchen Verunreinigung zu tragen, oder indem man durch Steuern die Kosten für die spätere Reinigung beziehungsweise Entschädigung für den entstandenen Schaden hereinholt *.

*) Eine detaillierte und scharfsinnige Darstellung dieser Möglichkeit gibt Robert M. Solow in seinem Artikel: The Economist's Approach to Pollution Control, *Science*, Band 173, Nr. 3996 (6. August 1971), S. 498.

In vielen Fällen kann tatsächlich die Firma (und damit der Kunde) zur Übernahme der aus der Verhinderung von Umweltschäden entstehenden Kosten gezwungen werden. Aber darüber hinaus berührt dieser Lösungsvorschlag das Problem nur am Rande. Er zeichnet sich nämlich nicht durch Wirksamkeit aus, sondern er setzt lediglich den Gemeinsinn jener, die ihn vortragen, in ein günstiges Licht. Umweltschäden, die durch Konsum entstehen, lassen sich auf diese Weise fast nie beheben – man kann Leute, die in der Öffentlichkeit rauchen, kaum für die Unannehmlichkeiten der Nichtraucher zur Rechenschaft ziehen. Man müßte dann das Rauchen verbieten. Ebenso aussichtslos ist es, Flugreisenden die entstehende Lärmbelästigung für Anwohner in die Schuhe zu schieben. Gar lächerlich wäre es, den Passagieren eines Düsenclippers die Verunreinigung der oberen Schichten der Atmosphäre anzulasten. Der Lösungsvorschlag bleibt auch im Hinblick auf optische und andere ökologische Konsequenzen der Produktion wirkungslos. Es gibt keine Möglichkeit, den Schaden zahlenmäßig zu erfassen, den eine Starkstromleitung einer jungfräulichen Landschaft oder eine Pipeline dem Wildbestand zufügt. Selbst die lautesten Verfechter der neoklassischen Nationalökonomie geben zu, nichts zur Vorbereitung der Öffentlichkeit auf die plötzlich entstandenen Umweltsorgen geleistet zu haben – wie man es von einer angesehenen Wissenschaft hätte erwarten müssen. Ein Nationalökonom würde daher klug daran tun, sich bei Empfehlungen von Gegenmaßnahmen aufgrund solcher Ideen Zurückhaltung aufzuerlegen.

Der zweite Lösungsvorschlag erkennt sehr richtig das ungezügelte Wachstum als Ursache und empfiehlt die Begrenzung des Wachstums *. Er hat nur den einen Fehler, daß die Umweltschädigung als Bedrohung bereits vorhanden ist. Jede Milderung des Problems durch eine Verringerung des Wachstums würde sich erst in Jahren oder Jahrzehnten bemerkbar machen. Der zeitliche Rahmen stimmt nicht überein, wie ein Gelehrter es ausdrücken würde. Außerdem wäre eine Verringerung des Wachstums nur zu verant-

*) Siehe insbesondere Donnella H. Meadows, Dennis L. Meadows, Jørgen Randers und William W. Behrens III, *The Limits to Growth.* A Report for The Club of Rome's Project on the Predicament of Mankind, Universe Books, New York 1972; deutsch: Die Grenzen des Wachstums, Stuttgart 1972.

worten, wenn die Einkommen gleichmäßiger verteilt wären. Ansonsten würde der Verbrauch einzelner oder auch von Gruppen auf dem heutigen Stand eingefroren. Vieles deutet darauf hin, daß sich der Reiche eher für Umweltschutz erwärmen läßt als der Arme.

Der dritte Lösungsvorschlag sieht zwar ein fortgesetztes Wachstum vor, jedoch in einem gesetzlich genau abgesteckten Bereich. Dieser Bereich entspricht der noch vertretbaren Umweltschädigung durch Verbrauch und Produktion. Die Festsetzung dieser Grenzen wird zu einer wichtigen – in mancher Hinsicht der wichtigsten – Aufgabe der modernen Gesetzgebung. Die Folge wird gelegentlich das Verbot bestimmter Arten von Produktion oder Konsum sein, wenn der in der Öffentlichkeit angerichtete Schaden nach gewissenhafter Prüfung durch den Gesetzgeber größer ist als der öffentliche Nutzen der Ware oder Dienstleistung.

Hier sei noch auf zwei weitere, keineswegs überraschende Merkmale dieses Lösungsvorschlags hingewiesen. Er macht den Staat und nicht den Markt zum Schiedsrichter und Bewahrer des öffentlichen Interesses. Das wird kaum überraschen, wenn man bedenkt, daß das Problem ja überhaupt erst dadurch entsteht, daß die Technostruktur mit ihrem Zweckstreben den Markt und die Öffentlichkeit bereits von ihrem angestammten Platz verdrängt hat. An die Stelle privater Lenkung und Planung der Produktion tritt die öffentliche Lenkung und Planung der Produktion. Das zweite typische Merkmal dieses Lösungsvorschlags besteht darin, daß er beschreibt, was bereits getan wird. Es ist nämlich die Lösung, zu der sich der moderne Staat durch die Umstände und das Fehlen einer besseren Alternative gezwungen sieht.

3

Wenn in der Vergangenheit privates oder Firmeninteresse vom öffentlichen Interesse abwich (etwa bei Auswirkungen auf die Umwelt) und diese Abweichung unerträglich wurde, verabschiedete man üblicherweise ein breites Rahmengesetz mit entsprechenden Ermächtigungen. Dann wurde einem neuen oder auch alten Kontrollgremium die Aufgabe übertragen, im Sinne des Gesetzes bestimmte Verordnungen zu formulieren und die Zeitspanne festzusetzen, in der dem Gesetz spätestens Folge zu leisten sei. In der praktischen Durchführung blieb dem Kontrollorgan ein beträchtlicher Ermessensspielraum. Dadurch wurde dem Gesetzgeber seine Aufgabe erheblich erleichtert und eine sogenannte flexible Anwendung ermöglicht. Wer sich nicht danach richten wollte, war mit einer solchen Regelung äußerst zufrieden. Sie gestattete es dem Planungssystem, gegenüber der staatlichen Bürokratie seine natürliche Machtstellung auszuspielen, um Maßnahmen zu verharmlosen, zu vertagen oder zu ignorieren. Wo diese Macht besonders groß ist – zum Beispiel in der Automobil-, Erdöl-, pharmazeutischen und chemischen Industrie –, wurden solche Vorschriften in ihrer Wirkung weitgehend neutralisiert. Diese Tendenz – die Anfälligkeit von Kontrollorganen – ist sattsam bekannt.

Schwieriger, zeitraubender, aber auch bei weitem effektiver ist es, wenn die Legislative selbst in ihrer Eigenschaft als oberster Wächter des öffentlichen Interesses das angestrebte Resultat spezifiziert. Solche Maßnahmen werden als inflexibel verurteilt – man stecke die Wirtschaft in eine Zwangsjacke. Doch das sollte niemanden abschrecken. Eine Zwangsjacke ist eine recht brauchbare Metapher für das, was hier benötigt wird.

Ein wirksamer Umweltschutz setzt eindeutige, unmißverständliche gesetzliche Vorschriften voraus. Dafür wird der Firma dann innerhalb dieses Rahmens volle Autonomie gewährt. Sind die Grenzen erst einmal abgesteckt, soll die Technostruktur auch keine weiteren individuellen Entscheidungen zu berücksichtigen haben. Die Strategie des Umweltschutzes schließt per Gesetz alles aus, was mit dem öffentlichen Interesse unvereinbar ist, gewährt jedoch der Firma maximale Entscheidungsfreiheit hinsichtlich des Weges, der zur Erreichung der gesteckten Ziele eingeschlagen werden soll.

Was die Produktionsauswirkungen betrifft, bedeutet dies eine genaue Spezifikation der Abfälle oder Hitzewerte, die an Luft und Wasser abgegeben werden dürfen (oder nicht dürfen), jedoch eine möglichst geringe Einmischung bei der Art und Weise, wie diese Werte erreicht werden. Sehr wichtig ist, daß es auch eine strenge Spezifikation dessen bedeutet, was zur Veränderung der Landschaft getan werden darf (oder nicht). Die optische Schädigung spielt eine ebenso große Rolle wie eine chemische Verschmutzung.

Der optische Eindruck ist nur deshalb so nebensächlich geworden, weil die moderne Wirtschaft der Kunst und ästhetischen Überlegungen eine so geringe Bedeutung beimißt. Aber auch hier sollte nach Festlegung der Regeln – fest ausgewiesene Industriegebiete, keine Industrie in der übrigen Landschaft – innerhalb dieser Regeln Bewegungsfreiheit herrschen.

Für Konsumauswirkungen gilt im großen und ganzen dasselbe. Es wird festgelegt, wieviel Giftgas ein Auto ausstoßen darf oder welche Haltbarkeit ein Waschmittel, ein Behälter besitzt. Dann bleibt es dem Hersteller überlassen, wie er die gesteckten Ziele erreicht. Doch die Beherrschung nachteiliger Konsumeffekte erfordert häufig die genaue Festlegung der Bedingungen für den Gebrauch von Produkten, zum Beispiel das Tabakrauchen in der Öffentlichkeit; immer häufiger bedeutet das gleichzeitig die teilweise oder völlige Sperrung gewisser Konsumarten.

Der Autoverkehr in Stadtzentren, der Luftverkehr über dicht bevölkerten Gebieten, der Überschallflug, die Zersiedlung der Landschaft – das alles sind Fälle, in denen die nachteiligen Folgen für die Allgemeinheit den Vorteil des einzelnen Verbrauchers überwiegen. In der Vergangenheit hat man den individuellen Vorteil (selbst unter größeren Opfern für die Gesellschaft) in den Vordergrund gestellt, genau wie es den Zwecken des Planungssystems entsprach. Eine vernünftige Gesetzgebung erfordert den Konsumverbot für Produkte, Dienstleistungen und Technologien, deren soziale Kosten und Nachteile höher eingeschätzt werden als die individuellen Vorteile.

4

Die hier vorgelegte Aktionstheorie weist nicht nur der modernen Gesetzgebung größere Verantwortungen zu, sondern man wird in ihr auch eine umfassende Einschränkung dessen sehen, was man in der Vergangenheit als Vorrechte des privaten Unternehmertums betrachtete. Hier sind vier Punkte beachtenswert:

1. Daß wir vor einer solchen Einmischung zurückschrecken, ist auf die wirksame Konditionierung zurückzuführen, der wir durch das Planungssystem und zu seinen Gunsten auch durch die etablierte Wirtschaftslehre unterworfen wurden. Dadurch ist der Eindruck

entstanden, die Ziele des privaten Unternehmertums stimmten mit denen der Öffentlichkeit überein. Sobald sich die soziale Selbstbesinnung durchgesetzt hat – sobald man die natürlichen Abweichungen zwischen den Zielen der Planung und der Öffentlichkeit erkennt –, sind Maßnahmen zu einer Koordinierung nicht mehr außergewöhnlich, sondern normal. Sofern es noch private Planung geben soll, läßt sie sich nur durch staatliche Planung mit dem öffentlichen Interesse vereinbaren.

2. Die hier dargelegte gesetzgeberische Strategie wurde uns durch die Notwendigkeit bereits weitgehend aufgezwungen. Bestimmungen zur Reinerhaltung von Wasser und Luft spielen in der Legislative der Vereinigten Staaten bereits eine große Rolle; das gilt auch für den Schutz der Landschaft, auch wenn man sich hier lieber auf ferne Gegenden wie Alaska beschränkt. Die Herstellung zahlreicher umweltschädlicher Produkte wie DDT, Quecksilberverbindungen und nicht abbaufähige Waschmittel wurde verboten oder eingeschränkt. Auch der Verbrauch von Wegwerfpackungen, der Autoverkehr in den Großstädten oder der Luftverkehr über Ballungszentren werden immer weiter eingeschränkt. Der Kongreß verfolgt angesichts der öffentlichen Selbstbesinnung und aufgrund der Anfälligkeit der Staatsbürokratie gegenüber dem Planungssystem eine deutliche Tendenz zur genauen Regelung von Verhaltensweisen durch das Gesetz. Dem Überschallverkehr wurde durch die Legislative eine Schranke vorgelegt, obgleich das Verkehrsministerium in symbiotischer Zusammenarbeit mit der betreffenden Firma des Planungssystems, nämlich der Boeing Corporation, heftigen Widerstand leistete. Auch hier stellen wir fest, daß die einschlägige Theorie durch die Umstände bestätigt wird.

3. In letzter Zeit wurde auf die umweltschädlichen Auswirkungen industrieller Entwicklung mit einem tiefen und allgemeinen Mißtrauen gegenüber jeglichem Wirtschaftswachstum reagiert. Wie gesagt, haben sich sogar Befürworter eines Wachstumsstops zu Wort gemeldet. Mit dem Hinweis auf schädliche Umwelteffekte wird auch eine Eindämmung oder gar Umkehrung des Bevölkerungszuwachses befürwortet, ohne daß allerdings die Frage beantwortet würde, was denn gewonnen wäre, wenn eine geringfügig kleinere Anzahl von Menschen doppelt soviel an Waren verbrauchten. Die gegenwärtige Strategie des Umweltschutzes schließt Wachstum

nicht aus. Sie akzeptiert den Expansionsdrang des Planungssystems und auch sein Bedürfnis, autonom zu entscheiden. Aber sie regelt dieses Wachstum, paßt es dem öffentlichen Interesse an und stellt es unter öffentliche Kontrolle. Obgleich sich daraus, wie man annehmen muß, eine geringere Wachstumsrate ergeben wird, dürfte das Planungssystem gut daran tun, in dieser Strategie den konservativsten Weg eines Ausgleichs mit den Umweltschützern und ihren Sorgen zu finden.

4. In jüngster Vergangenheit haben die Umweltschützer gelegentlich eine Neigung zum Absolutismus an den Tag gelegt. Die Reaktion auf ihre frühere Schwäche und die Dringlichkeit ihrer Aufgabe führten zum Widerstand gegen jegliche Wirtschaftsentwicklung mit offenkundigen Auswirkungen auf die Umwelt. Es sollte keine Ölraffinerien, keine Kraftwerke, keine Brücken, keine Hochhauskomplexe mehr geben. Darin liegt eine ernste Gefahr. Trotz nachteiliger Auswirkungen auf die Umwelt wird Konsum letztlich doch befürwortet, gelegentlich sogar von den Umweltschützern selbst. Sollte es gelingen, Heizölknappheit, Wohnungsnot oder gar mangelhafte Klimaanlagen diesen Eiferern anzulasten, könnte der Umweltschutz ernsthaft unterminiert werden. Wie alles auf der Welt hat Umweltschutz seinen Preis. Seine Vorteile müssen sorgfältig gegen die Kosten abgewogen werden.

5

Die Gesetzgebung mag zwar als Instrument der öffentlichen Selbstbestimmung unentbehrlich sein, insbesondere im Hinblick auf Umweltprobleme, aber sie ist gleichzeitig eine recht stumpfe Waffe. Sie bekommt diese Aufgabe nicht zugewiesen, weil sie besonders dafür geeignet wäre, sondern weil sowohl der Markt als auch die staatliche Bürokratie Instrumente des Planungssystems sind oder dazu werden. Andererseits ist die Aufgabe nicht so schwierig, wie sie erscheinen mag. Auch die Umstände, die einer Lösung bedürfen, sind sehr augenfällig geworden: Auf einen groben Klotz gehört ein grober Keil. Wo ein schwerer Konflikt zwischen privaten und öffentlichen Zielen herrscht, wird der Gesetzgeber zwangsläufig darauf aufmerksam. Das gilt sogar für schwer durchschaubare Schäden aus technischen Zukunftsprojekten, bei denen man sich zunehmend auf Warnungen von wissenschaftlicher Seite verlassen kann. Die Abfassung der entsprechenden Gesetze erfordert Behutsamkeit. Zu diesem Zweck muß Information gesammelt werden. Es müssen Entscheidungen über Prioritäten gefällt werden – darüber, was wichtig ist und was unwichtig. Was die Exekutive auf dem Gebiet der Verwaltung tut, muß genau beobachtet werden, aber auch die Ausführung der Restaufgaben, die trotz sehr spezifischer Formulierung den Kontrollbehörden überlassen bleiben müssen. Der Umweltschutz ist zu einer wichtigen Aufgabe des Gesetzgebers geworden. Dafür fehlt dem Kongreß wie auch den untergeordneten gesetzgebenden Körperschaften das nötige technische Personal. Da es hier ohne Planung nicht geht, muß dieser Mangel behoben werden. Jede wichtige gesetzgebende Körperschaft muß über einen tüchtigen Planungsstab für Umweltfragen verfügen *. Ihr steht das Recht des Zugangs zu allen einschlägigen Informationen zu. Hier zeigt sich auf andere Weise die für alle Phänomene charakteristische Matrix: Wir werden durch den Öffentlichkeitscharakter des Planungssystems unterstützt. Das Recht auf eine Privatsphäre, darunter auch die Geheimhaltung technischer Angelegenheiten, steht nur der Firma im Marktsystem zu. Es wird hinfällig, sobald die Firma öffentliche Macht ausübt. Zur Macht, unter gewissen Umständen dem Planungssystem gesetzliche Grenzen zu stecken, gehört auch das Recht auf die dazu nötige Information.

*) Was den Kongreß betrifft, sollte dieses Fachpersonal nicht nur für einen bestimmten Ausschuß tätig werden. Während einige Ausschüsse zwar unmittelbar für Gesetze und Zuwendungen auf den Gebieten der Umweltverschmutzung zuständig sind, haben die Entscheidungen praktisch aller Kongreßausschüsse irgendwelche Auswirkungen auf die Umwelt. Dies erfordert einen ausreichenden technischen Stab, der allen zur Verfügung steht.

XXIX
Der Staat

I

Wie wir gesehen haben, leistet die Regierung einen nicht unerheblichen Beitrag zur ungleichen Entwicklung. Wo eine Industrie mächtig ist, geht der Staat bereitwillig auf ihre Bedürfnisse ein. Er kauft ihre Produkte. Er gibt der Autoindustrie Straßen für ihre Fahrzeuge, der Rüstungsindustrie Aufträge für Waffen, anderen Industrien Mittel für Forschung und Entwicklung. Aber gleichzeitig zeigt er sich zurückhaltend bei der Unterstützung schwächerer Teile des Planungssystems, mehr noch des Marktsystems, am meisten jedoch bei öffentlichen Bedürfnissen, die nicht von wirtschaftlichen Interessen ausgehen. Was man für Lockheed tut, ist politisch vernünftig. Der Ankauf von Gemälden für die Nationalgalerie ist, wirtschaftlich betrachtet, eine zweifelhafte Angelegenheit. Subventionen für die Landwirtschaft sind weit eher hinausgeworfenes Geld als Subventionen für den Luftverkehr. Wie schon bemerkt, hält man es nicht mehr für nötig, die Interessenvertretung des Planungssystems durch die Republikanische Partei zu verheimlichen. Diese wachsende Offenheit ist begrüßenswert. Gleichzeitig wird von einer Republikanischen Regierung bei Drucklegung dieses Buches gerade die Unterstützung von Landwirtschaft, Wohnungsbau, Erziehungs-, Gesundheitswesen und Armenfürsorge gekürzt, weil gespart werden muß und weil all diese Programme eine sehr geringe Kosteneffektivität aufweisen. Aber obgleich wir im Frieden leben und sparen müssen, werden die Verteidigungsausgaben erhöht.

So steht der ungleichen Entwicklung in der Wirtschaft gleichsam als Spiegelbild eine ungleiche Förderung durch den Staat gegenüber. Jene öffentlichen Dienste, die für das Planungssystem bedeutsam sind oder die seine Waren kaufen, werden ausreichend finanziert. Andere Dienste, die für das Marktsystem wichtig sind oder die über keine industrielle Grundlage verfügen – die der Allgemeinheit dienen, wie die Beseitigung von Not, die Ausbildung auf außertechnischem Gebiet oder die Verwaltung des Rechts –, werden längst nicht so großzügig mit Mitteln ausgestattet. Diese Verschiebung der Prioritäten ist keinesfalls, wie manchmal angenommen wird, nur ein Makel in einem ansonsten einwandfreien System. Sie ist für die moderne Wirtschaft ebenso typisch wie das Schwanken für den Betrunkenen. Mit dieser Eigenschaft des Wirtschaftssystems sollte sich der nüchterne Praktiker ebenso befassen wie der Philosoph aus Leidenschaft. Staatliche Unterstützung ist von lebenswichtiger Bedeutung für die Entwicklung der Wirtschaft – als Warenmarkt, als Kapitalquelle für die Anregung und Finanzierung der Entwicklung neuer Produkte und Verfahren, als Garantie für das Risiko, das mit einer solchen Entwicklung einhergeht, als Lieferant des erforderlichen Fachpersonals, als Bauherr für Straßen, Luftverkehrswege und andere wesentliche Voraussetzungen der Entwicklung, als Nothelfer für in Schwierigkeit geratene Unternehmen und so weiter. Jedem, der Augen im Kopf hat, fällt die relative Überentwicklung der mächtigen Industrien auf. Ebenso sichtbar ist auf der anderen Seite die Auszehrung jener Industrien im Marktsystem und in den schwächeren Bereichen des Planungssystems, denen ähnliche Voraussetzungen zur Beschaffung staatlicher Hilfe fehlen. Für sie ist der Staat kein garantierter Absatzmarkt. Ihre Produkte und Verfahren werden mit weniger Entwicklungshilfe bedacht; ihr Bedarf an Fachkräften, infrastrukturellen Gegebenheiten, Subventionen oder Risikogarantien ist kein vordringliches Politikum. Bedeutsamer ist jedoch, daß das Kapital, das diese Sparten normalerweise bekommen würden, jenem Teil der Wirtschaft zufließt, der ohnehin schon überentwickelt ist. Sie müssen auf überstrapazierte Geldgeber zurückgreifen, die entsprechend hohe Zinsen berechnen.

Hierin liegt, wie wir gesehen haben, zum guten Teil die Erklärung für den Rückgang der Wettbewerbsfähigkeit der Vereinigten Staaten in unserer Zeit. Zahlreiche Industrien – Textil, Schuhe, Eisenbahnen, Transportwesen, Werkzeugmaschinen – produzieren oder liefern veraltete Produkte oder Dienstleistungen mit Hilfe veralteter Ausrüstung. Die Energie und das Kapital für Entwicklung, mit deren Hilfe man diese Situation hätte ändern können, werden in Überschalljäger, in Raketenabfangsysteme sowie in Expeditionen zum Mond, zum Mars und in den Weltraum investiert.

2

In erster Linie ist es erforderlich, auf den verschiedenen Verwaltungsebenen die Steuereinnahmen der Aufgabenstellung anzupassen. Bei der derzeitigen Regelung kann man sich kaum des Eindrucks erwehren, daß sie mit Bosheit und Geschick nicht der Öffentlichkeit, sondern dem Planungssystem diene sollte. Die für die mächtigen Teile des Planungssystems besonders wichtigen Dienste des Staates werden von der Bundesregierung geleistet. Die Einkommensteuern, die der Bundesregierung zufließen, steigen proportional stärker an als das Wirtschaftswachstum und der Einkommenszuwachs. Der Unterstützung des Planungssystems stehen daher automatisch anschwellende Mittel zur Verfügung. Die Steuerarten, von denen die Bundesländer und insbesondere die Gemeinden abhängig sind, weisen diese Flexibilität nach oben nicht auf. Umsatzsteuern nehmen ungefähr proportional zum wachsenden Einkommen zu. Die Grundsteuern der Kommunen können nur mit äußerster Mühe den Zuwachsraten des Einkommens angepaßt werden.
Gleichzeitig weisen die zivilen Aufgaben der öffentlichen Hand eine den Steuereinnahmen genau entgegengesetzte Tendenz auf. Die Verstädterung aufgrund unzureichender Verdienstmöglichkeiten in der Landwirtschaft, wachsender Konsum und (der Anstieg ist inzwischen geringer geworden) Bevölkerungszuwachs weisen den Kommunen einen größeren Anteil an den administrativen Aufgaben zu. Das gilt auch für Wohnraumbeschaffung, Schutz von Person und Eigentum, Kampf gegen Luft- und Wasserverschmutzung, Eindämmung des Verkehrs und Beseitigung des anschwellenden Wohlstandsmülls. Im großen und ganzen kann man sagen, daß die Steuern, die mit dem Wirtschaftswachstum expandieren, der Bundesregierung zufließen und von dort aus das Planungssystem unterstützen. Nicht expandierende Steuern gehen an die Kommunen und dienen der Allgemeinheit.
Es ist kein Zufall, daß das Planungssystem bevorzugt auf die reichlicheren Mittel der Bundesregierung zurückgreift. Funktionen, die dem Planungssystem dienlich sind – industrielle Forschung und Entwicklung, Förderung der technischen Ausbildung oder der Autobahnbau sind Beispiele dafür –, entwickeln sich zu Aufgaben

von vorrangiger nationaler Bedeutung. Darin spiegeln sich die Interessen des Planungssystems. Die so designierten Aufgaben fallen in den Zuständigkeitsbereich der Bundesregierung. Wenn eine Aufgabe aus historischen, traditionellen, logischen oder funktionellen Gründen im Zuständigkeitsbereich von Land oder Kommune liegt, dient sie für gewöhnlich nur den Interessen der Allgemeinheit.

Es gibt prinzipiell zwei Möglichkeiten, hier Abhilfe zu schaffen. Eine Lösung bestünde darin, öffentliche Aufgaben der Städte und Länder der Bundesregierung zu übertragen und so einen Teil der größeren Steuereinnahmen des Bundes abzuzweigen. Die andere Lösung wäre, einen Teil der Einnahmen des Bundes auf Länder und Gemeinden zu verteilen. In der Praxis wird man beide Wege einschlagen. Beide stehen derzeit zur Diskussion. Ein garantiertes Alternativeinkommen (Kapitel XXV) würde die sozialen Aufwendungen von Ländern und Gemeinden auf die Bundesregierung abwälzen. So fügt sich diese Maßnahme auch steuerlich gesehen gut in das allgemeine Schema der Reform ein. Es wird sich zeigen, daß die Aufteilung der Steuergelder, durch die Umstände in beschränktem Umfang bereits erzwungen, unmittelbarer Bestandteil dieser Reform ist. Die Forderungen der Städte müssen da mit besonderem Nachdruck vertreten werden. Die öffentlichen Aufgaben der Großstädte sind vordringlicher als jene der Länder, und die steuerliche Grundlage dieser Städte, insbesondere die Grundsteuer, ist gleichzeitig bedeutend weniger elastisch als die den Ländern offenstehenden Einnahmequellen.

3

Auch die Verteilung der Funktionen innerhalb der Bundesregierung paßt großartig in das Konzept des Planungssystems. Die Zweckbestimmung der Steuermittel ist so gut wie ausschließlich Aufgabe der Exekutive, also der staatlichen Bürokratie. Sie ist der Arm der Staatsgewalt, zu dem das Planungssystem, wie wir gesehen haben, ganz natürlich unmittelbar Zugang hat. Dabei liegt die effektive Macht bei den einzelnen Ministerien und Behörden, deren größte und mächtigste natürlich auch ihre Forderungen am nachdrücklichsten anmelden können. Das größte und mächtigste Ministerium ist das Verteidigungsministerium, und hier übt das Planungssystem auch den größten Einfluß aus. Charles L. Schultze, früherer Direktor der Etat-Planung, hat einmal gesagt: Die Budgetanforderungen des Verteidigungsministeriums seien innerhalb der Exekutive nie ernsthaft angegriffen worden. Sie dienten im Rahmen des Krieges dem höheren Zweck der nationalen Sicherheit. Da der Präsident sie nicht antastete, konnten auch seine Untergebenen keinen Widerspruch erheben *.

Der Kongreß hatte und hat noch weniger Möglichkeiten einzugreifen. Empfohlene Ausgaben der öffentlichen Hand kann man von zwei Seiten her untersuchen: von der strategischen und der taktischen. Es kann also um die allgemeine Strategie der Aufteilung von Steuermitteln auf die verschiedenen Verwendungszwecke gehen, oder man kann untersuchen, ob für bestimmte Funktionen Geld gebraucht und ob es richtig genutzt wird; ob also für Büroklammern, Presseagenten, Schiffsproviant oder Diplomaten zu viel ausgegeben wird. Selbst die Entscheidung darüber, ob in Zukunft mehr Zerstörer oder Kampfflugzeuge gebraucht werden, ist taktischer Art und berührt die grundlegende Verteilung der Mittel nur am Rande.

Zur Zeit befaßt sich der Kongreß ausschließlich mit der taktischen Seite des Etats. Die allgemeine Ausgabenstrategie wird nicht behandelt. Es gibt auch kein Instrumentarium zur Überprüfung der Aufteilung von Mitteln auf verschiedene Funktionen, und es gibt auch keine Gelegenheit, bei der dies geschehen könnte. Wenn der Etat im Kongreß eingebracht wird, splittert man ihn praktisch auf eine große Anzahl von Ausschüssen und Unterausschüssen auf, von denen sich jeder mit Rechtmäßigkeit und Notwendigkeit der vorgeschlagenen Ausgaben für den betreffenden Zweck befaßt. Auf diese Weise können nur taktische Überlegungen angestellt werden. Eine übergeordnete Festsetzung von Prioritäten in der Ausgabenpolitik, das Kernproblem also, wird sehr wirksam verhindert.

Man sollte noch hinzufügen, daß ein guter Teil der taktischen

*) The Military Budget and National Economic Priorities, Hearings vor dem Unterausschuß für die wirtschaftliche Betätigung der Regierung im Gemeinsamen Wirtschaftsausschuß, 91. Kongreß, erste Sitzungsperiode, 3. Juni 1969, Seiten 68, 72.

Überlegungen bei Ausgaben, die für das Planungssystem wichtig sind, nur an der Oberfläche bleibt. Die wichtigsten Ausgabeposten, insbesondere für Verteidigung, werden durch ihren technischen Charakter geschützt, die Geheimhaltung, den unüberschaubaren Umfang sowie durch die zuverlässigen Offiziere der einzelnen Waffengattungen in den zuständigen Ausschüssen. Wie bereits bemerkt, genießen diese Männer der Legislative ihre Macht nicht als Vertreter des Volkes, sondern als der verlängerte Arm der staatlichen Bürokratie und des Planungssystems. Aufgaben für öffentliche Zwecke und für das Marktsystem werden genauer durchleuchtet. Hier geht es nicht um Geheimhaltung; der Gesetzgeber durchschaut die Posten leichter; er neigt eher dazu, an dieser Stelle seine unabhängige Meinung zu beweisen.

4

Die entscheidende Verantwortung für jede Gegenmaßnahme trägt der Präsident. Aus diesen und anderen Gründen muß man sich daher vor der Wahl eines Präsidenten in Zukunft vor allem anderen fragen, ob der Kandidat zwischen den Interessen der Planung und der Öffentlichkeit unterscheidet und für wen er schließlich eintritt. Auch hier fällt dem Kongreß eine wichtige Aufgabe zu. Er ist jener Arm der Regierung, der vom Planungssystem am schwersten zu erreichen ist. Und er ist dem Druck der öffentlichen Meinung am meisten ausgesetzt – einem Druck, der um so stärker werden wird, je weiter die Interessen der Allgemeinheit und die des Planungssystems auseinanderstreben.

Wenn jedoch der Kongreß überhaupt etwas bewirken soll, muß man ihn mit der Möglichkeit ausstatten, die Ausgabenpolitik der öffentlichen Hand sowohl von der strategischen als auch von der praktischen Seite her zu durchleuchten. Grundlegende und unabdingbare Voraussetzung dafür ist ein Etatausschuß des Kongresses *. Er würde den Etatentwurf der Regierung in Empfang nehmen und mit der Vollmacht ausgestattet sein, die großen Etat-

*) Seit diese Zeilen geschrieben wurden, hat man begonnen, nach irgendeiner Form der Etatautorität im Kongreß zu suchen. Es läßt sich heute noch nicht sagen, ob die Resultate echt oder nur kosmetischer Natur sein werden.

posten gemäß der öffentlichen Selbstbesinnung umzuverteilen. Aufwendungen für Verteidigung, Wohnungsbau, Sozialwesen, Erziehung, Landwirtschaft und die Städte werden auf diese Weise sowohl insgesamt als auch im Verhältnis zueinander erwogen. Den einzelnen großen Ausgabeposten innerhalb dieser Kategorien sollte man nur geringe Aufmerksamkeit schenken und die kleinen Posten übergehen. Was wir hier brauchen, ist Planung – eine Ausgabenstrategie auf breitester Grundlage unter umfassender Berücksichtigung des öffentlichen Bedarfs. Einem solchen Ausschuß muß natürlich das notwendige Personal zur Verfügung stehen. Da er die Aufgabe hat, eine Aufteilung zwischen untereinander konkurrierenden Funktionen vorzunehmen, darf es keine funktionellen Unterausschüsse geben. Bedarf muß in Relation zu anderem Bedarf gesehen werden.

Die Überlegungen des Ausschusses müßten durch öffentliche Anhörungen ergänzt werden. Einzelne und Organisationen hätten hier Gelegenheit, ihrer Meinung zur richtigen Verteilung der öffentlichen Mittel voll Ausdruck zu verleihen. Dies würde unweigerlich zu einer ausführlichen öffentlichen Diskussion führen. Eine solche Diskussion könnte auf die Entscheidungen des Kongresses einen unmittelbaren Einfluß ausüben; die wichtigere Konsequenz würde jedoch darin bestehen, daß die Etatverteilung zu einer öffentlichen Angelegenheit würde. Die so gewonnene Aufmerksamkeit wäre eine wichtige Voraussetzung für die Entwicklung des öffentlichen Verständnisses für diese Frage – ein Kristallisationspunkt für die öffentliche Selbstbesinnung. Sie würde auch in heilsamer Weise die Aufmerksamkeit der Wählerschaft auf die Einstellung des einzelnen Volksvertreters lenken – es müßte sich herausstellen, wer die öffentliche Meinung vertritt und wer nur im Dienste des Planungssystems steht.

Die in großen Zügen vom Etat- oder Planungsausschuß beschlossene Aufteilung der Mittel würde dann an die beiden Häuser des Kongresses weitergeleitet werden, um dort debattiert, erneut berichtigt und verabschiedet zu werden. Diese Richtlinien wären für die Legislative sowie die zuständigen Ausschüsse und Unterausschüsse verbindlich. Diese würden sich genau wie bisher mit der taktischen Aufteilung der Mittel begnügen – mit Bedarf und Rechtfertigung bestimmter einzelner Anforderungen. Im Normalfall müßte man erwarten können, daß die vom Etatausschuß ausgewiesenen Summen bewilligt werden. Die so festgelegten Grenzen dürfen nicht überschritten werden, es sei denn durch eine erneute Gesetzesinitiative des Kongresses. Was über diese Grenzen hinausgeht, wäre nicht mehr angemessen und würde nicht bewilligt. Um die Arbeit der Ausschüsse den großen Planungskategorien anzupassen, wäre wohl eine gewisse strukturelle Neugliederung der Kongreßausschüsse erforderlich.

5

Die Überlegungen, Hearings und Debatten über die Aufteilung der Etatmittel wären, wie schon bemerkt, eine passende Gelegenheit, um die öffentliche Selbstbesinnung zum Ausdruck zu bringen – um auf eine Verteilung der Mittel zu drängen, die den Bedürfnissen der Öffentlichkeit und nicht denen des Planungssystems entspricht. Etatausschuß und die daraus resultierenden gesetzlichen Maßnahmen können sich für längere Zeit nach gewissen ganz einfachen Leitlinien richten. Man kann davon ausgehen, daß alle Zuwendungen für das Planungssystem oder den Ankauf seiner Produkte und Dienstleistungen übertrieben großzügig bemessen sein werden. Und man kann auch davon ausgehen, daß alle Aufwendungen für die Allgemeinheit relativ kläglich ausfallen werden. Entsprechend müssen die Mittel umverteilt werden.

Man sollte auch ganz allgemein die Bedürfnisse der weniger entwickelten Teile des Planungssystems und die des Marktsystems begünstigen. In diesen Teilen der Wirtschaft werden für Forschung und Entwicklung, für Nachwuchsförderung, für Neuausrüstung und Modernisierung nur unzureichende Mittel vorhanden sein. Je geringer die Macht der Firma, je näher sie dem Marktsystem steht, um so größer wird diese Diskrepanz. Wenn sich das Wirtschaftssystem ausgeglichen entwickeln soll – es handelt sich hier um ein Gleichgewicht, das selbst die streng orthodoxe Meinung als notwendig für ein gesundes Wachstum anerkennt –, ist auch hier eine Umverteilung notwendig.

Besondere Aufmerksamkeit sollte man der staatlichen Förderung und Unterstützung der Künste widmen. Ich habe im Kapitel VII

gezeigt, daß das Planungssystem kein Mäzen der Künste ist – sie stehen außerhalb seiner Kompetenz, weil sich Künstler nicht organisatorisch erfassen lassen – und daß immer noch das als politisch unklug gilt, was das Planungssystem nicht braucht. Straßen für Urlaubsreisen sind politisch sehr wichtig; Museen und öffentliche Musikveranstaltungen sind von zweifelhafter Bedeutung. Hier muß unbedingt korrigierend eingegriffen werden.
Schließlich darf man davon ausgehen, daß die gesetzlichen Aufgaben der Städte und Gemeinden, insbesondere der durch die rasche Urbanisierung entstandenen Ballungsräume, unterfinanziert werden. Eine Umverteilung der Steuergelder vom Bund auf die Städte und Gemeinden wird daher für längere Zeit das Ergebnis der öffentlichen Selbstbesinnung sein müssen.

6

Wer den Kongreß der Vereinigten Staaten – oder irgendeine gesetzgebende Körperschaft – kennt, wird wissen, welche Schwierigkeiten diesen Reformen entgegenstehen. Tradition und Volksglaube halten Bestehendes für wichtiger als Wirksames. Große Reden und symbolische Maßnahmen dienen als Ersatz für ernsthafte Veränderungen. Führende Politiker sonnen sich heute in der wohlverdienten Macht, die ihnen aus dem Dienst am Planungssystem oder den symbiotisch angegliederten Bürokratien zufließt. Ihr gesunder Instinkt befiehlt ihnen, jüngere Leute, die die öffentliche Selbstbesinnung verkörpern, möglichst von der Macht fernzuhalten, bis sie gelernt haben, mit den Wölfen zu heulen. Die hier vorgeschlagenen Veränderungen würden die Macht der Legislative stärken, aber die Autorität der heutigen Machthaber in Frage stellen.
Aber eine Änderung ist hier unumgänglich. Es ist bezeichnend für die sogenannte Demokratie in den Vereinigten Staaten, daß die wichtigste Aufgabe der Regierung – die Verwendung der öffentlichen Gelder – als gesetzgeberische Initiative heute nicht einmal zur Diskussion steht. In dieses Vakuum fließt die Macht des Planungssystems ein.
Aber auch hier wird die Macht der Verhältnisse bemerkbar. Hätte

das jetzige System befriedigende Ergebnisse gezeitigt, bestünde keine Hoffnung und auch kaum ein Anlaß, etwas zu ändern. Aber die ungleiche Entwicklung in der Wirtschaft ist eine Tatsache ebenso wie die Mitschuld der Regierung. Tatsache ist auch das bestehende Ungleichgewicht bei den Aufgaben des Staates, und das wiederum ist zu einem wichtigen Politikum geworden. In den letzten Jahren sind mit jeder Wahl neue Mitglieder in den Kongreß nachgerückt, die ihrer Unzufriedenheit über die heutige Verteilung der öffentlichen Mittel Ausdruck verliehen – die sich, wenn auch nicht ausdrücklich, zu dem bekannten, was wir hier öffentliche Selbstbesinnung genannt haben. Das Planungssystem hat es verstanden, seine Vorzugsstellung wirksam und mit viel Phantasie zu verteidigen. (Zur Zeit operiert man mit dem Argument, Bedürfnisse der Öffentlichkeit ließen sich nicht durch Geld regeln und eine staatliche Förderung bei drängenden Problemen unterdrücke die Privatinitiative – kein sehr neuer Gedanke.) Wenn Behauptungen gegen Tatsachen stehen, wäre es falsch, die Tatsachen zu unterschätzen. Da der politische Instinkt durch eine bessere Einsicht in die zentrale Realität der modernen Politik geschärft wird, nämlich den Interessenskonflikt zwischen Öffentlichkeit und Planungssystem, erscheinen die hier geforderten Veränderungen nicht mehr als so fernliegend. Das sollte man zumindest hoffen, da sie unsere einzige Rettung sind.

XXX

Währungspolitik, Geldpolitik und Kontrollen

Er bewies bemerkenswerten Mut, indem er sich den Problemen stellte, mit denen sich unser Land, das System der freien Marktwirtschaft und die freie Gesellschaft auseinanderzusetzen haben. Er setzte Lohn- und Preiskontrollen durch.

Der führende Finanzminister *John B. Connally* über Präsident Nixon

I

Zu beantworten wäre noch die Frage, wie man Planungssystem und Marktsystem auf eine Weise lenken kann, daß ein gleichmäßiger Fluß von Einkommen und Produktion zu einigermaßen stabilen Preisen erzielt wird. So wesentlich die anderen Reformen auch sein mögen, sie schaffen die Notwendigkeit nicht ab, daß unsere Wirtschaft leistungsfähig bleiben muß. Ein sozial erstklassiges Wirtschaftssystem gibt es nicht, wenn man kein Wirtschaftssystem mehr hat. Glücklicherweise fallen in einer Volkswirtschaft ausgeglichene Leistung und rationelle Operation zusammen. Pleiten sind unweigerlich die Folge einer Geschäftspolitik, die nicht die Interessen vieler, sondern nur weniger befriedigt und die ebenso unweigerlich vorgibt, der Mehrheit zu dienen.

Der Form halber soll noch einmal auf das Problem hingewiesen werden, das es zu lösen gilt. Das Planungssystem kann von sich aus nicht gewährleisten, daß die Nachfrage ausreicht, um die volle Kapazitätsausnutzung zu garantieren. Die Entscheidungen über Sparen und Investieren liegen in den Händen verhältnismäßig weniger Firmen – es sind nur einige tausend. Es existiert kein Mechanismus, der garantiert, daß die Investitionsentscheidungen ausreichen, um die Sparentscheidungen insgesamt wettzumachen. Wenn zuwenig investiert wird, gerät das System in eine abwärtsgerichtete Spirale von Ausstoß und Einkommen, die über einen längeren Zeitraum hinweg kumulativ und bestimmend sein kann, da die Investitionen stärker beschnitten werden als die Ersparnisse.

Das Planungssystem verfügt auch nicht über die Macht, das Gegenstück dazu, die nach oben gerichtete Preisspirale, zu stoppen. Nichts veranlaßt die moderne Gewerkschaft bei ihren Bemühungen um höhere Löhne, sich auf das zu beschränken, was das derzeitige Preisgefüge verträgt. Und die moderne Kapitalgesellschaft hat die Macht, Preiserhöhungen auf die Kunden abzuwälzen. Die Intensionen der Gewerkschaften und die Notwendigkeit, Steigerungen der Lebenshaltungskosten aufgrund noch nicht verwirklichter Lohnsteigerungen vorwegzunehmen, lassen diese nach oben gerichtete Spirale ebenfalls kumulativ und dauerhaft werden. Ohne staatliche Maßnahme ist das Planungssystem der Depression oder Inflation preisgegeben.

Die früheren und heutigen Maßnahmen des Staates zur Verhinderung von Depression oder Inflation weisen fünf wichtige Mängel auf, nämlich:

1. Kernstück der Stabilisierungsstrategie sind hohe Ausgaben der öffentlichen Hand, gestützt durch ein progressives und flexibles Steuersystem. Die für diesen Vorgang wesentlichen öffentlichen Ausgaben haben weitgehend das Planungssystem begünstigt. Die Auswirkungen habe ich hinreichend beschrieben: Entwicklungsverzerrungen, ungerechte Einkommensverteilung, Entblößung anderer Wirtschaftssektoren vom dringend benötigten Kapital, die drohende Gefahr allgemeiner Vernichtung.

2. Auch das Steuersystem, auf das sich diese Politik stützt, spiegelt in zunehmendem Maße die Präferenzen des Planungssystems wider – insbesondere aber die der Spitzenverdiener in der Technostruktur. Infolgedessen wurde das System immer weniger wirksam, immer weniger ansprechbar durch Zu- oder Abnahme des Einkommens und immer ungeeigneter zur Stabilisierung von Einkommen und Aufwendungen.

3. Außerdem hat man im letzten Jahrzehnt stets dann, wenn eine Nachfragesteigerung notwendig wurde, allgemein zu Steuererleichterungen und nicht zu Ausgaben der öffentlichen Hand gegriffen. Dieser Politik stimmten Nationalökonomen und Gesetzgeber zu, weil sie die Interessen des Planungssystems mit denen der Öffentlichkeit verwechselten. Steuererleichterungen begünstigten

vor allem die höheren Einkommen in der Technostruktur. Oder sie begünstigten die Produkte des Planungssystems, wie es bei der Aussetzung der Automobil-Erwerbssteuer im Jahre 1971 der Fall war. Auch die im selben Jahr verfügte steuerliche Begünstigung für Investitionen subventionierte unmittelbar das Planungssystem. Diese Steuerermäßigungen haben die Ungleichheit der Einkommensverteilung noch verschärft. Sie sind außerdem als Konjunkturspritze ein ungeeignetes Mittel, da überwiegend Einkommen an wohlhabende Steuerzahler zurückerstattet wird, die es zu einem wesentlichen Teil sparen. Bei vermehrten Aufwendungen der öffentlichen Hand zur Beschaffung von Arbeitsplätzen durch staatliche Bauvorhaben fließt wesentlich weniger Geld in den Sparstrumpf. Wenn es dann notwendig wird, die Nachfrage einzudämmen, lassen sich Steuern nicht so leicht wieder erhöhen. Statt dessen rufen die Wortführer einer konventionellen Wirtschaftspolitik nach Sparsamkeit der öffentlichen Hand, und die Betroffenen müssen schweigend zusehen. Da Ausgaben zugunsten des Planungssystems durch die Berufung auf übergeordnete nationale Interessen geschützt sind, bekommt in erster Linie die Allgemeinheit die Sparsamkeit zu spüren.

4. Die verantwortlichen Lenker der Wirtschaft waren nicht imstande, den Machtschwund des Marktes zu erkennen, oder sie wollten ihn sich nicht eingestehen, da ihr mühsam erworbenes Wissen ihnen natürlich den Blick trübte. Infolgedessen ist der Glaube an eine orthodoxe Währungs- und Geldpolitik nur langsam gestorben, und alle Bemühungen, die Lohn-Preis-Spirale in den Griff zu bekommen, fielen halbwegs aus und waren von Entschuldigungen und Beteuerungen begleitet, es handle sich nur um vorübergehende Maßnahmen.

5. Schließlich haben die Bemühungen sowohl um eine Ankurbelung als auch um eine Dämpfung der Nachfrage die Geldpolitik auf den Plan gerufen. Diese wirkt sich einseitig zugunsten des Planungssystems und zuungunsten des Marktsystems aus.

2

Am Anfang dürfen nicht die Erfordernisse der Stabilisierung stehen, sondern die einer generellen Reform. Eine solche Reform setzt einen starken und gleichmäßigen Fluß öffentlicher Mittel voraus, die öffentlichen Zwecken zugute kommen und nicht denen des Planungssystems. Eine gerechte Einkommensverteilung ist nur zu erreichen, wenn sie durch eine betont progressive Besteuerung finanziert wird – eine Steuerstruktur, die sehr das öffentliche Interesse berücksichtigt und nicht das Interesse des Planungssystems und den Egoismus seiner Technostrukturen. Aber Aufgaben und Steuern dieser Art entsprechen ganz genau den Erfordernissen einer Stabilitätspolitik.

Die Wirtschaft wird weitaus mehr durch Ausgaben gestärkt, die der öffentlichen Selbstbesinnung entsprechen, als durch solche, die den Interessen des Planungssystems dienen. Diese fließen nämlich weitgehend in die Taschen hochbezahlter Angehöriger der Technostruktur, oder sie werden als Gewinne verteilt. In beiden Fällen liegt der gesparte Anteil sehr hoch. Solche Ersparnisse beleben nicht die Nachfrage. Ausgaben für öffentliche Zwecke hingegen entfallen überwiegend auf normale Löhne und Gehälter oder auf Pensionszahlungen, Arbeitslosengeld, Einkommensausgleiche und andere Stützungsmaßnahmen für Bedürftige. Bei diesen Ausgaben wird weniger für Sparzwecke abgezweigt, auf manchen Gebieten gar nichts. Deshalb fließt ein viel höherer Anteil der aufgewandten Gelder der Nachfragebelebung zu. Man sollte nicht vergessen, daß in den Vereinigten Staaten in der unteren Hälfte der Einkommensskala praktisch keine private Spartätigkeit existiert.

Ähnliches gilt für die Steuern. Diejenigen Steuern, die dem Ziel einer größeren Gleichheit dienen, sind gleichzeitig diejenigen mit dem größten Stabilisierungseffekt. Körperschafts- und Einkommensteuern tragen am meisten zum Einkommensausgleich bei. Es sind gleichzeitig jene Steuern, die mehr als proportional zu Einkommen und Kaufkraft zunehmen und mit abnehmenden Einkommen und geringerer Kaufkraft mehr als proportional sinken. Sie dienen daher am besten den Zielen der Stabilisierung. Je stärker man (innerhalb vernünftiger Grenzen) auf Körperschaftssteuern und die progressivere, persönliche Einkommensteuer zurückgreift, um so größer werden sowohl der Stabilisierungs- als auch der Ausgleichseffekt.

Je lückenloser ein Steuersystem ist – je weniger Schlupflöcher es offen läßt –, um so besser dient es sowohl dem Gleichheitsgrundsatz als auch der Stabilisierung. Bestimmte Steuervorteile oder Schlupflöcher haben angeblich den Sinn, in bestimmten wirtschaftlichen Bereichen als Anreiz zu dienen. Die Nutznießer sind in der Praxis weitaus häufiger Firmen oder Einzelpersonen im Planungssystem als solche im Marktsystem *. Falls wirklich ein Anreiz vorhanden ist, wirkt er auf den überentwickelten und nicht auf den unterentwickelten Teil der Volkswirtschaft. In der modernen Wirtschaft sollte die Regel gelten, daß jede Form der Bereicherung gleich zu behandeln sei – also eine gleiche Besteuerung für Einnahmen aller Art, ob sie nun aus Gehältern, Kapital, Gewinnen, Vermögenserträgen, Erbschaft, Geschenk oder, um nichts zu vergessen, aus Diebstahl, Unterschlagung oder Erpressung stammen. Im Vordergrund steht die Tatsache der Bereicherung. Danach richtet sich die Steuer. Da es kein unbesteuertes Einkommen mehr geben würde, könnten die Steuersätze niedriger liegen als beim heutigen System einer selektiven Einkommensbesteuerung. Es würde natürlich eine ausgeprägte Progression enthalten.

In den letzten Jahren nähert sich die Diskussion um ein neues Steuersystem immer mehr den hier aufgezeigten Leitlinien. Eine kanadische Kommission hat ein solches Steuersystem empfohlen; Joseph A. Pechman, vielleicht der führende Steuerexperte Amerikas, hat ähnliche Vorschläge unterbreitet. Eine solche Reform wäre von vorrangiger Bedeutung – sowohl für eine größere Leistungsfähigkeit der modernen Wirtschaft als auch wegen des humanen Effekts einer größeren Einkommensgerechtigkeit.

*) Das ist insbesondere auf die bevorzugte Besteuerung von Vermögenszuwachs aus Kapitalgewinnen zurückzuführen.

3

Fassen wir zusammen: Eine angemessene Finanzpolitik setzt bei der Höhe der Staatsausgaben an. Diese richtet sich nicht nach den Erfordernissen der Finanz- und Steuerpolitik selbst; sie ist gegeben durch den Bedarf an öffentlichen Diensten, soweit sie nicht vom Marktsystem und vom Planungssystem geleistet werden. Aus dem so ermittelten Bedarf ergibt sich wiederum die erforderliche Höhe der Besteuerung.

Es kann nicht garantiert werden, daß diese Kombination von Ausgabenpolitik und progressiver Besteuerung zu einer angemessenen Nachfrage führen wird. Die resultierende Nachfrage kann zu groß oder zu klein sein, wenn man die Maßstäbe anlegt, auf die ich gleich noch zurückkomme. Ist die Konjunktur überhitzt, wird im *allgemeinen* eine Steuererhöhung die richtige Maßnahme sein. Das notwendige Niveau der öffentlichen Ausgaben wurde aufgrund der Erfordernisse festgelegt. Gleichzeitig habe ich darauf hingewiesen, daß das Planungssystem seine Macht einsetzt, um Prioritäten für den privaten Verbrauch seiner Erzeugnisse zu schaffen. Diese Prioritäten werden über diejenigen öffentlichen Dienste gestellt, die für das Planungssystem unwichtig sind. Steuererhöhungen sollen bewirken, den weniger wichtigen Privatkonsum einzudämmen und den wichtigeren öffentlichen Konsum zu schützen. Je progressiver das Steuersystem ist und je stärker die wohlhabenden Schichten von Steuererhebungen betroffen werden, um so deutlicher wird der private Verbrauch gegenüber dem öffentlichen eingeschränkt werden.

Reicht die Nachfrage nicht aus, werden höhere Ausgaben der öffentlichen Hand im allgemeinen die richtige Maßnahme sein. Wie wir gesehen haben, ist das die wirksamste Methode der Konjunkturbelebung; sie entspricht auch dem allgemein höheren Bedarf an öffentlichem Konsum im Gegensatz zum privaten Konsum.

Nun wird man lautstark einwenden, daß die hier vorgeschlagene Politik auf lange Sicht eine Aufwärtstendenz der Steuern bedeutet. Das stimmt. Aber das heißt doch nur, daß die Steuerpolitik korrigierend in die generelle Bevorzugung der Produkte des Planungssystems eingreifen würde – jener Produkte also, die aufgrund einer stärkeren Überredung oder Beeinflussung der öffentlichen Meinung abgesetzt werden. Und keine Politik währt ewig. Möglicherweise kommt einmal die Zeit, in der die öffentlichen Bedürfnisse – auch die der Großstädte – ebenso weitgehend erfüllt sind wie heute die Bedürfnisse des privaten Verbrauchers, der Einkommen- und Körperschaftssteuern bezahlt. Sollte dieser Tag einmal kommen, wird man ihn festlich begehen. Dann ist es an der Zeit, die Nachfrage gegebenenfalls durch Steuerermäßigungen zu beleben *.

4

Der nächste Schritt der Reform würde darin bestehen, für alle Zeiten die Anwendung der Geldpolitik einzuschränken. Diese Politik bewirkt direkt oder indirekt durch Verknappung oder Liberalisierung die zu Kreditzwecken verfügbare Geldmenge. Im Planungssystem sitzen die Leute, die es am wenigsten nötig haben, Geld auszuleihen, die als Kreditnehmer am meisten hofiert werden. Zum Marktsystem gehören diejenigen, die am meisten kreditabhängig sind und die bei den Banken das geringste Ansehen genießen. Das Planungssystem ist der höchstentwickelte Teil der Wirtschaft, das Marktsystem der unterentwickeltste. Die Währungspolitik begünstigt daher den stärksten und den am besten entwickelten Teil der Wirtschaft und diskriminiert den schwächsten, in der Entwicklung zurückgebliebenen Teil.

Hinzu kommt noch die praktische Überlegung, daß die Effekte der Währungspolitik höchst ungewiß sind. Niemand weiß, wie die Reaktion auf eine Geldverknappung oder Liberalisierung der Kredite ausfallen wird und wann diese Reaktion eintritt, denn sie

*) Es gibt die Möglichkeit, öffentliche Gelder so einzusetzen, daß eine mehr oder weniger automatische Steigerung von zunehmender Arbeitslosigkeit und eine Senkung von zunehmender Vollbeschäftigung begleitet ist. Es handelt sich dabei um ein System, bei dem der Staat im Notfall als Arbeitgeber einspringt. Mit diesen zusätzlichen Arbeitskräften sollen öffentliche Aufgaben unterstützt werden wie Hygiene, Parks, Bevölkerungsschutz, Gesundheitswesen sowie die Schulbildung auf allen Ebenen. Die damit verbundenen Verwaltungsprobleme – unter anderem das einer im Verhältnis zu den Festangestellten gerechten Kompensation – sind beträchtlich. Ebensogroß wären aber auch die Vorteile für die Leute, die hier Arbeit finden, und für das Gemeinwesen, das davon profitiert.

wird durch Faktoren bestimmt, die von Fall zu Fall sehr verschieden sind. Diese Unsicherheit verbirgt man hinter bierernsten Debatten, übertriebener Geheimniskrämerei und einer hochtrabenden Terminologie: Diskontrate, Prime rate, Offenmarktkäufe, Streuung, Tendenz. Die Öffentlichkeit bekommt den irrigen Eindruck, diese Diskussion stütze sich auf Wissen. In Wirklichkeit ist es so, daß es immer dann wenig zu diskutieren gibt, wenn Wissen und Gewißheit vorherrschen – wenn man weiß, zu welchem Ergebnis eine bestimmte Maßnahme führen wird.

Die Zinsrate ist heute genau wie andere Preise im Planungssystem ein Festpreis, den aus praktischen Gründen die Nationalbank festlegt und damit die Bankzinsen der anderen Geldinstitute beeinflußt. Der erste Schritt in Richtung auf eine bessere Politik besteht darin, daß man bei den Zinssätzen eine gewisse Permanenz in der Höhe und Struktur akzeptiert. Aktive Politik könnte nicht mehr darin bestehen, die Kreditaufnahme einzuschränken – und damit auch das Volumen der mit geliehenen Geldern getätigten Ausgaben, somit also auch den Geldumlauf –, indem man die Zinssätze anhebt oder die zu den Tagessätzen verfügbaren Geldmittel künstlich verknappt, weil das schon der erste Schritt zu höheren Zinsen ist.

Es ist größtenteils eine Ermessensfrage, auf welchem Niveau man die Zinssätze einfrieren soll, aber es sollte nicht zu hoch liegen. Niedrige Zinssätze begünstigen den Kreditnehmer und nicht den Kreditgeber. Es ist eine Binsenweisheit, daß Kreditnehmer weniger Geld besitzen als Kreditgeber. Niedrige Zinsraten tragen damit zur Angleichung der Einkommen bei. Und da gerade das Marktsystem von Fremdgeldern am abhängigsten ist, fördern niedrige Zinssätze die Entwicklung in diesem Teil der Wirtschaft, was durchaus im Interesse der Öffentlichkeit liegt.

Eine sachgerechte Politik verzichtet zwar in Zukunft auf die Zinssätze als Instrument zur Kontrolle des Kreditvolumens, aber dennoch bleibt dieses Kreditvolumen gewissen Kontrollen unterworfen. Diese gehen über Steuern und Ausgabenpolitik vom Volumen der Gesamtnachfrage in der Wirtschaft aus. Die Kreditaufnahme ist dann überhitzt, wenn sie, zusammen mit anderen Ursachen der Nachfrage, die Preise hochtreibt. Sie wird dann durch Steuererhöhungen gedämpft; die Leute sind nicht mehr so leicht wie bisher imstande, Hypotheken aufzunehmen und Schulden zu machen, und die sinkende Nachfrage nach Waren vermindert sowohl den Anreiz als auch die Fähigkeit, für geschäftliche Expansionen Fremdmittel aufzunehmen. Die Steuern zur Verwirklichung dieser Politik treffen große und kleine Firmen gleichermaßen, reiche Steuerzahler wie auch arme. Wenn die Besteuerung, wie ich gefordert habe, progressiv ist, werden die reichsten am härtesten getroffen. Diese Politik ist in ihrer Anwendung gerecht. Da sie nicht von den naturgemäß unberechenbaren Reaktionen auf Veränderungen der Zinssätze oder des für Kredite verfügbaren Geldvolumens abhängig ist, werden die Auswirkungen viel berechenbarer *.

In der Wirtschaft gibt es nur wenige ewige Grundregeln. Es kann vorkommen, daß eine allgemeine Nachfrageüberhitzung aufgrund übersteigerter Kreditaufnahmen ein Anheben der Zinssätze rechtfertigt. Und es kann notwendig werden, durch niedrige Zinssätze die Kreditaufnahme anzuregen. Aber eine wirksame und gerechte Steuerung der Wirtschaft muß von dem Grundsatz ausgehen, daß solche Änderungen die Ausnahmen bleiben. Jede aktive Geldpolitik arbeitet mit immer wiederkehrenden und diskriminierenden Investitionsbeschränkungen für den schwächsten Teil unserer Wirtschaft. (Ähnlich dramatisch ist die Lage auf dem Bausektor.) Sie trägt daher unmittelbar zur Ungleichheit der Einkommen und der Entwicklung bei. Sie verschlimmert auf diese Weise die zentralen und schmerzlichsten Mängel der Volkswirtschaft. Es mutet schon sadistisch an, daß die größte Last immer denen aufgebürdet wird, die sie am wenigsten tragen können.

Daß sich die Nationalökonomie vor den Wagen von Sonderinteressen spannen läßt, ist nicht neu. Bewundernswert ist jedoch, wie

*) Einen ähnlichen, wenn auch weniger strengen Vorschlag zur Einschränkung der Währungspolitik macht Arthur Okun in seinem Beitrag Rules and Roles for Fiscal and Monetary Policy, in: *Issues in Fiscal and Monetary Policy: The Eclectic Economist Views the Controversy.* Hg. von James J. Diamond, DePaul University, Chicago 1971. Als oberste Regel einer Stabilitätspolitik empfiehlt er: »Einhaltung des goldenen Mittelwegs bei den Kreditbedingungen.« Und zweitens: »Die Steuerpolitik ist so anzuwenden, daß sie nicht vom goldenen Mittelweg abgedrängt wird.« Ein entschiedener Befürworter einer energischen Finanzpolitik durch ein öffentliches Arbeitsbeschaffungsprogramm ist auch Melville J. Ulmer, Toward Public Employment and Economic Stability, *The Journal of Economic Issues*, Band 6, Nr. 4 (Dezember 1972), S. 149.

subtil das geschieht, wenn es um Geldpolitik geht. Trotz der offenkundigen Diskriminierung wird eine solche Politik fast durchweg als gesellschaftlich neutral bezeichnet. Die Diskussion darüber wird mit einem solchen feierlichen Brimborium versehen, daß ein potentieller Kritiker auf der Stelle disqualifiziert wird, falls er sich nicht selbst disqualifiziert. Ein vager volkstümlicher Instinkt hat einst die Geldpolitik als gesellschaftlich rückschrittlich durchschaut und einige Angriffe gegen ihre Instrumente, insbesondere das Federal Reserve System, vorgetragen. Aber selbst die liberalsten Nationalökonomen sind peinlich darauf bedacht, sich von einer kritischen Tendenz zu distanzieren, die in den Augen eines jeden anständigen Menschen als unqualifiziert und naiv gelten müßte. »Anständig« war wieder einmal, was den Mächtigen und Reichen diente.

5

Das älteste Ziel der Geld- und Währungspolitik liegt auch dem schlichtesten Gemüt sofort auf der Zunge: Vollbeschäftigung bei halbwegs stabilen Preisen. Diesen sicheren Hafen überholter Denkweisen müssen wir nun verlassen. Nichts im Leben ist eben wirklich sicher. Wie wir gesehen haben, bedeutet Vollbeschäftigung für zahlreiche Arbeiter gesellschaftlich nicht tragbare Löhne und Arbeitsbedingungen. Fehlende Qualifikation und der falsche Wohnort (beide teilweise in den USA durch Rassenunterschiede bedingt) machen viele Menschen vom Marktsystem abhängig. Dort finden sie nur Beschäftigung, wenn sie erniedrigende Arbeiten und geringen Lohn annehmen oder sich selbst ausbeuten. Das garantierte Alternativeinkommen verfolgt den Zweck, eine vernünftige Alternative zu solcher Arbeit bei solchem Lohn zu bieten. Es geht davon aus, daß manche bezahlte Arbeit schlimmer ist als Arbeitslosigkeit.

Der Erfolg einer Finanzpolitik wird heute daran gemessen, was im Planungssystem produziert wird und ob die verfügbaren und qualifizierten Arbeitskräfte bei angemessenem Lohn beschäftigt werden, wobei immer jene ausgeklammert werden, die gerade ihre Stellung wechseln oder deren Fertigkeiten nicht mehr gebraucht werden. Für den Erfolg ist es unerheblich, ob alle Arbeitnehmer Beschäftigung finden. Wer aufgrund mangelnder Qualifikation oder geographischer Gegebenheiten keine Beschäftigung bei sozial vertretbarem Lohn bekommen kann, muß auf ein garantiertes Alternativeinkommen zurückgreifen können.

Prüfstein des Planungssystems ist das Produktionsvolumen im Verhältnis zum Angebot von qualifizierten Arbeitskräften. Das Marktsystem beurteilt man nach den Preisbewegungen. Unter den richtigen politischen Voraussetzungen werden die Preise im Marktsystem allgemein stabil sein, abgesehen von Preisanhebungen aufgrund einer verbesserten Verhandlungsposition, höherer Mindestlöhne oder anderer Schritte in Richtung auf eine höhere Gleichheit gegenüber dem Planungssystem.

Ein Überhang qualifizierter Arbeitskräfte, die im Planungssystem Beschäftigung suchen, würde in Verbindung mit sinkenden (oder sogar stabilen) Preisen im Marktsystem auf eine zu schwache Nachfrage hindeuten, die der Korrektur bedarf. Eine Knappheit an qualifizierten Arbeitern im Planungssystem bei gleichzeitiger stetiger Aufwärtsbewegung der Preise im Marktsystem deutet darauf hin, daß die Nachfrage überhitzt ist und gedämpft werden muß.

Die Finanzpolitik bleibt unentbehrlich zur Aufrechterhaltung eines allgemeinen Gleichgewichts zwischen Angebot und Nachfrage. Keine noch so moderne Entwicklung macht diese Politik – oder das von ihr herbeigeführte Gleichgewicht zwischen Gesamtnachfrage und Angebot – entbehrlich. Dies ist ein heikles Thema. Eine starke Nachfrage verbessert bis zu einem gewissen Punkt die Handelsbedingungen des Marktsystems. Aber eine Inflation auf diesem Sektor – das hat uns die jüngste Erfahrung gelehrt – signalisiert auch die Notwendigkeit eines härteren Kurses in der Finanzpolitik.

6

Der letzte Schritt eines allgemeinen Managements des Wirtschaftssystems ist die Regelung von Löhnen und Preisen im Planungssystem. Der Markt hat hier seine Wirksamkeit verloren; die zur Aufrechterhaltung der Preisstabilität erforderliche Planung geht über die Zuständigkeit der einzelnen Firma hinaus. Ohne Eingriff des Staates entwickelt sich hier infolgedessen eine sich ständig beschleunigende Lohn-Preis-Spirale. Daher ist eine öffentliche Kontrolle unumgänglich.

Wie wir gesehen haben, fällt dem Verfechter der gängigen Wirtschaftslehre von allen hier vorgeschlagenen Maßnahmen psychologisch die am schwersten, daß er sich mit Preis- und Lohnkontrollen abzufinden hat. Andere Instrumente der Planung, die vom Planungssystem angewendet werden – Kontrolle der individuellen Preise, Kontrolle der Kosten, die Organisation der Materialbeschaffung zu diesen Kosten, die Bereitstellung einer internen Kapitalquelle, die Überzeugung des Staates hinsichtlich der eigenen Bedürfnisse, eine Manipulation des Staates hinsichtlich seiner Beschaffungsprogramme –, können ignoriert oder bagatellisiert werden, wenn das jemand will. Es kostet schon einige Mühe, uneinsichtig zu sein, aber man spart sich dabei viel an intellektuellem und pekuniärem Aufwand. Der Markt besteht fort. Aber bei Lohn- und Preiskontrollen ist das Spiel aus. Ein Marktsystem, in dessen Rahmen vom Staat Löhne und Preise festgesetzt werden, ist kein Marktsystem mehr. Nur ein Schwachkopf kann »unsere freie Marktwirtschaft« mit der Durchsetzung von Lohn- und Preiskontrollen kombinieren.

Diese psychologische Barriere stellt wiederum beim Management der Kontrollen einen äußerst wichtigen Faktor dar. Am Hebel des Managements sitzen für gewöhnlich Leute, denen ein solches Tun gegen ihre tiefere Überzeugung läuft. Das Problem ist dasselbe wie bei einem überzeugten Katholiken, der Abtreibungen vornimmt, oder dem Leiter des Sittendezernats, der selbst Voyeur ist. Niemand behauptet, die Gewerkschaften und die Kapitalgesellschaften, die solche Kontrollen als unvermeidlich heraufbeschwören, seien nur eine vorübergehende Erscheinung. Aber es bleibt auch etwas von der Überzeugung haften, daß »nicht sein kann, was nicht sein darf«. Gott ist der Herr, und Gott steht auf seiten des braven Konservativen. Wenn schon eine weltliche Begründung gegeben werden muß, kann man sie erfinden *, **.

*) So steht im Wirtschaftsbericht des Präsidenten für das Jahr 1972 zu lesen: »Ausgangspunkt der Lohn-Preis-Kontrollen ist der Umstand, daß die Inflation von 1970 und 1971 das Ergebnis schon vor längerer Zeit, nämlich seit 1965,

Es ist vor allem erforderlich, in den Kontrollen eine Dauermaßnahme zu sehen – sie werden zumindest so lange existieren, wie es Gewerkschaften und Kapitalgesellschaften in ihrem heutigen Verhältnis zueinander im Planungssystem gibt. Ohne diese Erkenntnis wird die Politik einem Pendel gleichen: Da man Inflation oder Arbeitslosigkeit oder beides nicht akzeptieren kann, wird man Kontrollen fordern. Diese werden eingerichtet und so lange ausgeübt, bis sie Ergebnisse zu zeitigen scheinen. Dann läßt man sie fallen, und alles gerät wieder in Bewegung. Dabei wendet man wenig oder gar keine Intelligenz oder Energie dafür auf, die Kontrollen so zu gestalten und anzuwenden, daß sie funktionieren und gerecht sind.

Sind Kontrollen erst einmal akzeptiert, gelten für ihre Anwendung fünf Grundregeln. Diese ergeben sich selbstverständlich aus den vorangegangenen Kapiteln. Es sind:

1. Die Kontrollen brauchen nur für Löhne zu gelten, die durch Tarifverhandlungen zustande kommen, und für die Preise der Firmen im Planungssystem. Das bedeutet, daß sich in den Vereinigten Staaten die Preiskontrollen nur auf einige tausend der größten Betriebe zu erstrecken brauchen. Im Marktsystem wird die Stabilität oder annähernde Stabilität nicht durch die Preiskontrolle, sondern die Finanzpolitik gewährleistet. Im Planungssystem darf die Nachfrage nicht das mögliche Angebot zum festgesetzten Preis überschreiten, während die Lohn- und Preiskontrollen andererseits Preissteigerungen infolge des Zusammenwirkens von Löhnen und Preisen verhindern. Dadurch entfällt jede Neigung, teurer als zum festgesetzten Preis zu verkaufen – es kann sich kein grauer oder

entstandener Erwartungen, Verträge und Verhaltensnormen war, einer Zeit mit inflationärer Übernachfrage. Da es diese übermäßige Nachfrage nicht mehr gibt, wird die Inflationsrate für immer zurückgehen, sobald dieser Restbestand früheren Übermaßes beseitigt ist. Zweck des Kontrollsystems ist es, dem Land eine Periode erzwungener Stabilität zu bescheren, während der sich Erwartungen, Kontrakte und Verhaltensnormen dem Umstand anpassen, daß die galoppierende Inflation nicht mehr der zukunftsweisende Faktor im Leben Amerikas ist. Sobald das erreicht ist, können die Kontrollen aufgehoben werden.« Wirtschaftsbericht des Präsidenten 1972, Seite 108.

**) Thomas Balogh, der führende Vertreter der Kontrollpolitik, zu der sich die britische Regierung zögernd bequemt hat, erklärt, daß keine Sünde je ganz vergeben wird. Es ist besser, ein wahrer Vorkämpfer des Glaubens zu sein als ein Mann, der recht behält, indem er sich irrt.

schwarzer Marktpreis entwickeln –, da nämlich alles, was gebraucht wird, zu legalen Preisen zu haben ist. Ich wiederhole noch einmal, daß Kontrollen kein Ersatz für eine Finanzpolitik sind, die im großen Rahmen einen Ausgleich zwischen der Gesamtnachfrage und der Lieferkapazität der Wirtschaft herbeiführt. Sie sind nur eine wichtige Ergänzung eines solchen Ausgleichs.

2. Die Kontrollen brauchen weder Löhne noch Preise einzufrieren. Generelle Richtlinie für Tarifverhandlungen, im Prinzip heute fast allgemein akzeptiert, ist die Forderung, daß Lohnerhöhungen im Rahmen des durchschnittlichen Produktivitätszuwachses im Planungssystem bleiben müssen. Bei dermaßen konstanten Lohnkosten können auch die Preise generell konstant bleiben. Man kann jedoch auch in Branchen mit einem unterdurchschnittlichen Produktivitätszuwachs den Gewerkschaften Lohnerhöhungen nicht verweigern. Der Umstand, daß eine bestimmte Industrie keinen Produktivitätszuwachs aufweist, darf kein Grund zur Diskriminierung der in ihr Beschäftigten sein. Den Firmen dieser Branchen kann man ausgleichende Preisanhebungen nicht verwehren.

Es ist auch nicht allgemein notwendig, die Preise der einzelnen Produkte einer Firma zu fixieren. In der Regel genügt die Anordnung, den Preisdurchschnitt eines bestimmten Sortiments nicht anzuheben. Während man bei großen Einzelhandelsbetrieben eine Erweiterung der Handelsspanne verhindern muß, ist eine allgemeine Kontrolle der Einzelhandelspreise nicht unbedingt erforderlich. Ein beträchtlicher Teil des Einzelhandels ist im Marktsystem angesiedelt, und Einzelhändler haben im allgemeinen keine große Macht auf dem Markt.

3. Lohnkontrollen sollen das Gefälle bei Löhnen und Gehältern nicht einfrieren. Sie sollten im Gegenteil bestrebt sein, dieses Gefälle zu verringern. Wer Kontrollen akzeptiert, gibt, wie wir gesehen haben, nicht mehr vor, die Kompensation werde vom Markt dirigiert. Menschliche Macht entscheidet darüber, wer wieviel bekommt. Nach dieser Erkenntnis erfordert das öffentliche Streben nach einer gerechteren Einkommensverteilung eine Beschneidung der zu diesem Zweck ausgeübten Macht.

Innerhalb der Kapitalgesellschaft bedeutet dies, daß Lohnerhöhungen aufgrund des Produktivitätszuwachses größtenteils denen zugute kommen sollen, die am wenigsten verdienen. Es sollten alle nur erdenklichen Anstrengungen unternommen werden, die heutige Kluft zwischen Arbeiter und Direktor zu verkleinern. Vertretbare Gehaltserhöhungen sollten sich zur Spitze der Lohnpyramide hin mindestens verringern und schließlich auf Null zurückgehen.

Innerhalb des Planungssystems müßte man Industrien mit niedrigeren Löhnen die Gelegenheit bieten, die Industrien mit höheren Löhnen einzuholen. Die Arbeiter im Marktsystem sollten keiner Kontrolle unterworfen werden, wenn man von wenigen Ausnahmefällen absieht, wo es um kleine Arbeitgeber, aber starke Gewerkschaften geht.

4. Aus dem bisher Gesagten ergibt sich, daß die Preise auch bei einem noch so erfolgreichen Kontrollsystem nicht stabil sein werden. Ungleichheit und Ungerechtigkeit in der Anwendung der Kontrollen sowie Härtefälle sollten dadurch gemildert werden, daß man Preise oder Löhne, die zu niedrig liegen, ausnahmsweise ansteigen läßt. Anweisungen zur Senkung der höheren Preise erweisen sich als unpraktisch. Es wird also bei den Preisen auch weiterhin eine Aufwärtsbewegung geben. Wichtig ist nur, daß die so bewirkten Steigerungen – die das Ergebnis eines Angleichungsprozesses *innerhalb* des Systems sind – von Preissteigerungen unterschieden werden, die aus dem brutalen Druck sämtlicher Löhne im Planungssystem auf sämtliche Preise erwachsen. Das soll durch die Kontrollen verhindert werden, nicht aber eine gerechte Preisangleichung.

5. Schließlich muß eine entsprechende staatliche Macht ausgeübt werden, wenn die Kontrollen wirksam werden sollen. Dieses Problem muß viel klarer erkannt werden als in der Vergangenheit. Wenn Preise und Löhne vom Markt bestimmt werden, glaubt man – zumindest behauptet es die zuständige Theorie –, daß die letzte Entscheidung von der Öffentlichkeit ausgehe. Durch ihre Entscheidungen darüber, zu kaufen oder nicht zu kaufen beziehungsweise was gekauft wird, erteilt die Öffentlichkeit dem Markt ihre Anweisungen, und der Markt gestaltet das Preisniveau sowie die daraus resultierende Kompensation. Die logische Folge ist, daß die Regierung bei Eingriffen in diesen Vorgang durch eine Festlegung von Löhnen und Preisen in eine bereits gefällte Volksentscheidung eingreift (man könnte fast sagen willkürlich).

Aber Kontrollen sind dadurch notwendig geworden, daß die Planung an die Stelle des Marktsystems getreten ist. Das heißt, die entscheidende Macht zur Festsetzung von Preisen und Löhnen ist auf die Firma und die Gewerkschaft übergegangen. Das heißt wiederum, daß diese Entscheidung nicht mehr beim Markt und damit bei der Öffentlichkeit liegt. Sie liegt beim Planungssystem. Die Regierung greift also nicht in einen öffentlichen Vorgang ein, sondern in eine private Entscheidung, die von der Verfolgung privater Ziele bestimmt wird. Eine Intervention der Regierung, wenn sie die öffentliche Selbstbesinnung verkörpert, bedeutet Regieren durch staatliche anstatt durch private Instanzen.

Damit ist die Ausübung staatlicher Autorität gerechtfertigt. Und es ist wichtig, daß diese öffentliche Macht auch zum Tragen kommt. Bei der Festsetzung von Löhnen und Preisen sollten ausführliche Konsultationen mit der Industrie und den Gewerkschaften stattfinden. Besonders das Gespräch mit den Gewerkschaften ist wichtig. Aber am Ende muß die Regierung dafür sorgen, daß die oben erwähnten Richtlinien bestehenbleiben. Man hat lange Zeit angenommen, das Vorhandensein von Kontrollen dadurch verschleiern zu können, daß man ihre Befolgung auf eine freiwillige Basis stellt. Das ist eine Illusion. Der Markt ist nicht weniger tot, wenn die Kontrollen, die seine Funktionen übernehmen, freiwillig eingeführt werden. Eine freiwillige Kontrolle wirkt sich vor allem so aus, daß sie diejenigen am meisten begünstigt, die am wenigsten zur Mitwirkung bereit sind. Es erübrigt sich wohl der Hinweis, daß es keine Kontrolle geben kann, die lediglich das gutheißt, was Kapitalgesellschaften und Gewerkschaften ohnehin vereinbaren – die nur das Resultat sanktioniert, das auch ohne Kontrolle erreicht worden wäre.

7

In der Durchführung von Lohn- und Preiskontrollen, in geringerem Maß auch in den Richtlinien der Finanzpolitik, liegt ein Dilemma begründet: Die Exekutive muß dabei eine führende Rolle übernehmen, und sie ist gerade bei der Erfüllung dieser spezifischen Aufgaben ganz besonders dem Einfluß des Planungssystems ausgesetzt. Es sind jedoch Aufgaben, die die öffentliche Selbstbesinnung widerspiegeln müssen.

Die Lösung dieses Problems ist nicht einfach. Die einzige Hoffnung ist ein Präsident, der sich dem öffentlichen Interesse verpflichtet fühlt, vor allem aber eine ebenso denkende wachsame Legislative. Glücklicherweise richtet sich das öffentliche Interesse nach sehr einfachen Spielregeln. Wenn der Staat zunehmend Geld für soziale Zwecke ausgibt, wenn Steuern immer progressiver werden, wenn die Geldpolitik passiv bleibt, wenn Konjunkturspritzen durch verstärkte öffentliche Ausgaben gegeben werden und eine Konjunkturbremsung durch Steuererhöhungen erreicht wird, wenn Lohnerhöhungen im Rahmen des Produktivitätszuwachses bleiben, wenn im Mittelpunkt von Lohnangleichungen das Streben nach mehr Gerechtigkeit steht und wenn Preiserhöhungen nur in Härtefällen zugelassen werden, die sich auf Lohnverbesserungen bei fehlendem Produktivitätszuwachs ergeben – dann entspricht ein solches Management im wesentlichen dem öffentlichen Interesse. Einem gerecht denkenden Präsidenten und einer verantwortungsbewußten Legislative sollte es möglich sein, diese Spielregeln durchzusetzen. Was ich hier vorschlage, wird zunehmend instinktiv als richtig empfunden. Aber trotzdem werden solche Maßnahmen Energie und Wachsamkeit erfordern.

XXXI

Koordination, Planung und Ausblick

I

Als 1945 der Zweite Weltkrieg zu Ende ging, beförderten die Eisenbahnen der Vereinigten Staaten ein Rekordvolumen an Fracht und Fahrgästen. Sie stellten jedoch keinen besonders mächtigen Bestandteil des Planungssystems dar. Tradition, Reglementierung und der relativ untechnische Charakter des Unternehmens hatten die Eisenbahnen daran gehindert, eine starke Technostruktur zu entwickeln und damit ihre Machtposition gegenüber ihren Kunden, der Allgemeinheit und dem Staat, auszubauen. In den fünfziger Jahren weihte die wesentlich mächtigere Branche der Straßenspeditionen, angeführt von den Automobilherstellern, das neue Fernstraßennetz ein. Anstatt auf der Schiene reiste man nun im eigenen Personenwagen; geringere Einbußen erlitten die Fluggesellschaften (die auch kräftig unterstützt wurden). Auch der Frachtverkehr verlagerte sich weitgehend von der Schiene auf die Straße.

Die Automobilindustrie organisierte den Einsatz ihrer Produkte. Wie wir auf den vorangegangenen Seiten gesehen haben, bedeutete das einen Triumph des Planungssystems. Diese Entwicklung, begleitet von gleichlaufenden Veränderungen bei Stromversorgung und Haushaltsheizung, gab auch dem Bedarf an Erdölprodukten gewaltigen Aufschwung. Man sah den vollen Umfang der Bedarfssteigerung nicht voraus. Und es wurde auch nicht vorhergesehen, daß der erforderlich gewordene Bau von Pipelines, Raffinerien und Verladevorrichtungen für Großtanker schwierige und gelegentlich sogar unüberwindliche Umweltprobleme aufwerfen würde. Infolgedessen zweifelt man heute daran, ob der aufgrund der gewaltigen Expansion des Straßenverkehrs, Straßentransports und anderer Verwendungen anfallende Mehrbedarf tatsächlich gedeckt werden kann. Ein neues Schlagwort wurde geboren. Man spricht heute viel von einer »Energiekrise«.

Genau wie bei anderen Fehlern des Planungssystems behandelt

man auch eine mögliche Verknappung bei Rohölprodukten, als handele es sich dabei um einen zufällig aufgetretenen Mangel. Wir wissen jetzt, daß das nicht stimmt. Innerhalb des Planungssystems findet zwischen den einzelnen Teilen bei der Verfolgung ihrer Ziele eine komplizierte Abstimmung statt. Es ist damit zu rechnen, daß diese Koordination von Zeit zu Zeit versagt. Solche Versager machen sich schon recht häufig bemerkbar. Streng betrachtet gibt es keine Stromknappheit. Nur läuft die Werbung der Elektrogerätehersteller – auch die Werbung für Klimaanlagen als unentbehrliches Requisit eines jeden Hauses – der Fähigkeit der Versorgungsbetriebe, entsprechende Strommengen zu liefern, davon.

Wenn die Planung einer Industrie einer anderen Industrie Forderungen auferlegt, die sie nicht erfüllen kann, wie es bei der Automobil- und Erdölindustrie der Fall ist, hält man es natürlich für selbstverständlich, daß der Staat interveniert. Staatliche Maßnahmen müssen dafür sorgen, daß Personen und Frachten wieder mit rationellerem Treibstoffverbrauch von Schienenfahrzeugen befördert werden. Oder man wird bislang nicht lohnende Energiequellen subventionieren. Oder der Staat fördert die Entwicklung neuer Energiequellen. Kurzum: Der Staat unternimmt etwas, um die Koordinierung zustande zu bringen, bei der das Planungssystem versagt hat. Das wäre der nächste absolut sichere Schritt in der wirtschaftlichen Entwicklung – ein Schritt, der durchaus der Logik des Planungssystems entspricht. Man wird darin nur mit Mühe eine Möglichkeit erkennen, den Markt und den freien Wettbewerb zu fördern.

Die Lösung besteht darin, daß man die Logik der Planung und die sich daraus ergebende Notwendigkeit der Koordination erkennt. Es muß ein staatlicher Mechanismus geschaffen werden, der Divergenzen voraussieht und dafür garantiert, daß die Entwicklung in den verschiedenen Teilen der Wirtschaft aufeinander abgestimmt bleibt. Dazu werden häufig Maßnahmen zur Einschränkung oder Abschaffung der gesellschaftlich am wenigsten dringenden Anwendung notwendig sein. In anderen Fällen wird der Staat Schritte zur Produktionssteigerung einleiten müssen. Je früher die Notwendigkeit solcher Maßnahmen eingesehen wird, um so weniger wird die Allgemeinheit unter Krisen zu leiden haben, die

sich heute schon vorhersehen lassen und für die es kein anderes Mittel gibt.
Es muß eine staatliche Planungsautorität geschaffen werden. Diese wiederum ist streng von der Legislative zu überwachen. Hier geht es nämlich um das schwierigste aller Probleme der öffentlichen Selbstbesinnung: Den Ausbau einer Planung, die nicht den Zwecken der Planung, sondern denen der Öffentlichkeit dient. Die Schaffung eines Instrumentariums für die Planung, unabdingbar geworden durch die heutige Wirtschaftsstruktur, ist die nächste große Aufgabe der Wirtschaftspolitik.

2

Ein zweites Hauptproblem der Koordinierung von Planungssystemen taucht schon am Horizont auf – genauer gesagt, es kommt bereits auf uns zu. Es handelt sich um die Koordinierung der Systeme verschiedener Länder. Auch hierfür haben die vorangegangenen Kapitel bereits Anhaltspunkte geliefert.
Wie wir gesehen haben, reichen die Firmen, aus denen sich das Planungssystem zusammensetzt, über nationale Grenzen hinweg. Zollschranken sind für sie in der Regel keine Hindernisse mehr. Sie führen ihre Waren in andere Industrieländer ein, wo sie sich der oligopolistischen Konvention anschließen, die dort die Preise bestimmt. Sie erweitern die Produktion – und steigern damit die Investition – in den Ländern mit den niedrigsten Kosten. Die Firmen, die am strategischsten in den Ländern mit kostengünstigster Produktion angesiedelt sind – normalerweise haben sie dort auch ihre Zentralsitze –, expandieren am raschesten.
Es gibt drei Formen solcher Kostenvorteile. Erstens die klassische Gegebenheit, daß die Arbeiter für dasselbe Geld mehr arbeiten, für weniger Geld ebensoviel oder gar noch mehr. Zweitens können die Betriebsanlagen billiger oder technisch besser oder moderner sein. Drittens kann es sich um ein Land mit einer niedrigen Inflationsrate handeln. Dann wird die Lohn-Preis-Spirale schärfer kontrolliert, oder sie wirkt sich aus anderen Gründen nicht so nachteilig aus.
In jüngster Zeit waren besonders Japan und Deutschland durch diese Vorteile gekennzeichnet. Beide Länder verfügen über eine

fleißige Arbeiterschaft, die noch dazu in Japan billiger zu haben ist. In den Vereinigten Staaten hat, wie bereits erwähnt wurde, die symbiotische Beziehung zwischen dem Planungssystem und der Staatsbürokratie zu hohen Investitionen in einigen Industriezweigen geführt, insbesondere der Rüstung und Weltraumforschung, während auf der anderen Seite Industrien des zivilen Bereichs vernachlässigt wurden und immer wieder mit zu knappem oder zu teurem Kapital arbeiten mußten. In Deutschland und Japan hingegen standen reichlich Mittel zur Modernisierung und Expansion einer nicht so mächtigen zivilen Industrie zur Verfügung. Bis vor verhältnismäßig kurzer Zeit haben außerdem die deutschen und japanischen Gewerkschaften ihre Forderungen nicht mit solchem Nachdruck vertreten wie die Gewerkschaften der Vereinigten Staaten und Großbritanniens.

Die Abwanderung von Produktion in die vorteilhafteren Planungssysteme bedeutet, daß diese Länder – genauer gesagt die Firmen dieser Länder – Währungsreserven der benachteiligten Länder anhäufen; denn sie verkaufen an sie, kaufen aber weitaus weniger von ihnen ein. Diese Währungsüberhänge haben bei ihren Besitzern häufig Beunruhigung hervorgerufen; man bemüht sich um einen Umtausch in die Währung des bevorzugten Landes. Das stößt auf natürlichen Widerstand. Warum sollte man eine starke Währung, die im relativen Wert vermutlich noch steigen wird, gegen eine andere eintauschen, deren Aussichten schlecht stehen? Als Konsequenz aus diesen Bestrebungen und dem durch sie hervorgerufenen Widerstand taucht das vertrauteste Phänomen der Beziehung zwischen den Planungssystemen verschiedener Länder auf. Man nennt es Währungskrise. In letzter Zeit war der Dollar in jeder Beziehung eine Krisenwährung. In Deutschland und Japan wurden Dollars angehäuft, und man versuchte, sie in die Währungen dieser und einiger anderer Länder umzutauschen.

Die Diskussion um die Währungskrise vergrößert nur noch die entstandene Verwirrung. Zum Teil liegt das an betrügerischen Absichten, zum Teil an Dummheit, und im übrigen ist das Gerede zumeist belanglos *.

*) Der Laie mag diese Ausdrücke als hart empfinden, als Berufsjargon, den sich Professoren unterschiedlicher Fachrichtungen gegenseitig an den Kopf werfen. Aber leider geht es um Tatsachen, wie der Leser gleich erkennen wird.

Das Problem der Beziehungen von Währungen zueinander erscheint dem einfachen und auch dem gebildeten Bürger als undurchschaubar. Diese Situation ist ein Nährboden für Währungsexperten, die oft selbst nicht einmal wissen, daß sie nichts von der Sache verstehen. Die Inkompetenz entspringt der merkwürdigen Annahme, daß jeder Mensch, und sei er noch so ungeeignet oder dumm, sofort kraft seines Amtes auf einem bestimmten Gebiet kompetent wird, wenn er Finanzminister oder Staatssekretär für Währungsfragen oder Mitglied des Federal Reserve Board der Vereinigten Staaten beziehungsweise Inhaber eines entsprechenden Amtes im Ausland wird.

Irrelevanz ist noch viel ernster; natürlich entsteht belangloses Gerede aus dem gedankenlosen Nachplappern neoklassischer Glaubenssätze vom Markt. Unter diesen Umständen läßt sich das Problem der Koordination kurzfristig durch die Abwertung des Geldes des benachteiligten Landes lösen, wodurch seine Produkte in fremden Währungen billiger werden und die ausländischen Produkte auf dem Binnenmarkt teurer. Nach einer gewissen Zeit wird eine solche Währungs- und Finanzpolitik die Inflation, falls sie das Problem darstellt, beenden. Und wieder einige Zeit später wird den zurückgebliebenen Industrien des benachteiligten Landes Kapital zufließen und sie stärken, während die fleißigen Arbeiter in den bevorzugten Ländern berechtigte Lohnforderungen stellen, die mit ihren höheren Kosten und Preisen ein zusätzliches Korrektiv darstellen. Daraus leitet man die Überzeugung ab, daß es tatsächlich eine währungspolitische Lösung für Handels- und Währungsprobleme zwischen den Industrieländern gebe. Man muß nur ein Experte sein, und schon findet man sie.

Ist das Problem zwischen Planungssystemen aufgetreten, muß alles bisher Gesagte natürlich eine Fata Morgana bleiben. Die Preise der entscheidenden Fertigwaren der bevorzugten Länder in den benachteiligten – beispielsweise die Preise deutscher und japani-

Wir erleben seit Jahren Währungskrisen. Seit Jahren besprechen die Experten in aller Feierlichkeit Lösungsvorschläge. Wenn sie eine Lösung hätten, ist es unvorstellbar, daß sie nicht längst verwirklicht worden wäre. Es liegt in der Natur einer Lösung, daß sie das Problem beseitigt. Dann könnte es aber keine Währungskrisen mehr geben. Sie halten an. Wir haben uns bereits damit abgefunden, daß Währungsexperten zwar tagen und miteinander diskutieren, daß sie jedoch nichts zur Lösung der Probleme beitragen.

scher Waren in den Vereinigten Staaten – unterliegen der oligopolistischen Konvention des Empfängerlandes. Eine Abwertung läßt nicht automatisch die Preise steigen; es ist durchaus möglich, daß die Firmen des Lieferlandes die Preise senken und sich mit geringeren Spannen und Erträgen zufriedengeben, um den bisherigen Umsatz aufrechtzuerhalten. Ist das nicht möglich, werden sie sich mit aller Kraft dafür einsetzen, daß ihre Regierungen sich der Abwertung im benachteiligten Land entgegenstellen. Das einfachste Mittel besteht darin, ebenfalls abzuwerten*. Die Planungssysteme dieser Länder verfügen über genügend Macht, um sich gegenüber ihren Regierungen durchzusetzen. Die Wirkung einer Abwertung stützt sich in erster Linie auf die Waren und Dienstleistungen des Marktsystems, die in den internationalen Handel gelangen.

Es sieht nicht mehr so aus, als könnte das funktionieren. Vorteile und Nachteile stehen im Zusammenhang mit der Kapitalverteilung zwischen den einzelnen Industrien. In Ländern wie den Vereinigten Staaten, die aufgrund einer symbiotischen Verbindung zwischen Rüstungsindustrien und der staatlichen Bürokratie eine schlechte Kapitalverteilung aufweisen, ist keine Tendenz erkennbar, die Dinge zurechtzurücken. Inflation ist das Ergebnis von Macht der Kapitalgesellschaften und Gewerkschaften auf der einen und des Mangels an wirksamen Kontrollen auf der anderen Seite. Die so entstehenden Unterschiede lassen sich nicht mit Hilfe der üblichen Währungsstruktur und steuerpolitischen Konzepte ausbügeln.

Abhilfe kann nur durch eine Koordination der Planungspolitik der nationalen Planungssysteme untereinander geschaffen werden. Sie muß sich auf die Politik der Kapitalverteilung zwischen den Industriezweigen und auf allgemeine Schritte zur Bekämpfung der Lohn-Preis-Spirale erstrecken. Die Schwierigkeiten sind natürlich groß, da es keine öffentliche Autorität gibt, die dem internationalen Rahmen der Aufgabe gewachsen wäre. Sie wären weitaus geringer, wenn man in den Vereinigten Staaten die Planungsaufgaben in vollem Umfang erkennen und sie wirksam durchführen

*) Oder sie widersetzen sich einer Aufwertung, dem modernen Gegenmittel, das dem bevorzugten Land aufgedrängt wird.

würde; dann bliebe es den anderen Ländern überlassen, ihre Planung der unseren anzupassen. In den Jahren nach dem Zweiten Weltkrieg funktionierte die internationale Zusammenarbeit, weil die amerikanische Politik einigermaßen durchschaubar war und die kleineren Länder sich politisch am großen Bruder orientierten. Solange dieser Zustand nicht wiederhergestellt wird, steht eines fest: Die Planungssysteme der führenden Industrieländer werden auch weiterhin, wie in der jüngsten Vergangenheit, von einer sogenannten Währungskrise in die nächste stolpern. Die Währungsexperten werden umherreisen und in dem sicheren Bewußtsein miteinander tagen, daß ihre Dienste niemals entbehrlich sein werden, was sie auch tun. Nach der gegenseitigen Abstimmung von Meinungsverschiedenheiten, die das Volk nie versteht, einigt man sich auf Abwertung oder Aufwertung. Man feiert diese Lösung in höchsten Tönen, und die nächste Krise steht schon vor der Tür. Vielleicht wird man mit der Zeit doch vernünftig. Wenn nationale Planungssysteme auf internationaler Ebene operieren, erfordern sie auch ein gewisses Maß an internationaler Planung. Das müßte doch jeder einsehen.

3

Nun ist ein abschließendes Wort zur Nationalökonomie am Platze. Lord Keynes vermutete in seiner berühmten Prognose, das Thema werde mit der Zeit an Bedeutung verlieren und in gesellschaftlicher Sicht etwa neben der Zahnheilkunde rangieren.

Nicht alles hier Gesagte klang immer freundlich, aber wer über die Sache nachdenkt, wird meine Vorwürfe kaum als ungerechtfertigt ansehen. Die Nationalökonomie ist ein weites Gebiet. Für Forschung und Lehre wird viel Geld aufgewandt. Würde dieser Aufwand der Sache nützen, brauchten wir längst nicht mehr unter so vielen ungelösten und unvermuteten Problemen zu leiden. Aber wenn Keynes auch in gewisser Weise recht hatte, wenn er die absteigende Tendenz der Volkswirtschaft vorausahnte, so irrt er doch, was den großen Zusammenhang betrifft.

Er hatte recht, was die Lehre betrifft, die sich mit der Produktion von Waren und der Verhinderung von Depressionen befaßt. Daraus erstehen der modernen Industriegesellschaft keine Schwierigkeiten mehr. Wer sich mit diesen Themen befaßt, mag für die Gesellschaft wichtiger sein als ein Mann, der Zahnschmerzen beseitigt und kranke Zähne entfernt, aber der Unterschied ist nicht groß. Die Nationalökonomen leisten, wie wir gesehen haben, dem Planungssystem einen wichtigen Dienst, indem sie versuchen, alle Probleme im Schema des Marktes unterzubringen und jegliche Verhaltensweise dem Markt unterzuordnen – sie verschleiern damit nämlich die Macht, die das Planungssystem ausübt. Aber das ist vom gesellschaftlichen Standpunkt her gesehen eine zweifelhafte Errungenschaft, die wir kaum mit Beifall bedenken müssen.

Aber Keynes unterlief noch ein weiterer Irrtum. Er erkannte nicht, daß im Zuge der wirtschaftlichen Entwicklung die Macht vom Verbraucher auf den Produzenten übergehen würde. Da er diese Verlagerung nicht voraussah, erkannte er auch nicht die zunehmende Divergenz zwischen den Absichten des Produzenten oder des Planungssystems und denen der Öffentlichkeit. Und er erkannte nicht, daß es zu einer ungleichen Entwicklung kommen würde, da die Macht zur Erreichung der Planungsziele ungleich verteilt ist. Daraus folgt eine ungleiche Einkommensverteilung. Er sah auch nicht, daß die Verfolgung solcher Zwecke die Umwelt gefährden und den Verbraucher versklaven würde. Er sah nicht, daß die Macht des Produzenten, nach Belieben vom öffentlichen Interesse abzuweichen, dafür sorgen würde, daß Inflation sich nicht durch eine schlichte Umkehrung jener Rezepte bekämpfen läßt, die er gegen Arbeitslosigkeit und Depression verschrieb. Er sah auch nicht die soeben erwähnten Probleme der nationalen und internationalen Planungskoordination voraus.

Wäre das alles vorhergesehen worden, könnte die Nationalökonomie einer hellen Zukunft entgegensehen. Sie könnte den ernstesten Problemen unserer Zeit gewachsen sein. Ob diese Wissenschaft eine wesentliche Rolle spielen wird, liegt an ihren Vertretern. Sie können zur Bedeutungslosigkeit absinken, wenn sie dazu entschlossen sind; sie können, wenn ihnen häusliche Bequemlichkeit und geregelte Arbeitszeit vorrangig am Herzen liegen, auch weiterhin mit den unendlich interessanten Instrumenten ihrer Verschleierungstaktik ihr Geld verdienen. Sie werden dann in wichtigen Fragen kaum ein klärendes Wort oder einen guten Rat beizusteuern haben, wenn Preiskontrollen eingeführt werden, wie es im Sommer 1971 in den Vereinigten Staaten und ein Jahr später in Großbritannien der Fall war. Sie werden gesellschaftlich eine geringere Rolle spielen als Keynes' Zahnarzt, denn dieser würde sich moralisch zu einer Empfehlung verpflichtet fühlen, wenn wider alle Erwartung plötzlich allen Menschen die Zähne ausfallen sollten.

Die Nationalökonomen haben es aber auch in der Hand, ihren Zuständigkeitsbereich auszuweiten. Er könnte mit all den unterschiedlichen Erscheinungsformen jene Macht umfassen, die sie jetzt verschleiern. Wie wir gesehen haben, würden dann die Probleme der Welt Bestandteil ihres Systems sein. Das häusliche Leben der Nationalökonomen wäre weniger geruhsam. Es könnte zu einer heftigen Reaktion jener kommen, deren Macht dann aufgedeckt und untersucht würde. Ähnlich empört würden jene Leute reagieren, die es bisher als äußerst bequem empfanden, daß die Wirtschaftstheoretiker die falschen Probleme oder überhaupt keine lehrten und diskutierten.

Sollten sich die Nationalökonomen dazu aufraffen, dies zu tun, würden sie noch für sehr lange Zeit dem Schicksal entrinnen, das Keynes ihnen prophezeit hat.

Register

Register

D

E

F

G

L

M

N

O

P

Z